COURS
DE
LOCOMOTIVES

professé à l'École Spéciale des Travaux Publics, du Bâtiment et de l'Industrie

PAR M. ÉMILE HENRY

Ancien Élève de l'École Polytechnique,
Ingénieur principal de la Traction à la Compagnie P.-L.-M.

PARIS
LIBRAIRIE DE L'ENSEIGNEMENT TECHNIQUE
LÉON EYROLLES, Éditeur
3, Rue Thénard
1923

ENCYCLOPÉDIE INDUSTRIELLE ET COMMERCIALE

Fondateur : M. Léon EYROLLES, C. ✳, ◯ I.

Ingénieur-Directeur de l'École spéciale des Travaux publics, du Bâtiment et de l'Industrie.

Collection grand in-8 (16 × 25)[1]

a) OUVRAGES PROFESSÉS A L'ÉCOLE SUPÉRIEURE DES POSTES ET TÉLÉGRAPHES

Constructions des lignes aériennes, par M. PICAULT, ingénieur des Postes et Télégraphes.

1re édition, 312 pages et 185 figures............. **12 fr.**

Construction de lignes souterraines, par M. PICAULT, ingénieur des Postes et Télégraphes.

1re édition, 191 pages et 108 figures.......... **6 fr. 50**

Cours d'installations télégraphiques, par M. TONGAS, ingénieur en chef des Postes et Télégraphes.

1re partie. Sources d'énergie. Appareils à transmission automatique. Systèmes à transmissions multiples. *3e édition*, 480 pages, 287 figures et 19 planches hors texte... **12 fr. 50**

Cours d'exploitation postale, par M. FERRIÈRE, chef de bureau à l'Administration centrale des Postes et des Télégraphes.

Livre I. Principes fondamentaux. Législation. Exécution et contrôle du service, 352 pages.......... **7 fr. 50**

Livre II. Personnel. Service des directions. Service ambulant. Service maritime, 480 pages........ **7 fr. 50**

Cours d'installations téléphoniques, par M. MILON, ingénieur des Postes et Télégraphes.

2e édition. — 362 pages, 285 figures et 6 planches hors texte.. **12 fr. 50**

Principes généraux d'exploitation téléphonique, par M. MILON, ingénieur en chef des Postes et Télégraphes.

1 vol. de 150 pages.............................. **8 fr.**

Cours élémentaire de télégraphie sans fil, par M. VIARD, ingénieur des Postes et Télégraphes.

304 pages et 188 figures...................... **12 fr. 50**

Conférences de Comptabilité industrielle et commerciale, par M. C. VALENSI, ingénieur des Postes et Télégraphes.

1 vol. de 276 pages............................ **12 fr.**

Cours de comptabilité et de droit budgétaire, par M. FÉRET DE LONGBOIS, directeur au Ministère des Finances.

3e édition, 152 pages.......................... **6 fr.**

Cours de Machines, par M. SAUVAGE, inspecteur général des Mines.

1 vol. de 208 pages, 70 figures................. **8 fr.**

b) OUVRAGES PROFESSÉS A L'ÉCOLE SPÉCIALE DES TRAVAUX PUBLICS DU BATIMENT ET DE L'INDUSTRIE

BÉTON ARMÉ

Précis pour le calcul des ouvrages en béton armé, par le lieutenant-colonel ESPITALLIER.

5e édition, 240 pages, 108 figures.............. **15 fr.**

Cours de béton armé, par le lieutenant-colonel ESPITALLIER.

Livre I. Procédés généraux de construction et calcul des ouvrages, *5e édition*, 328 pages, 162 figures, 2 planches et annexe, Instruction ministérielle du 20 octobre 1906. Prix.. **22 fr.**

Livre II. Application du béton armé, *5e édition*, 448 pages, 228 figures et 2 planches hors texte. Prix.. **26 fr.**

BATIMENT

Construction des usines et des établissements industriels, par le lieutenant-colonel ESPITALLIER.

5e édition, 340 pages, 217 figures dont 5 planches hors texte.. **30 fr.**

Construction et installation des bâtiments agricoles *, par M. PROVOST, ingénieur du Génie rural.

2e édition, 273 pages, 101 figures et 2 planches.. **18 fr.**

. Les ouvrages indiqués par un * sont provisoirement édités en autographie dans le format in-4 tellière (17 × 22).

COURS
DE
LOCOMOTIVES

PAR

Émile HENRY

Ancien Élève de l'École Polytechnique,
Ingénieur principal de la Traction à la Compagnie P.-L.-M.

PARIS

LIBRAIRIE DE L'ENSEIGNEMENT TECHNIQUE

Léon EYROLLES, Éditeur

3, Rue Thénard, 3

1923

COURS

DE

LOCOMOTIVES

CHAPITRE PREMIER

GÉNÉRALITÉS

Sommaire. — Détermination des divers types de machines. — Historique. — Période de 1845 à nos jours.

1. Dénomination des divers types de machines. — Les locomotives utilisées dans toutes les parties du monde présentent entre elles des différences plus ou moins importantes d'aspect et de construction, et l'on conçoit que de nombreux modes de classification puissent être envisagés.

Si l'on se place au point de vue de leur utilisation, on peut adopter le classement par nature de trains remorqués.

On aurait ainsi à examiner successivement :

Les machines de rapides et express ;
Les machines mixtes pour trains de voyageurs lourds et trains de marchandises accélérés ;
Les machines à marchandises ;
Les machines de montagne ;
Les machines de banlieue ;
Les machines de gare ou de manœuvre.

Il est bien entendu qu'aucun de ces groupes ne forme un compartiment étanche et qu'une locomotive peut être employée dans un autre service au mieux de l'utilisation du personnel et du matériel.

Les machines de rapides et express sont caractérisées par un, deux ou trois essieux moteurs avec roues de 2 mètres environ.

Les machines mixtes comportent trois ou quatre essieux accouplés avec roues de 1ᵐ,60 à 1ᵐ,85.

Les machines à marchandises pour lignes de plaine ou pour profils peu accidentés ont trois ou quatre essieux accouplés avec roues d'un diamètre voisin de 1ᵐ,50.

Les machines de montagne ont quatre ou cinq essieux accouplés avec roues de diamètre généralement inférieur à 1ᵐ,50.

Les machines de banlieue sont des machines-tenders agencées pour circuler dans les deux sens.

Enfin les machines de manœuvre sont des machines-tenders spécialement étudiées pour les gares de triage, soit plus communément d'anciennes locomotives déclassées et transformées en conséquence.

On peut également baser une classification sur d'autres considérations, par exemple, sur l'utilisation de la vapeur.

On diviserait alors les locomotives en :

Machines à simple expansion sans surchauffe ;
Machines à simple expansion avec surchauffe ;
Machines compound sans surchauffe ;
Machines compound avec surchauffe ;
Machines Wolf.

Mais les classifications les plus universellement adoptées se rapportent au nombre d'essieux moteurs ou de roues motrices.

La classification allemande désigne par les lettres :

A, les machines à un seul essieu moteur ;
B, les machines à deux essieux accouplés ;
C, les machines à trois essieux accouplés ;
D, les machines à quatre essieux accouplés ;
E, les machines à cinq essieux accouplés ;
F, les machines à six essieux accouplés.

On fait précéder la lettre d'un chiffre indiquant le nombre d'essieux porteurs à l'avant, et on fait de même suivre la lettre du nombre d'essieux porteurs à l'arrière. Lorsqu'il n'y a pas d'essieu porteur, on ne mentionne pas de chiffre. C'est ainsi qu'une machine à bogie et

à deux essieux accouplés fera partie du groupe 2.B ;

Une machine à roues libres avec essieu porteur à l'avant et à l'arrière

fera partie du groupe 1.A.1;

Une machine à quatre essieux accouplés avec bogie à l'avant et essieu porteur à l'arrière

fera partie du groupe 2.D.1, etc...

Une autre classification très employée consiste à représenter une série de machines par trois chiffres. Le premier indique le nombre de roues porteuses à l'avant; le deuxième, le nombre de roues des essieux accouplés (trois essieux équivalent à six roues); le troisième, le nombre de roues porteuses à l'arrière. Lorsqu'il n'y a pas d'essieu porteur à l'avant ou à l'arrière, on le mentionne par le chiffre 0.

Pour reprendre les exemples ci-dessus :

Une machine à bogie et à deux essieux accouplés

fera partie du groupe 4—4—0 ;

Une machine à roues libres avec essieu porteur à l'avant et à l'arrière

fera partie du groupe 2—2—2 ;

Une machine à bogie à quatre essieux accouplés et essieu porteur à

l'arrière fera partie du groupe 4—8—2, etc...

Les chemins de fer de l'État emploient une classification analogue à trois chiffres, dans laquelle le premier chiffre indique le nombre d'essieux porteurs à l'avant, le deuxième chiffre le nombre d'essieux couplés et le troisième chiffre le nombre d'essieux porteurs à l'arrière.

Enfin, depuis quelques années, les dénominations américaines : *Atlantic, Pacific, Mikado...*, sont de plus en plus utilisées en France, et à l'étranger.

Le tableau ci-après donne la correspondance des divers symboles. Parmi les dénominations américaines, celles qui sont en caractères gras sont les plus usitées et doivent être retenues. Les autres sont moins employées.

Classification allemande.	Classification numérique.	Disposition des essieux.	Dénomination américaine.
B.1	0—4—2		
1.B	2—4—0	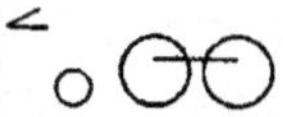	
1.B.1	2—4—2		Columbia.
2.B.	4—4—0	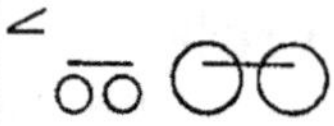	Américain.
2.B.1	4—4—2		**Atlantic.**
2.B.2	4—4—4		
C.	0—6—0		
C.1	0—6—2		
1.C.	2—6—0		**Mogul.**
1.C.1	2—6—2		**Prairie.**
2.C.	4—6—0		Ten Wheeler.
2.C.2	4—6—2		**Pacific.**
2.C.2	4—6—4		**Baltic.**
D	0—8—0		Erght Coupler.

Fig. 1. — Tableau comparatif des diverses classifications.

CLASSIFICATION allemande.	CLASSIFICATION numérique.	DISPOSITION DES ESSIEUX.	DÉNOMINATION améri caine.
1.D	2—8—0		**Consoli-** **dation**.
1.D.1	2—8—2		**Mikado**.
2.D.	4—8—0		TWELFE WHEELER.
2.D.1	4—8—2		MOUTAIN.
E.	0—10—0		TEN COUPLER.
1.E.	2—10—0		**Decapod**.
E.1	2—10—2		DECAPOD SANTA-FÉ.
2.E.	4—10—0		MASTO- DONT.
1.F	2—12—0		CENTIPÈDE.
1.F.1	2—12—2		JAVANIC.
B+B	0—4+4—0		MACHINE MALLET.
1B.+B.1	2—4+4—2		MACHINE MALLET.
B.1+1.B	4—2+2—4		MACHINE MALLET.
1.C+C.1	2—6+6—2		MACHINE MALLET.
1.D+D+D.1	2—8+8+8—2		MACHINE MALLET.

Fig. 2. — Tableau comparatif des diverses classifications.

2. Historique. — La première application de la vapeur à la traction d'un véhicule est due à un officier du génie : Joseph Cugnot, et date de 1770.

L'appareil représenté figure 3 était constitué par un fardier à trois roues

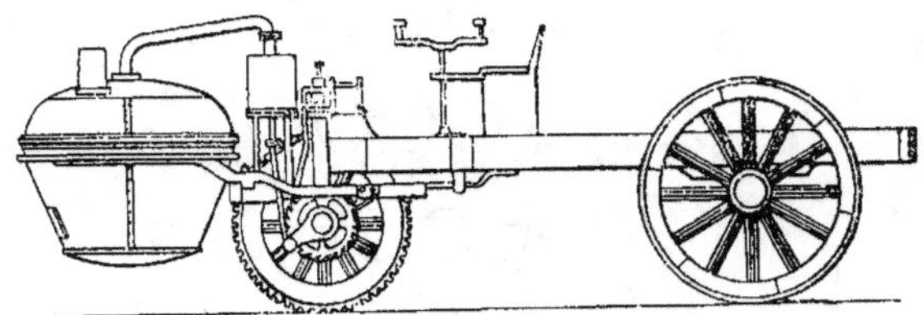

Fig. 3. — Fardier à vapeur de Joseph Cugnot.

dont la roue directrice d'avant était mue par un piston à vapeur.

Il y a lieu de remarquer que cette roue était dentée, car les principes de l'adhérence n'étaient pas encore connus.

Cette voiture ne servit qu'à des essais ; l'alimentation de la chaudière n'étant pas assurée, elle ne pouvait fonctionner que pendant une dizaine de minutes. Elle figure actuellement dans les collections du Conservatoire des Arts et Métiers de Paris.

C'est seulement en 1802 que l'on trouve une réalisation plus pra-

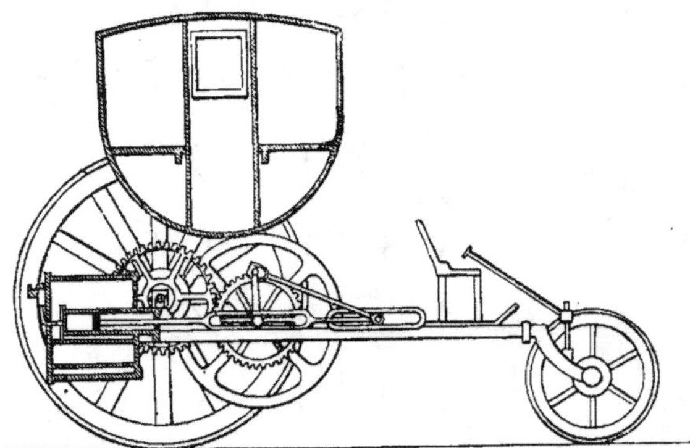

Fig. 4. — Voiture à vapeur de Richard Trévithick et Andrews Vivian.

tique de l'idée de Cugnot, sous forme d'une voiture à vapeur pour voyageurs.

La voiture de Trévithick et Andrews Vivian comportait une chaudière avec cylindre à vapeur qui actionnait l'essieu arrière d'une voiture tricycle dont la roue avant servait de direction (fig. 4).

Quelque temps après, ces deux inventeurs établirent un moteur plus perfectionné dont l'échappement était conduit dans la cheminée.

C'est le premier exemple d'un principe qui a été fécond pour l'his-

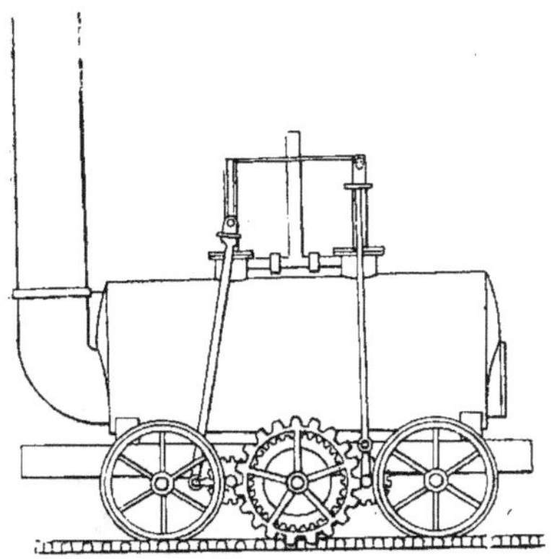

Fig. 5. — Locomotive par Blenkinsop, pour le chemin de fer Middleton-Leeds.

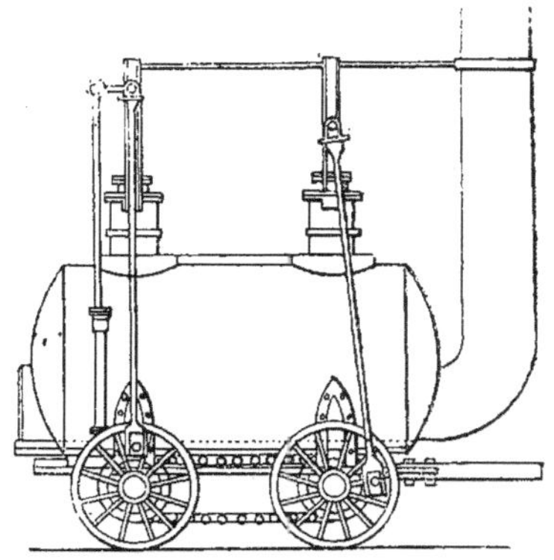

Fig. 6. — Locomotive par Stephenson, pour les mines de Killingsworth (accouplement des deux essieux par une chaîne sans fin).

toire de la chaudière locomotive et qui subsiste encore de nos jours.

Cette chaudière figure dans les collections du *South Kensington Museum* à Londres.

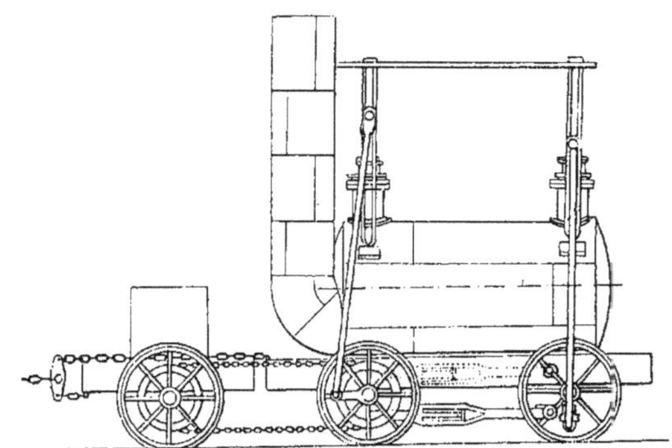

Fig. 7. — 1815. Locomotive par Stephenson (accouplement des roues par des bielles montées sur essieux coudés).

Jusqu'ici, il ne s'agit que de véhicules routiers, et nous sommes encore loin de la conception de la locomotive.

En 1813, Blenkinsop construit la première locomotive sur rails pour le chemin de fer houiller de Middleton à Leeds, mais, ignorant les règles de l'adhérence, il assure encore le mouvement de la machine au moyen d'une crémaillère (fig. 5).

Ce n'est qu'en 1814 que Blackett découvre ce principe de l'adhé-

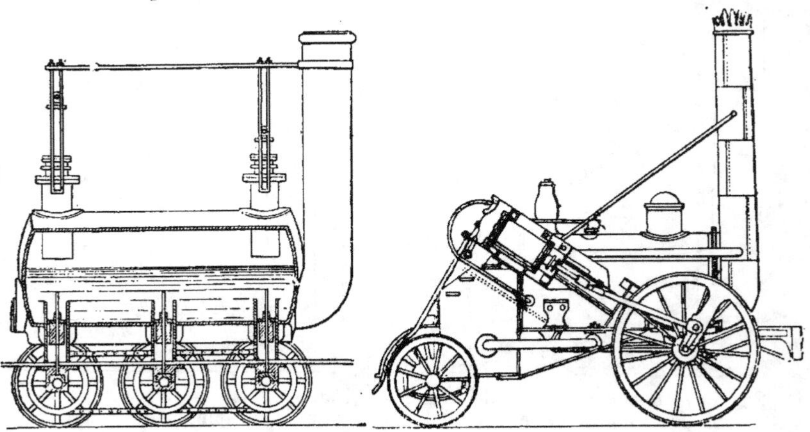

Fig. 8. — Locomotive par Stephenson, pour les mines de Killingsworth (accouplement des trois essieux par chaîne sans fin).

Fig. 9. — 1829. *La Fusée*, par Stephenson.

rence, et dès lors la locomotive commence seulement à s'acheminer vers sa forme définitive.

La même année, Stephenson réalise une machine à deux essieux accouplés par chaîne sans fin pour les mines de Killingsworth (fig. 6).

En 1815, le même inventeur accouple les essieux au moyen de bielles montées sur axes coudés (fig. 7), et, en 1816, il présente une locomotive à trois essieux accouplés par chaîne sans fin (fig. 8).

La situation reste stationnaire jusqu'en 1828, date de l'invention de la chaudière tubulaire par Seguin, directeur du chemin de fer de Saint-Étienne.

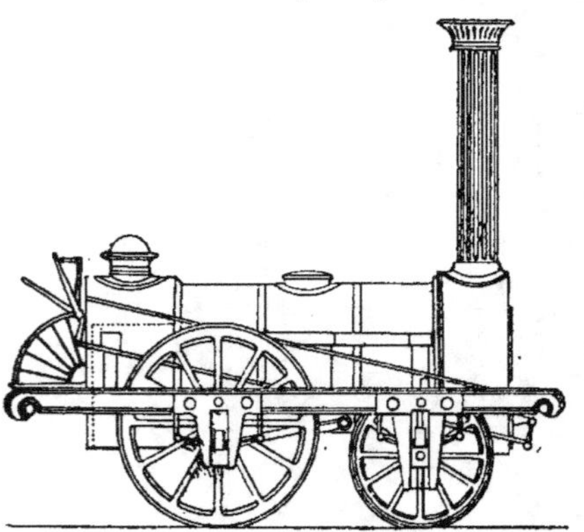

Fig. 10. — 1832. Locomotive type «Planet», par Stephenson, pour le chemin de fer de Liverpool à Manchester.

Stephenson crée alors en 1829 sa célèbre locomotive *la Fusée* (fig. 9), primée au concours de Rainhill en Angleterre et la reproduit à un certain nombre d'exemplaires les années suivantes.

En 1832, le chemin de fer de Liverpool à Manchester utilise la première locomotive à cylindres intérieurs horizontaux placés à

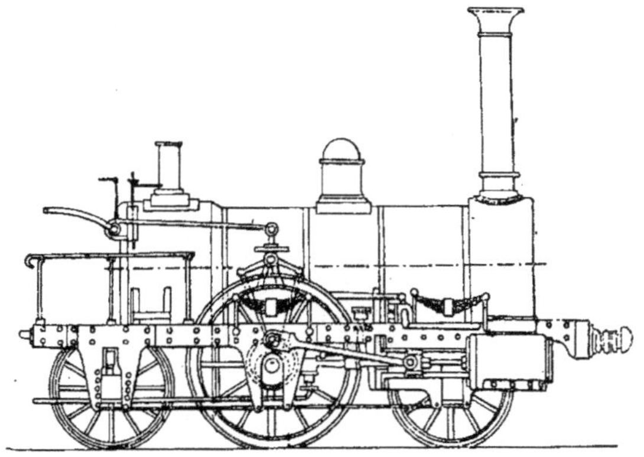

Fig. 11. — Locomotive G. Forrester, de Liverpool.

l'avant et actionnant l'essieu arrière par un axe coudé.

Cette machine (fig. 10), du type « Planet », établie par Stephenson, a été imitée par de nombreux constructeurs.

En 1834, Forrester, de Liverpool, présente une locomotive 2—2—2

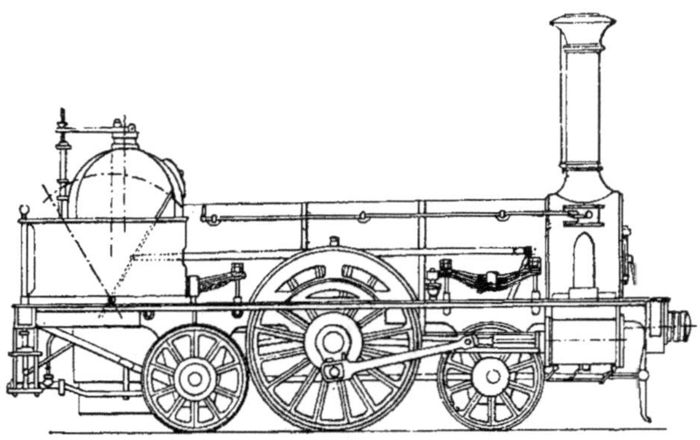

Fig. 12. — Locomotive Stephenson de Derosne et Cail. Chemin de fer du Nord.

(fig. 11) à cylindres horizontaux extérieurs, qui est le premier type de la machine anglaise de vitesse, restée en si grande vogue jusqu'à ces dernières années.

Ce type de machine fait son apparition en France vers 1837, sur la ligne de Versailles à Saint-Germain, et se perfectionne d'année en année avec l'accroissement de la puissance.

Pendant la même période, les machines à deux essieux et trois essieux accouplés se développent parallèlement, de telle sorte qu'en 1845 les

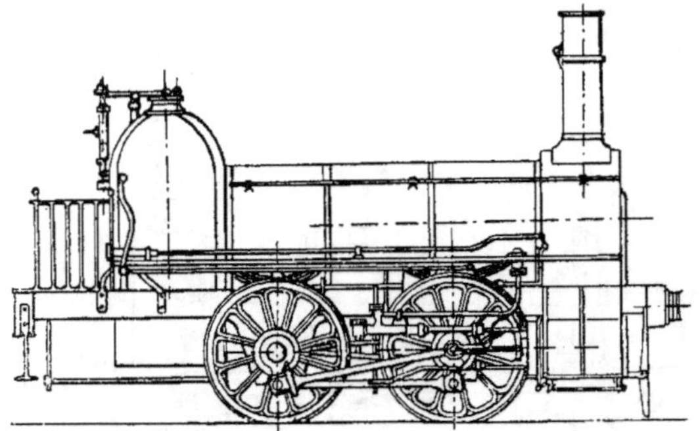

Fig. 13. — Locomotive de Clément Desormes. Chemin de fer de Saint-Étienne à Lyon.

locomotives françaises et anglaises se rapprochent des quatre types ci-après :

$$2—2—2$$

du chemin de fer du Nord (Derosne et Cail) (fig. 12) ;

$$0—4—0$$

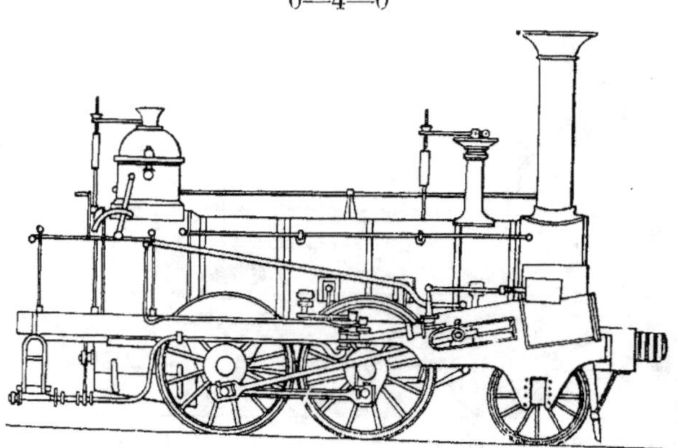

Fig. 14. — Locomotive Buddicom. Chemin de fer Paris-Rouen.

du chemin de fer de Saint-Étienne à Lyon (Clément Desormes) (fig. 13) ;

$$2—4—0$$

du chemin de fer de Paris à Rouen (Buddicom) (fig. 14) ;

$$0—6—0$$

du chemin de fer de Paris à Orléans (Stephenson) (fig. 15).

Fig. 15. — Locomotive Mammouth de Stephenson.
Chemin de fer de Paris à Orléans.

C'est vers cette époque de 1845 que commence seulement le développement réel des chemins de fer.

3. Période de 1845 à nos jours. — Pour suivre l'évolution de la locomotive dans cette période, il convient de revenir à la classification des machines par nature de trains remorqués.

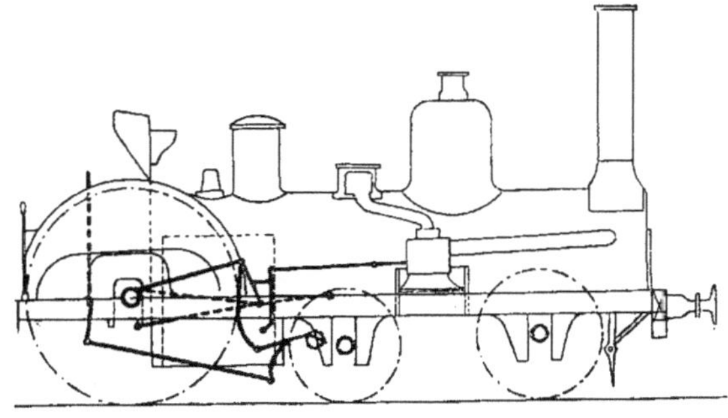

Fig. 16. — Locomotive Crampton de la Compagnie de l'Est.

Rapides et express. — La locomotive à roues libres se trouve de suite très en faveur pour la remorque des trains de vitesse, et cette faveur est justifiée à l'époque. Les trains en question ont, en effet, une très faible charge ; ils circulent sur des lignes généralement peu accidentées, de telle sorte que ce type de machine se trouve parfaitement adapté à la remorque de ces trains.

Dans la locomotive de Derosne et Cail du chemin de fer du Nord utilisée en 1846 (fig. 12), l'essieu moteur est placé au milieu, et le foyer est en porte-à-faux à l'arrière du châssis. Cette disposition

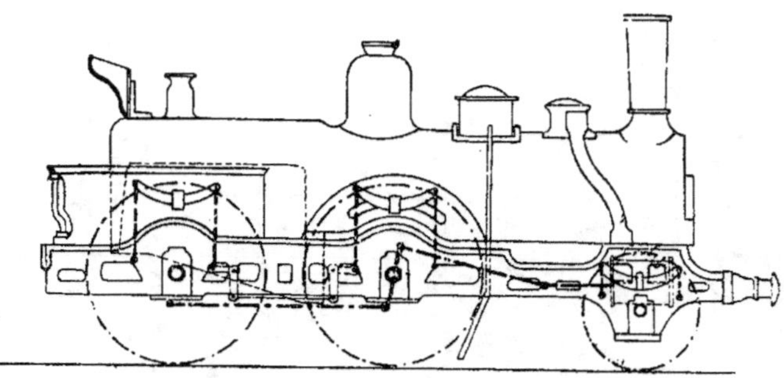

Fig. 17. — Locomotive 2—4—0 de la Compagnie du Nord.

qui donne lieu à un certain mouvement de tangage, est remplacée rapidement par celle de la locomotive « Crampton » (fig. 16).

Ce type, remarquablement bien étudié, a fait un excellent service jusque vers 1890, pour la remorque des trains rapides et express de faible charge. La Compagnie de l'Est a utilisé longtemps ses « Cramp-

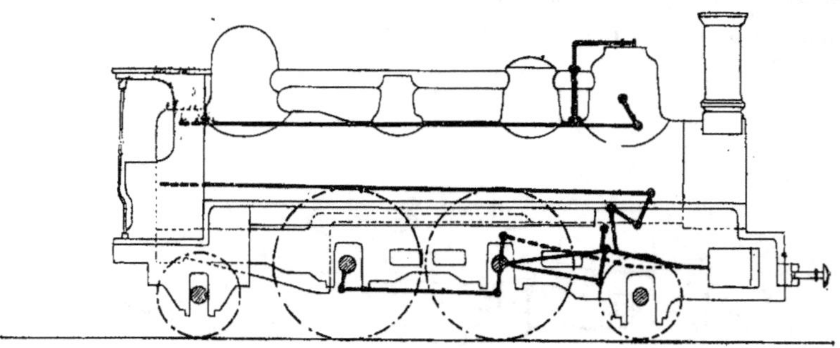

Fig. 18. — Locomotive 2-4-2 de la Compagnie d'Orléans.

ton » pour la traction du Calais-Bâle, dont la composition était alors inférieure à 100 tonnes.

Le diamètre des roues de l'essieu moteur variait suivant les compagnies de 2 mètres à $2^m,30$.

Les exigences du trafic conduisirent rapidement à augmenter la puissance de la chaudière et l'adhérence, soit successivement, soit simultanément.

On arrive ainsi à la machine 2—4—0 (fig. 17), qui procure une adhérence suffisante. Mais le souci d'augmenter toujours la puissance de vaporisation conduit à l'adoption de chaudières et de foyers encore plus longs.

C'est alors que prend naissance, vers 1873, sur le P.-L.-M. et sur l'Orléans, le type 2—4—2 (fig. 18), qui assure les rapides et express dans de bonnes conditions jusque vers 1890.

A cette date, les compagnies françaises emploient donc pour leurs express, suivant la charge et le profil, les types :

4—2—0   — CRAMPTON.

2—4—0

2—4—2

Vers cette époque commence la vogue du bogie, qui nous vient d'Amérique par l'Angleterre.

On trouve cependant le bogie dès 1834 sous une locomotive américaine construite par Baldwin (fig. 19).

Dès 1870, le *Great Northern Railway* emploie lui aussi une machine à roues libres (fig. 20) :

4—2—2

qui possède le bogie à l'avant.

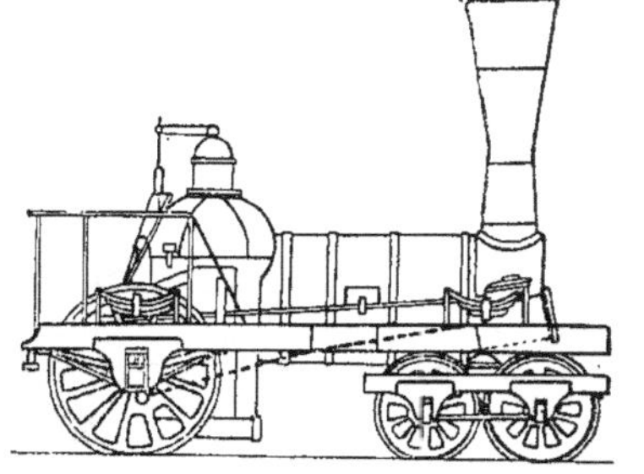

Fig. 19. — 1834. Locomotive améri caine à bogie.

Cette machine est restée en grande faveur en Angleterre jusque vers 1900. Le diamètre des roues motrices était de 2^m,49 (fig. 20).

L'adoption du bogie en France vers 1889 conduit à la création d'un nouveau genre de machine dit américain :

4—4—0 (fig. 21),

à bogie et à deux essieux couplés affecté aux rapides jusque vers 1900.

L'augmentation très importante du trafic, à partir de 1900, néces-

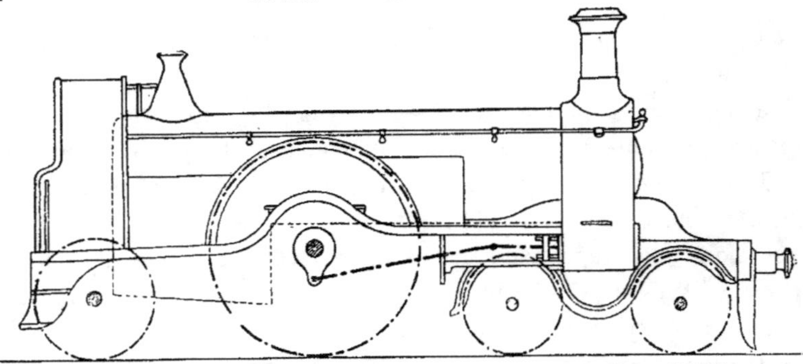

Fig. 20. — Locomotive 4—2—2 du *Great Northern Railway* (1870).

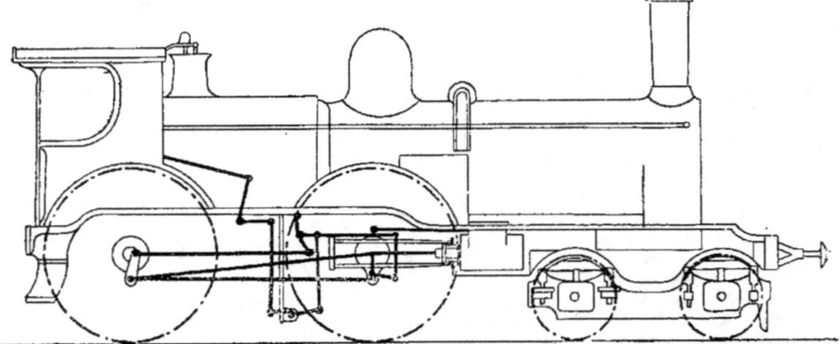

Fig. 21. — Locomotive 4—4—0, type américain. Compagnie du Nord.

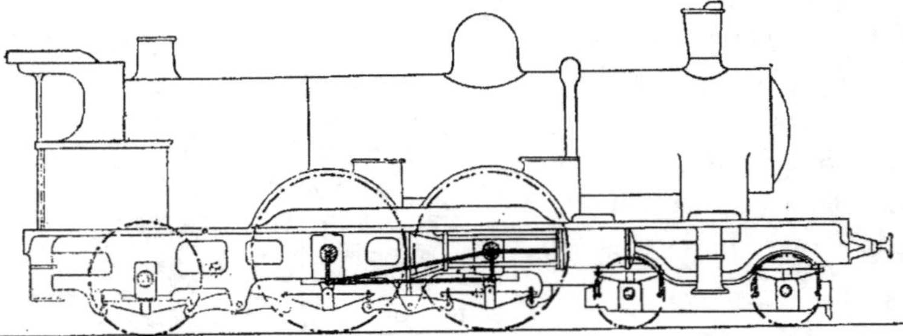

Fig. 22. — Locomotive 4—4—2, type *Atlantic*. Compagnie du Nord.

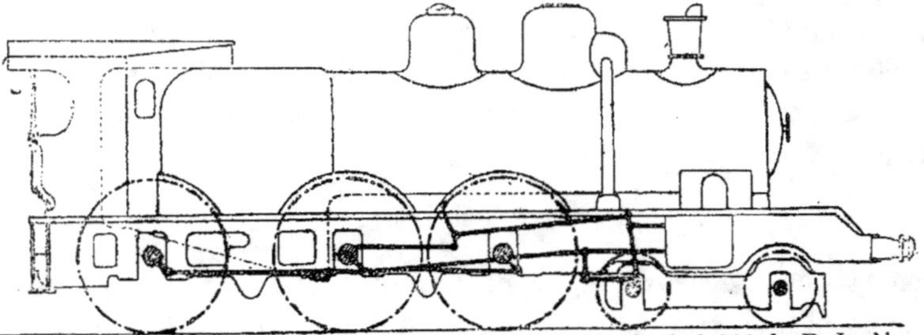

Fig. 23. — Locomotive 4—6—0, type Ten Wheeler. Série 2 600 du P.-L.-M

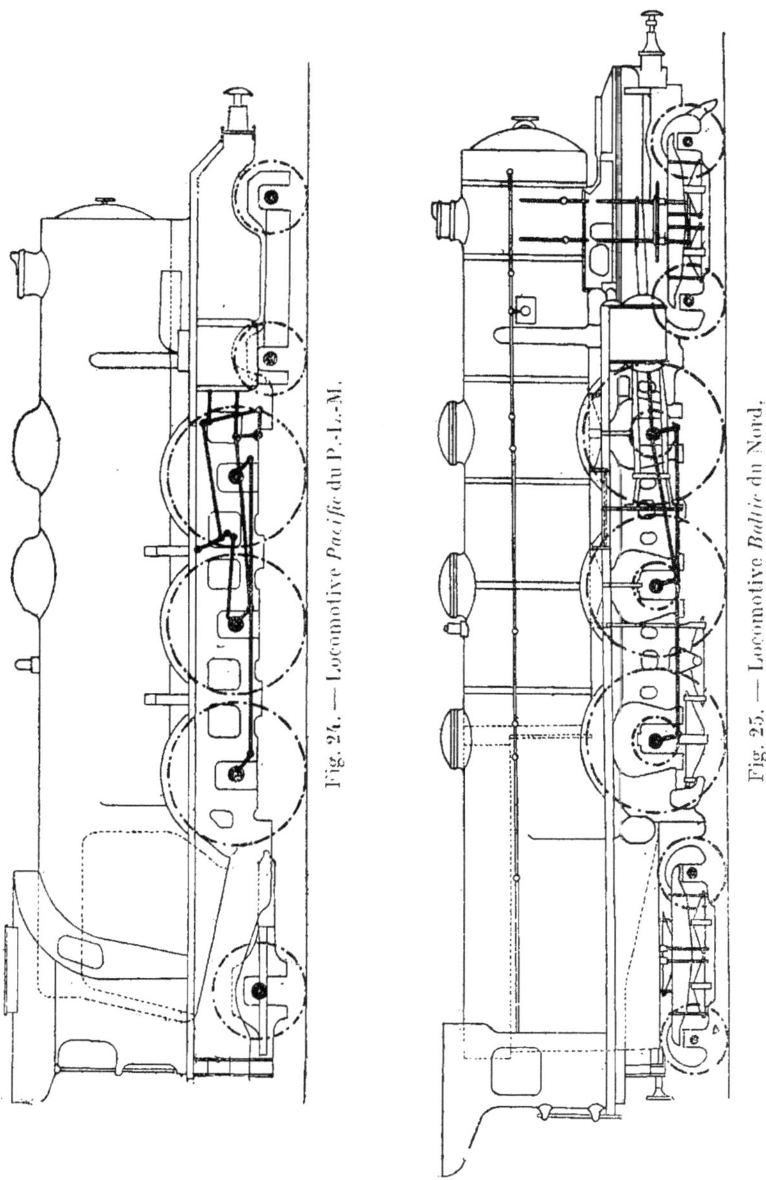

site un nouvel accroissement de la puissance de la chaudière. C'est
alors qu'apparaissent les machines

et   4—4—2 (*Atlantic*) (fig. 22)

                   4—6—0 (Ten Wheeler) (fig. 23),

qui deviennent elles-mêmes insuffisantes vers 1910 sur certaines compagnies et font place au dernier modèle bien connu de la *Pacific* :
4—6—2 (fig. 24).

A noter que la Compagnie du Nord a essayé un type de machines de rapides encore plus puissant que la *Pacific*, sur lequel les trois

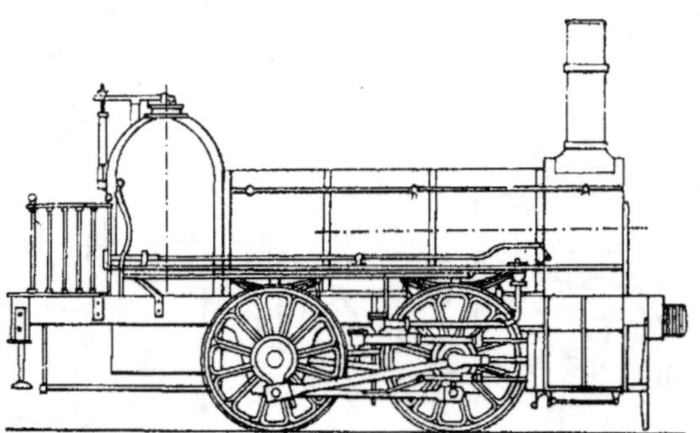

Fig. 26. — Locomotive du chemin de fer de Saint-Étienne à Lyon.

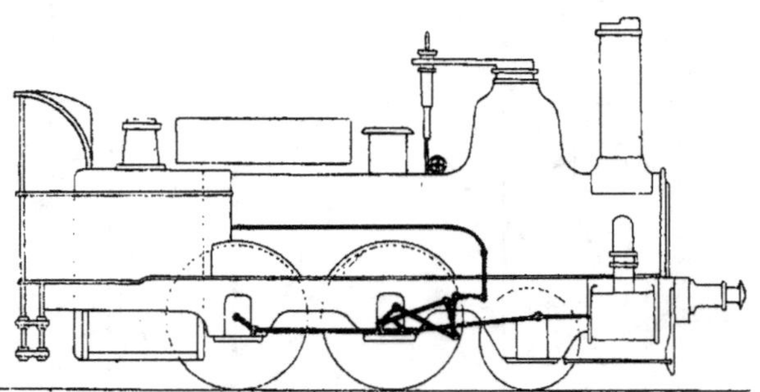

Fig. 27. — Ancienne locomotive 800 du P.-L.-M.

essieux accouplés sont encadrés entre deux bogies. Ce type, dénommé *Baltic*, n'a pas donné tous les résultats qu'on en attendait et n'a pas été développé (fig. 25, pl. II).

Telle est l'évolution de la machine de rapides depuis la *Crampton* jusqu'à la *Pacific*, qui paraît devoir rester pendant un certain temps le plus puissant type en vogue.

Trains de voyageurs ordinaires. — La locomotive pour trains de voyageurs ordinaires, si l'on met à part les machines à roues libres, a eu dès le début deux ou trois essieux accouplés, mais avec roues d'un diamètre généralement inférieur à 1^m,80.

Les premières machines employées entre 1838 et 1845 sur le chemin de fer de Saint-Étienne à Lyon étaient à adhérence totale par deux essieux accouplés (fig. 26). Le foyer était en porte-à-faux à l'arrière.

On a adopté rapidement ensuite la machine

2—4—0 (fig. 27),

qui, sauf modifications de détail, est restée suffisante pendant longtemps et fait encore actuellement du service sur les petites lignes.

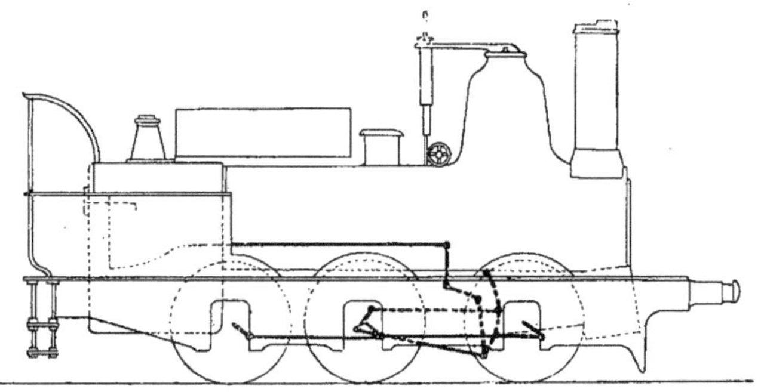

Fig. 28. — Locomotive 3151-3173 du P.-L.-M.

Sur les lignes accidentées on a été conduit à rechercher une plus forte adhérence et, par suite, à utiliser la machine à trois essieux accouplés à cylindres intérieurs qui a donné d'excellents résultats

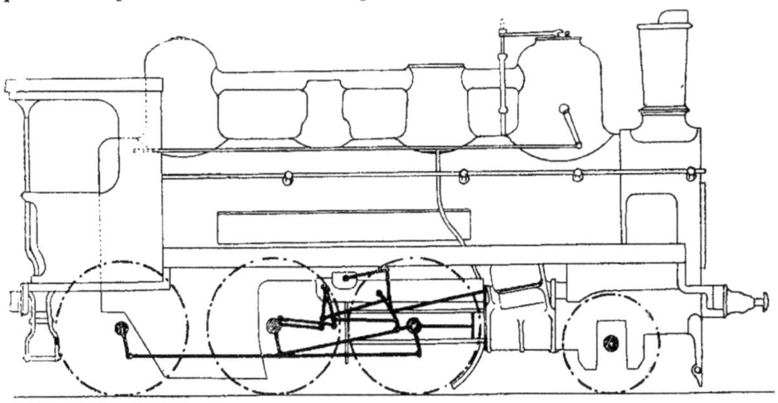

Fig. 29. — Locomotive type Mogul du P.-O.

(fig. 28) ; elle a été utilement employée jusque vers 1900 sur un grand nombre de lignes, quoique généralement considérée comme une machine mixte.

La nécessité d'augmenter la puissance de la locomotive a conduit successivement aux

$$2—6—0 \text{ (fig. 29)}$$

ou

$$0—6—2 \text{ (fig. 30)}$$

avant d'arriver au type

$$4—6—0 \text{ (fig. 31)},$$

qui représente actuellement la machine la plus propre à assurer tous les services sur presque tous les profils.

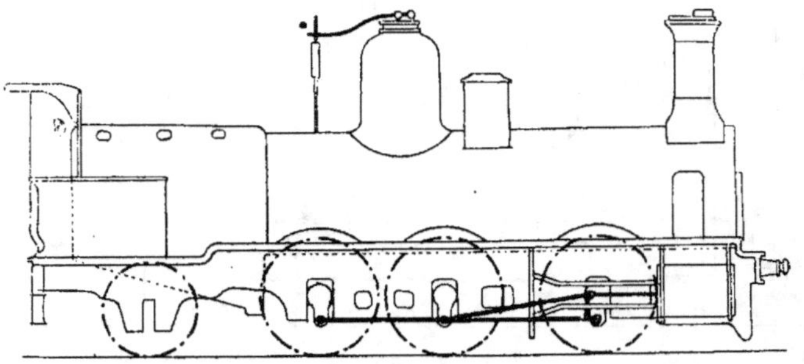

Fig. 30. — Locomotive 3001-3146 du P.-L.-M.

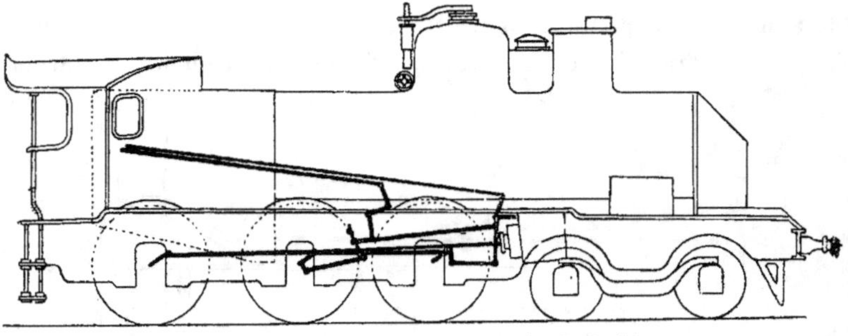

Fig. 31. — Locomotive 3400 du P.-L.-M.

Il est à noter qu'actuellement on emploie assez couramment comme machines mixtes des machines

$$4—8—0 \text{ (fig. 32)},$$

ou

$$2—8—0 \text{ (fig. 33)},$$

ou

$$2—8—2 \text{ (fig. 34) Mikado},$$

qui doivent plutôt être regardées comme machines à marchandises accélérées ou machines à voyageurs de montagne.

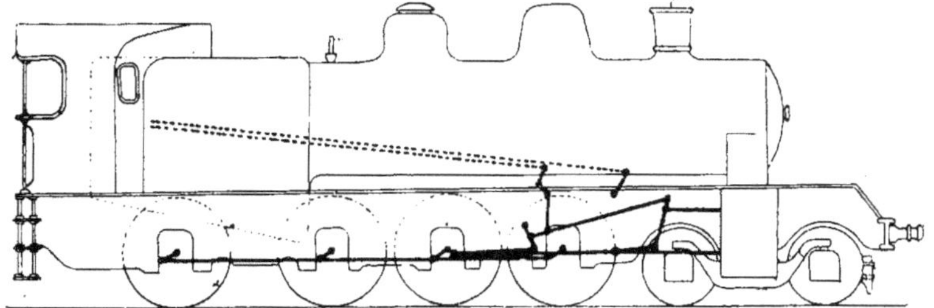

Fig. 32. — Locomotive 4700 du P.-L.-M.

Cependant cette dernière est employée assez fréquemment par le P.-L.-M. pour la remorque même des trains express lourds sur ses grandes lignes.

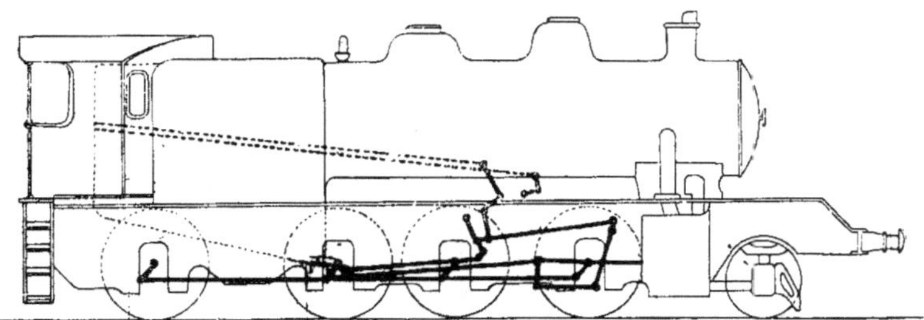

Fig. 33. — Locomotive 3700 du P.-L.-M.

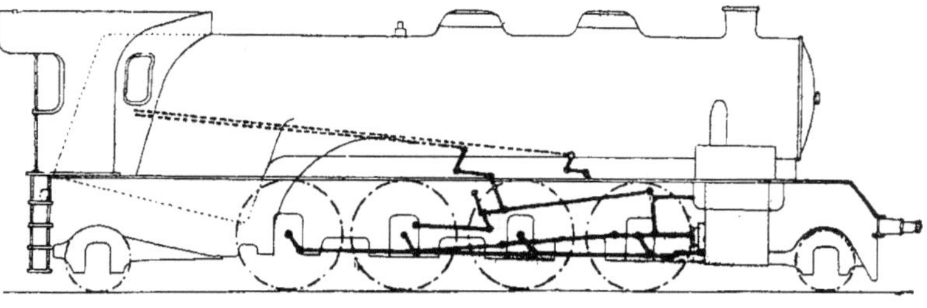

Fig. 34. — Locomotive Mikado P.-L.-M.

Machines à marchandises. — Dès 1845, la machine à marchandises est construite avec trois essieux couplés sans essieux porteurs, c'est-à-dire à adhérence totale (0—6—0).

Le type primitif est la machine **Mammouth** de Stephenson, construite en 1845 pour le chemin de fer de Paris-Orléans (fig. 35).

Ce modèle à cylindres intérieurs a été copié par toutes les compagnies et a donné naissance au type **Bourbonnais** à cylindres exté-

Fig. 35. — *Mammouth*, par Stephenson, pour le chemin de fer Paris-Orléans (1845).

rieurs, qui a été reproduit à plusieurs milliers d'exemplaires sur les réseaux français et étrangers (fig. 36).

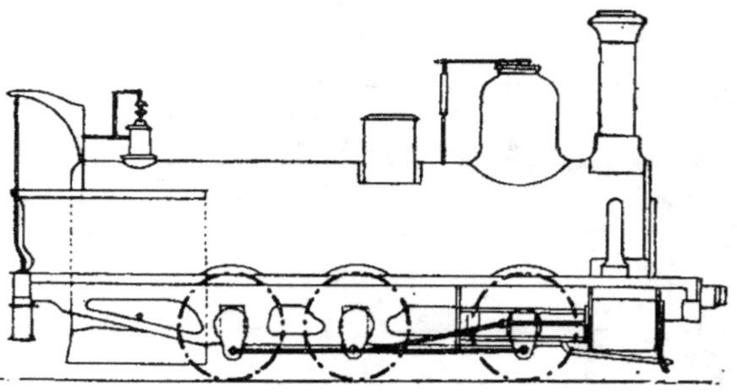

Fig. 36. — Locomotive type Bourbonnais du P.-L.-M.

Ces machines très simples, très robustes et fort bien étudiées, ont fait un service remarquable et ne se sont trouvées démodées et insuffisantes que vers 1900.

Les locomotives **Bourbonnais** ont fait place à un type un peu plus puissant

$$0—6—2 \text{ (fig. 37),}$$

qui a eu peu de vogue.

Toutefois, dès l'apparition des lignes à fortes rampes, on a dû recourir aux machines à quatre essieux couplés (fig. 38), pour éviter, dans la mesure possible, la remorque des trains en double traction.

A la machine 0—6—2 s'est substitué le type mixte à bogie 4—6—0, dont nous avons déjà parlé ; puis les locomotives 0—8—0 de mon-

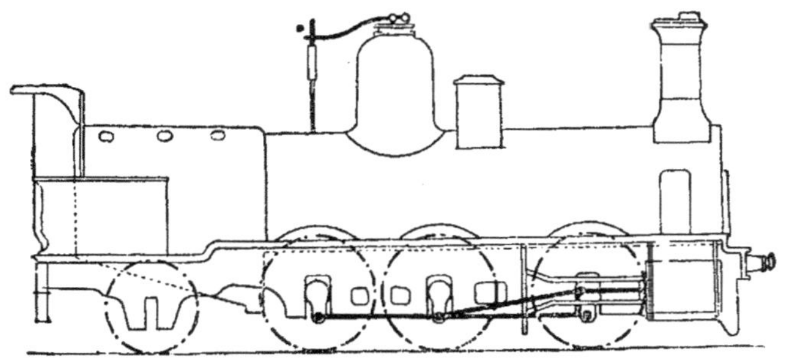

Fig. 37. — Locomotive 3001—3146 du P.-L.-M.

tagne ont été utilisées plus largement sur les lignes de plaine et se sont transformées en 4—8—0 (fig. 32) ou en 2—8—0 (fig. 33).

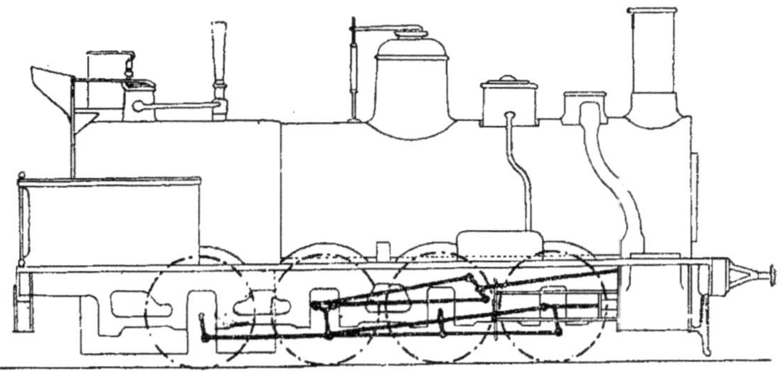

Fig. 38. — Locomotive à quatre essieux couplés du Nord.

L'adoption des foyers débordants nécessités par les grilles à surface voisine de 4 mètres carrés a entraîné l'emploi des essieux porteurs à l'arrière et a conduit aux rapides au type **Pacific** et aux marchandises au type **Mikado** (2—8—2) (fig. 34), qui semblent tous deux destinés à un emploi étendu.

Enfin, sur les lignes de montagne, on utilise de plus en plus des machines à cinq essieux couplés avec ou sans tenders qui donnent d'excellents résultats (fig 39).

En résumé, en 1919, les types les plus puissants et les plus employés pour le service des grandes lignes sont :

La **Pacific** et la **Ten Wheeler** à roues de 2 mètres pour les rapides ;

La **Ten Wheeler** à roues de diamètre inférieur à 2 mètres pour les trains de voyageurs et express ;

La **Twelfe Wheeler**, la **Consolidation** et la **Mikado** pour les marchandises, la machine à cinq essieux accouplés avec ou sans essieux porteurs pour la montagne.

Il est bien entendu que l'application indiquée ci-dessus n'a rien de formel et que l'on utilisera très normalement les machines d'un type déterminé à d'autres services.

C'est ainsi que la *Ten Wheeler* peut être employée aussi bien aux rapides, aux voyageurs et aux marchandises ;

Que la *Mikado* sera utilisée avantageusement aussi bien aux voya-

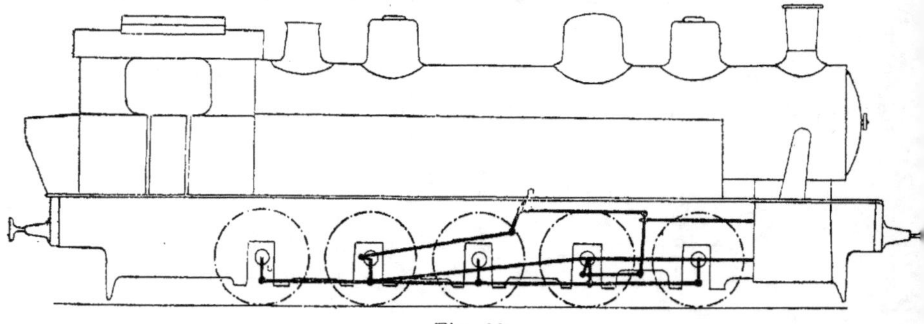

Fig. 39.

geurs sur la montagne qu'aux marchandises sur les lignes de plaine, etc.

Banlieue. — Le service de banlieue a pris depuis quarante années une telle extension qu'il est devenu nécessaire de créer pour lui des types spéciaux.

Jusque vers 1900, les genres les plus variés de locomotives ont été employés à cet usage ; mais presque toutes étaient des machines-tenders. On conçoit, en effet, que, pour un service comportant des courses nombreuses et de faible longueur, on a tout avantage à éviter le tournage à chaque extrémité du parcours.

Les machines-tenders :

2—4—0

4—2—0

0—6—0

ont été longtemps suffisantes.

Mais le développement rapide de ce service depuis 1900 a conduit progressivement aux types ci-après :

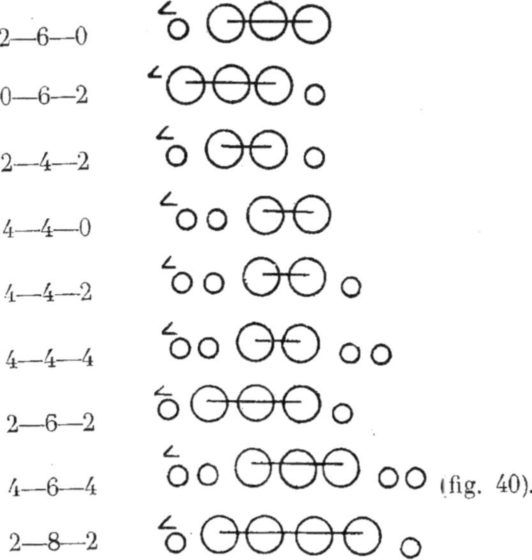

Ce sont ces trois derniers types qui resteront les modèles les plus utilisés pour les gros services suburbains, attendant leur électrification prochaine

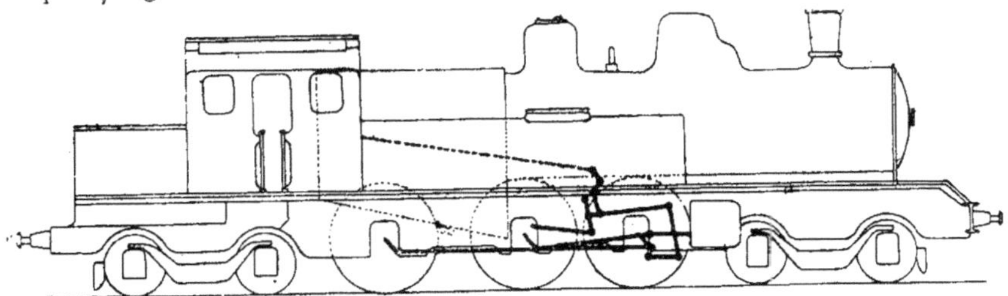

Fig. 40. — Locomotive-tender série 5300 du P.-L.-M.

Machines articulées. — A noter l'emploi de quelques machines articulées genre Mallet (fig. 41), qui jusqu'ici ont eu peu de faveur en France, alors qu'elles sont en grande vogue en Amérique, où viennent de paraître les deux plus puissants spécimens :

2—8+8+8—2 (fig. 42),

sur l'*Erié Railroad* et

2—8+8+8—4 (fig. 43),

sur le *Virginian*.

Machines de manœuvres. — Les machines spéciales de manœuvres sont des locomotives-tenders à trois, quatre ou cinq essieux accouplés, qui ne présentent aucune caractéristique particulière.

Telle est, dans les grandes lignes, l'évolution de la locomotive depuis 1845 jusqu'à nos jours.

Cette évolution a été nécessitée par l'augmentation toujours croissante de la puissance de la chaudière.

Les foyers profonds de 1 mètre carré du début, qui étaient en porte-

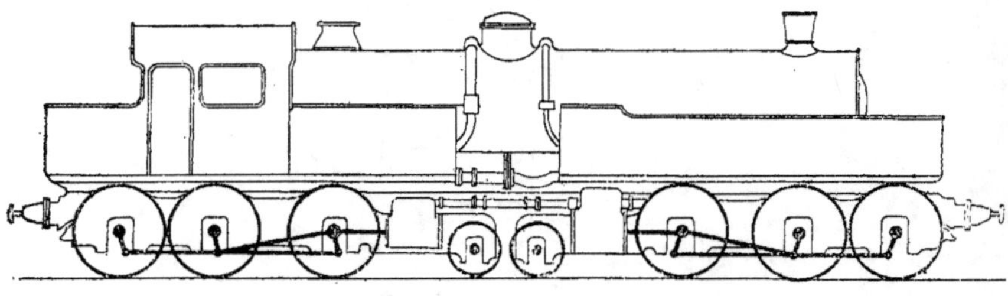

Fig. 41.

à-faux, ont fait place d'abord aux foyers longs de 2 mètres carrés et 3 mètres carrés logés entre les longerons, puis aux foyers débordants de 4 mètres carrés que l'on trouve sur les *Pacific* et les *Mikado*.

Pendant ce temps, la chaudière se développait parallèlement par son diamètre et sa longueur jusqu'à occuper presque tout le gabarit, alors que la longueur extérieure apparente de la cheminée diminuait de plus en plus.

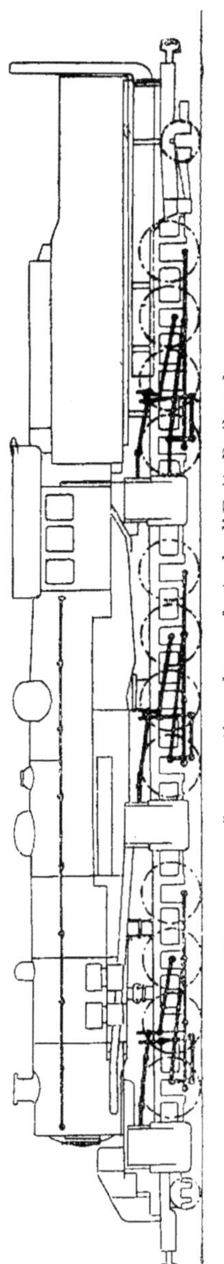

Fig. 42. — Locomotive de renfort de l'Erié Railroad.

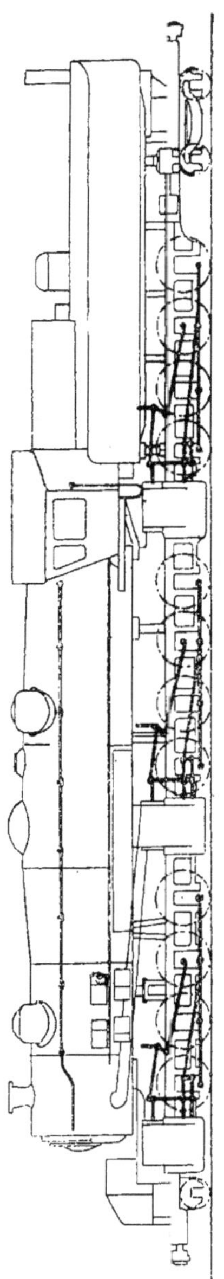

Fig. 43. — Locomotive du Virginian Railway.

CHAPITRE II

CHAUDIÈRE

§ I. — COMBUSTION.

4. Généralités sur la combustion. — La quantité de charbon consommée par les locomotives est très considérable. Sur le réseau P.-L.-M., elle a dépassé, en 1913, 1 800 000 tonnes, représentant une valeur de plus de 55 millions de francs (1). Le montant des recettes du P.-L.-M. la même année ayant été de 588 millions, on voit, par la comparaison des chiffres, toute l'importance que l'on doit attacher à l'étude de tout ce qui se rapporte à l'utilisation du combustible.

La houille et les agglomérés employés habituellement dans les foyers des locomotives peuvent être considérés comme formés essentiellement de carbone C et d'hydrocarbures CH^4 et C^2H^4.

Le carbone peut être consommé de deux façons : avec excès d'air, il donne en se combinant à l'oxygène de l'acide carbonique :

$$C + 2O = CO^2.$$

Si l'air n'arrive pas en quantité suffisante, il brûle en produisant de l'oxyde de carbone :

$$C + O = CO.$$

Pour 1 kilogramme de carbone, la première réaction développe 8 000 calories, tandis que la seconde n'en développe que 2 400.

Si l'air arrive en excédent, il diminue légèrement la température du foyer, car une certain nombre de calories sont employées à réchauffer inutilement cet excédent. La chaleur spécifique de l'air étant de 0,2408, l'échauffement de 1 000° de 1 mètre cube d'air absorbe environ

$$0{,}2408 \times 1\,000 \times 1{,}293 = 311 \text{ calories.}$$

On voit par là tout l'intérêt qui existe à faire arriver l'air en **quantité suffisante** à travers la grille d'un foyer, de façon à assurer la combustion complète, **mais en évitant tout excès.**

Les hydrocarbures CH^4 et C^2H^4 contenus dans la houille forment 20 à 30 p. 100 du poids total du combustible. Avec une quantité d'air suffisante, ces hydrocarbures brûlent, suivant les réactions ci-après,

(1) En 1918, la dépense de charbon a été de 2 355 000 tonnes, qui ont été payées 250 000 000 de francs.

en produisant de l'acide carbonique et de l'eau et en dégageant environ 11 000 calories.

$$CH^4 + 40 = CO^2 + 2H^2O \quad (11\ 300\ \text{calories});$$
$$C^2H^4 + 60 = 2CO^2 + 2H^2O \quad (11\ 400\ \text{calories}).$$

Si l'air n'arrive pas en quantité suffisante, les hydrocarbures distillent en brûlant imparfaitement. Ils produisent une fumée intense et développent alors beaucoup moins de chaleur.

La *combustion de 1 kilogramme de houille* de qualité moyenne nécessite environ 12 kilos d'air, soit un peu plus de 9 mètres cubes, mais *pratiquement il faut injecter sous la grille du foyer d'une locomotive de 12 à 15 mètres cubes d'air.*

Il importe de ne pas tomber au-dessous de ces chiffres, car alors la combustion est très incomplète ; une partie du charbon se transforme en oxyde de carbone en ne dégageant que 2 400 calories au lieu des 8 000 obtenues dans la combustion complète.

Tout dégagement d'oxyde de carbone dans les produits de la combustion représente, par suite, *une perte importante.*

On peut énoncer cette règle qu'il est nécessaire, pour assurer une bonne combustion dans un foyer, d'y faire arriver l'air en *quantité suffisante* et plutôt en *léger excès* que *par défaut.*

Dans les foyers de locomotives la *quantité d'eau vaporisée* varie de *6 à 8 litres par kilogramme de charbon* selon la qualité du combustible, le type du foyer, les conditions de chargement du feu et le tirage.

5. Choix des combustibles. — Le combustible le plus avantageux est celui qui, pour un résultat donné, coûte le moins cher. Les compagnies de chemins de fer se sont tellement appliquées à suivre ce principe que leurs ingénieurs ont souvent construit les foyers de leurs locomotives pour la meilleure utilisation des houilles de la région parcourue.

Nous examinerons la question à un point de vue plus général et nous supposerons, ce qui est le cas habituel, que l'on s'alimente à diverses mines produisant des charbons de qualités différentes.

Au point de vue de la qualité, on peut diviser les houilles en trois grandes catégories :

Houilles grasses ;
Houilles demi-grasses ;
Houilles maigres.

Les houilles grasses se boursouflent au feu en formant une sorte de croûte pâteuse, que l'on est obligé de rompre à chaque instant avec le pique-feu. Elles donnent beaucoup de fumée. Elles sont, du reste, absorbées en majeure partie par l'industrie pour la production du coke de la métallurgie ou pour la production du gaz d'éclairage.

Les houilles maigres brûlent plus difficilement, sans s'agglomérer, et donnent moins de flammes.

Les houilles demi-grasses ont des qualités intermédiaires.

Les diverses houilles sont consommées sous l'une des formes ci-après :

Agglomérés ;
Criblés ;
Tout-venant ;
Menus.

Les prix d'achat de ces charbons sont très variables, mais on peut admettre pour la comparaison les chiffres relatifs ci-après d'avant-guerre (1913) et de 1922 :

	1913.	1922.
Agglomérés	24 fr.	120 fr.
Criblés	23 —	110 —
Tout-venant	18 —	75 —
Menus	17 —	60 —

On voit par là l'intérêt qu'il y a à consommer des menus, et on comprend que l'effort des compagnies se soit porté depuis vingt ans surtout sur l'utilisation intense de ce combustible.

Les compagnies de chemins de fer assurent leurs approvisionnements de ce combustible autant que possible par les mines qui se trouvent sur leur réseau ou qui en sont peu éloignées. Toutefois, depuis quelques années, en raison de la grande concurrence qui existe sur le marché, on a eu tendance à se fournir parfois assez loin.

Le combustible qui convient le mieux est généralement un charbon demi-gras à cendres peu fusibles. C'est qu'en effet la question des cendres devient souvent très importante en raison des difficultés de chauffe provoquées par la présence des mâchefers.

On est, par suite, conduit à opérer des mélanges de charbon de diverses provenances, non seulement pour obtenir un combustible convenable, mais souvent pour améliorer des houilles bon marché de qualité médiocre, et donnant consommées seules de mauvais mâchefers.

En service courant, les locomotives utilisent le plus possible des menus dont le prix est sensiblement inférieur à celui des criblés et des briquettes.

On s'est efforcé, par suite, de réduire l'emploi des agglomérés, et l'on est arrivé dans bien des cas à fixer la proportion des deux charbons aux environs de :

> 75 p. 100 de menus.
> 25   —   de briquettes.

Les criblés sont des combustibles de choix (**Aniche**, **Dourge**, etc.) en gros morceaux, triés à la pelle à grille de façon à éliminer le poussier. Ils sont livrés aux machines qui remorquent des trains particulièrement durs, notamment les grands rapides.

Les agglomérés sont le plus souvent utilisés par les mécaniciens pour les allumages et les préparations du feu avant le départ. Comme ce sont généralement de bons charbons à cendres peu fusibles, ils améliorent les mâchefers du charbon avec lequel ils sont consommés.

Ils servent aussi de suprême ressource dans les moments difficiles pour remonter le feu ou pour activer l'intensité de la production de la chaudière.

Les tout-venants sont constitués par un mélange de poussier et de morceaux de petites dimensions non lavés. C'est, en somme, ce qui reste des produits de l'extraction quand on a enlevé les gros morceaux (criblés).

Ces tout-venants sont plus ou moins purs. Ils contiennent parfois des schistes qui diminuent leurs qualités.

Lorsque les tout-venants proviennent d'une mine où il y a peu de schiste et dont la houille est par ailleurs de bonne qualité, ils forment un excellent combustible ; si, au contraire, les produits de l'extraction sont schisteux, les menus sont généralement préférables, parce qu'ils sont lavés et que les schistes en ont été ainsi éliminés.

Les prix des menus et des tout-venants sont à peu près identiques,
et l'emploi de l'une ou l'autre qualité dépend des circonstances locales.

6. Pouvoir calorifique. — Le pouvoir calorifique d'un combustible est donné par la quantité de chaleur produite par la combustion complète de 1 kilogramme de ce combustible.

Il est évalué en calories. La calorie est la quantité de chaleur nécessaire pour élever la température de 1 kilogramme d'eau de 1°.

Le pouvoir calorifique des charbons employés dans les chemins
de fer varie de 7 000 à 8 500 calories.

Il convient, bien entendu, dans le choix d'un charbon de ne pas
considérer son pouvoir calorifique de laboratoire, mais bien celui
obtenu pratiquement. Cela se conçoit, du reste, car le pouvoir calorifique déterminé au laboratoire porte sur une petite quantité de
charbon dont la combustion n'est pas gênée par ses cendres ; au contraire, si l'on considère la combustion dans un foyer, l'accumulation
des cendres du combustible déjà consumé et leur fusibilité peuvent
gêner considérablement le tirage. La formation de CO au lieu de CO^2
réduit notablement la quantité de chaleur développée; par suite, le
pouvoir calorifique utile peut se trouver très inférieur au pouvoir
calorifique déterminé au laboratoire.

Il convient donc, lorsqu'on se propose de passer un marché de
charbon, non seulement d'effectuer l'analyse de ce charbon pour déterminer sa composition, mais aussi de procéder à un essai pratique dans
les foyers des locomotives où il est susceptible d'être employé.

Un bon combustible contient environ 5 p. 100 à 10 p. 100 de cendres
peu fusibles, 25 à 30 p. 100 de matières volatiles et 65 à 70 p. 100 de
carbone.

Lorsqu'une qualité de charbon a une composition satisfaisante,
mais laisse à désirer par la trop grande fusibilité des cendres, on y
remédie par un mélange convenable de briquettes ou d'un autre
charbon à cendres peu fusibles. On arrive ainsi à tirer le meilleur part
des produits dont on dispose.

7. Houilles pyriteuses. — Il faut éviter soigneusement d'utiliser
des houilles pyriteuses, qui sont très funestes à la conservation des
foyers.

La pyrite est un sulfure de fer qui a pour formule FeS^2. Lorsque la pyrite brûle avec la houille dans une partie du foyer où l'oxygène n'arrive pas en quantité suffisante, elle se décompose en sulfure de fer FeS et met en liberté du soufre :

$$FeS^2 = FeS + S.$$

Or la vapeur du soufre attaque très rapidement le cuivre, qui constitue les parois des foyers en produisant leur amincissement. C'est là la principale cause d'usure des foyers en cuivre. On a pu constater en cinq ou six ans une diminution d'épaisseur de 14 millimètres à 8 millimètres des plaques latérales de certains foyers au voisinage des endroits où le tirage est le plus réduit par la forme du cendrier.

§ II. — DISPOSITIONS GÉNÉRALES DE LA CHAUDIÈRE.

Une chaudière destinée à produire la vapeur se compose essentiellement d'un récipient clos contenant l'eau à chauffer et d'un foyer dans lequel est brûlé le combustible.

Les parties principales de la chaudière de locomotive sont : le

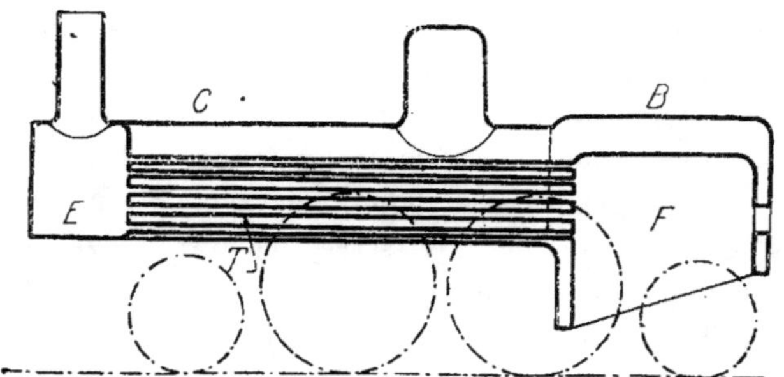

Fig. 44. — Disposition schématique d'une chaudière.

foyer F, la *boîte à feu* B, le *corps cylindrique* C, les *tubes* T et la *boîte à fumée* E (fig. 44).

Le *foyer* est une sorte de caisse dont les quatre parois latérales supportent le ciel et dont le fond est constitué par la grille. La paroi avant du foyer est percée pour recevoir les tubes à fumée et porte le nom de plaque tubulaire.

Sur toutes les machines anciennes, la largeur du foyer, qui était disposé entre les longerons, était limitée à un mètre environ. Pour obtenir les grandes surfaces de grilles nécessaires aux machines puissantes modernes, cette largeur réduite conduisait à adopter une grande longueur de foyer. Il en résultait quelques difficultés pour la conduite du feu par le chauffeur qui devait posséder une certaine habileté pour envoyer le charbon jusqu'à l'avant de la grille.

On a adopté depuis quelques années des foyers dits *débordants* dont la largeur atteint 2 mètres. On peut ainsi réaliser des surfaces de grille de 4 mètres carrés avec une longueur de foyer de 2 mètres seulement, longueur très acceptable pour la conduite du feu.

Quelques compagnies, notamment le P.-O., ont adopté un foyer mixte débordant à l'arrière et s'emboîtant entre les longerons à l'avant.

Les croquis ci-après montrent de quelle façon l'évolution s'est produite

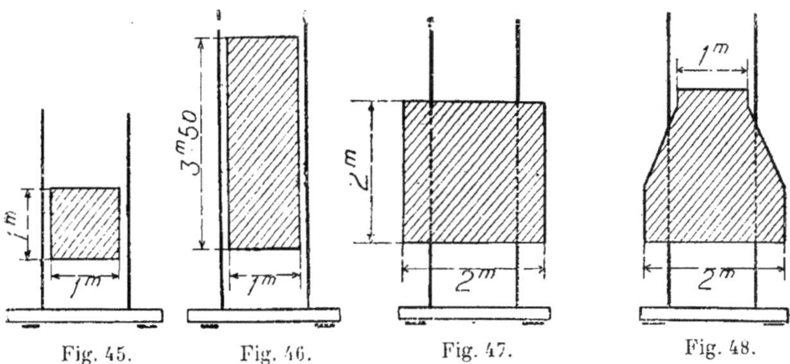

Fig. 45.   Fig. 46.   Fig. 47.   Fig. 48.

Sur les locomotives primitives, le foyer très profond descendait entre les longerons et n'avait guère que 1 mètre carré de surface de grille (fig. 45). Avec l'augmentation de puissance des machines, on a dû allonger progressivement les foyers jusqu'à 3m,50, ce qui donnait une surface de grille de 3mq,50 (fig. 46).

L'emploi de foyers débordants a permis d'atteindre 4 mètres carrés de surface de grille avec une largeur de 2 mètres seulement (fig. 47). Cette disposition de foyer a nécessité l'adoption d'un essieu porteur à l'arrière, que l'on trouve par suite sur la plupart des machines puissantes modernes (*Pacific, Mikado, Mountain*).

Enfin le foyer mixte dont il est question plus haut est disposé comme l'indique la figure 48 ; il déborde à l'arrière et vient plonger entre les longerons à l'avant. Ce type de chaudière est employé par le Compagnie P.-O. pour ses *Pacific.*

Le *foyer* F (fig. 49) est monté à l'intérieur d'une seconde caisse en tôle un peu plus grande B, que l'on nomme *boîte à feu*. Ces deux caisses sont réunies à la base par un cadre en fer sur lequel elles sont rivées solidement.

L'ouverture réservée à la porte du foyer est également formée, la

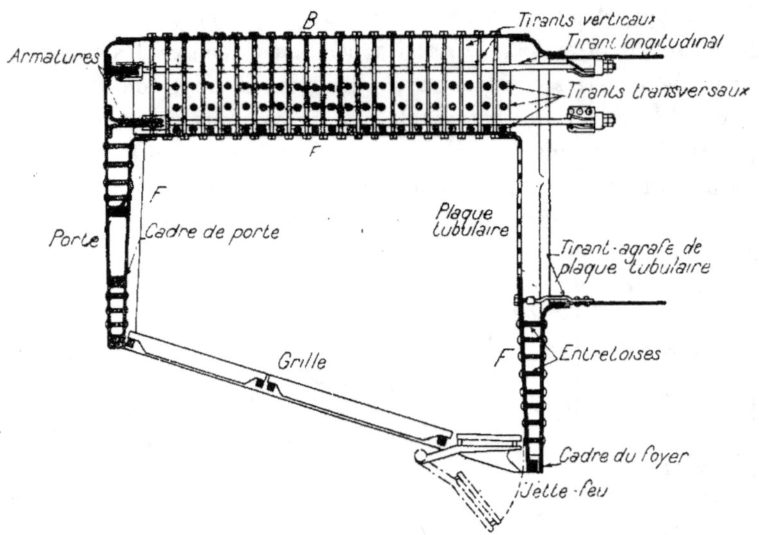

Fig. 49. — Coupe longitudinale d'un foyer.

plupart du temps, par un cadre analogue, mais plus petit, sur lequel les plaques arrière de foyer et de boîte à feu sont fixées de la même manière au moyen de rivets.

Enfin, pour permettre aux parties planes du foyer et de la boîte à feu de résister à la pression intérieure qui est énorme (1), elles sont reliées au moyen d'entretoises et de tirants et soutenues par des *armatures*.

La *boîte à feu* est réunie au *corps cylindrique* par une tôle emboutie de forme assez compliquée (fig. 50), appelée *plaque avant de la boîte à feu*.

L'assemblage est consolidé au moyen de tirants, car la force qui sollicite la séparation de la boîte à feu et du corps cylindrique est généralement *supérieure à 200 000 kilos* (surface de la section

____

(1) Les pressions habituellement adoptées sur les machines modernes sont voisines de 15 kilos par centimètre carré, ce qui donne 150 000 kilos par mètre carré.

du corps cylindrique en centimètres carrés multipliée par la pression
du timbre de la chaudière).

Les différentes tôles qui constituent le foyer et la boîte à feu sont
désignées de la façon suivante :

Foyer :

Plaque tubulaire de foyer ;
Plaque droite de foyer ;
Plaque gauche de foyer ;
Plaque arrière de foyer ,
Ciel de foyer.

Boîte à feu :

Plaque de dessus de boîte à feu ;
Plaque avant de boîte à feu ;
Plaque arrière de boîte à feu ;
Plaque droite de boîte à feu ;
Plaque gauche de boîte à feu.

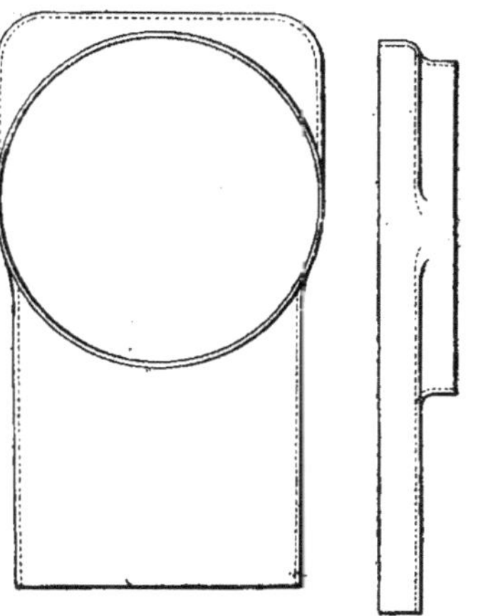

Fig. 50. — Plaque avant de boîte
à feu.

Le *corps cylindrique* est composé de *viroles* successives réunies
par des rivets. Il est terminé à l'avant par la *plaque tubulaire de
boîte à fumée.* Il contient le *faisceau tubulaire*, qui est fixé à la
plaque tubulaire de foyer et à la plaque tubulaire de boîte à fumée.

Le corps cylindrique est généralement muni d'un *dôme* dans lequel
s'effectue la prise de vapeur.

La chaudière est terminée à l'avant par la *boîte à fumée* surmontée
de la *cheminée*, qui est, avec l'*échappement*, l'organisme essentiel du
tirage et, par suite, de la puissance de vaporisation.

§ III. — FOYERS.

8. Différents types de foyers. — Les foyers de locmotives, par leur
forme générale, peuvent se ramener aux types ci-après :

Type Crampton ;
Type Belpaire ;
Type Wootten ;
Type Jacob Shupert ;

Type ondulé.

Le type **Crampton** est caractérisé par la forme cylindrique de la partie supérieure de l'enveloppe de la boîte à feu (fig. 51).

Le type **Belpaire** est caractérisé par la forme parrallélipipédique de la partie supérieure de la boîte à feu (fig. 52).

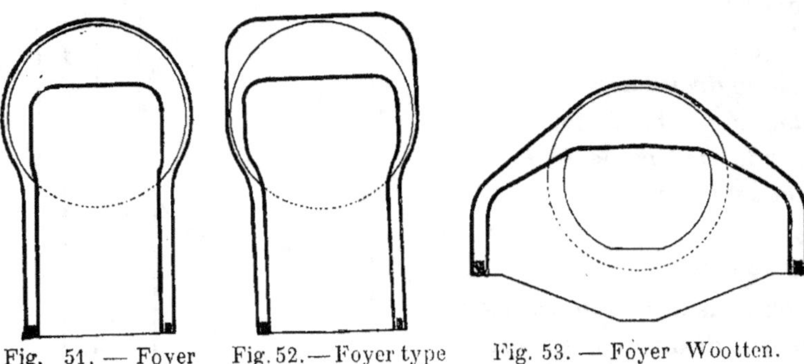

Fig. 51. — Foyer type Crampton.

Fig. 52.—Foyer type Belpaire.

Fig. 53. — Foyer Wootten.

Le type **Wootten** est un foyer débordant qui occupe en largeur presque toute la place disponible du gabarit (fig. 53).

Le foyer **Jacob Shupert** est un foyer sans entretoises, constitué par des éléments à section en forme d'U (fig. 54).

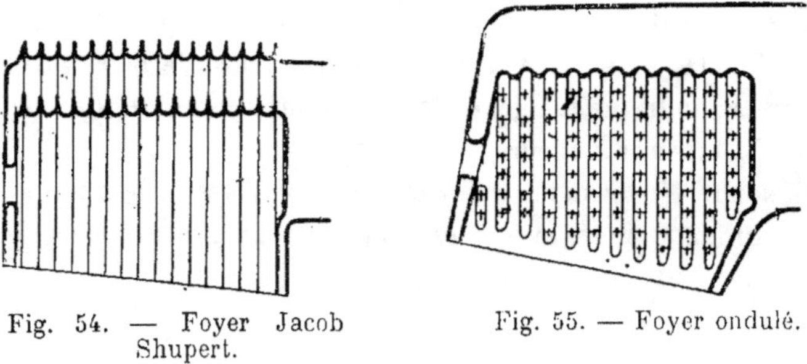

Fig. 54. — Foyer Jacob Shupert.

Fig. 55. — Foyer ondulé.

Enfin le foyer **ondulé** est un foyer dans lequel le ciel et les flancs sont formés par une tôle ondulée (fig. 55).

Nous allons examiner successivement les divers modes de construction de ces types de foyers.

9. Foyers Crampton. — Les anciennes locomotives possédaient en général des foyers de 1 mètre à 1^{m},50 de surface de grille dont le ciel plan était armaturé par des **fermes**

Ces fermes étaient ordinairement disposées dans le sens longitudinal (fig. 56).

Elles étaient formées de deux flasques en forte tôle maintenus écartés par des entretoises et réunies au moyen de rivets R (fig. 57).

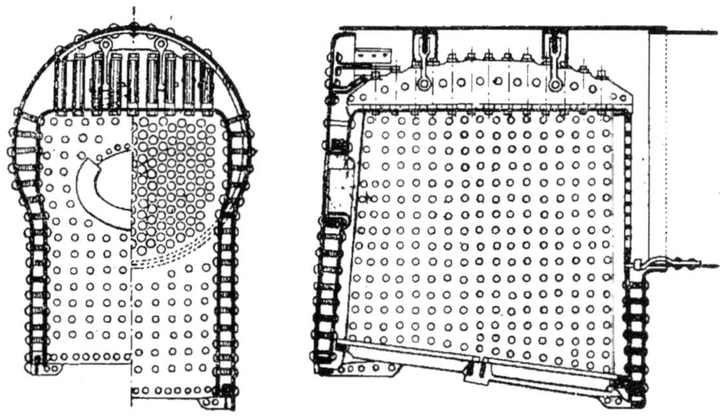

Fig. 56. — Coupes transversale et longitudinale d'un foyer Crampton.

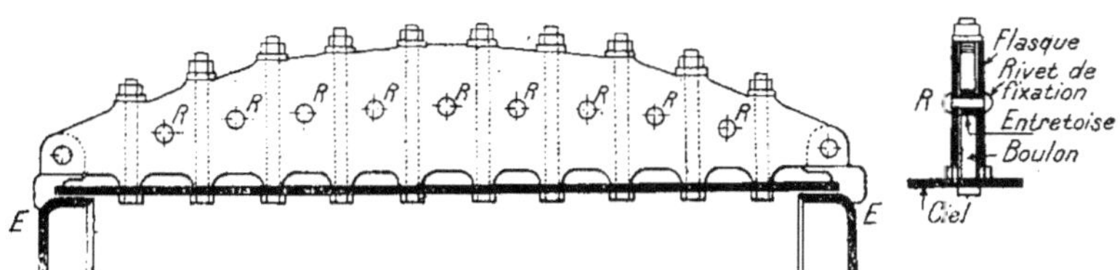

Fig. 57. — Ferme longitudinale d'un foyer Crampton.

On voit, à l'inspection de la figure ci-dessus, que le ciel forme un ensemble rigide dont la pression est répartie aux extrémités E des fermes à l'endroit où elles reposent sur les plaques avant et arrière de boîte à feu.

Certaines compagnies ont construit les fermes en acier moulé en

Fig. 58. — Ferme en acier moulé avec vis.

leur donnant une section évidée en forme de I (fig. 58). Le ciel était alors réuni aux fermes au moyen de vis. V.

Lorsqu'on a élevé le timbre des chaudières, on a trouvé que le dispositif avec fermes longitudinales reportait trop fortement toute la pression du ciel sur le cadre du foyer (fig. 59).

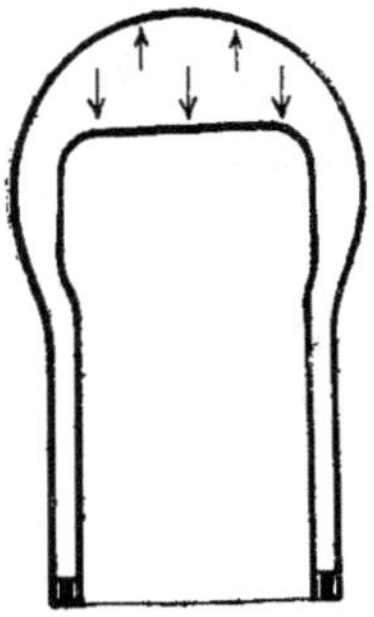

On a alors imaginé de réunir les fermes au berceau formé par la tôle extérieure de boîte à feu au moyen de biellettes B (fig. 60). Les foyers ainsi constitués étaient dits à *fermes suspendues*.

Cette suspension était réalisée soit pour chaque ferme séparément, soit en réunissant les fermes deux par deux, soit en ne suspendant qu'une partie des fermes.

Les machines types *Bourbonnais* qui ont formé jadis une partie très importante de l'effectif des locomotives P.-L.-M. ont la disposition ci-contre (fig. 61).

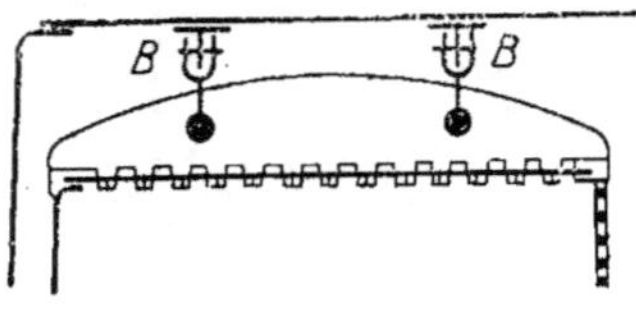

Fig. 59. — Schéma montrant la répartition des pressions sur le ciel et l'enveloppe.

Le foyer comporte huit fermes dont six suspendues deux par deux et les deux autres, celles des extrémités, non suspendues.

Fig. 60.

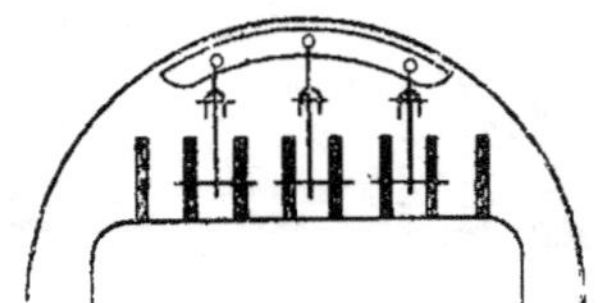

Fig. 61. — Mode de suspension des fermes des foyers des machines type *Boulonnais* du P.-L.-M.

L'allongement des foyers et l'élévation du timbre ont conduit à l'emploi des fermes transversales (fig. 62).

Les fermes sont supportées par des pièces de forme spéciale fixées au berceau formé par l'enveloppe extérieure de la boîte à feu.

Elles sont parfois disposées plus simplement.

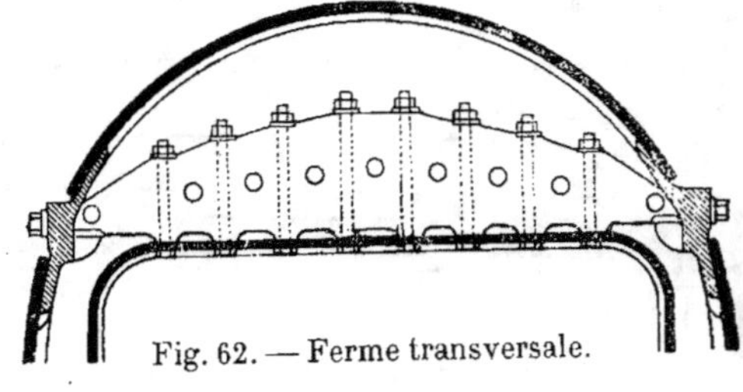

Fig. 62. — Ferme transversale.

On se contente alors de les faire reposer sur des *corbeaux* rivés à l'intérieur du berceau (fig. 64).

Cette disposition facilite la dilatation du foyer vers le haut au moment des allumages.

Enfin une troisième disposition (fig. 65) consiste à supprimer com-

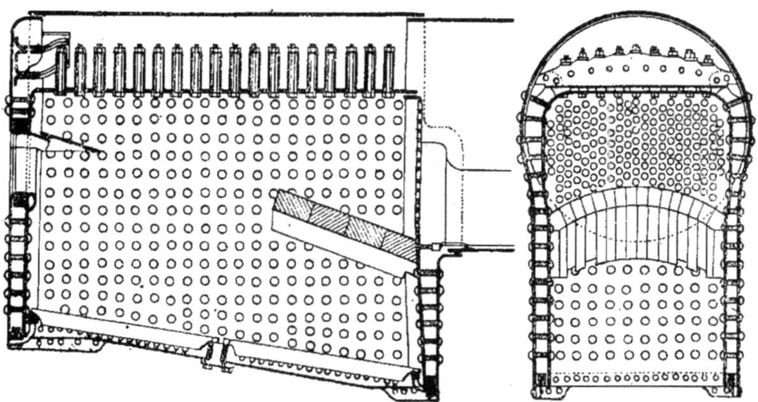

Fig. 63. —Coupe longitudinale et transversale d'un foyer à fermes transversales

plètement les fermes et à réunir le ciel du foyer au berceau par des *tirants* qui sont, en somme, de longues entretoises. On utilise dans ce cas l'une des deux dispositions représentées figures 66 et 67.

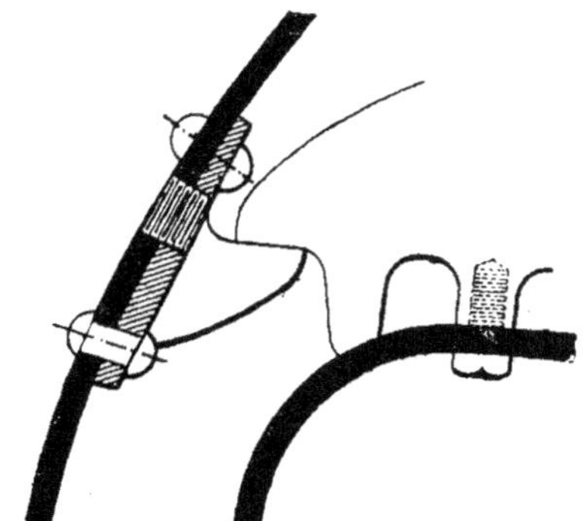

Fig. 64. — Dispositif de repos sur corbeaux pour fermes transversales.

10. Foyers Belpaire. — L'entretoisement des foyers **Crampton** au moyen de tirants présentait l'inconvénient que certaines de ces pièces ne travaillaient pas normalement aux surfaces qu'elles réunissaient. On y a bien paré partiellement en arrondissant légèrement le ciel de foyer comme dans le cas de la figure 67.

Mais, pour remédier plus efficacement à cette situation, on a été conduit à la *création d'une boîte à feu parallélipipédique* dans

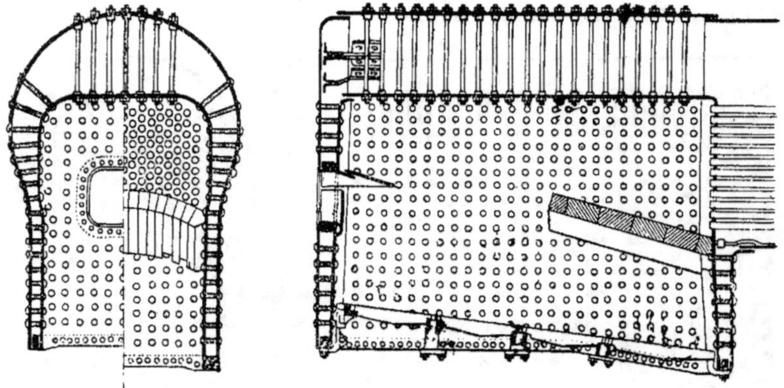

Fig. 65.

laquelle l'entretoisement pouvait se faire sans difficulté *normalement* aux parois.

Ce type de foyer a été développé au début sur les chemins de fer

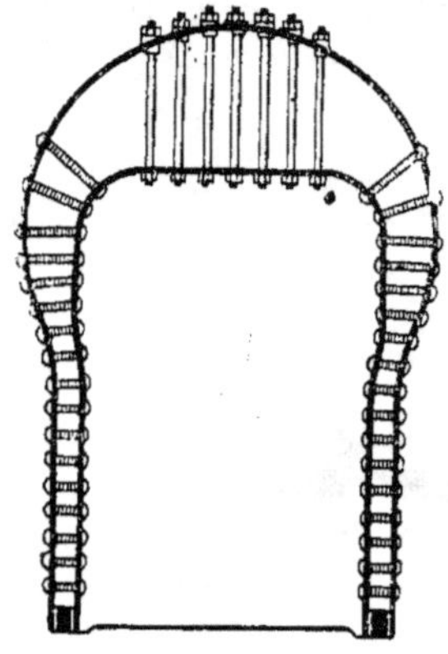

Fig. 66. — Foyer à ciel
plat avec tirants.

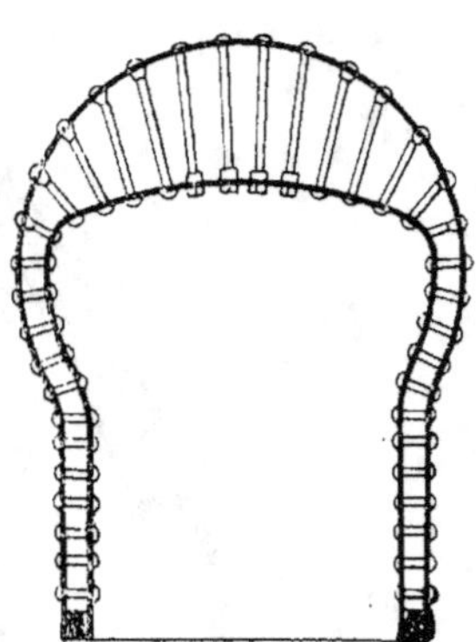

Fig. 67. — Foyer à ciel courbe
avec tirants.

de l'État belge par M. **Belpaire**, ingénieur en chef, qui lui a ainsi laissé son nom.

La figure 68 ci-contre représente un foyer Belpaire vu en coupes longitudinale et transversale.

Les **tirants verticaux** V réunissent l'enveloppe de boîte à feu au ciel de foyer.

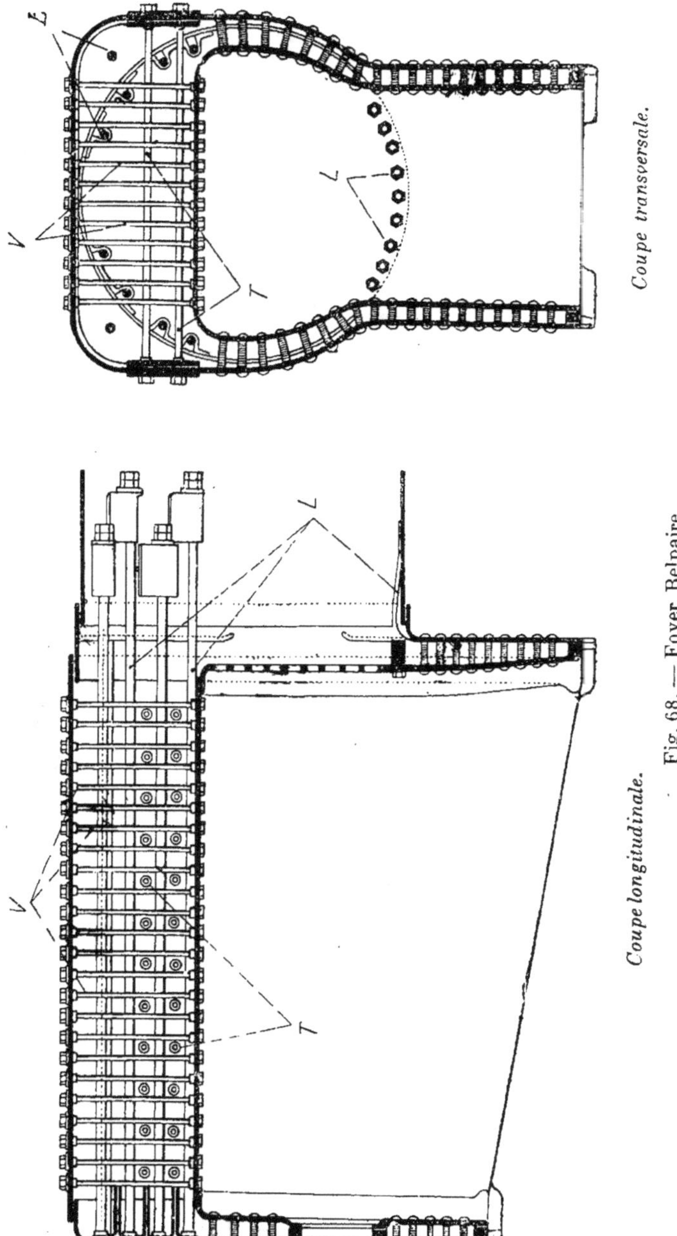
E
V
T
L
Coupe transversale.
Coupe longitudinale.
Fig. 68. — Foyer Belpaire.

Les *tirants transversaux* T forment l'entretoisement des flancs.

Enfin les *tirants longitudinaux* L assurent la solidité de la fixation de la boîte à feu au corps cylindrique et contribuent à diminuer la fatigue de la tôle emboutie avant de boîte à feu et de son rivetage.

Le foyer *Belpaire* est en grande vogue actuellement. La plupart des machines postérieures à 1900 possèdent ce foyer.

La Compagnie du Nord, notamment, l'a adopté pour ses *nouvelles Pacific*, mises en service en 1912, malgré la vogue naissante du foyer débordant. Le foyer de ces *Pacific*, qui compte parmi les plus grands du type Belpaire, a une grille de 3^{mq},220.

11. Foyer Wootten ou débordant. — Le foyer *Wootten* nous vient d'Amérique ; c'est un foyer très large, qui occupe presque tout le

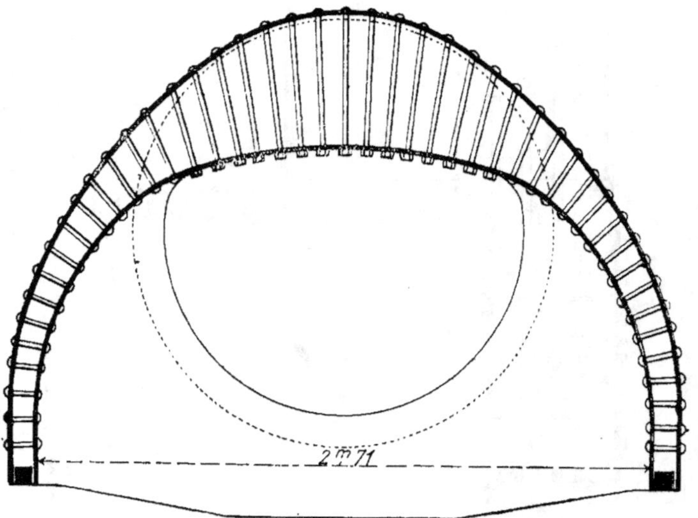

Fig. 69. — Coupe en travers d'un foyer Wootten.

gabarit. Il est peu profond et a été établi surtout pour brûler les charbons anthraciteux.

Comme il permet de réaliser de grandes surfaces de grille, son usage s'est peu à peu étendu aux machines modernes très puissantes.

La figure 69 représente une coupe transversale d'un foyer Wootten d'une machine 0—6—0 de la *Philadelphia et Reading*. La grille mesure 2^m,71 de largeur et 2^m,13 de profondeur.

En France, le P.-L.-M. a adopté ce type de foyer pour ses machines *Pacific*. Il est armaturé comme l'indique la figure 70.

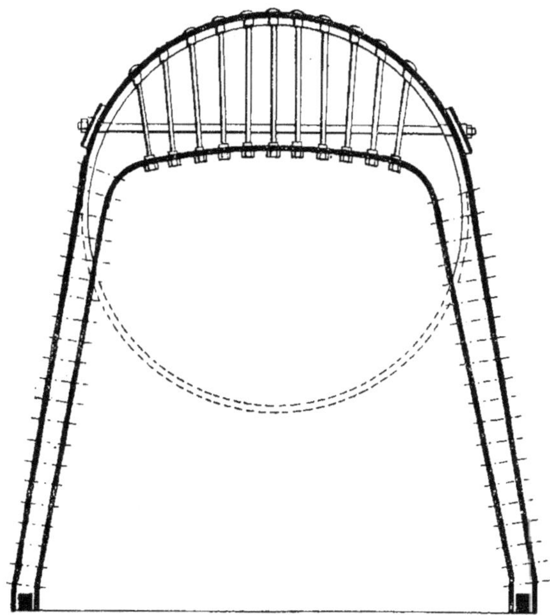

Fig. 70. — Foyer débordant type P.-L.-M.

La grille mesure 2 mètres de largeur et 2^m,125 de profondeur. La surface de grille est de 4^{mq},25.

En Amérique, où le gabarit des véhicules est très sensiblement plus

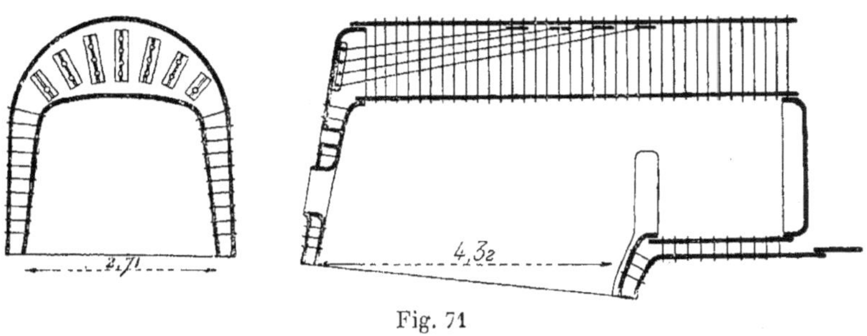

Fig. 71

grand que chez nous, on construit des machines bien plus fortes dans lesquelles la grille atteint les dimensions de 2^m,71 en largeur et 4^m,32 en profondeur, soit une surface de 11^{mq},70.

La figure 71 représente une coupe longitudinale et une coupe transversale d'un de ces foyers qui appartient à une machine

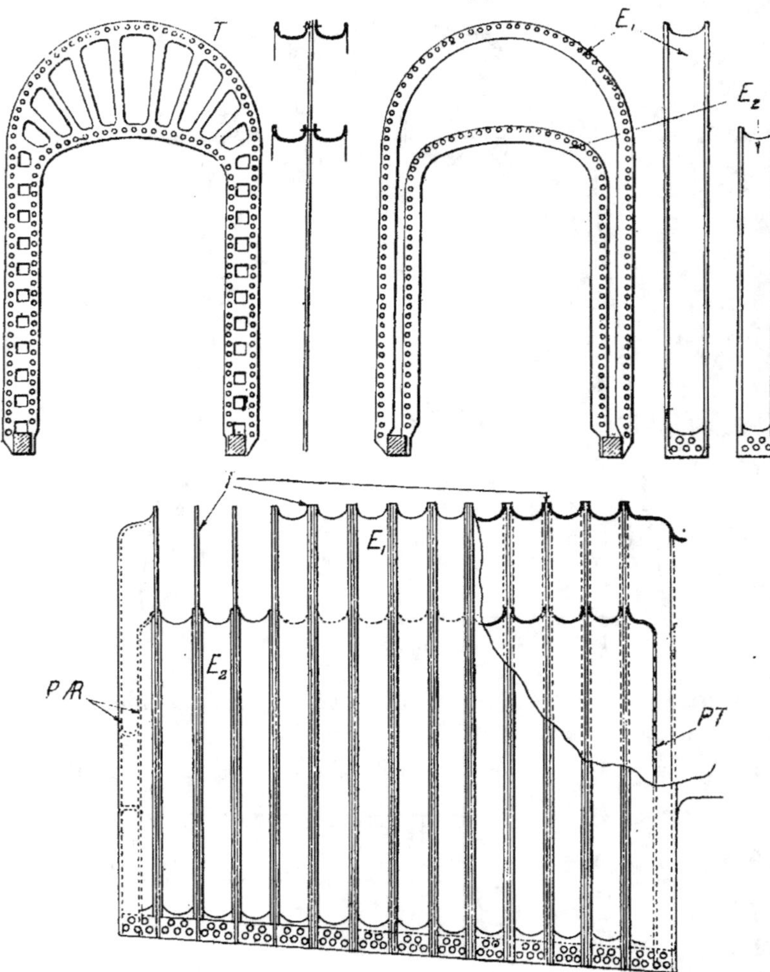

Fig. 72. — Foyer Jacob Shupert.

Mallet 2 — 8 + 8 — 2 du chemin de fer de Saint-Louis et San-Francisco.

On remarque que ce foyer est prolongé par une partie cylindrique qui augmente notablement la surface de chauffe directe. Cet appendice est appelé *chambre de combustion* parce qu'il favorise la combustion complète des gaz.

La Compagnie de Paris à Orléans, ainsi que nous l'avons vu plus haut, emploie un foyer **Belpaire mixte** débordant à l'arrière et rétréci à l'avant, qui permet d'obtenir dans la combustion les avantages des foyers profonds. Ce type de foyer est utilisé également en Italie et aux chemins de fer du Midi.

12. Foyer Jacob Shupert. — Le foyer *Jacob Shupert* est un foyer indéformable qui a été imaginé en vue de supprimer les entretoises et tirants réunissant la boîte à feu au foyer. Il jouit en ce moment d'une certaine vogue en Amérique.

Ce foyer se compose d'éléments $E_1 E_2$ rivés sur des tôles ajourées T formant entretoises. Les éléments E_1 constituent l'enveloppe de boîte à feu et les éléments E_2 le foyer.

La figure 72 montre une boîte à feu Jacob Shupert en cours de montage sur lequel les trois premiers éléments E_1 ne sont pas encore mis en place. On aperçoit entre les tôles T les éléments E_2 du foyer.

Tous ces éléments E_1 et E_2 sont terminés vers le bas par une partie aplatie qui est utilisée pour la fixation sur le cadre.

Le foyer se termine à l'avant et à l'arrière par des plaques spéciales embouties de façon à former, d'une part, la plaque tubulaire PT et, d'autre part, la plaque arrière de foyer et de boîte à feu.

13. Foyer en tôle ondulée. — On a essayé également, dans le même ordre d'idées, de constituer les flancs et le ciel par une tôle ondulée pour obtenir un foyer souple pouvant se plier aux efforts de dilatation habituellement subis par les chaudières. La figure 73 représente le foyer d'une machine *Consolidation* du New-York Central. Ce système de construction ne supprime pas naturellement d'une façon complète les entretoises, ni les armatures du ciel, mais il les réduit dans une proportion importante. On gagne également beaucoup en surface de chauffe directe par les ondulations, 50 p. 100 environ, ce qui est très intéressant.

Ce dispositif de foyer n'a encore que peu de vogue jusqu'ici ; il est cité seulement à titre documentaire.

14. Armature de plaque arrière de boîte à feu. — La plaque arrière de boîte à feu comporte une surface AB non entretoisée qui dépasse souvent un demi-mètre carré, soit 5 000 centimètres carrés.

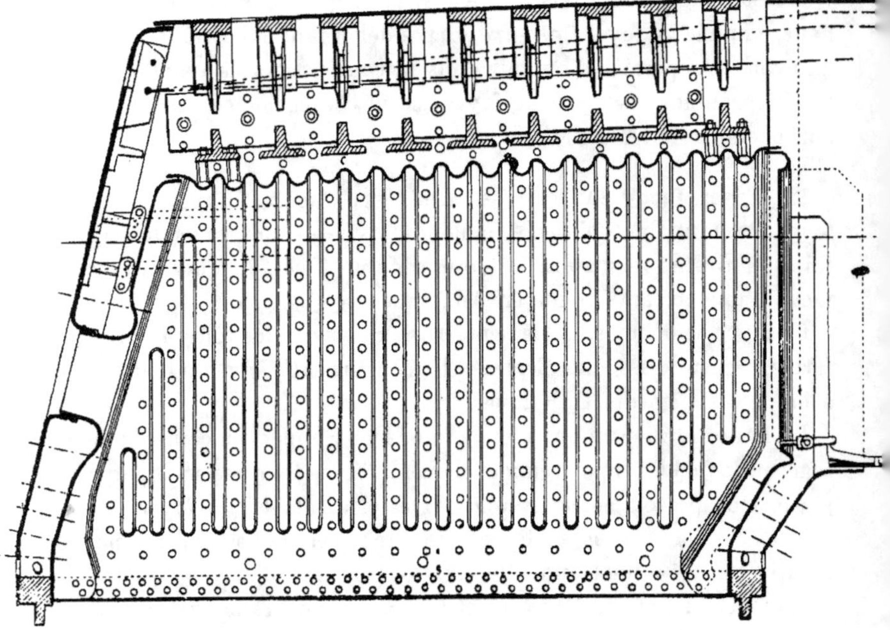

Fig. 73. — Foyer ondulé d'une machine *Consolidation* du New-York Central.

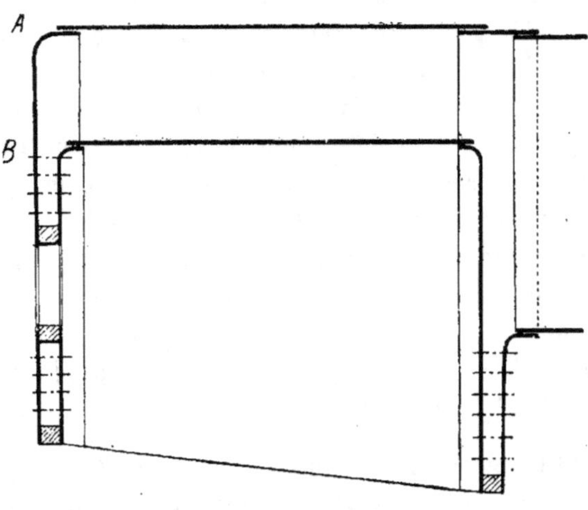

Fig. 74.

Si la pression de la chaudière est de 16 kilos, on voit que *cette surface supporte 16 × 5 000 =80 000 kilos.*

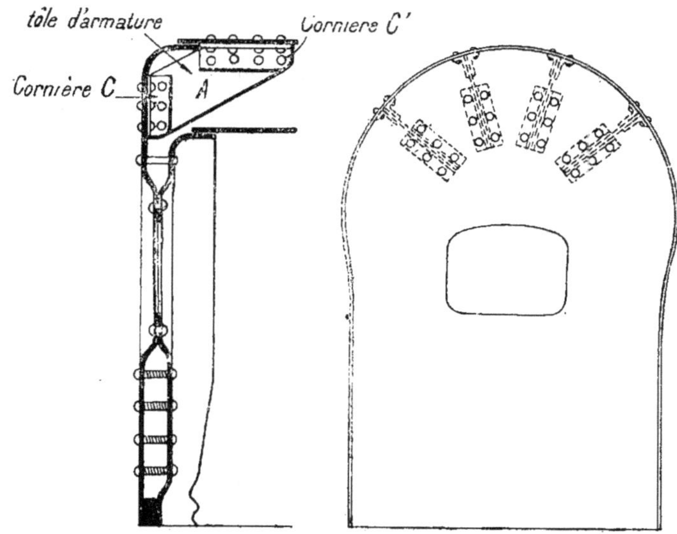

Fig. 75. — Type d'armature d'un foyer Crampton.

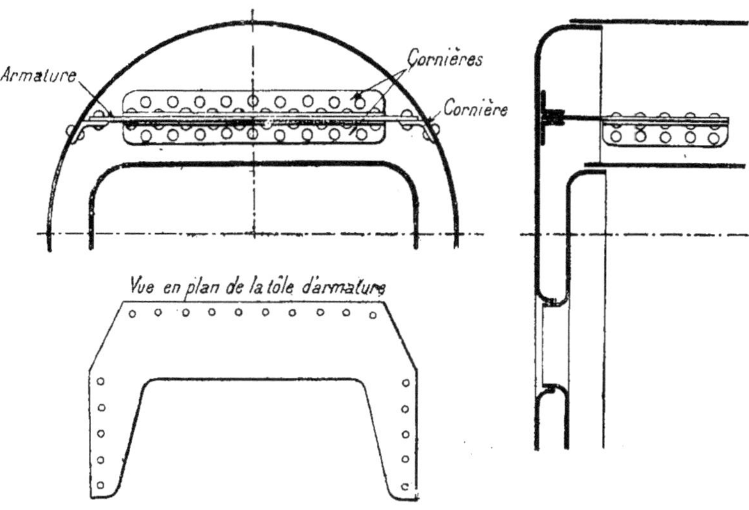

Fig. 76 — Autre type d'armature d'un foyer Crampton.

Pour assurer la solidité de cette partie de la plaque arrière de la boîte à feu, on la consolide au moyen d'*armatures* et de *tirants.*

Dans la figure 75 qui représente un foyer Crampton, la consolidation est obtenue seulement par des armatures constituées chacune par une tôle A fixée à 2 cornières en C sur la plaque arrière et en C′ sur l'enveloppe de boîte à feu.

La figure 76 montre une autre disposition dans laquelle l'armature

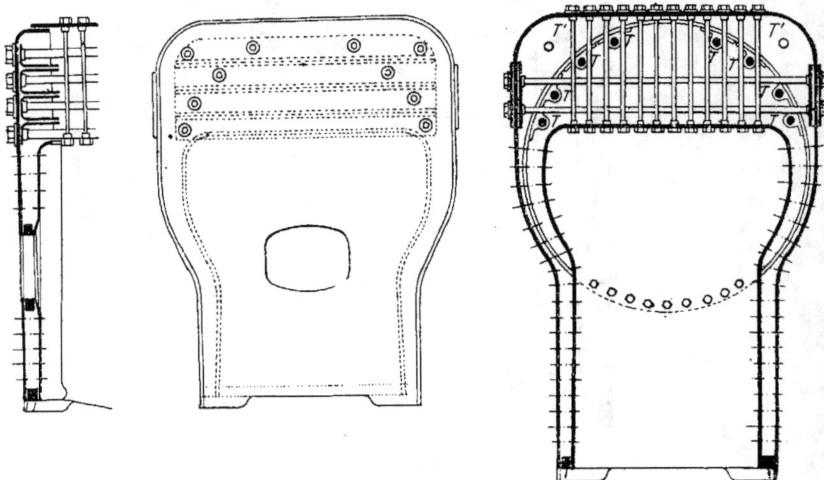

Fig. 77. — Type d'armature d'un foyer Belpaire avec des tôles en U.

est constituée par une large et solide tôle horizontale en forme de C fixée également par des cornières à la plaque arrière et à l'enveloppe.

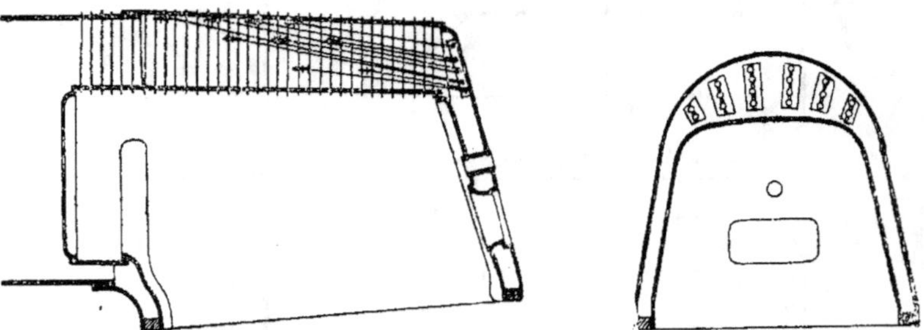

Fig. 78. — Type d'armature d'un foyer américain

Dans les foyers Belpaire, on emploie souvent l'agencement de la figure 77 dans lequel l'armature est formée par des cornières et des tôles pliées en forme d'U.

La plaque arrière est de plus maintenue par un certain nombre de tirants, les uns T fixés au corps cylindrique de la chaudière, les autres T′ entretoisant la boîte à feu dans les angles.

Dans les grands foyers américains, on consolide actuellement la

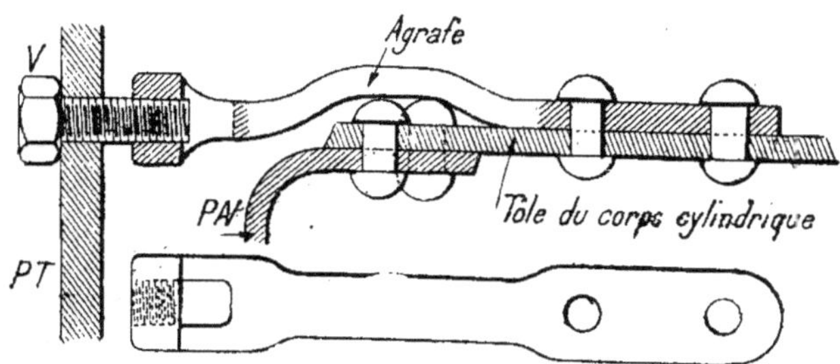

Fig. 79. — Agrafe de plaque tubulaire.

plaque arrière par des cornières disposées comme l'indique la figure 78, et l'on relie chacune de ces cornières par deux ou trois tirants de longueur variable à l'enveloppe de boîte à feu.

15. Agrafage des plaques tubulaires. — Le dispositif indiqué ci-dessus pour la consolidation et la réunion du foyer au corps cylin-

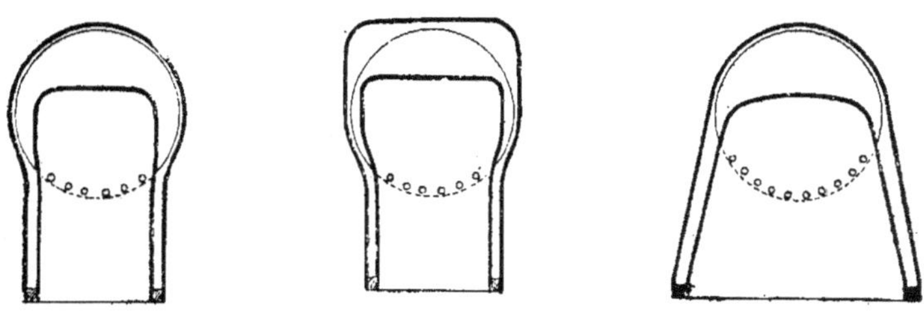

Fig. 80. — Dispositions diverses d'agrafes de plaque tubulaire.

drique est complété par la liaison de la plaque tubulaire au corps cylindrique au moyen de tirants spéciaux appelés **agrafes**.

Ces agrafes, au nombre de six, huit ou dix, sont formées par un tirant terminé à une extrémité par une patte rivée au corps cylindrique et l'autre extrémité par une tête avec un trou fileté. On relie cette tête de tirant à la plaque tubulaire au moyen d'une forte vis V.

Ces tirants sont disposés comme l'indiquent les schémas de la figure 80.

16. Tirants. — Nous avons vu qu'il y a trois sortes de tirants :

Tirants verticaux ;

Tirants transversaux ;

Tirants longitudinaux.

Tirants verticaux. — Les *tirants verticaux* réunissent le ciel

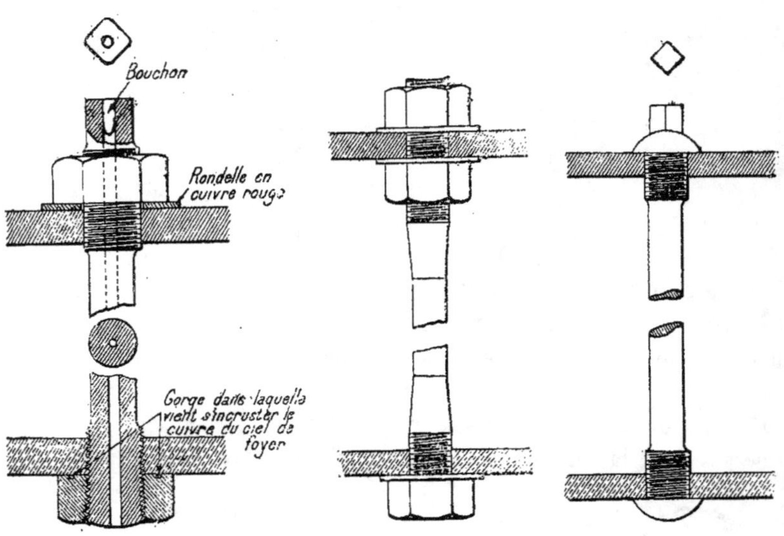

Fig. 81. — Tirant vissé   Fig. 82. — Tirant   Fig. 83. — Tirant
et percé type P.-L.-M.   avec contre-écrou.   rivé type américain.

de foyer à la partie supérieure de l'enveloppe de boîte à feu.

Les dispositions les plus habituellement suivies sont celles représentées figures : 81, 82, 83.

Le tirant vissé sans contre-écrou, percé d'un trou central, est employé surtout au P.-L.-M.

Le tirant plein avec contre-écrou à la partie supérieure est utilisé par de nombreuses compagnies.

Enfin, le tirant avec tête rivée est surtout en vogue en Amérique.

A notre avis, la disposition P.-L.-M. est très recommandable, car elle se comporte parfaitement en service et permet le remplacement facile d'un tirant isolé.

Certains constructeurs préconisent l'usage de **tirants à dilatation** (fig. 84).

Ces tirants ont pour but de permettre une dilatation du foyer dans le sens vertical, au moment des allumages. On les emploie généralement sur les dernières rangées transversales de tirants à l'avant.

Toutefois, la plupart des compagnies qui n'ont pas recours à ces tirants ont rencontré de ce fait certaines difficultés dans la tenue en service de leurs foyers.

Tirants transversaux. — Les *tirants transversaux* sont vissés dans les flancs. Ils sont mis en place avec ou sans contre-écrou (fig. 85).

Au P.-L.-M., on emploie la première disposition, mais le tirant

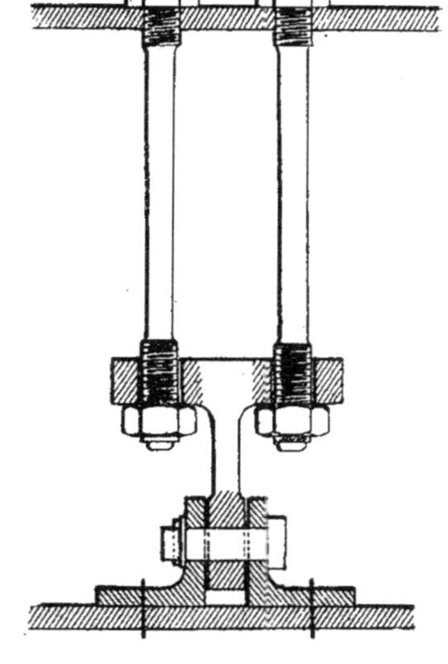

Fig. 84. — Tirants de dilatation.

est percé dans son axe d'un trou borgne de 150 à 200 millimètres (fig. 86) pour déceler les ruptures, qui sont, du reste, très rares.

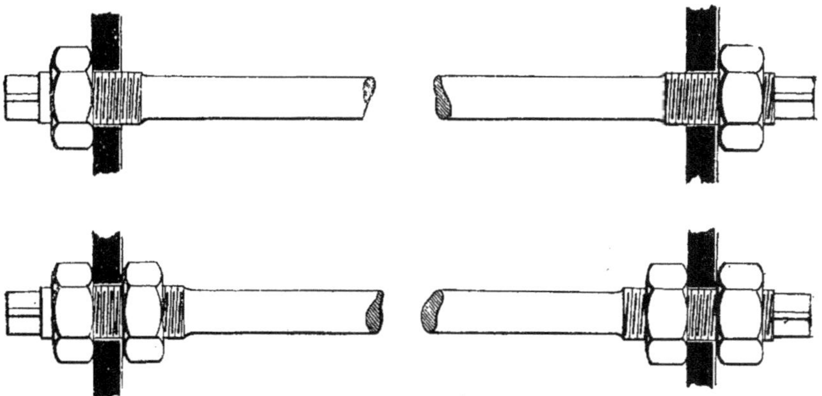

Fig. 85. — Tirants transversaux.

Tirants longitudinaux. — Les *tirants longitudinaux* sont beaucoup plus robustes que les précédents. Ils sont fixés, d'une part, à la plaque arrière de boîte à feu (fig. 87) ou à ses armatures (fig. 88) et, d'autre part, au corps cylindrique ou, dans les foyers très longs, à la tôle d'enveloppe de boîte à feu.

On préfère fixer les tirants à l'arrière aux armatures par une tête avec axe.

A l'avant, le tirant passe dans une douille (fig. 89) ou dans une agrafe

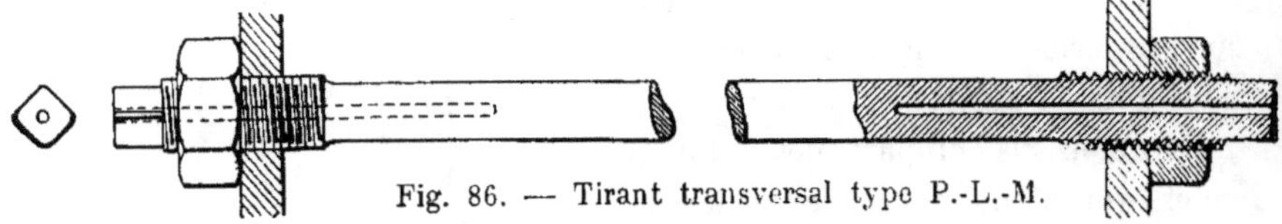

Fig. 86. — Tirant transversal type P.-L.-M.

(fig. 90) fixée à la chaudière et est maintenu sur cette douille ou agrafe par un écrou avec contre-écrou qui servent à donner le serrage voulu.

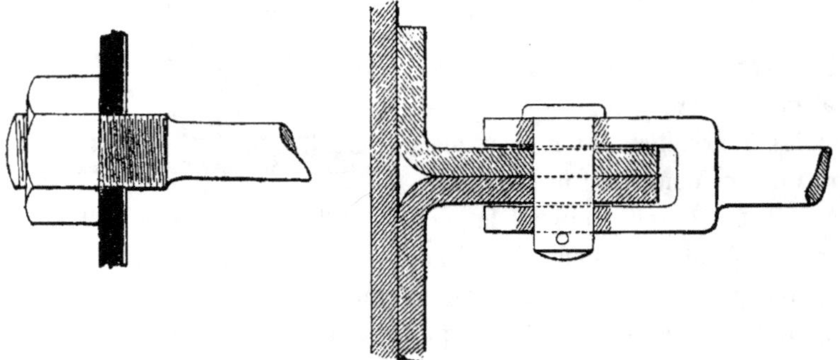

Fig. 87. — Tirant longitudinal, fixation à la plaque arrière.

Fig. 88. — Tirant longitudinal, fixation à l'armature.

17. Entretoises. — Les *entretoises* du foyer sont de petits tirants filetés qui servent à maintenir l'écartement entre les parois verticales du foyer et de la boîte à feu.

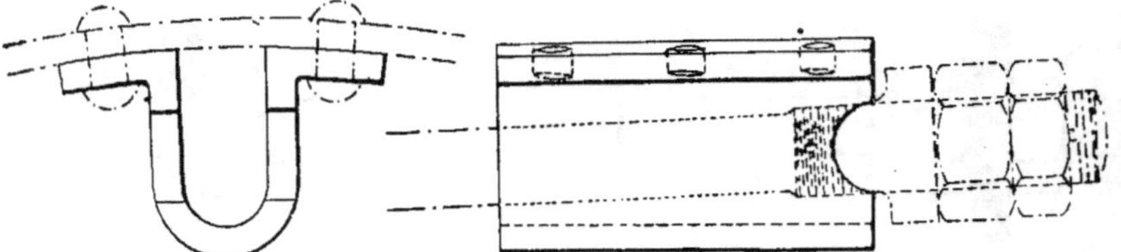

Fig. 89. — Tirant longitudinal. Fixation au corps cylindrique par douille.

Dans le foyer d'une chaudière timbrée à 16 kilos, la pression qui s'exerce sur un décimètre carré est de 1600 kilos. On voit que, si des entretoises sont espacées de 100 millimètres, chacune d'elles doit supporter *un effort de traction de 1 600 kilos.*

Le diamètre des entretoises varie de 23 à 25 millimètres et leur écartement de 80 à 100 millimètres.

Le cuivre rouge est le métal le plus communément employé. Malheureusement il ne résiste pas toujours à la fatigue subie par les entre-

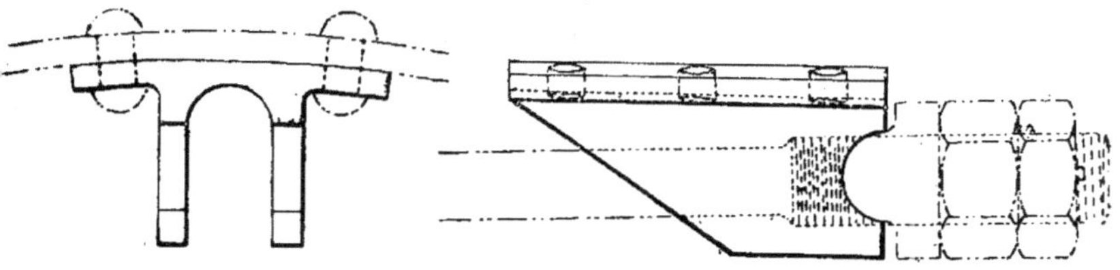

Fig. 90. — Tirant longitudinal. Fixation à la chaudière par agrafe.

toises en service, et on a à remédier à des ruptures assez fréquentes dans certains foyers.

On a utilisé avec avantage, en remplacement du cuivre, un alliage dit de bronze manganèse, comprenant environ :

> 95 parties de cuivre;
> 5 — de manganèse.

Les **entretoises en bronze manganèse** se comportent mieux que les entretoises en cuivre au point de vue de la résistance à la rupture en service, mais les têtes côté foyer ont tendance à s'user un peu plus rapidement sous l'action des gaz du foyer, surtout celles des rangées inférieures.

Certains ingénieurs ont, par suite, préconisé l'emploi des entretoises en bronze manganèse dans la moitié supérieure du foyer et des entretoises en cuivre dans la moitié inférieure.

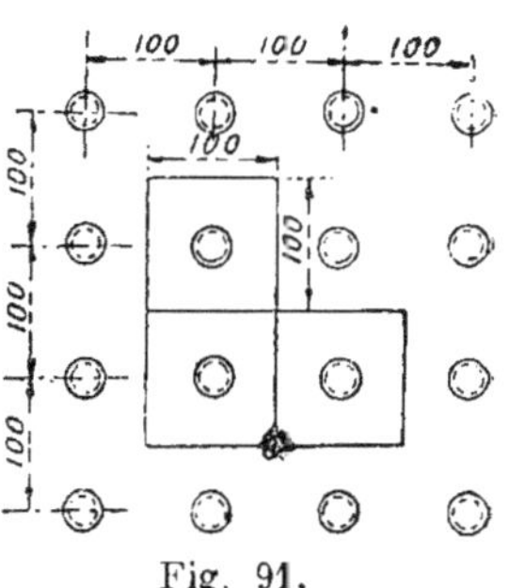

Fig. 91.

Toutefois, le P.-L.-M., qui avait admis cette règle jusqu'à ces derniers temps, a décidé d'employer uniquement le bronze manganèse pour toutes les entretoises des foyers timbrés à 15 kilos et au-dessus.

18. Forme des entretoises. — En principe, les entretoises sont formées d'une tige de cuivre de 23 à 25 millimètres, filetée sur toute sa longueur.

Dans le but de déceler immédiatement les ruptures, on les perce d'un trou central de 5 à 6 millimètres (fig. 92).

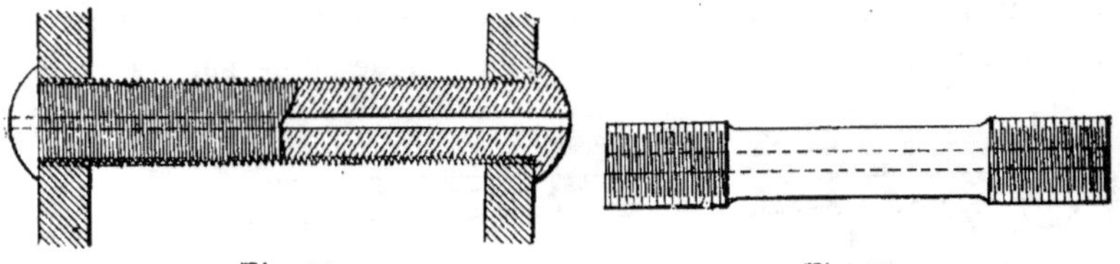

Fig. 92.   Fig. 93.

C'est la forme la plus usitée encore actuellement.

En vue de diminuer le nombre des ruptures trop fréquentes, on a

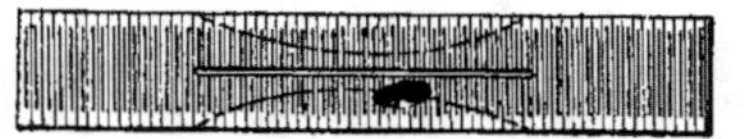

Fig. 94.

songé à modifier la forme des entretoises de façon à les rendre plus flexibles.

On a été ainsi conduit à diminuer la diamètre de l'entretoise dans

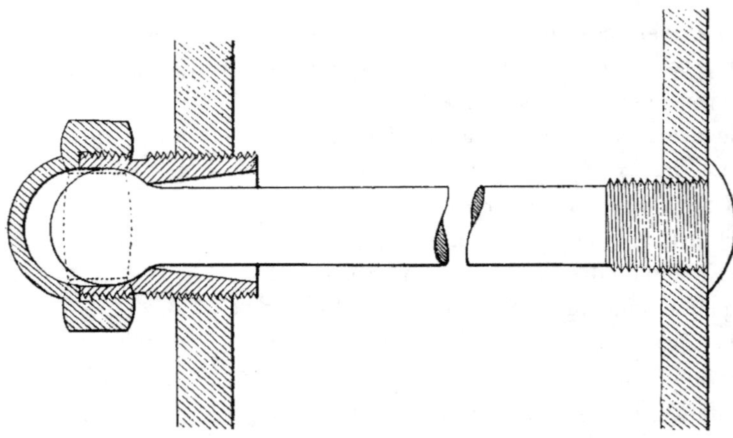

Fig. 95. — Entretoise à tête articulée.

la partie centrale, en faisant disparaître complètement les filets (fig. 93).

Au *Great-Eastern Railway*, on a obtenu la flexibilité en traçant dans le corps de l'entretoise quatre traits en croix à la scie circulaire (fig. 94).

Mais ces modifications ont peu de vogue et semblent devoir passer en second plan devant l'utilisation du bronze manganèse.

Il y a lieu de noter une disposition intéressante dans laquelle l'entretoise possède une tête articulée, qui fait disparaître presque complètement les efforts de flexion auxquels sont soumises les entretoises ordinaires.

Ce système, peu usité en France, a
une vogue croissante en Amérique et
mérite d'être retenu.

Il a été étendu avec succès aux
tirants verticaux lorsque les surfaces à
entretoiser ne sont pas parallèles
(fig. 96).

19. Porte de foyer. — L'ouverture
appelée *gueulard* réservée dans la
plaque arrière du foyer pour l'introduction du charbon sur la grille est
de forme et de dimensions variables
suivant l'importance de la chaudière.

Dans les anciennes machines à foyer
profond dont la surface de grille était
de 1 mètre carré à 1^{m2},50 et qui avaient
été établies pour brûler du coke, l'ouverture était circulaire ou ovale et
relativement petite (fig. 97).

Dans les foyers Belpaire de 2 à
3 mètres de longueur, on a adopté de
préférence une forme sensiblement
rectangulaire de dimensions plus importantes (fig. 98-99).

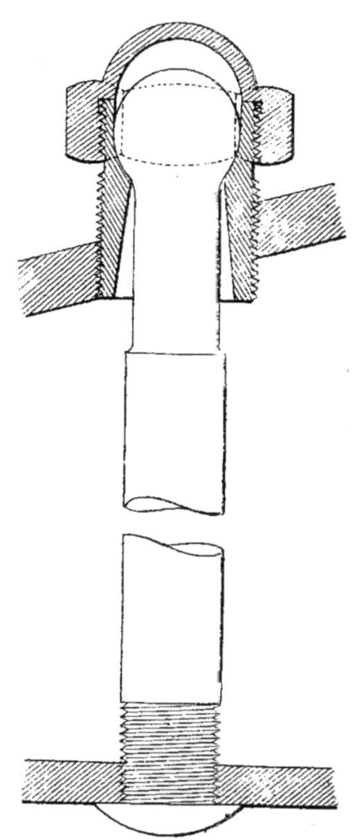

Fig. 96. — Tirant vertical à tête
articulée.

Enfin les foyers débordants actuellement en usage nécessitent des
portes encore plus grandes, afin de faciliter le chargement du charbon
dans les angles arrière.

Certaines compagnies préfèrent dans ce dernier cas employer deux
portes de dimensions plus faibles.

L'assemblage des tôles arrière de foyer et de boîte à feu est assuré
généralement au moyen d'un cadre appelé *cadre de gueulard*, sur
lequel les tôles sont rivées (fig. 100). C'est la disposition la plus
répandue en France.

Elle présente l'inconvénient suivant : les rivets qui se trouvent à la partie inférieure du cadre sont souvent en contact avec la zone incan-

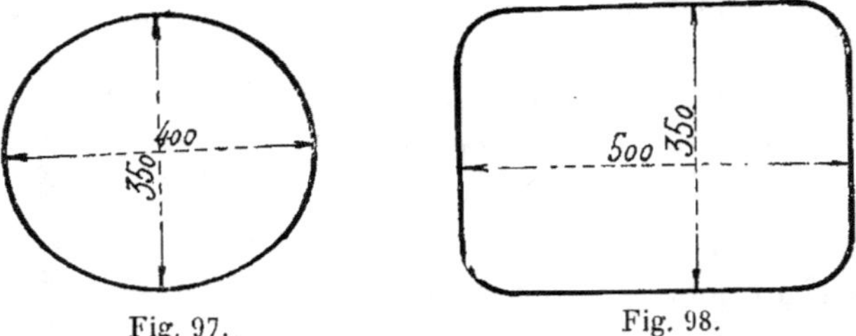

Fig. 97.   Fig. 98.

descente du charbon. La présence du cadre qui constitue une masse de fer assez importante facilite une élévation de température du rivet qui nuit à son serrage. Il peut en résulter des fuites qui deviennent rapidement très

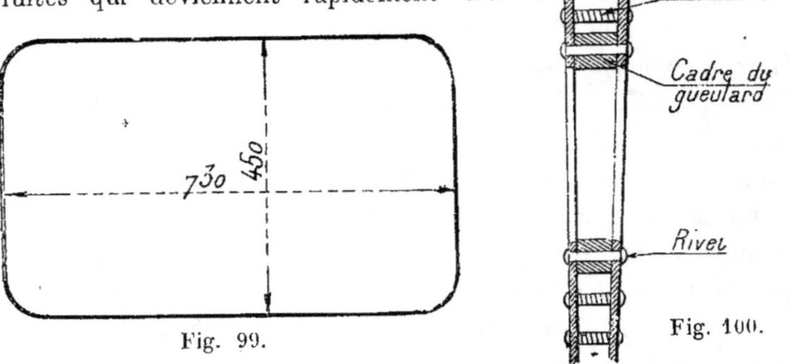

Fig. 99.   Fig. 100.

gênantes pour la conduite du feu et la conservation du foyer. C'est dans le but de remédier à cette situation qu'un grand nombre

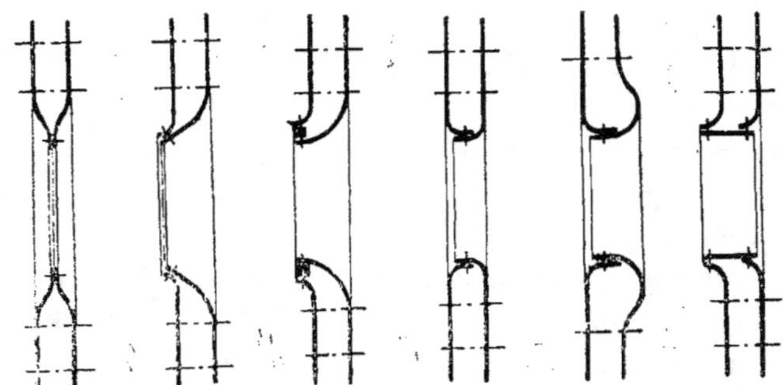

Fig. 101. — Assemblages divers des tôles de chaudières à l'endroit du gueulard.

de compagnies étrangères ont imaginé les dispositifs variés représentés figure 101.

20. Pararingard. — La partie inférieure du gueulard est protégée
par une forte tôle rabattue en forme de collerette appelée *pararin-*

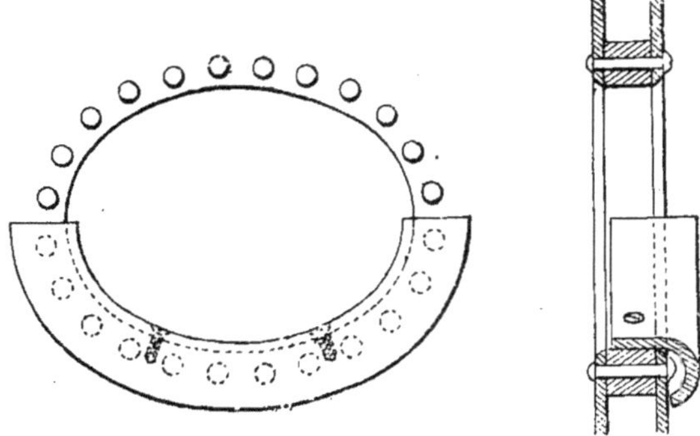

Fig. 102. — Pararingard.

gard. Elle a pour but de soustraire les pinces de la plaque arrière
du foyer à l'usure occasionnée par le frottement des outils à feu.

La partie rabattue du pararingard qui protège les têtes des rivets
dans le foyer, étant soumise à
l'action continue d'un feu intense,
s'use assez rapidement par oxy-
dation et sulfuration.

Le pararingard est fixé par
deux vis de façon à pouvoir être
facilement remplacé.

21. Différents types de portes.
— Les portes de foyer sont soit
à charnière verticale, soit à charnière horizontale, soit à coulisse.

Dans la plupart des cas, la
porte est protégée par une *contre-
porte* en tôle ou en fonte facile à
remplacer en cas d'usure.

Le dispositif le plus simple est

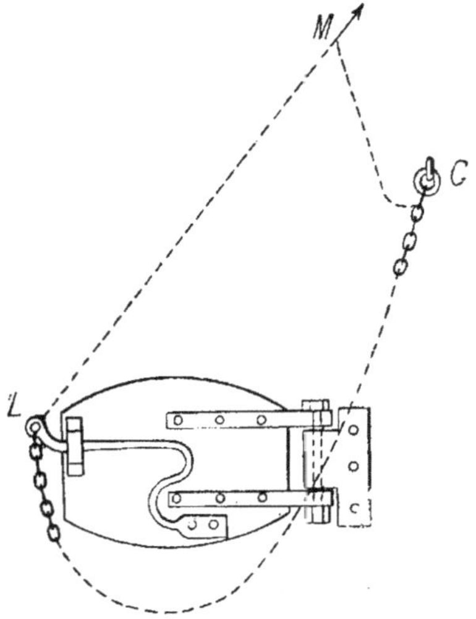

Fig. 103. — Porte ordinaire de foyer
avec fermeture à loquet.

constitué par une porte pleine à fermeture à loquet L (fig. 103).

Le loquet est relié par une chaînette accrochée en C à portée de la
main du mécanicien, qui effectue un effort dans la direction indiquée
en LM sur le croquis pour obtenir l'ouverture de la porte. La porte est

maintenue ouverte au moyen de la chaînette pendant toute la durée
du changement, afin d'éviter qu'elle ne se referme d'elle-même sous
l'influence du mouvement de lacet de la machine.

La figure 104 représente une porte pleine avec un dispositif de ma-

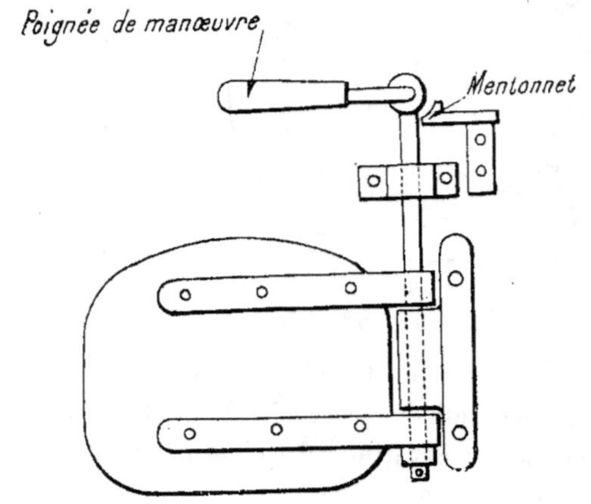

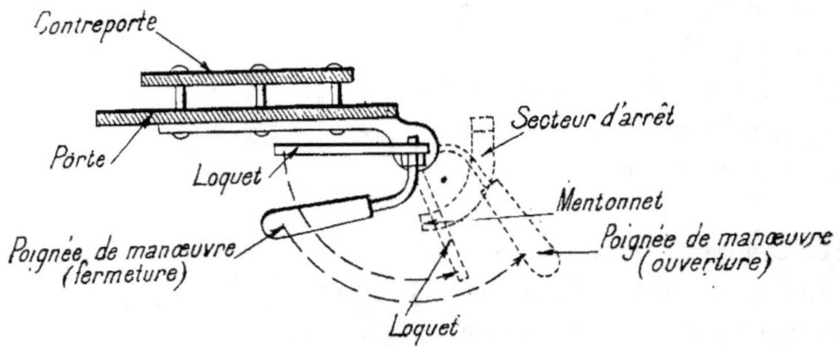

Fig. 104. — Porte de foyer avec levier de commande.

nœuvre constitué par un levier relié à l'axe de la charnière. Ce levier
sert à manœuvrer un loquet qui peut s'accrocher à un mentonnet
fixé à l'extrémité du secteur d'arrêt et permet de maintenir la porte dans
la position d'ouverture. Ce dispositif est employé dans les chemins
de fer allemands.

L'ancienne Compagnie de l'Ouest français avait adopté pour un
certain nombre de ses machines une porte à double volet (fig. 105)
dont l'un formait déflecteur. Un levier à enclenchement permettait

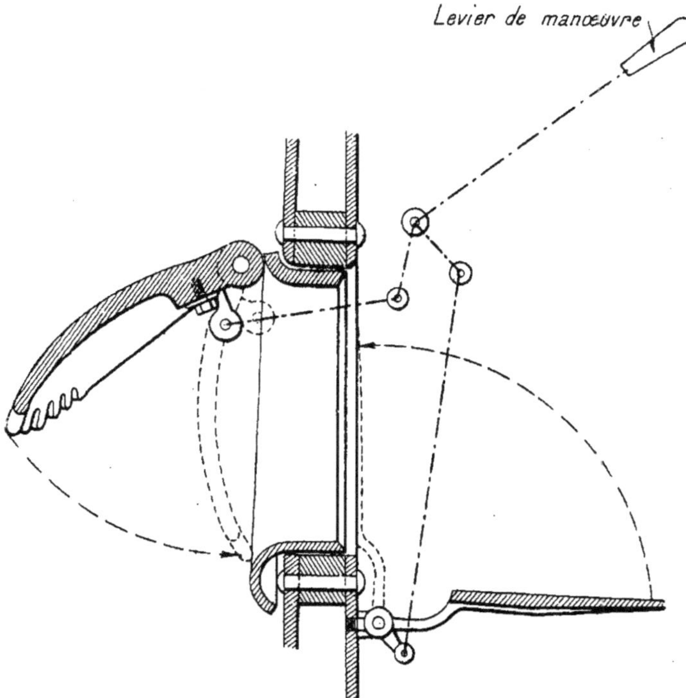

Fig. 105. — Porte à double volet type Ouest.

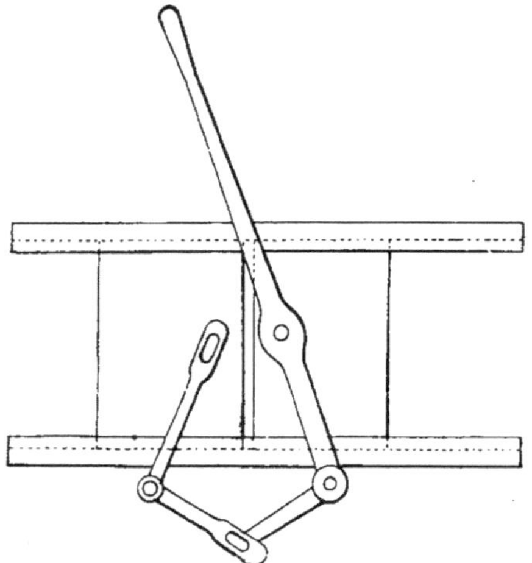

Fig. 106. — Porte à coulisse.

de maintenir la porte entr'ouverte de la quantité jugée nécessaire par le chauffeur pour obtenir la meilleure combustion et une bonne fumivorité.

En Amérique, le type de porte à coulisse (fig. 106) est assez en vogue. Il est peu usité en France.

Un grand nombre de compagnies emploient aujourd'hui une porte

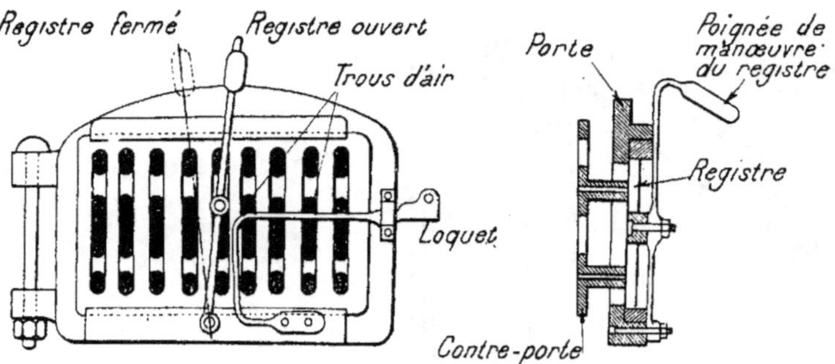

Fig. 107. — Porte avec registre de rentrée d'air.

avec un **registre de rentrée d'air** dont la figure 107 représente un spécimen.

L'ouverture de la porte se fait au moyen d'une chaînette fixée au

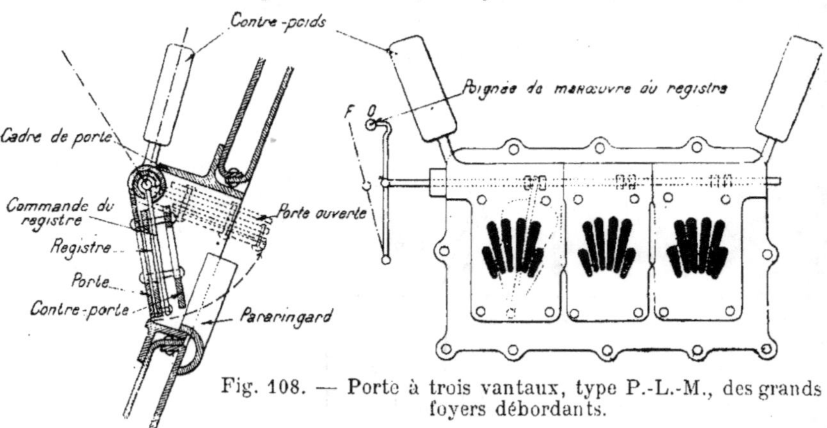

Fig. 108. — Porte à trois vantaux, type P.-L.-M., des grands foyers débordants.

loquet. Le chauffeur règle l'importance de la rentrée d'air au moyen du levier de commande du registre.

Ce système a pour but de permettre de brûler plus complètement l'oxyde de carbone qui peut se former pendant la combustion lorsqu'on marche haut de feu. Il agit également comme fumivore.

Dans les foyers débordants des *Pacific* et *Mikado*, en emploie fréquemment une porte à trois vantaux. La figure 108 représente celle employée au P.-L.-M. Les vantaux extrêmes sont commandés chacun par un levier à contrepoids.

Ces vantaux accrochent dans leur mouvement le vantail du milieu, qui s'ouvre ainsi, quel que soit le vantail voisin actionné. De cette façon, l'ouverture de la porte est réduite à deux vantaux lorsqu'on ne manœuvre qu'un seul contrepoids. Si les deux contrepoids sont actionnés, les trois vantaux se soulèvent. Cette porte est très

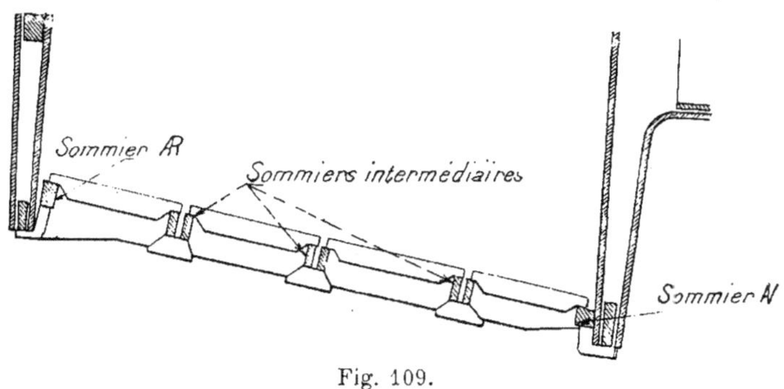

Fig. 109.

commode lorsqu'on doit passer le ringard dans le foyer, car il suffit de l'*entr'ouvrir légèrement*, et le chauffeur *se trouve ainsi préservé du rayonnement trop vif du foyer.*

22. Grille de foyer. — La *grille* sert à supporter le combustible en ignition. Elle doit laisser arriver l'air, par les intervalles des bar-

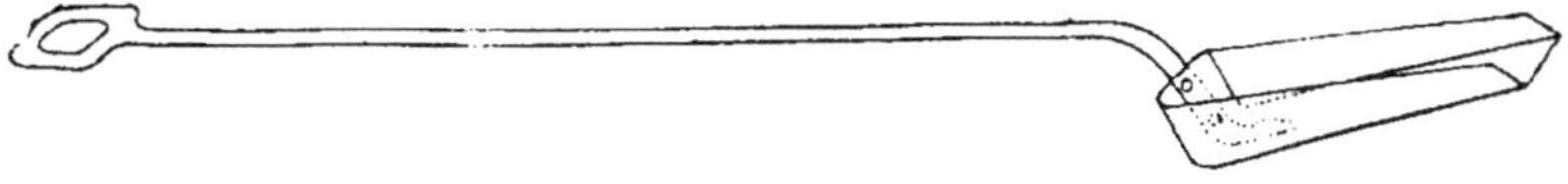

Fig. 110. — Pelle à scories.

reaux, en quantité suffisante dans le foyer pour que la combustion du charbon soit complète.

La grille est généralement formée de plusieurs rangées de **barreaux** supportés par des **sommiers** intermédiaires transversaux (fig. 109).

Sur une telle grille, l'enlèvement des mâchefers présente quelques difficultés. Il doit se faire par le gueulard du foyer au moyen d'une pelle spéciale en fer (fig. 110). La plupart des machines sont actuellement munies d'une **grille mobile** à l'avant du foyer et que l'on appelle *jette-feu* (fig. 111).

La manœuvre en est assurée par un volant actionnant une vis V, sur laquelle se meut un écrou E relié à la grille par un jeu convenable de leviers. Quand le chauffeur veut décrasser son feu, il emploie le ringard, sorte de crochet à talon aminci, dont il se sert pour briser la croûte des mâchefers adhérant à la grille. Il les soulève ensuite au-des-

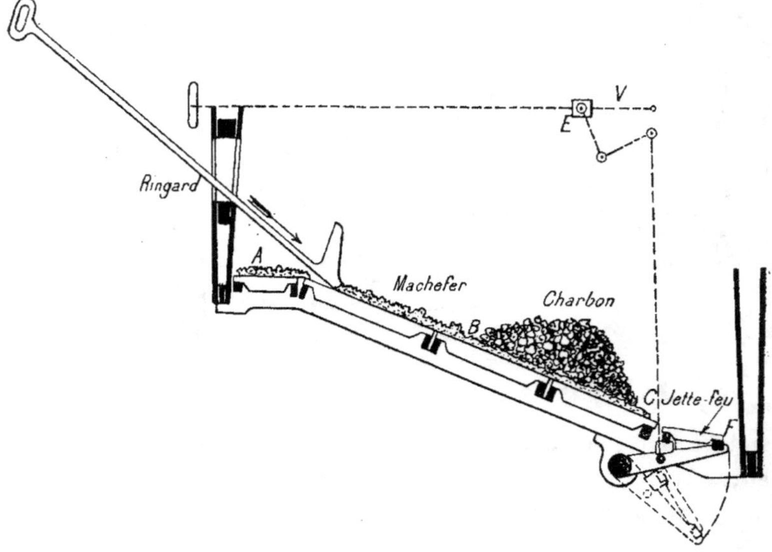

Fig. 111. — Grille avec jette-feu.

sus du charbon, puis les pousse sur le jette-feu préalablement dégarni de combustible au moyen de la fourche (fig. 112 et 113).

Lorsque le décrassage est ainsi opéré sur toute la grille et que les mâchefers ont été réunis sur le jette-feu, il suffit de le faire basculer pour jeter les scories dans le cendrier ou sur le ballast, et cela sans perte de charbon.

Les barreaux de grille sont en fonte ou en fer (fig. 114).

Dans les barreaux en fonte, l'écartement est assuré par une tête ayant en général en largeur le double de l'épaisseur du barreau. L'écartement des barreaux en fer est assuré au moyen de rivets dont la saillie de la tête est égale à l'intervalle qu'on veut ménager entre les barreaux.

Le jette-feu est formé de barreaux longitudinaux fixés sur deux sommiers mobiles reliés à un axe fixé au cadre du foyer et autour duquel la grille peut tourner (fig. 115).

23. Grilles oscillantes. — Divers dispositifs ont été essayés pour permettre de déplacer les barreaux les uns par rapport aux autres au

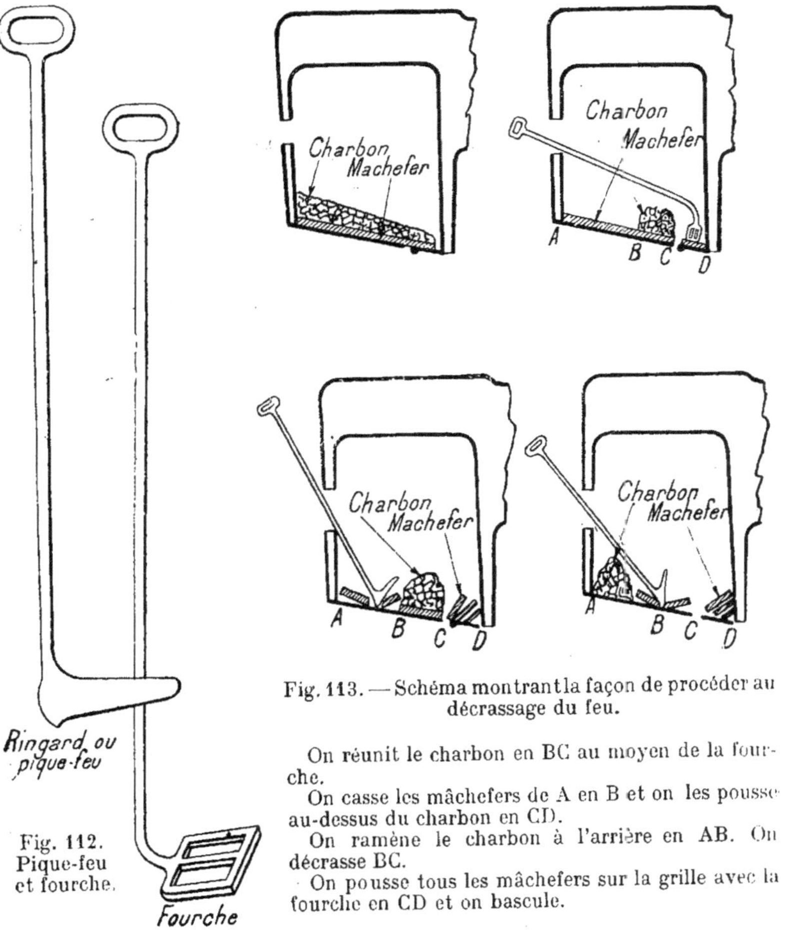

Fig. 112.
Pique-feu
et fourche.

Fig. 113. — Schéma montrant la façon de procéder au décrassage du feu.

On réunit le charbon en BC au moyen de la fourche.

On casse les mâchefers de A en B et on les pousse au-dessus du charbon en CD.

On ramène le charbon à l'arrière en AB. On décrasse BC.

On pousse tous les mâchefers sur la grille avec la fourche en CD et on bascule.

moyen d'un levier, de façon à décoller le mâchefer, ou mieux, de façon à l'empêcher de se former en larges galettes.

Ces dispositifs sont connus sous le nom de *grilles à secousses* ou de *grilles oscillantes.*

Le P.-L.-M. a essayé une *grille oscillante type Moutte,* dans laquelle les barreaux de même parité reliés ensemble se soulèvent sous l'action d'un levier, tandis que les autres s'abaissent.

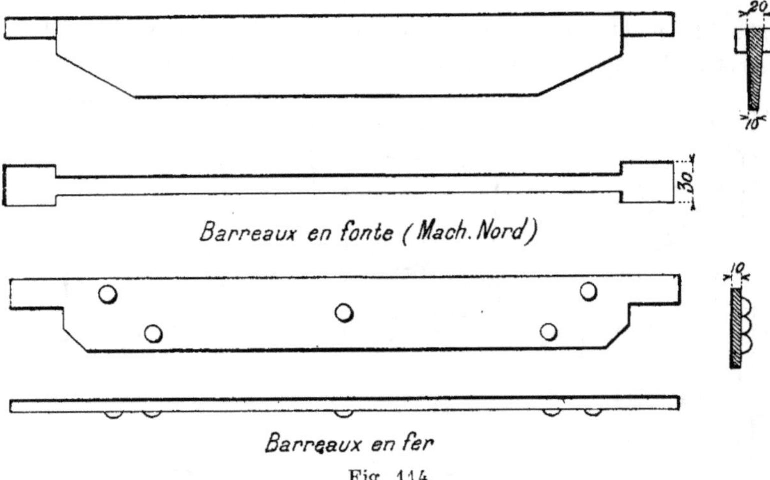

Fig. 114.

Cette grille (fig. 116), telle qu'elle a été essayée, se composait de trois cadres oscillant sur des couteaux C et reliés par des bielles $B_1 B_2$ à un

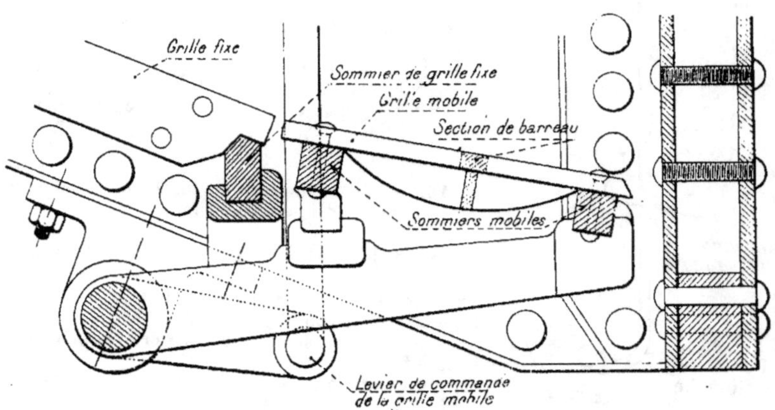

Fig. 115. — Détails d'un jette-feu.

levier de manœuvre L. Les barreaux réunis par groupes de deux étaient supportés alternativement : les groupes pairs par les points P situés sur le côté arrière des cadres et les groupes impairs par les points I situés sur le côté avant des cadres.

Il résulte de cette disposition que, lorsqu'on déplace le levier de manœuvre en dehors de sa position moyenne, le groupe des barreaux

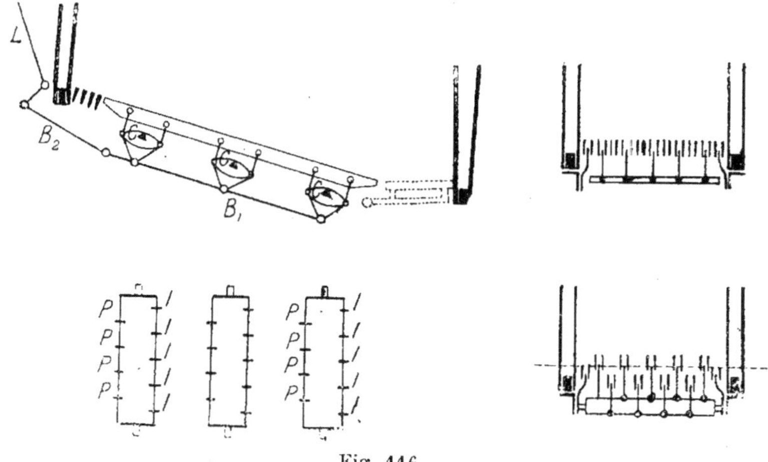

Fig. 116.

impairs, par exemple, se soulève de quelques centimètres, alors que les barreaux du groupe pair s'abaissent de la même quantité.

La Compagnie P.-O. emploie une *grille à secousse* dite *à peigne* représentée figure 117.

Cette disposition est d'un usage fréquent sur les machines américaines.

D'une façon générale, l'emploi des grilles oscillantes ou à secousses, qui paraît intéressant *à priori*, ne doit être adopté qu'après examen approfondi.

L'entretien de ces grilles est en effet plus onéreux que celui des grilles ordinaires, et *leur emploi trop fréquent* de la part du chauffeur conduit à une *augmentation de dépense de combustible.*

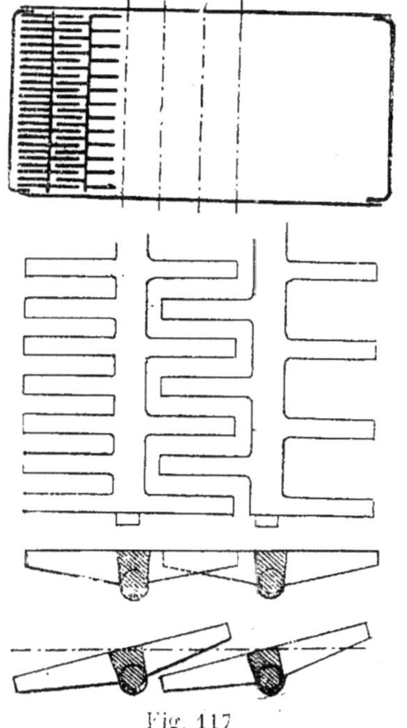

Fig. 117.

24. Voûtes. — La *voûte en briques* disposée dans le foyer a pour but :

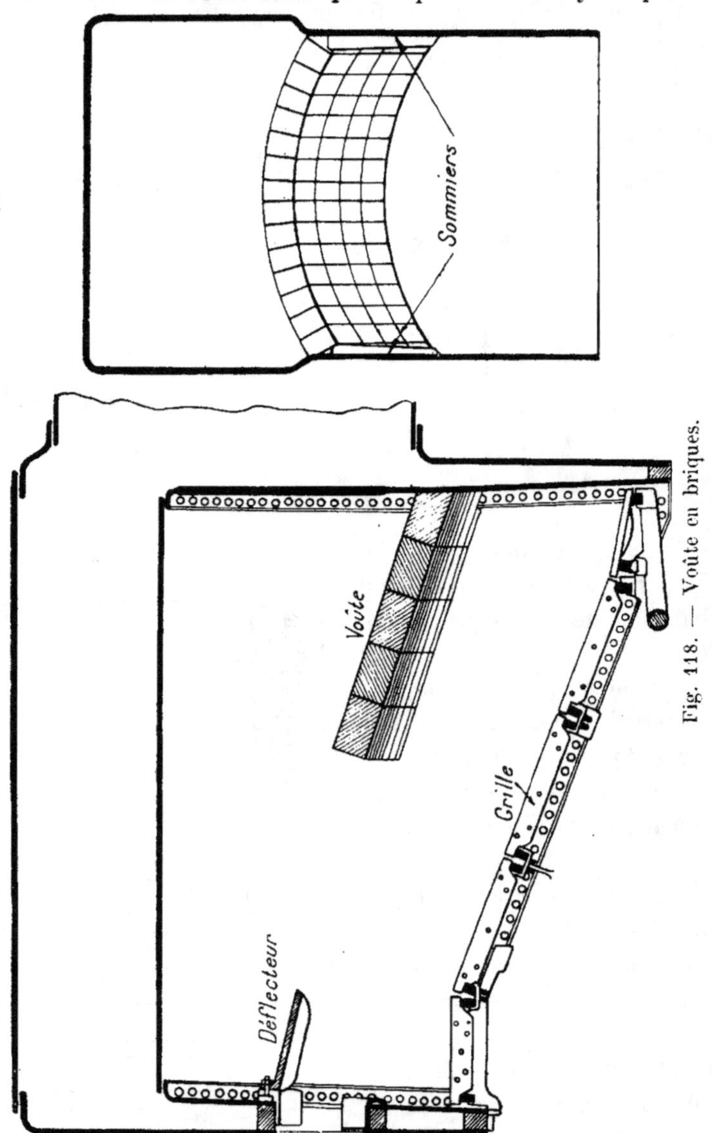

1° De diminuer considérablement l'entraînement d'escarbilles dans la boîte à fumée à travers le faisceau tubulaire ;

2° De régulariser l'activité de la combustion sur toute la surface de la grille ;

3° De brasser convenablement les gaz du foyer et de faciliter ainsi leur combustion complète ;

4° De protéger les extrémités des tubes côté foyer et de retarder l'usure de leurs collerettes.

L'emploi des voûtes en briques en France remonte vers 1884.

Ces voûtes sont constituées par des briques de dimension ordinaire à section trapézoïdale (fig. 118). Elles reposent latéralement sur des **sommiers en fer** fixés aux flancs du foyer par des goujons, ainsi que le représente la figure 119 ci-contre.

L'assemblage des briques est fait au moyen d'un coulis réfractaire.

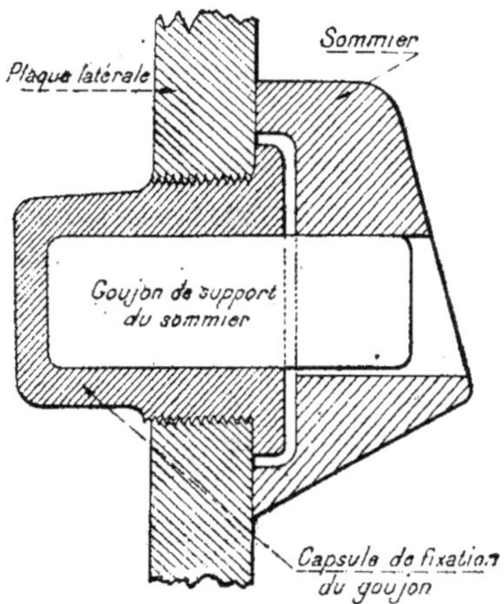

Fig. 119. — Fixation d'un sommier de voûte.

La Compagnie P.-O. a employé longtemps les foyers **Ten Brink**, dans lesquels la voûte est constituée par un **bouilleur**. Ce dispositif, d'après des expériences faites sur l'Est, donne des résultats économiques analogues à ceux de la voûte au point de vue de la combustion. Mais l'étanchéité du *Ten Brinck* paraît assez difficile à maintenir en service (fig. 120).

En Amérique, dans les foyers débordants, que l'on construit de plus en plus longs, on supporte la voûte au moyen d'une série de tubes inclinés (fig. 121), et on ménage en arrière une chambre dite de combustion, qui donne, paraît-il, de bons résultats.

Dans certains de ces foyers, la voûte se réduit à un mur vertical, appelé autel, qui sépare le foyer proprement dit de la chambre de combustion.

Il est également d'usage, en Amérique, de ménager quelques trous de rentrée d'air au-dessous de la voûte comme le représentent les

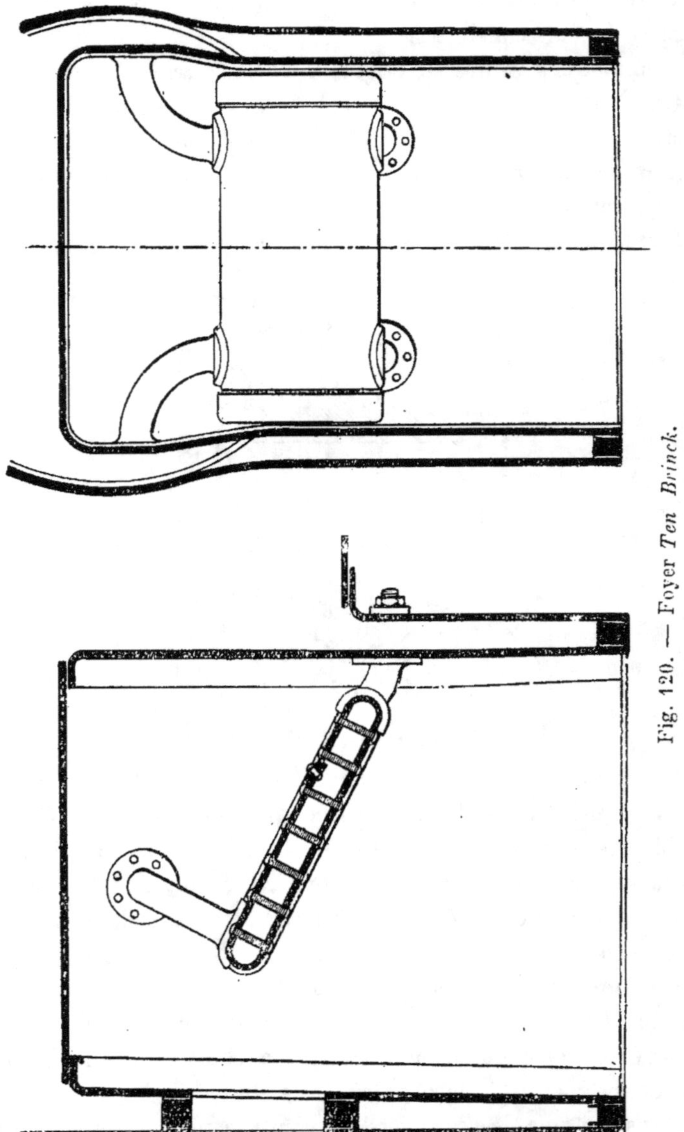

Fig. 120. — *Foyer Ten Brinck.*

figures 121-122, afin d'assurer la combustion complète de CO dans la chambre de combustion.

On a, du reste, essayé en Europe une voûte basée sur un principe analogue. La voûte **Kossuth** comporte un certain nombre de briques

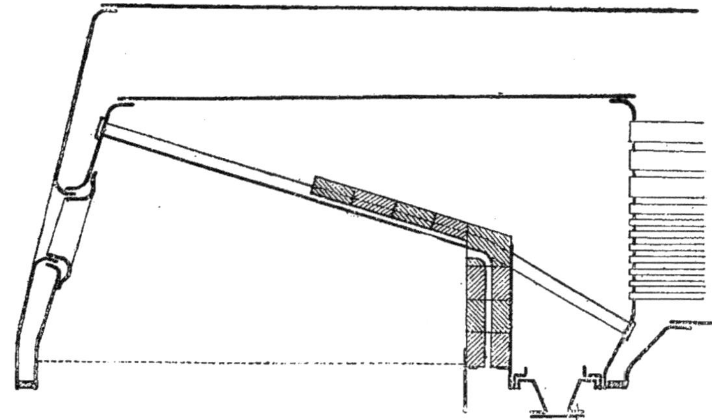

Fig. 121. — Foyer américain avec tubes pour supporter la voûte.

percées permettant d'amener au milieu du foyer l'air nécessaire à la combustion complète.

Un obturateur O (fig. 123), manœuvré par le chauffeur au moyen

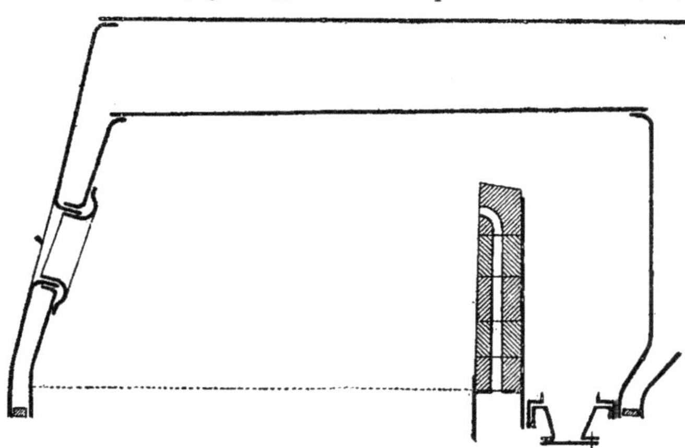

Fig. 122. — Foyer américain avec autel et chambre de combustion.

d'une tringle, permet de réduire ou de supprimer complètement l'arrivée de l'air suivant les besoins. Les résultats donnés n'ont pas été très nets : cependant on peut admettre que la voûte Kossuth doit procurer une légère économie de charbon, mais que son entretien est notablement supérieur à celui d'une voûte ordinaire.

Ce type de voûte a eu une certaine vogue en Italie.

25. Chargeurs mécaniques. — En Amérique, l'emploi de locomo-

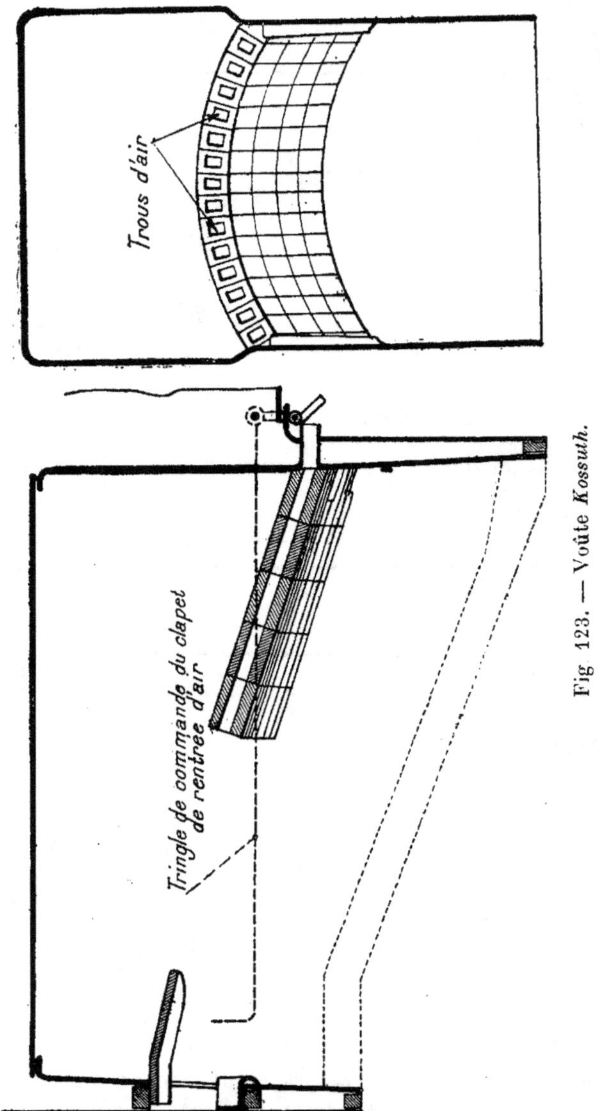

tives très puissantes avec des surfaces de grille souvent supérieures
à 5 mètres carrés a conduit à rechercher un moyen mécanique d'assurer

l'alimentation du foyer, qui ne peut plus être réalisée par un seul chauffeur. Divers systèmes, tous assez compliqués, ont été essayés.

La figure 124 représente le **chargeur « Street »**.

Il se compose d'une vis sans fin placée dans une gouttière recouverte par une grille A. Cette vis sans fin amène le charbon du tender dans le récipient B_1, où il est pris par une chaîne à godets qui le monte par le

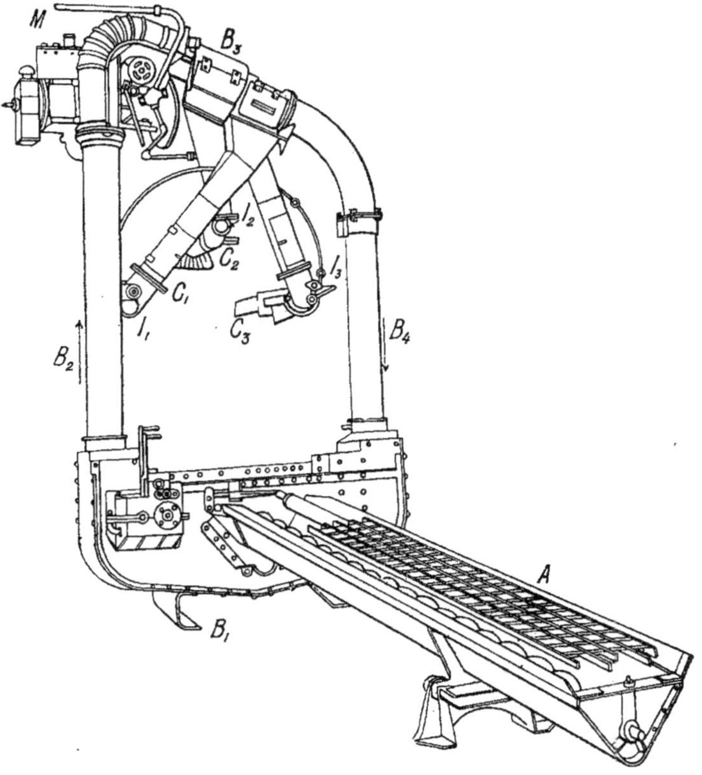

Fig. 124. — Chargeur *Street*.

conduit B_2 jusqu'en B_3, où il est basculé dans les couloirs C_1, C_2, C_3. Les godets vides redescendent par le conduit B_4.

Ces divers appareils sont mus par un moteur M.

La quantité de charbon qui arrive en C_1, C_2, C_3, peut être réglée par le chauffeur. Ce charbon est alors projeté dans le foyer au moyen de jets de vapeur intermittents réglés par le mouvement du moteur.

Quelques autres systèmes de chargeurs sont complétés par un

broyeur de charbon placé dans le tender. Tous ces appareils sont assez encombrants et très bruyants.

26. Écrous fusibles. — Le ciel de foyer est muni d'un ou deux **bouchons fusibles** (1) (fig. 125) consitués par un écrou en bronze percé d'un trou central de forme variable, dans lequel on coule du plomb.

La figure 125 représente l'écrou fusible du P.-L.-M.

Tant que le ciel du foyer est recouvert d'eau, le bouchon fusible reste intact. Mais si, à un moment donné, l'eau ne baigne plus le ciel, la température de l'écrou fusible augmente rapidement, entraînant la fusion du plomb et occasionnant une fuite importante de vapeur dans le foyer.

Le bruit de cette fuite avertit le mécanicien avant que le ciel du foyer ait eu le temps de rougir et de se déformer, ou même de se déchirer sous l'action de la pression intérieure.

La chauffeur doit aussitôt prendre des mesures pour arrêter l'activité du feu en le couvrant de menus mouillés ou en procédant au basculage de tout le charbon en ignition dans le foyer.

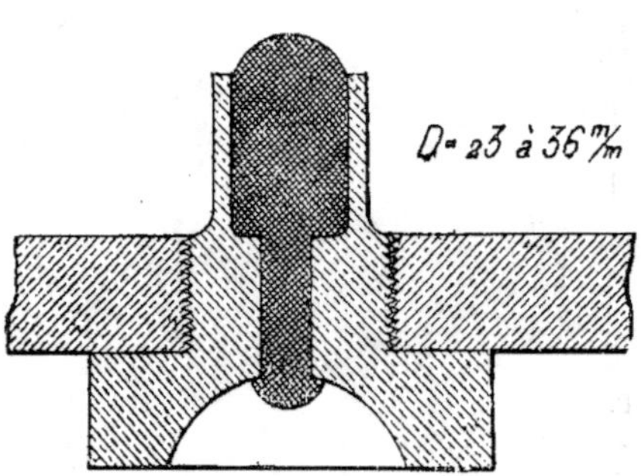

Fig. 125. — Bouchon fusible.

Il est recommandé de procéder aux opérations indiquées ci-dessus afin d'éviter que la plaque du ciel de foyer ait le temps de rougir.

Si ce fait venait à se produire, deux cas graves pourraient se présenter :

1° Les boulons de tirants rougissant également sous l'action de la chaleur perdent de leur résistance et sont arrachés successivement de leurs filets. Le foyer s'affaisse en formant une sorte de poche plus ou moins importante, et la vapeur s'échappe violemment par les trous du ciel dans lesquels s'engageaient les tirants. Le foyer peut même se déchirer en provoquant une grave explosion.

2° Dans le cas où le ciel résiste tout en rougissant légèrement, une reprise de l'alimentation amène l'eau en contact avec ces parois et produit une vaporisation considérable presque instantanée, qui, jointe à l'affaiblissement du métal rougi, peut provoquer une explosion formidable.

(1) On emploie également les dénominations suivantes : *écrou de sûreté, fusible, plomb.*

Un mécanicien qui s'aperçoit de la fusion d'un écrou de sûreté doit donc *immédiatement, sans aucun délai,* ou bien jeter le feu, ou arrêter l'intensité de la combustion en couvrant le feu avec des menus mouillés.

Cela fait, il essaie de reprendre l'alimentation avec précaution, ce qui a pour but de faire tomber la pression de la chaudière. Lorsqu'il est parvenu à ramener l'eau sur le ciel de foyer et que la pression a baissé de quelques kilogrammes, il n'y a plus aucun danger. Il peut alors prendre ses dispositions, soit pour essayer de gagner la gare la plus proche, soit pour faire remplacer sa machine en détresse à l'endroit où il se trouve si elle ne peut continuer sa marche jusqu'à cette gare.

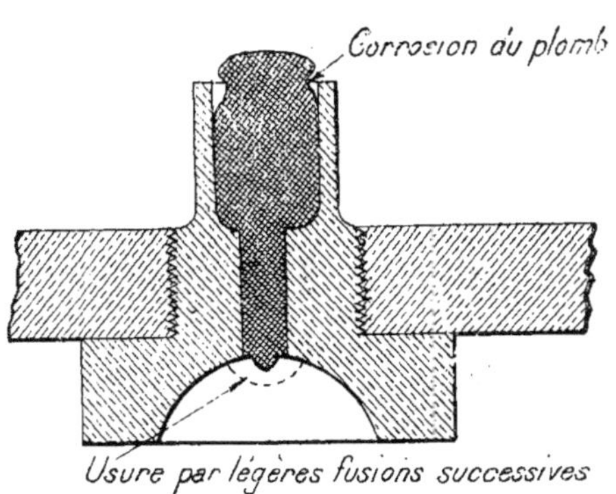

Fig. 126. — Usure des écrous fusibles.

Ses explosions de chaudières de locomotives sont heureusement fort rares. Elles sont toujours dues à de *graves négligences* dans la *conduite de l'alimentation* ou dans l'*entretien de la chaudière.*

Nous trouverons plus loin quelques détails sur cette question.

Les écrous fusibles subissent en service une double altération. Le plomb disparaît peu à peu à la partie inférieure par suite de légères fusions successives.

A la partie supérieure, il se ronge parfois sur les bords par suite de phénomènes électrolytiques (fig. 126).

Il convient de visiter les écrous de sûreté assez fréquemment, tous les mois, par exemple, pour surveiller leur tenue et les remplacer en temps utile.

§ IV. — EXPLOSIONS.

Les explosions de chaudière sont heureusement assez rares. Toutefois il est utile de connaître les circonstances dans lesquelles se sont produites les plus caractéristiques d'entre elles, afin d'en tirer profit pour l'avenir.

Nous considérerons les divers cas ci-après :

A. Explosions ayant pris origine dans le corps cylindrique ;
B. Explosions ayant pris origine dans l'enveloppe de foyer ;
C. Explosions ayant pris origine dans le dôme ou à sa base ;
D. Explosions ayant pris origine dans le foyer ;
E. Explosions dues à des causes extérieures au générateur.

27. Explosions ayant pris origine dans le corps cylindrique. — La plupart de ces accidents sont dus à des fissurations antérieures qui se

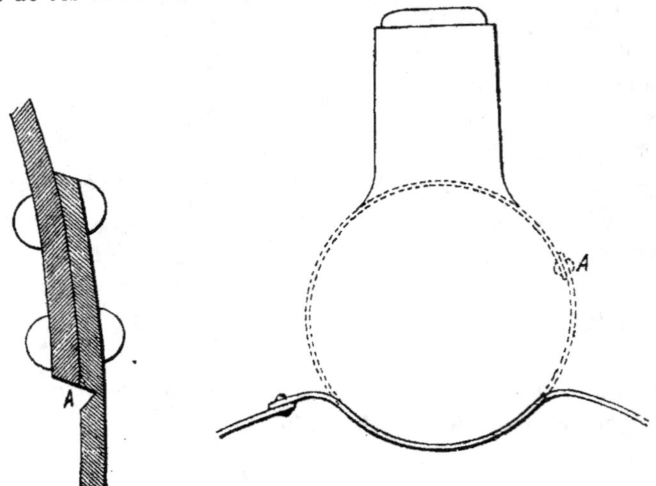

Fig. 127.Fig. 128.

produisent au droit du chanfrein intérieur de recouvrement de deux tôles (fig. 127).

L'exemple le plus frappant est reproduit figure 128.

La virole médiane du corps cylindrique s'est ouverte et rabattue sur les deux tabliers longitudinaux laissant à nu la tubulure dont le faisceau s'était renflé sans rupture d'aucun tube. La déchirure a eu lieu suivant une génératrice située en A au droit du chanfrein intérieur du recouvrement de deux tôles d'acier, à $0^m,20$ au-dessous du niveau normal de l'eau.

Cette ligne présentait sur toute sa longueur des piqûres d'une largeur variant de 1 à 6 millimètres et d'une profondeur qui, en général, ne dépassait pas 2 millimètres, mais allant jusqu'à 9 millimètres vers le milieu de la ligne.

Les caractères d'une importante corrosion en sillon ont donc été bien
constatés. Cette déchirure suivant une génératrice fut d'ailleurs la seule
que les tôles subirent, la virole s'étant, une fois, ainsi fendue, ouverte
en se décousant d'avec les viroles voisines par rupture des têtes de rivets.

28. Explosions ayant pris origine dans l'enveloppe du foyer. — Ce
genre d'explosions ne peut se produire que par des fissurations anté-

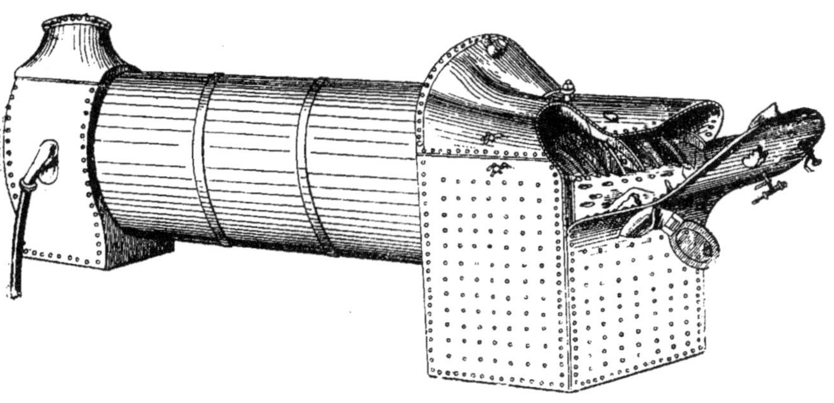

Fig. 129. — Vue après l'accident.

rieures de l'enveloppe ou des tirants, ou encore par insuffisance de
l'armature.

La figure 129 représente une explosion due à cette dernière cause.

La rupture de l'enveloppe du foyer (disjonction de la face posté-
rieure d'avec le berceau par suite de la rupture de l'armature qui unis-
sait ces deux parties) s'est produite au moment où la machine remor-
quant un train à son maximum de charge après avoir gravi une
rampe de 16 venait d'aborder une rampe de 14 millimètres. Elle
patinait fortement. L'une des soupapes était surchargée par le serrage
à fond du ressort ; l'autre était peut-être calée.

La locomotive, qui était à deux essieux, à foyer en porte-à-faux,
a rompu l'attelage qui la reliait au tender et s'est retournée de 160°
autour d'un axe horizontal.

L'accident a été rapporté à un excès de pression et au mauvais
assemblage des faces de l'enveloppe du foyer.

29. Explosions ayant pris origine dans le dôme ou à sa base. — On a relevé plusieurs explosions dues à la rupture de la calotte du dôme lorsque cette pièce était en fonte. Aussi on a proscrit d'une façon à peu près absolue ce métal dans la construction des divers organes de la chaudière.

Une autre cause d'accident résulte de l'affaiblissement du corps cylindrique par l'ouverture circulaire pratiquée dans la virole qui supporte le dôme. Il faut éviter que cette ouverture soit trop grande. On recommande, du reste, de renforcer cette partie comme il est indiqué page 94 en doublant les parois de l'ouverture par une collerette réunie à la chaudière et à l'embase du dôme par une double rangée de rivets.

La figure 130 représente une explosion attribuée à cette cause. La

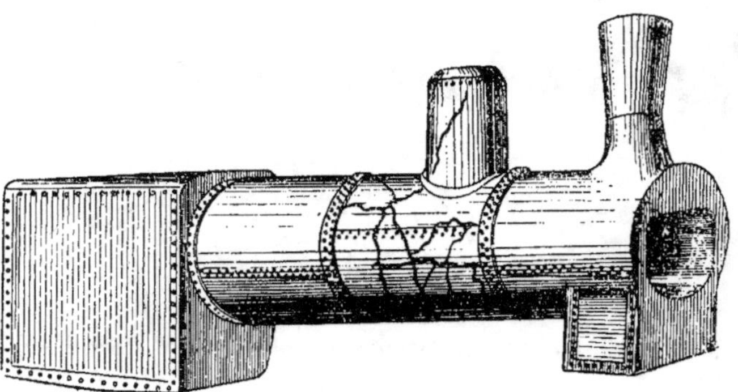

Fig. 130. — Reconstitution de la virole rompue.

machine marchait à la vitesse de 65 kilomètres. Le corps cylindrique et le dôme se sont fractionnés comme l'indique le croquis, en pleine tôle. Le reste de la chaudière et le faisceau tubulaire sont restés intacts. Le dôme s'est séparé de la chaudière à sa base principalement suivant l'emboutissage et s'est déchiré sur toute sa hauteur.

La machine a été renversée les roues en l'air. Tout le train a déraillé.

L'accident a été rapporté à l'insuffisance de solidité de la chaudière, tenant à la faible épaisseur des tôles et au grand affaiblissement de la virole qui portait le dôme par suite du grand diamètre de ce dernier et du trou sous-jacent.

30. Explosions ayant pris origine dans le foyer. — Ces accidents sont généralement occasionnés par le manque d'eau ; le ciel de foyer se trouvant découvert rougit et sa solidité se trouve compromise. C'est ce que l'on appelle le coup de feu.

Le coup de feu peut être très faible lorsqu'on s'en aperçoit à temps et qu'on y remédie de suite.

Il peut se borner à un décapage léger du cuivre et à quelques fuites aux écrous des tirants.

Si le coup de feu est plus grave, il peut produire un arrachement

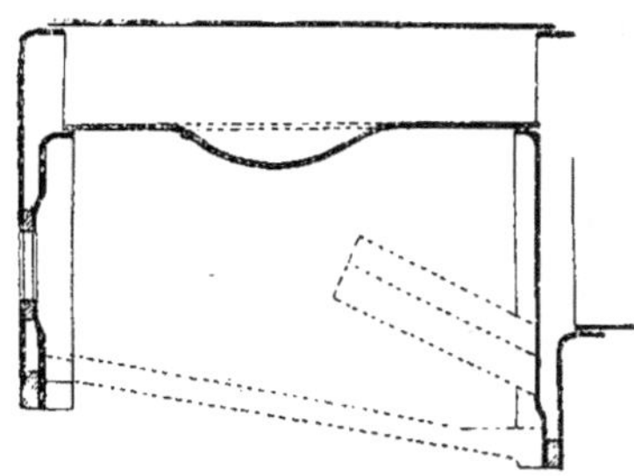
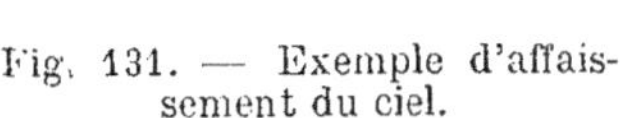

Fig. 131. — Exemple d'affaissement du ciel.

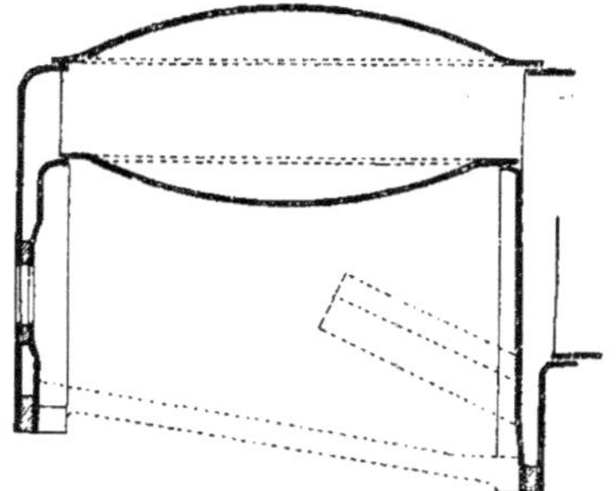

Fig. 132. — Autre exemple d'un
affaissement du ciel plus important.

de quelques écrous de tirants et occasionner un affaissement du ciel en forme de poche plus ou moins importante.

Cette avarie peut même intéresser tout le ciel (fig. 131 et 132).

L'usure des têtes d'entretoises et des plaques des foyer peut donner lieu également à des accidents.

Les tôles de cuivre formant le foyer s'usent par sul-furation ainsi que les têtes d'entretoises. La figure 133 montre comment ces usures se développent.

Si le foyer n'est pas convenablement surveillé et réparé en temps utile, il peut se produire un arrache-ment des têtes d'entretoises, sur la plaque, avec ou sans arrachement de cette plaque.

La figure 134 représente une explosion due à l'avarie de la plaque AR par suite d'arrachement des têtes d'en-tretoises.

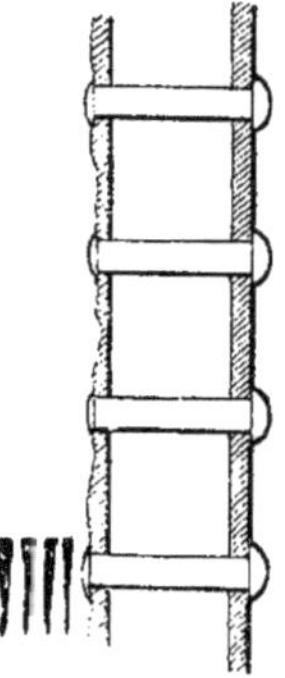

Fig. 133.

La figure 135 montre un autre accident du même genre survenu à la plaque gauche d'un foyer par suite d'un amincissement très accentué.

81. Explosions dues à des causes extérieures. — Ces accidents sont occasionnés généralement par un choc violent.

Ci-après quelques causes initiales ayant produit des accidents de ce genre :

Collision ;
Rencontre d'un dôme par un pont ;
Rupture d'une bielle qui a percé la chaudière.

Telles sont les principales catégories dans lesquelles peuvent se classer les diverses avaries de chaudières par explosion.

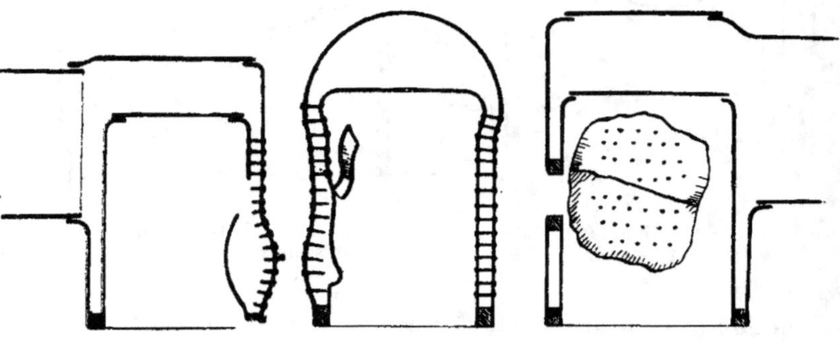

Fig. 134.   Fig. 135.

On doit donc surveiller en service les chaudières des machines locomotives de façon très minutieuse.

En pratique, cette surveillance se fait au moyen d'un registre sur lequel sont mentionnées toutes les visites et opérations d'entretien ainsi que les avaries relevées.

On mentionne notamment avec le plus grand soin les fissurations, les piqûres, les déformations, les variations d'épaisseur et les fuites ainsi que les réparations importantes.

La tenue de ce registre est prescrite par l'article 41 du décret du 9 octobre 1907 concernant les appareils à vapeur. Cet article est ainsi conçu :

Art. 41. — L'exploitant doit tenir un registre où sont notés à leur date, pour chaque appareil, les épreuves, les examens intérieurs et extérieurs, les nettoyages et les réparations. Ce registre doit être coté et paraphé par un représentant de l'autorité chargé de la police locale. Il est présenté à toute réquisition des fonctionnaires du service des Mines.

§ V. — CENDRIERS.

L'ordonnance du 15 novembre 1846 portant règlement d'administration publique sur la police, la sûreté et l'exploitation des chemins de fer, comporte un article 11 ainsi conçu :

Art. 11. — Les locomotives devront être pourvues, sauf exception autorisée par le ministère des Travaux publics, d'appareils ayant pour objet d'arrêter les fragments de combustible tombant de la grille et d'empêcher la sortie des flammèches par la cheminée...

Toutes les locomotives sont donc, en France, munies de cendrier sous le foyer, et de grilles à flammèches dans la boîte à fumée pour satisfaire aux prescriptions de l'article précité.

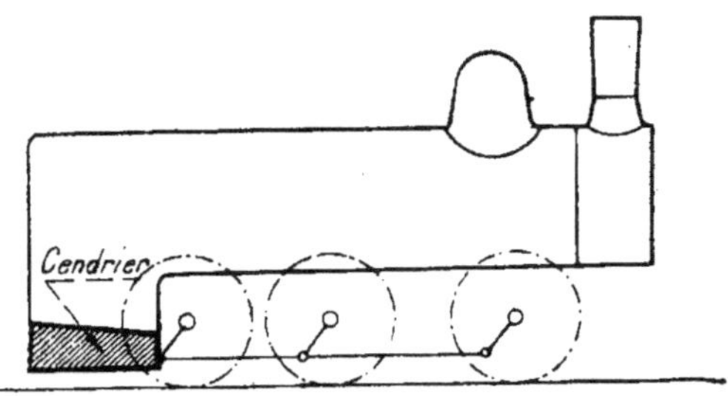

Fig. 136.

Nous reviendrons plus loin sur la question des grilles à flammèches dans le chapitre qui traite de la boîte à fumée.

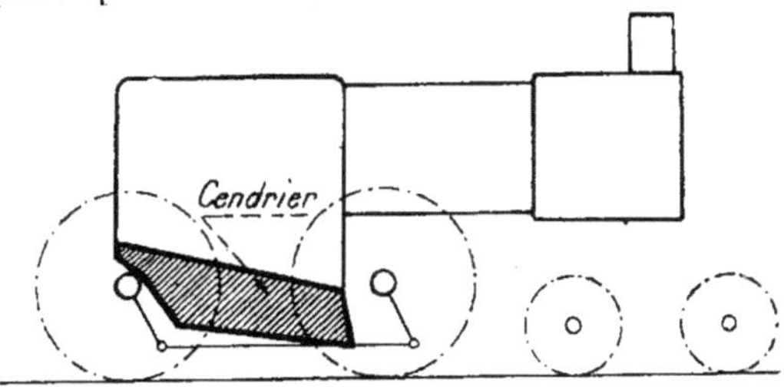

Fig. 137.

Les cendriers ont une forme très variable qui dépend surtout de l'emplacement des essieux par rapport au foyer.

Dans les anciennes machines, par exemple, du type Bourbonnais, où le foyer, en porte-à-faux, se trouvait en dehors des essieux, le cendrier était constitué par une caisse parallélépipédique à fond plat (fig. 136).

Avec les foyers plus longs sous lesquels on rencontre souvent un essieu moteur ou porteur, on emploie un cendrier de forme différente qui est disposé pour passer au-dessus de l'essieu et pour soustraire celui-ci à la chaleur de la grille (fig. 137 et 138).

Le cendrier sert non seulement à satisfaire aux prescriptions de l'ordonnance de 1846, mais c'est aussi un *organe important très utile au tirage* du foyer et dont la forme doit être déterminée en conséquence.

Le cendrier présente donc à l'avant une ouverture aussi grande que possible, qui tient toute la largeur comprise entre les longerons et qui

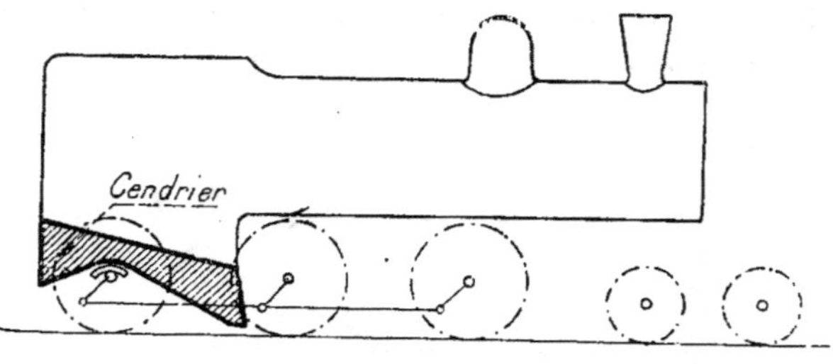

Fig. 138.

a de 200 à 400 millimètres de hauteur. Cette ouverture est fermée par une porte au moyen de laquelle on peut régler le tirage.

La face arrière du cendrier est aussi généralement munie d'une porte que l'on tient normalement fermée et qui sert surtout à la vidange des escarbilles.

Dans la marche à régulateur ouvert pendant laquelle on a besoin d'utiliser toute la facilité de production du foyer, la porte arrière du cendrier est maintenue fermée et la porte avant grande ouverte. De cette façon, sous l'action de la vitesse, l'air s'engouffre sous la grille et facilite la combustion.

Au contraire, dans la marche à régulateur fermé, lorsqu'on veut atténuer l'activité du foyer, on ferme la trappe avant du cendrier de façon à soustraire la grille à l'activité du courant d'air résultant de la vitesse du train.

La figure 139 représente l'ensemble du foyer d'une machine 4—8—0 P.-L.-M. muni de son cendrier.

La porte avant du cendrier est mobile autour d'un axe O. Elle est manœuvrée par le système de leviers ABCDEF.

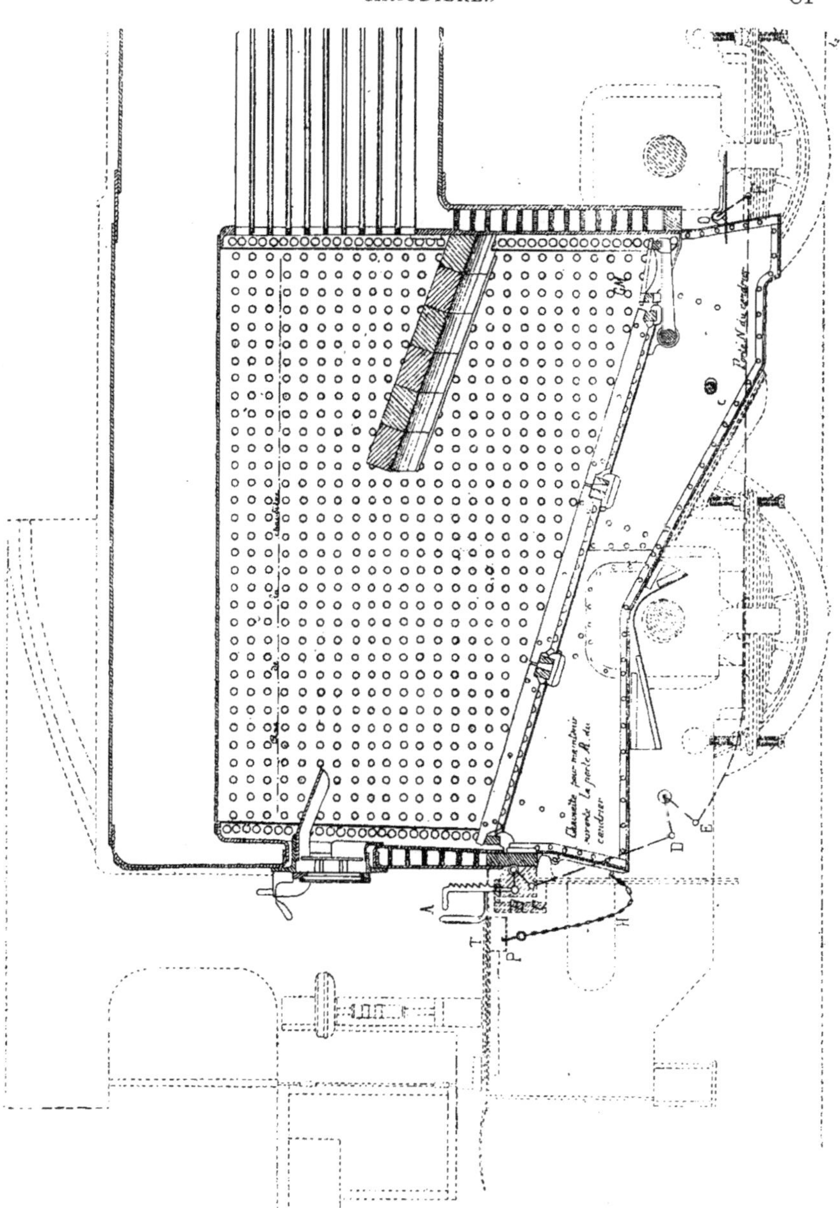

Fig. 139. — Fixation du cendrier sous le foyer d'une machine 4700 P.-L.-M.

La porte arrière, qui est normalement fermée, peut être maintenue ouverte au moyen de la chainette H que l'on accroche au crochet P.

Cette opération peut se faire de la plate-forme du mécanicien par une petite trappe T, ménagée sur le tablier.

§ VI. — COLONNETTES DE PRISES DE VAPEUR.

Les prises de vapeur à usages divers, qui sont devenues nombreuses

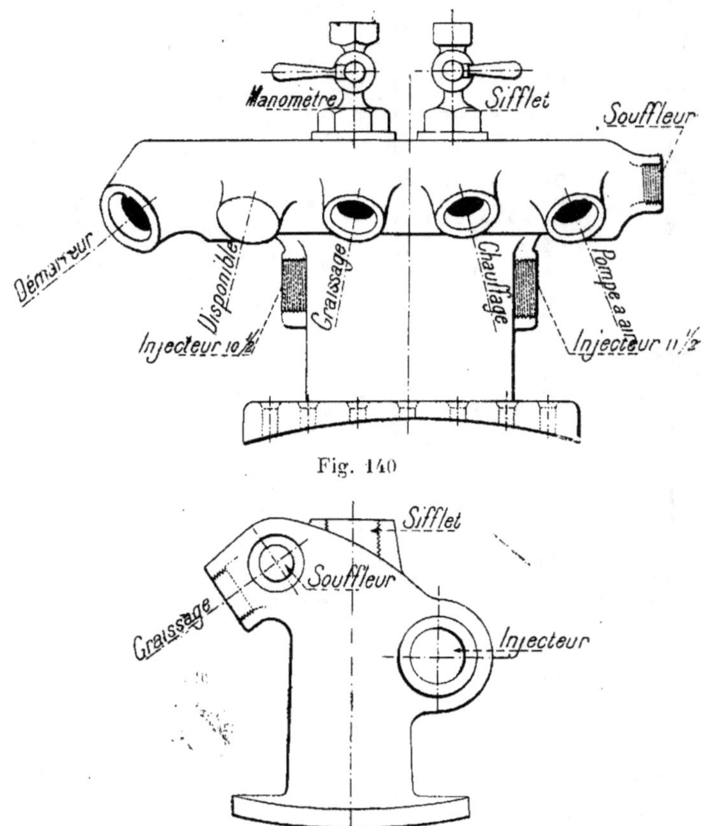

Fig. 140

Fig. 141. — Colonnette de prise de vapeur d'une machine *Pacific* P.-L.-M.

sur les machines modernes, sont réunies sur une colonette spéciale à l'arrière de la boîte à feu.

La figure 140-141 représente la **colonnette de prise de vapeur** des machines *Pacific* P.-L.-M.

Elle comporte les prises de vapeur ci-après :

Démarreur;

Graisseur à condensation;

Chauffage;

Pompe à air;

Souffleur;

Injecteur Sellers 10,5;

Injecteur Sellers 11,5;

Manomètre;

Sifflet.

32. Manomètres. — La pression dans la chaudière, dans divers

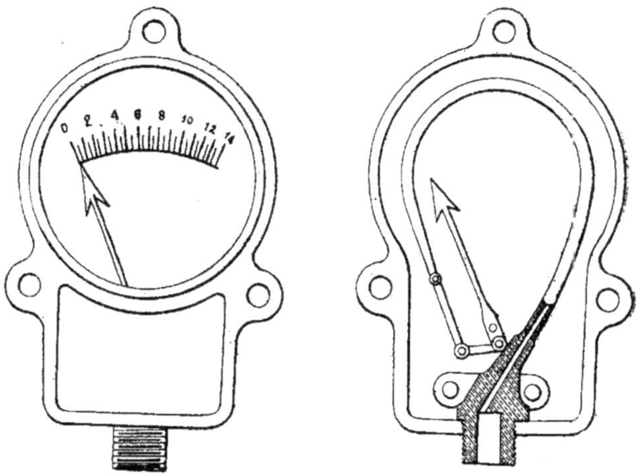

Fig. 142. — Manomètre Bourdon.

conduits de vapeur, dans les réservoirs du frein, est donnée au moyen de **manomètres.**

Les manomètres habituellement employés sont du type Bourdon.

Ils se composent (fig. 142) d'un tube aplati, en laiton, courbé en arc de cercle ; sous l'action de la pression, le tube tend à se redresser et le déplacement de son extrémité est à peu près proportionnel à la variation de pression. Afin de permettre une lecture facile, le déplacement est amplifié par un jeu de levier qui fait mouvoir une aiguille sur un arc gradué.

Le poste du mécanicien sur les machines modernes doit comporter un certain nombre de manomètres indiquant :

— La pression de la chaudière ;
— La pression dans les boîtes à vapeur HP ;
— La pression dans les boîtes à vapeur BP ;
— La pression de la vapeur du chauffage ;
— La pression d'air dans le réservoir principal du frein ;
— La pression d'air dans la conduite générale automatique ;
— La pression d'air dans la conduite générale modérable.

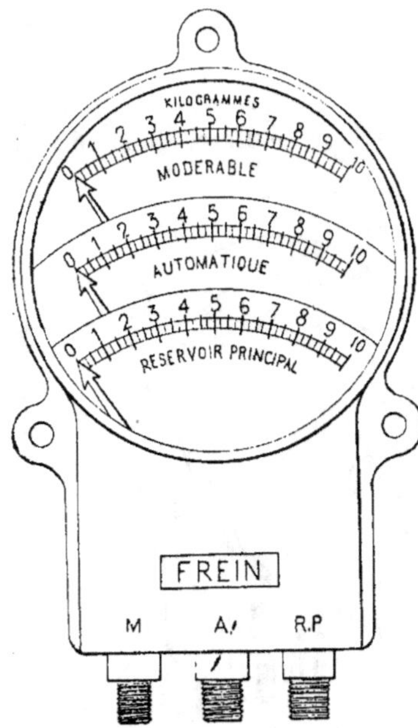

Fig. 143. — Manomètre *triplex* du frein.

Afin d'éviter d'encombrer la devanture des machines par un nombre aussi important de manomètres, on utilise des manomètres doubles ou triples appelés *duplex* et *triplex*.

Dans le cas où l'on veut donner les sept indications qui précèdent, on emploie :

Un manomètre triplex pour le frein (fig. 143) ;

Un manomètre triplex pour la chaudière et les deux boîtes à vapeur HP et BP ;

Un manomètre simple pour le chauffage.

Tous ces appareils doivent être convenablement disposés sous la vue du mécanicien, de façon que cet agent puisse les consulter sans se déranger de la surveillance de la voie.

Les manomètres actuels sont gradués en kilogrammes par centimètre carré.

Jadis, ils étaient gradués en atmosphères.

La pression atmosphérique par centimètre carré sous une hauteur barométrique de 760 millimètres correspond au poids de 76 centimètres cubes de mercure, c'est-à-dire à :

$$13^{k3},600 \times 0^{dm3},076 = 1^{kg},033.$$

Dans les manomètres gradués en atmosphères, la pression d'une atmosphère correspond donc à celle de $1^{kg},033$.

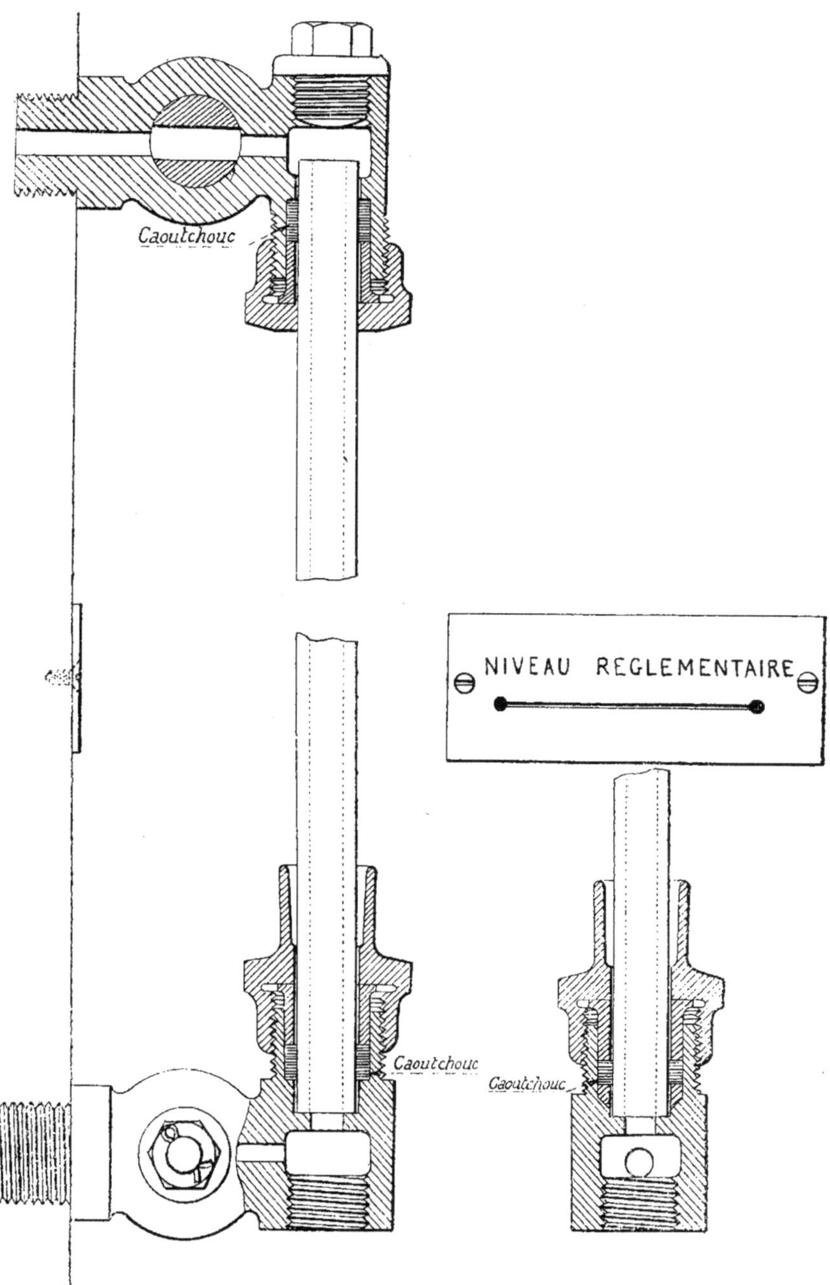

Fig. 144. — Tube de niveau d'eau ordinaire.

Inversement une pression de 1 kilo par centimètre carré **correspond** à $\dfrac{1}{1,033} = 0,968$ d'atmosphère.

33. Niveau de l'eau. — La chaudière des locomotives doit **être** munie, conformément aux prescriptions du décret du 9 octobre 1907 concernant les appareils à vapeur, de **deux** appareils indicateurs du niveau de l'eau. L'un au moins de ces appareils est un tube en verre disposé de façon à pouvoir être facilement nettoyé et remplacé au besoin. De plus, le même décret spécifie que des précautions doivent être prises contre le danger provenant des projections d'éclats de verre en cas de rupture du tube.

Le dispositif de *tube à niveau d'eau* le plus simple est représenté figure 144. Il est complété par une plaque, placée sur la chaudière, indiquant le niveau réglementaire au-dessous duquel le chauffeur ne doit pas laisser l'eau descendre. Ce niveau, fixé par le décret du 9 octobre 1907, doit se trouver au moins à 6 centimètres au-dessus du ciel de foyer.

On emploie également pour les machines appelées à circuler sur des lignes accidentées une plaque graduée (fig. 145) indiquant les positions limites du niveau de l'eau suivant les profils, de façon que le ciel ne se découvre pas quand on passe d'une rampe à une déclivité.

Fig. 145.

En vue de permettre le remplacement facile d'un tube brisé, le P.-L.-M. a adopté le *porte-tube Berthelot*. Chaque machine comporte dans son outillage un porte-tube de rechange tout monté. Les figures 146 et 147 montrent clairement combien le remplacement s'effectue facilement.

Divers appareils à billes ou à clapets ont été imaginés en vue de protéger le mécanicien contre les éclats de verre et les projections d'eau qui se produisent lors de la rupture d'un tube. La bille est disposée sur le trajet du courant de vapeur ou d'eau de telle façon qu'en cas de rupture du tube elle est entraînée par ce courant et vient s'appliquer sur un siège où elle forme obturateur.

Mais le fonctionnement de ces dispositifs risque d'être paralysé par le tartre, et ils sont peu employés aujourd'hui.

On a recours pour la protection des agents :

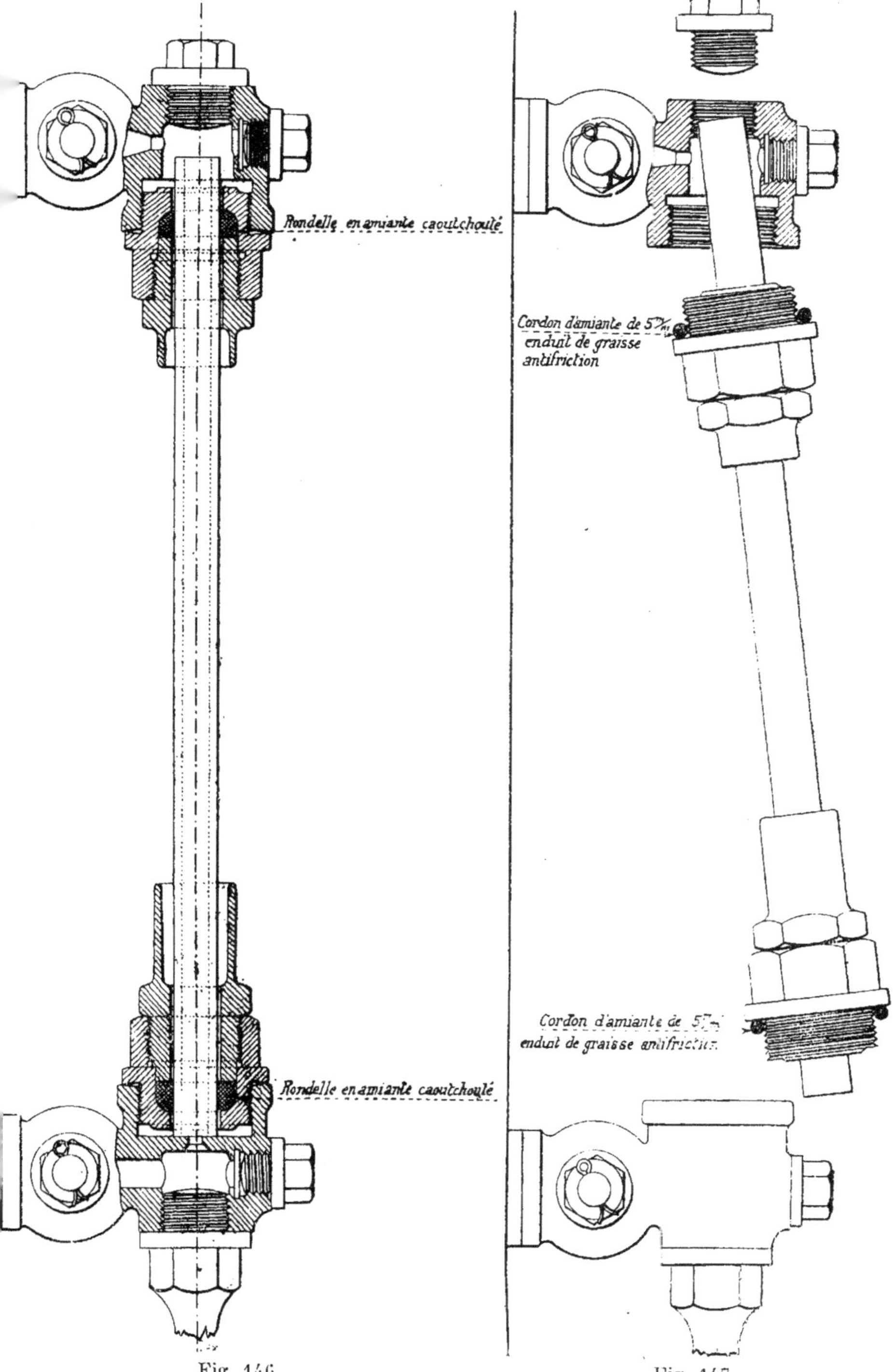

Fig. 146.   Fig. 147.

Appareil de niveau d'eau avec porte-tube Berthelot.

1º A un dispositif de *manœuvre à distance des robinets* de *niveau d'eau* (fig. 148 et 153);

2º A un *protecteur* formé de glaces suffisamment solides pour

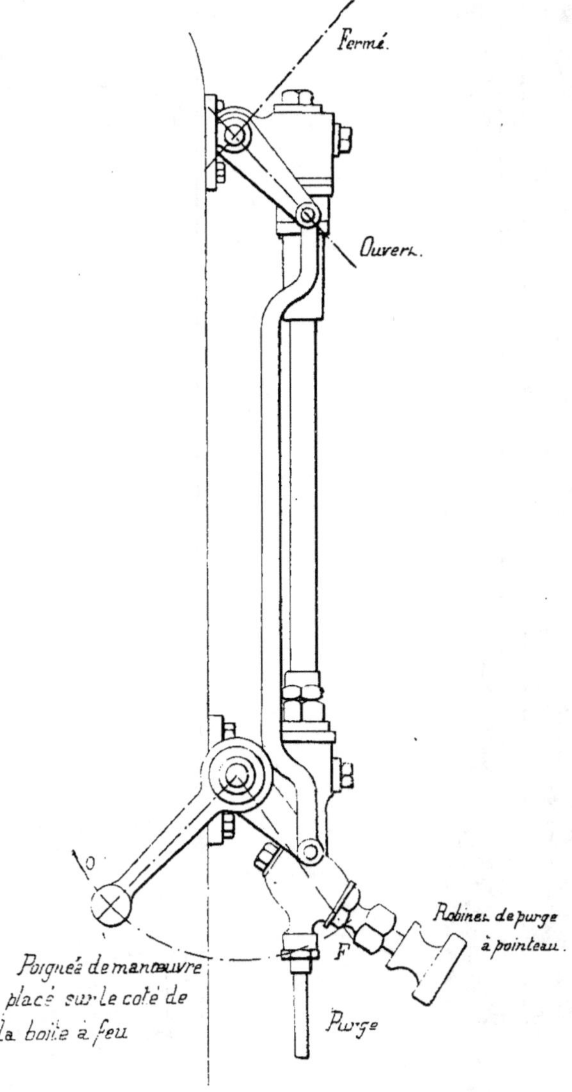

Fig. 148. — Dispositif de manœuvre à distance.

empêcher les éclats de verre et les projections d'eau bouillante d'atteindre le mécanicien et le chauffeur (fig. 149).

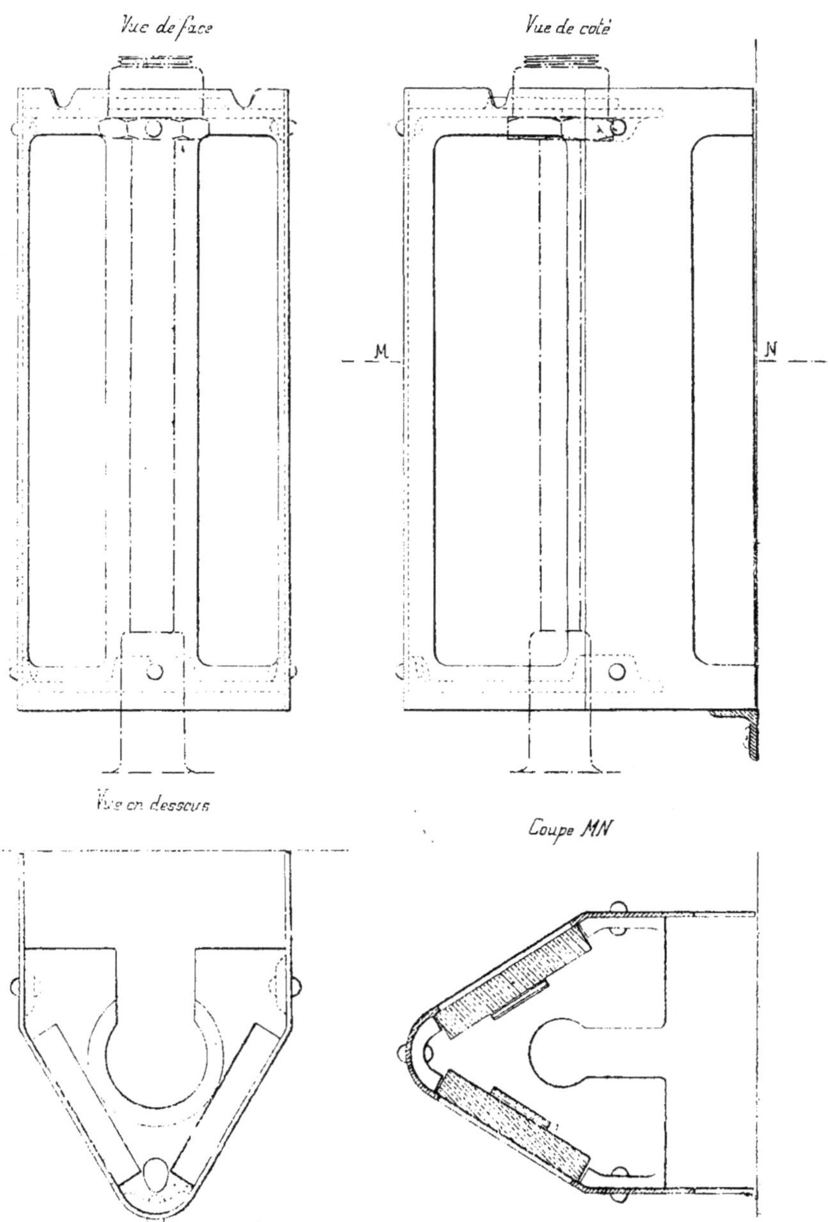

Fig. 149. — Protecteur à glaces.

Il convient de citer également comme appareil indiquant le niveau de l'eau le **dispositif Klinger** (fig. 150). Il se compose d'un tube prismatique formé sur une face par une glace de verre strié (fig. 151). Sous l'effet du phénomène de la réflexion totale, la partie du verre non mouillée par le liquide est brillante, alors que celle qui est en contact avec l'eau apparaît presque noire.

Avec cet appareil le niveau de l'eau est très visible.

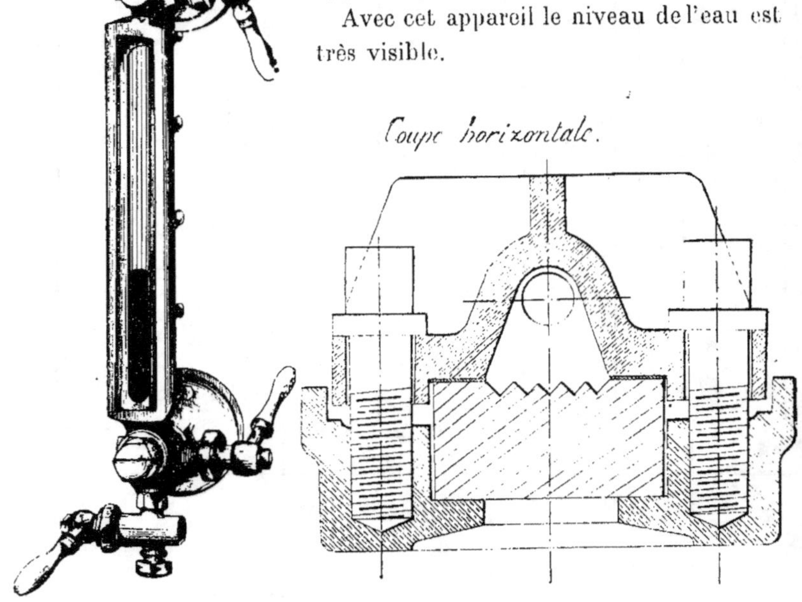

Fig. 150. — Dispositif Klinger, ensemble.

Fig. 151. — Dispositif Klinger, coupe.

On obtient un résultat analogue avec les tubes à niveau d'eau cylindriques en ménageant dans l'intérieur du verre une bande longitudinale rouge de 2 à 3 millimètres recouverte entièrement d'une bande d'émail de 10 à 12 millimètres de largeur sur laquelle elle se détache.

La partie du tube qui ne contient pas d'eau présente à l'œil une légère ligne rouge sur fond blanc, alors que la partie contenant de l'eau apparaît complètement rouge.

Nous avons vu plus haut que le décret sur les appareils à vapeur prescrivait l'emploi de **deux appareils de niveau d'eau** dont l'un au moins devait être **un tube en verre**.

Le deuxième dispositif permettant de vérifier le niveau de l'eau
est constitué par **deux** ou **trois robinets de jauge** disposés sur la face
arrière de la chaudière.

Le robinet inférieur est placé sur le plan du niveau réglementaire;
les deux autres sont échelonnés à 5 et
10 centimètres environ au-dessus.

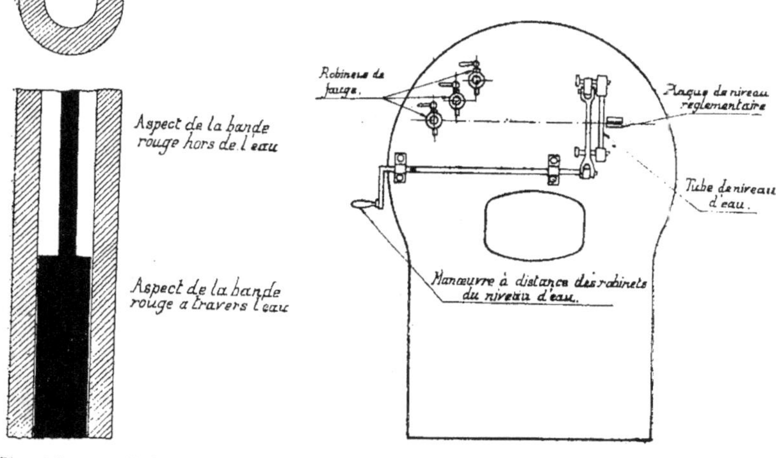

Fig. 152. — Tube de niveau avec bande rouge sur émail blanc.

Fig. 153. — Ensemble des appareils de niveau d'eau.

Sur les anciennes locomotives, on utilisait des robinets ordinaires à
boisseau (fig. 154). Ces robinets étaient assez difficiles à maintenir
étanches et s'obstruaient fréquemment, mais ils étaient faciles à
déboucher. On emploie plus com-
munément aujourd'hui des robinets à pointeau (fig. 155), qui se
comportent mieux au point de
vue de l'étanchéité, mais sont
plus difficiles à déboucher en
service.

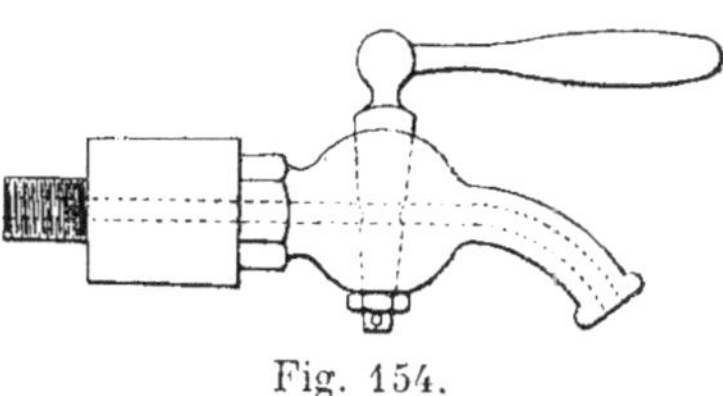

Fig. 154.

Un certain nombre de compagnies installent du reste sur leurs
machines modernes **deux tubes de niveau d'eau**, de façon qu'en cas
de rupture de l'un d'eux et dans l'attente de son remplacement on
ait toujours les indications du deuxième tube.

C'est une excellente mesure.

34. Corps cylindrique. — Le *corps cylindrique* est composé d'un certain nombre de **viroles** en tôle de fer ou d'acier reliées

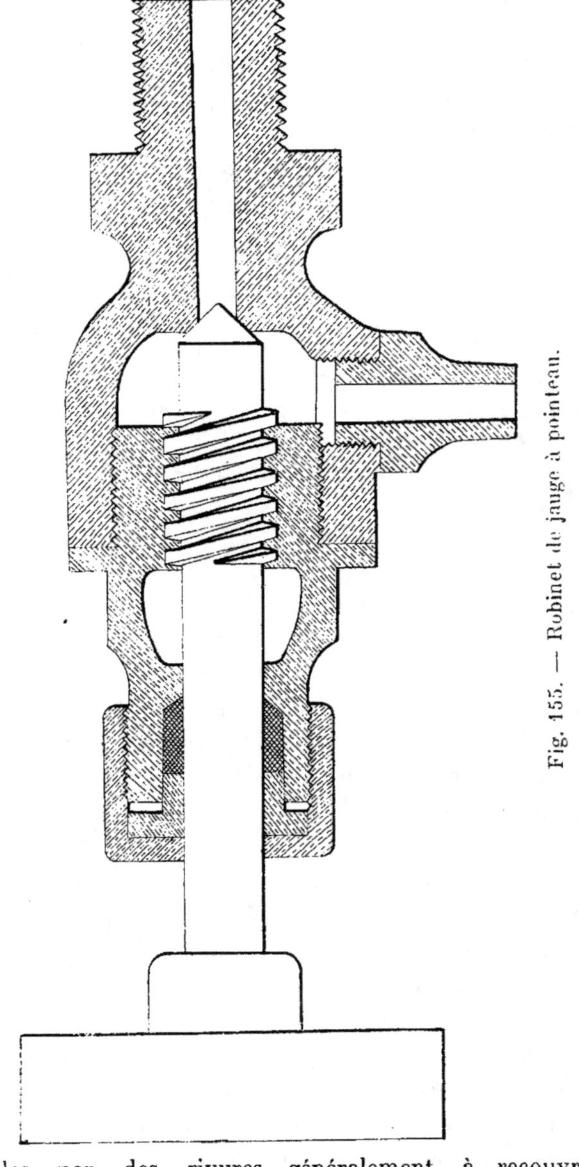

Fig. 155. — Robinet de jauge à pointeau.

entre elles par des rivures généralement à recouvrement.
Lorsque le diamètre des viroles successives va en diminuant, leur

disposition est dite *télescopique* (fig. 156). La disposition indiquée
figure 157 est la plus usitée en France.

. Lorsqu'on veut obtenir un corps parfaitement cylindrique, d'égal
diamètre dans toutes ses parties, on réunit les viroles entre elles par
un *couvre-joint* (fig. 158).

Chaque virole est constituée par une tôle cintrée en forme de cylindre.

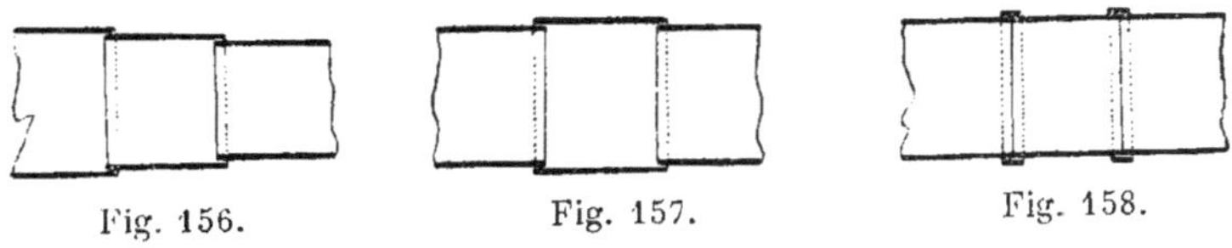

Fig. 156.   Fig. 157.   Fig. 158.

La rivure longitudinale est à quatre rangées de rivets et à couvre-
joints (fig. 159 et 160).

Les rivures longitudinales des viroles successives sont disposées
alternativement à droite et à gauche. Celui des deux couvre-joints, qui
doit être recouvert par le virole suivante, est aplati à son extrémité

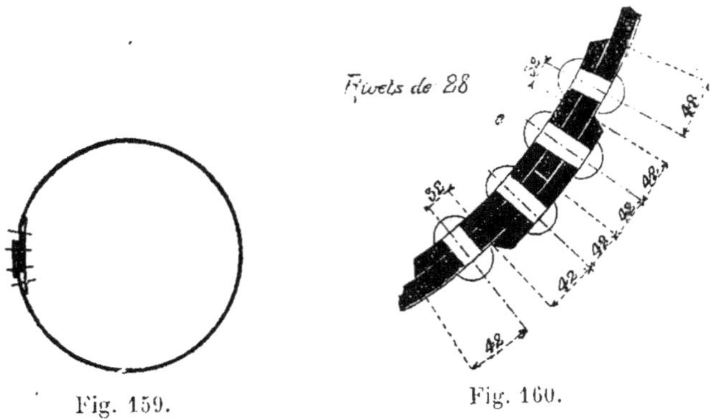

Fig. 159.   Fig. 160.

de façon à pouvoir s'insérer entre les bords des deux viroles sans nuire
à l'étanchéité du joint.

En d'autres termes, l'extrémité du couvre-joint est amincie en
biseau très aigu sur la ligne ABCD.

La figure 161 montre comment est disposée la rivure de liaison de deux
viroles V_1, V_2 à l'endroit de la rivure longitudinale de l'une d'elles, V_1.
Les deux coupes MN et AD font notamment ressortir comment le
couvre-joint extérieur de la virole V_1 vient s'insérer contre le bord
de cette virole et celui de la virole V_2 qui recouvre la première.

35. Dôme. — Le *dôme* est un appendice placé sur une virole du corps cylindriqudestinée, plus particulièrement à surélever la prise

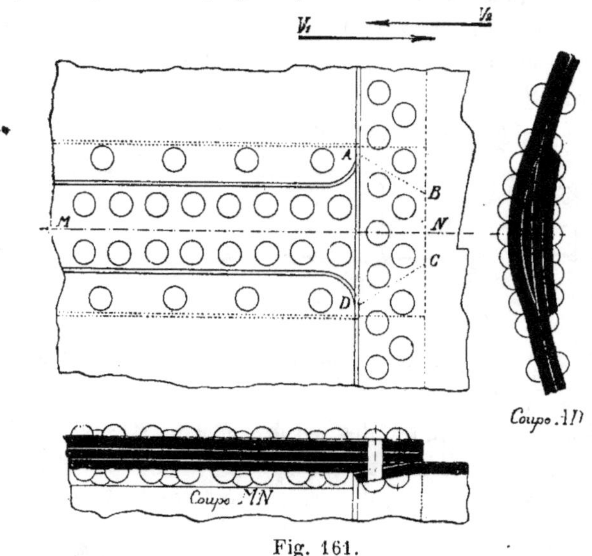

Fig. 161.

de vapeur du régulateur le plus possible au-dessus du niveau de l'eau de la chaudière.

L'ouverture ménagée à cet endroit dans le corps cylin-

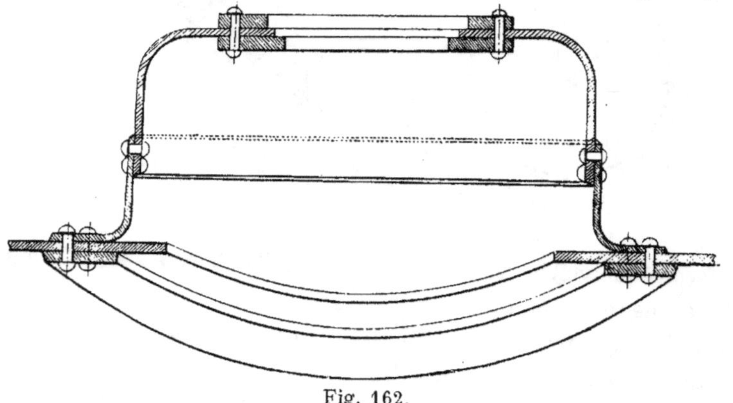

Fig. 162.

drique affaiblit évidemment la résistance de la virole.

Pour y remédier, on consolide cette région en doublant les parois de l'ouverture par une *collerette* C réunie à la chaudière et à l'embase du dôme par une double rangée de rivets.

Le dôme est constitué en tôle d'acier. Certaines calottes de dôme étaient confectionnées en fonte. Les risques de rupture à l'occasion d'un serrage inégal du joint les ont fait abandonner.

Le dôme porte à sa partie supérieure une ouverture elliptique fermée par un **autoclave** et qui est utilisée comme **trou d'homme** pour les visites intérieures de la chaudière.

36. Tubulure. — Les **tubes à fumée**, dans les anciennes chaudières, étaient en laiton. En raison de l'altération de ce métal, on avait

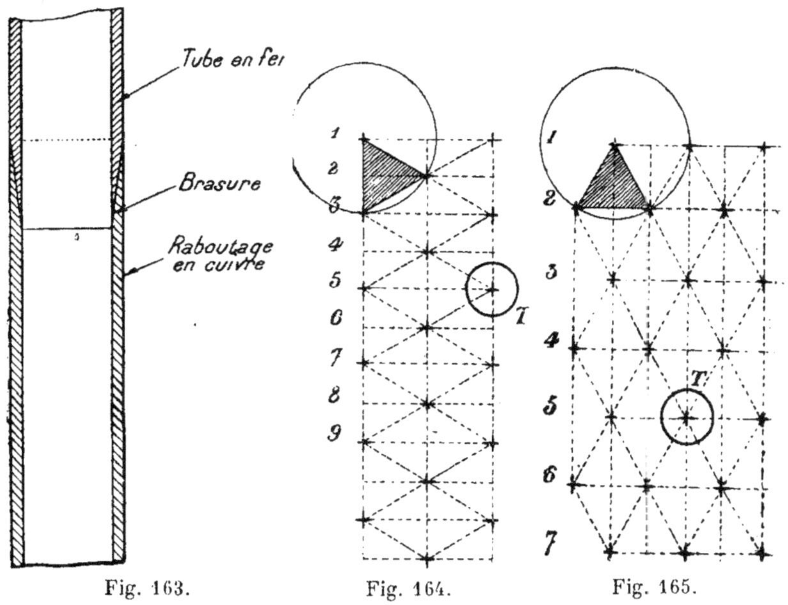

Fig. 163.   Fig. 164.   Fig. 165.

été conduit à rabouter les tubes côté foyer par une longueur de 10 à 20 centimètres, en cuivre rouge brasée sur le tube en laiton (fig. 163).

Lors de l'adoption des tubes en acier, on continua pendant un certain temps à utiliser le raboutage en cuivre rouge côté foyer.

Aujourd'hui cette opération, assez coûteuse et d'utilité contestable, est peu employée. Depuis un certain nombre d'années, on n'applique plus guère que des tubes en acier doux lisses ou à ailettes, qui se comportent du reste très bien en service.

Les tubes sont disposés ordinairement pa rangées verticales (fig. 164), ou plus rarement par rangées horizontales (fig. 165).

La position d'un tube est indiquée par deux numéros : le premier

donne le numéro d'ordre de la rangée horizontale en partant du haut,
le deuxième le numéro d'ordre du tube dans la rangée en partant de
la gauche. C'est ainsi que, dans les deux figures qui précèdent, le
tube T est le tube 5—2.

37. Mise en place des tubes. — Pour faciliter la mise en place
et le retrait des tubes, le diamètre D des trous de la plaque tubulaire
de la boîte à fumée est de 2 à 3 millimètres supérieur à celui d des
trous de la plaque tubulaire du foyer. Les tubes, avant leur mise en

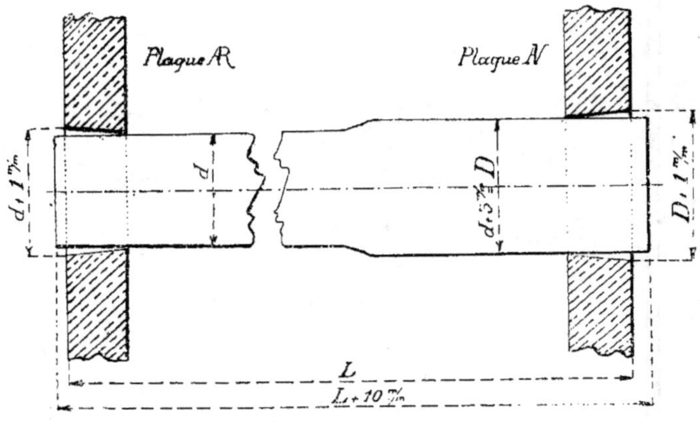

Fig. 166.

place, sont donc renflés sur une longueur d'environ 100 millimètres
à leur extrémité côté boîte à fumée.

Les trous des plaques tubulaires sont légèrement évasés (fig. 166).

On coupe le tube à mettre en place à la longueur L comprise entre
les faces extérieures des plaques tubulaires, augmentée de 10 millimètres. On présente le tube à son emplacement définitif en le
faisant dépasser de 5 millimètres à chaque extrémité.

On procède ensuite au mandrinage au moyen d'un appareil spécial,
puis au rivetage au marteau.

L'*appareil à mandriner* (fig. 167) se compose essentiellement
d'une tige conique T et de trois galets G_1, G_2, G_3 également coniques,
maintenus dans une cage cylindrique C percée de trois fenêtres. La
largeur de ces fenêtres est un peu inférieure au diamètre des galets.

La tige conique, filetée à son extrémité extérieure, peut être plus
ou moins rentrée dans la chemise C au moyen d'un écrou E.

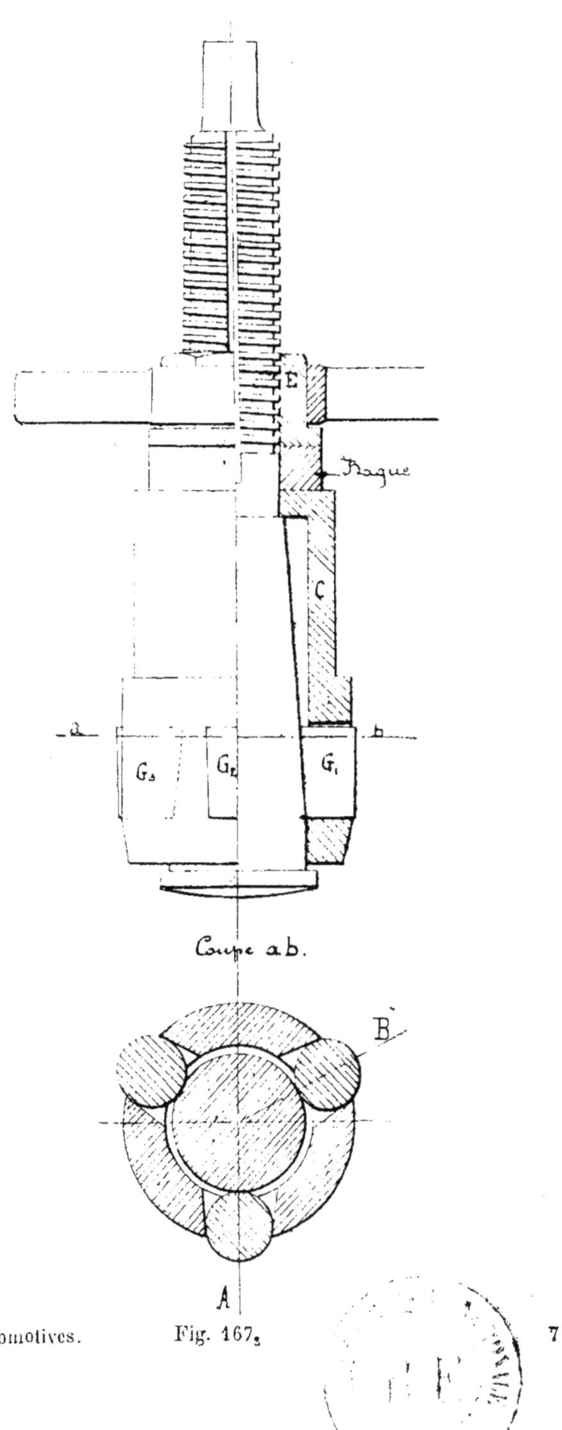

E
Bague
C
a   b
G₃   G₂   G₁
Coupe a.b.
B
A

Pour utiliser l'appareil, on dévisse l'écrou E de la longueur convenable, de façon à amener les galets en contact avec la partie la plus faible de la tige. On introduit l'appareil dans le tube à la profondeur convenable, et on visse l'écrou E de façon à appliquer les galets sur les parois intérieures du tube. Il ne reste plus alors qu'à faire tourner la tige conique au moyen d'un cliquet monté à son extrémité A. Le mouvement de rotation de la tige entraîne les galets qui laminent les bords du tube et l'appliquent fortement contre les parois du trou de la plaque tubulaire. On augmente le serrage des galets sur le tube au moyen de l'écrou E jusqu'à ce que le sertissage convenable du tube soit obtenu.

Fig. 168.

Cette opération terminée, le rivetage du tube est effectué avec un marteau à main spécial (fig. 168), ou au moyen d'un marteau pneumatique.

Certains appareils ont été construits pour permettre d'obtenir en une seule opération le mandrinage et le rivetage. Ces appareils ont eu peu de vogue en raison de leur prix élevé.

38. Virolages. — Plusieurs compagnies consolident l'assemblage du tube côté foyer au moyen d'une *virole* en acier, qui dépasse la rivure du tube de 1 ou 2 millimètres. Ce dispositif protège bien les pinces des tubes ; toutefois son utilité économique ne paraît pas indiscutée, car le P.-L.-M., notamment, qui l'utilisait, l'a abandonné.

Le tableau ci-après (fig. 169) résume les diverses opérations de mise en place d'un tube à fumée y compris le virolage.

Le mandrinage et le rivetage côté boîte à fumée se fait dans les mêmes conditions que du côté foyer, avec cette différence que le diamètre de l'extrémité avant du tube est généralement plus grand de quelques millimètres.

39. Tubes à ailettes. — Dans le but d'augmenter la surface de chauffe des tubes, on emploie beaucoup, depuis une vingtaine d'années, les *tubes à ailettes*, appelés aussi tubes *Serve*, dont la section est représentée figure 170.

La substitution des tubes à ailettes aux tubes lisses a été étudiée
de 1885 à 1890 par la Compagnie P.-L.-M. et a été exposée au Congrès

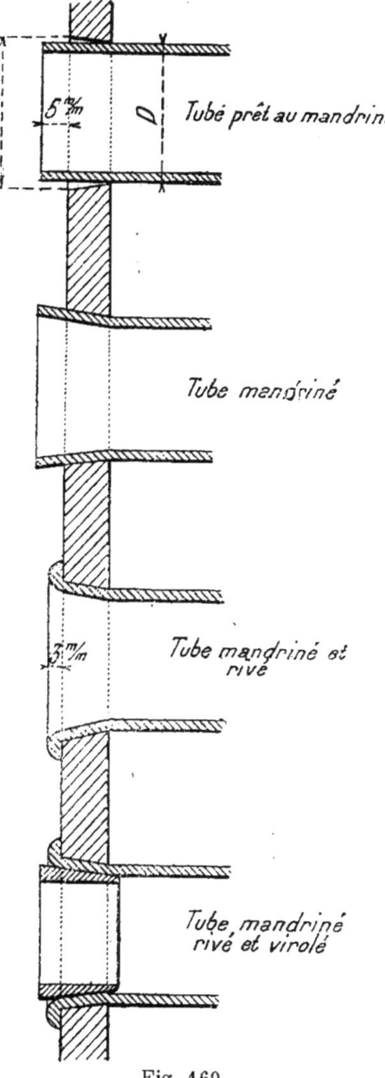

Fig. 169.

des chemins de fer de 1889 par M. Henry, alors ingénieur en chef
du matériel et de la traction.

Les tubes à ailettes, système Serve, sont basés sur ce principe que la transmission de la chaleur se faisant beaucoup plus difficilement du gaz au métal que du métal à l'eau, il faut chercher à augmenter le plus possible la surface du tube en contact avec le gaz.

La *substitution de tubes à ailettes de 70 à des tubes lisses de 50* dans une machine P.-L.-M., type Bourbonnais, a donné, en service, une *économie de charbon de 8 p. 100* par tonne kilométrique.

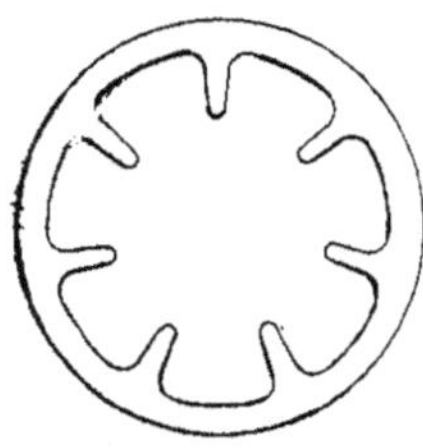

Fig. 170.

Les tubes à ailettes présentent l'inconvénient, en raison de leur section, d'être beaucoup plus rigides que les tubes lisses et de fatiguer un peu plus les plaques tubulaires lors des allumages.

Pour permettre la mise en place des tubes Serve dans les mêmes conditions que celle des tubes ordinaires, les ailettes sont enlevées sur une longueur de 70 à 110 millimètres à chaque extrémité.

40. Usure des tubes. — L'usure des tubes se manifeste surtout à leur extrémité côté foyer, qui est exposée à l'action directe de la flamme. A ce point de vue, la présence de la voûte en briques concourt de façon très efficace à la conservation des rivures. L'emploi de viroles côté foyer semble également favorable, bien que certaines compagnies y aient renoncé.

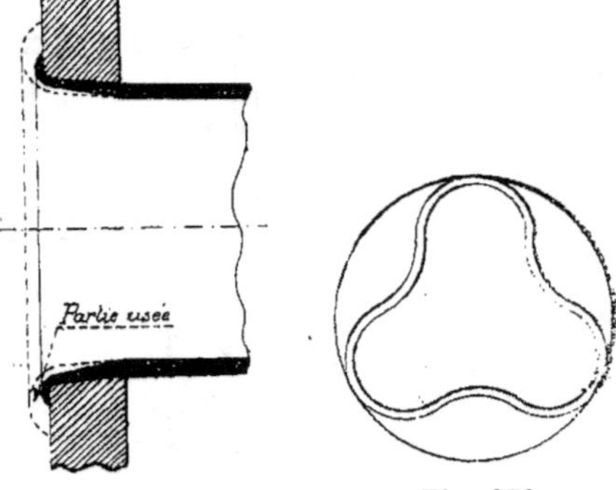

Fig. 171.   Fig. 172.

Lorsqu'un tube a son extrémité usée et commence à présenter des fuites, on procède à son remplacement.

Pour cela, on emploie une sorte de bédane non coupant que l'on introduit entre le tube et la plaque, en le chassant au marteau. On arrive ainsi, en déformant le tube en forme de trèfle, à le décoller complètement des parois de la plaque (fig. 172).

On opère de même à l'autre extrémité, et il n'y a plus qu'à procéder au retrait du tube et à son remplacement.

Le tube ainsi retiré n'a généralement que ses extrémités déformées en mauvais état. Dans ce cas, on le répare en coupant ces extrémités et en le raboutant sur une longueur convenable.

Cette opération, qui se faisait par brasure, il y a plusieurs années,

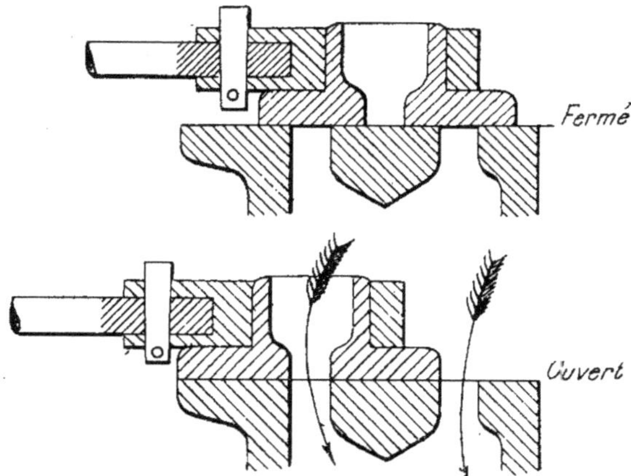

Fig. 173. — Régulateur ordinaire.

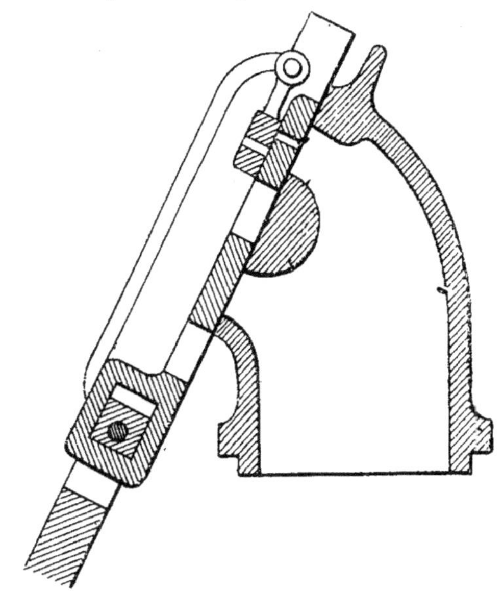

Fig. 174. — Régulateur à double tiroir fermé.

est faite aujourd'hui couramment au moyen du chalumeau oxhydrique ou oxyacétylénique.

41. Régulateur. — On a donné le nom de **régulateur** à l'appareil qui permet de régler l'arrivée de la vapeur aux boîtes à tiroir.

Cette prise de vapeur était constituée à l'origine par un simple tiroir manœuvré au moyen d'une tringle et d'un levier à portée du mécanicien (fig. 173).

Ce tiroir, qui était appliqué sur son siège par la pression de la vapeur,

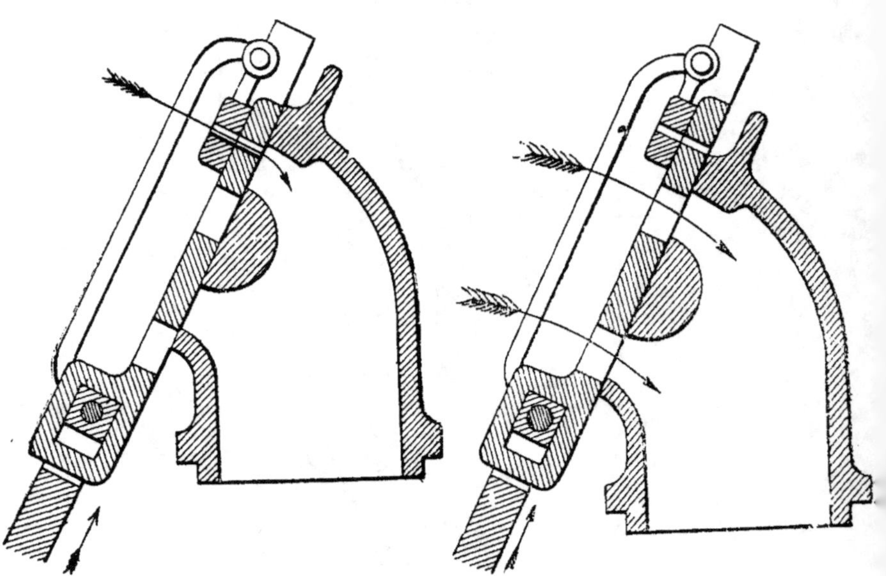

Fig. 175. — Régulateur à double tiroir. Petit tiroir ouvert.

Fig. 176. — Régulateur à double tiroir ouvert en grand.

nécessitait un effort d'autant plus important que le timbre de la chaudière était plus élevé.

On a été conduit, par suite, à étudier un dispositif à **double tiroir** (fig. 174) qui remédie à cet inconvénient.

Lorsqu'on actionne le levier du régulateur, le petit tiroir s'ouvre le premier (fig. 175) et amène rapidement l'équilibre de pression entre les deux faces du grand tiroir.

L'ouverture du grand tiroir (fig. 176) se fait alors avec un effort beaucoup moindre, puisque l'on n'a plus à vaincre que les frottements de la tringle de manœuvre dans ses garnitures.

On emploie beaucoup, avec les chaudières à timbre élevé, les **régu-**

lateurs équilibrés à soupapes qui paraissent devoir remplacer, dans une large mesure, les anciens régulateurs à tiroir (fig. 177, 178).

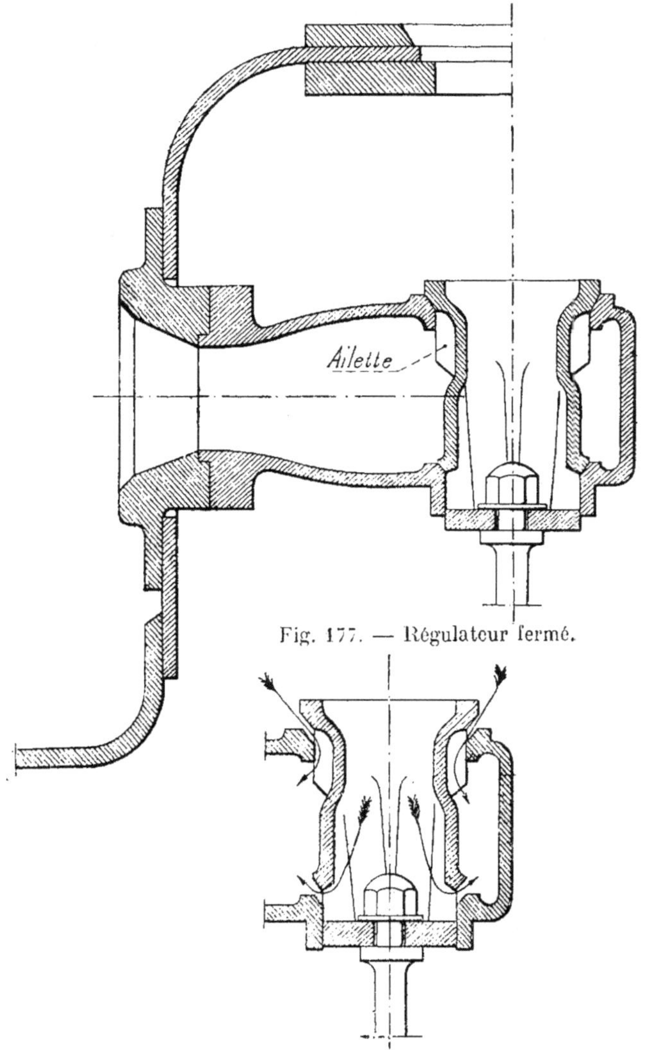

Fig. 177. — Régulateur fermé.

Fig. 178. — Régulateur ouvert.

Régulateur équilibré.

42. Prises de vapeur pour usages divers. — Il convient de rapprocher des régulateurs les prises de vapeur pour usages divers: pompe à air, souffleur, sifflet, etc...

Pour les prises de vapeur se rapportant à de petits débits, on emploie assez couramment le **robinet ordinaire à boisseau** (fig. 179).

Cependant ce robinet présente l'inconvénient, lorsqu'on le manœuvre fréquemment, de gripper, s'il est trop serré, ou de présenter des fuites

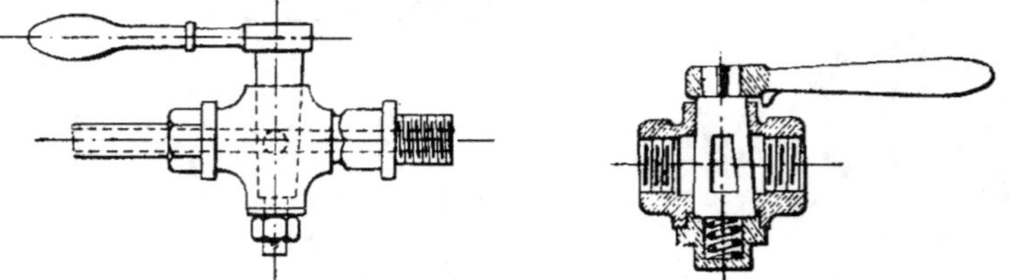

Fig. 179. — Robinet ordinaire à boisseau.   Fig. 180. — Robinet à boisseau renversé.

s'il manque de serrage. **Le robinet à boisseau renversé et à ressort** (fig. 180) se comporte mieux, parce qu'il donne un serrage constant du boisseau dans son logement.

Pour les débits un peu plus importants, on préfère utiliser les **prises**

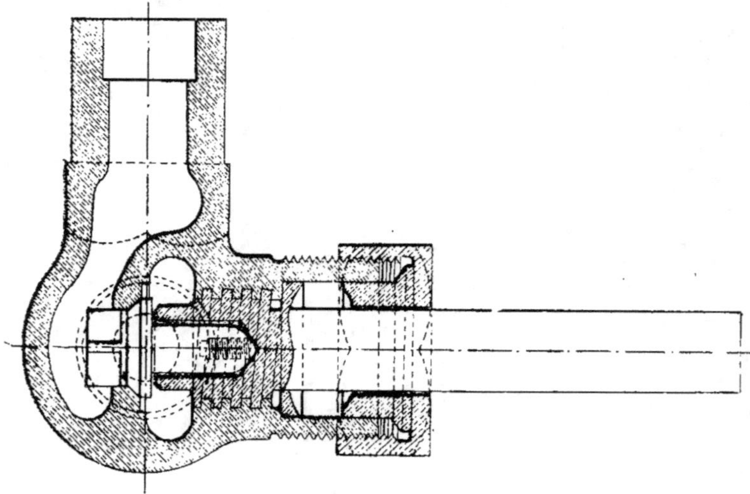

Fig. 181. — Prise de vapeur à vis avec clapet.

de vapeur à vis avec clapet (fig. 181 et 182) (pompe à air, souffleur, démarreur, chauffage).

Enfin, pour les injecteurs, un grand nombre de compagnies, notamment le P.-L.-M., les chemins de fer italiens, suisses, etc., emploient de plus en plus des **prises de vapeur à levier avec clapet à double** *siège* (fig. 183). Ces appareils ne sont pas réglables et ne peuvent occuper que les deux positions d'ouverture en grand ou de fermeture.

43. Soupapes de sûreté. — Aux termes du décret du 9 octobre 1907 sur les appareils à vapeur (art. 7), chaque chaudière doit être **munie**

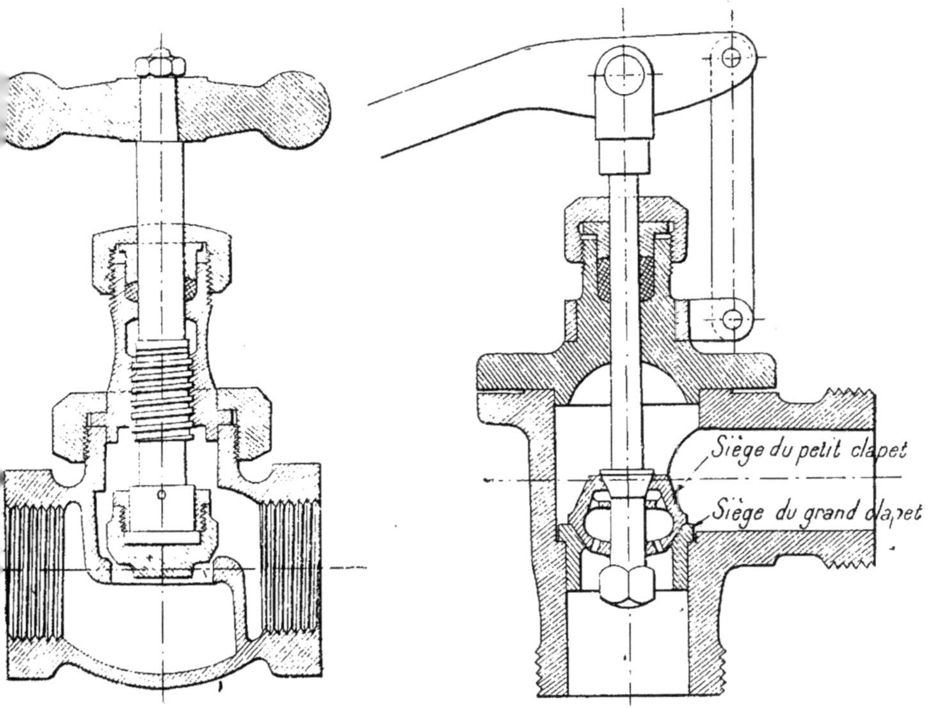

Fig. 182.   Fig. 183. — Prise de vapeur à levier avec clapet
à double siège.

de deux soupapes de sûreté. Chacune de ces soupapes doit suffire pour évacuer à elle seule et d'elle-même toute la vapeur produite sans que la pression effective dépasse de plus d'un dixième la pression limite indiquée par le timbre.

Dans la pratique, on cherche également à obtenir que les soupapes retombent sur leur siège aussitôt que la pression redescend à celle du timbre.

Sur les machines fixes, les soupapes sont constituées par un clapet maintenu sur son siège par un levier chargé d'un poids convenable.

On conçoit que, sur les locomotives, la trépidation ne permette pas d'employer un tel système. On a donc été conduit naturellement à remplacer l'action du poids par celle du ressort (fig. 185).

Ces soupapes, dites à **balances**, peuvent être soulagées de 1 ou 2 kilos au moyen de l'écrou fixé à leur partie supérieure ; toutefois, on préfère plomber cet écrou à demeure, pour éviter le serrage au-dessus du timbre, et réaliser le desserrage par un volant placé à leur partie inférieure.

Ce volant est calé sur une vis sans fin V qui actionne un écrou E agissant sur l'extrémité filetée F de chaque balance.

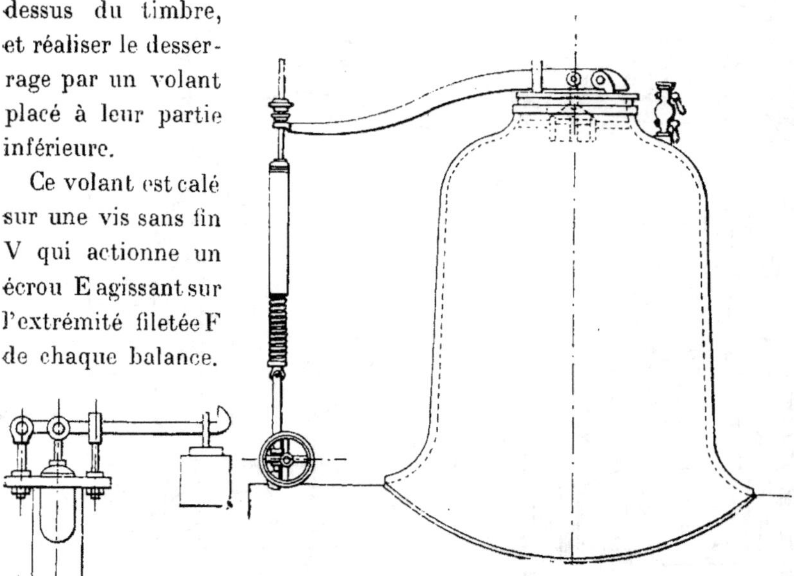

Fig. 184. — Soupape avec contrepoids.

Fig. 185. — Soupapes à balances type P.-L.-M.

Le croquis ci-contre représente le **dispositif de desserrage des balances.** Lorsque les balances sont serrées, l'embase B vient buter sur le support S, empêchant ainsi le serrage au-dessus de la pression réglementaire.

Les balances de ce type devaient être desserrées dans les stationnements par les mécaniciens, afin d'éviter que la pression ne puisse monter jusqu'au timbre, et cela afin de ne pas fatiguer inutilement les chaudières. Cette considération a beaucoup perdu de sa valeur aujourd'hui, ce qui a conduit à l'emploi des **soupapes à charge directe,** qui tend du reste à se généraliser dans toutes les compagnies.

On s'est appliqué, dans la construction des soupapes, à obtenir que leur fonctionnement soit tel que la surpression ne dépasse pas $0^{kg},500$

et que, d'autre part, elles retombent sur leur siège avant que la pression ne soit tombée à 0^{kg},250 au-dessous du timbre.

Pour obtenir ce résultat, on a été conduit à imaginer des dispositifs

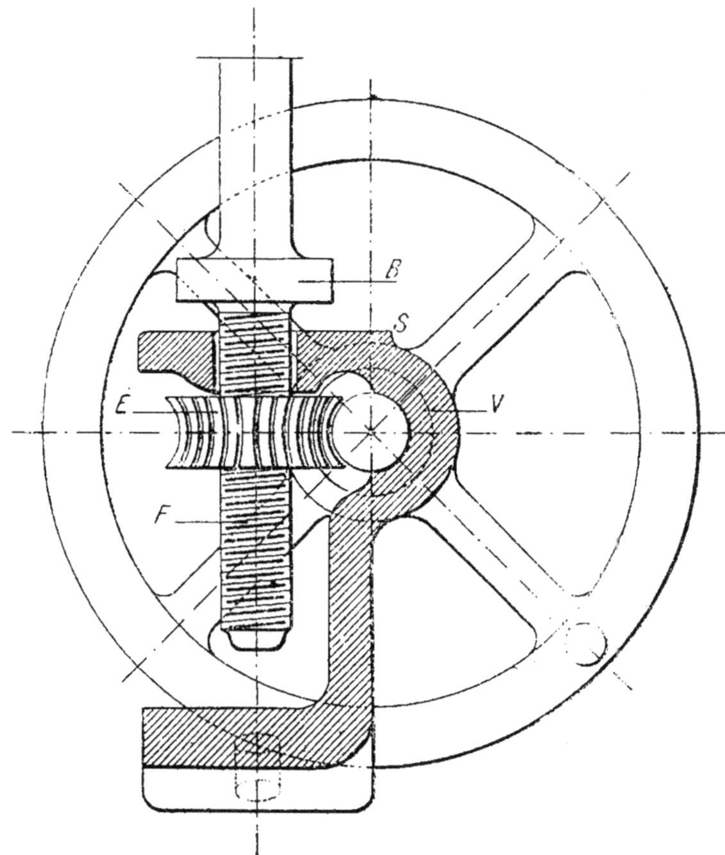

Fig. 186. — Dispositif P.-L.-M. de desserrage des balances.

permettant une **grande levée** de soupape, combinée avec **une ouverture et une fermeture rapide**.

C'est dans cet ordre d'idées que le P.-L.-M. avait adopté la **soupape
à double disque** (fig. 187).

Dès que la soupape commence à se soulever, l'action de la vapeur
sur le disque inférieur accentue la levée jusqu'à la position indiquée
figure 188.

Mais la solution la plus efficace a été réalisée dans la **soupape Adams** adoptée par diverses administrations, notamment par la Compagnie de l'Est (fig. 189).

Cet appareil est très sensible; la soupape qui se soulève franchement

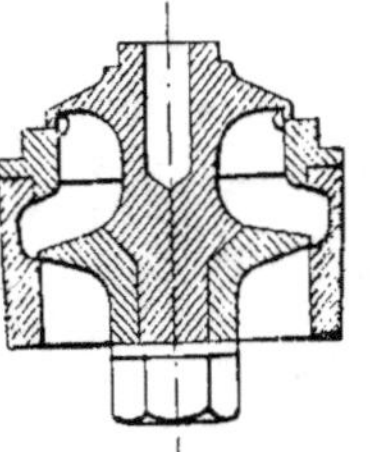

Fig. 187. — Soupape à double disque fermée.

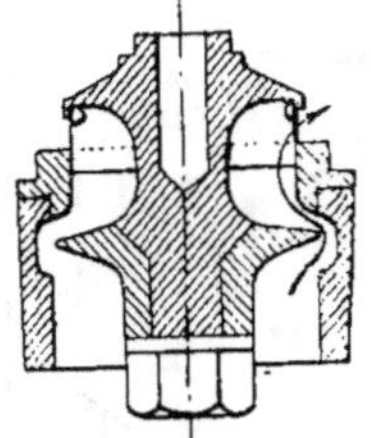

Fig. 188. — Soupape à double disque ouverte.

permet un large débit. De plus, l'ouverture et la fermeture sont très rapides. Ce résultat est obtenu par la forme de la soupape, qui est munie d'une gorge formant une sorte de double siège.

Dans la position de fermeture, la vapeur n'agit que sur la surface circulaire limitée par le siège intérieur. Dès que la pression atteint le timbre, la

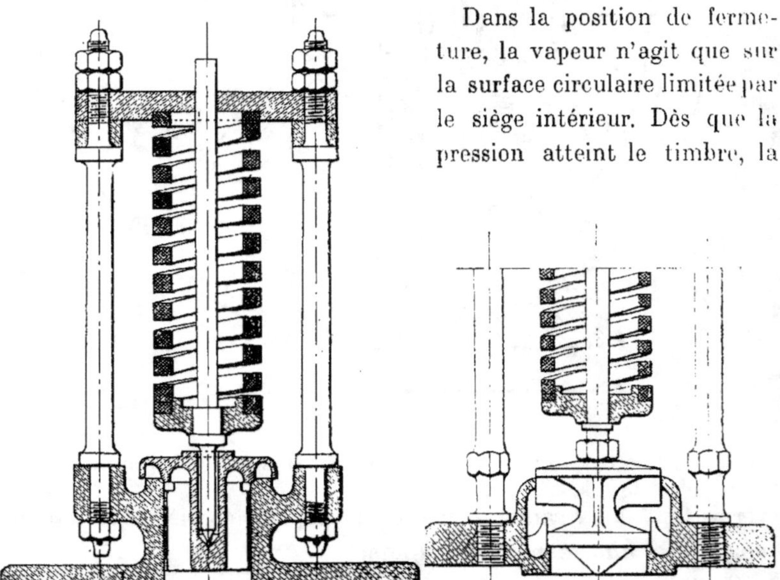

Fig. 189. — Soupape Adams.

Fig. 190. — Soupape Lethuillier-Pinel.

soupape commence à se soulever, mais l'action de la vapeur se produit alors sur toute la surface formée par le cercle extérieur de la gorge et augmente la levée de la soupape.

Le bon fonctionnement de cet organe dépend des proportions de la gorge et de la valeur de la surface annulaire comprise entre les deux sièges.

Le chemin de fer de l'Ouest employait la **soupape Lethuillier-Pinel**, dont le fonctionnement est également satisfaisant. Cette soupape est à double disque (fig. 190), comme celle du P.-L.-M., mais

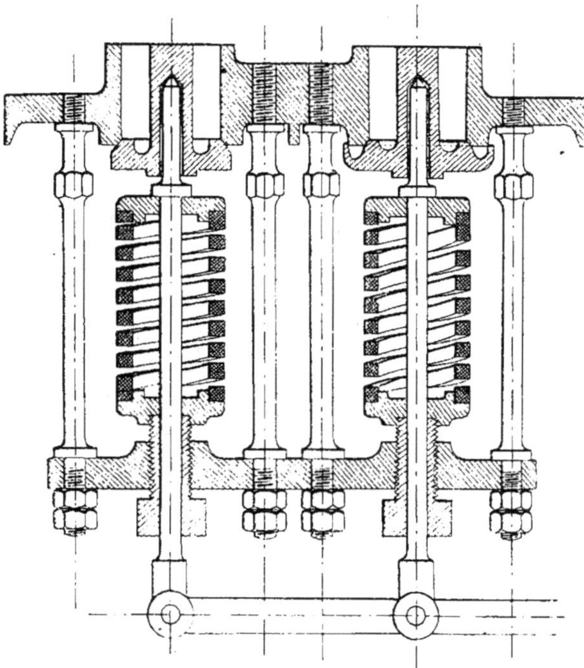

Fig. 191. — Soupapes Nord.

le principe de son fonctionnement se rapproche de celui de la soupape Adams. On voit que, dès que la levée commence à se produire, la vapeur vient agir sur le disque supérieur, dont la surface est plus grande que celle de la soupape proprement dite.

C'est, en somme, une soupape à double siège comme la soupape Adams, avec cette différence que les sièges sont étagés au lieu d'être dans le même plan.

Le Nord a adopté, pour ses machines à grande vitesse, deux soupapes, l'une à gorge, l'autre du type ordinaire (fig. 191). Elles sont réunies par un levier qui sert à faciliter la levée ou la retombée des soupapes, si ces actions sont tardives. L'Est a suivi cet exemple.

Aujourd'hui, avec les puissantes chaudières en service, les soupapes doivent avoir de forts débits et sont assez bruyantes.

Les Compagnies se sont généralement arrêtées à une combinaison de soupape Adams, avec un dispositif atténuant le bruit de la vapeur.

Les premiers dispositifs tendant à rendre les soupapes silencieuses nous viennent d'Amérique (fig. 192).

Les types de soupapes les plus modernes employées sur les ma-

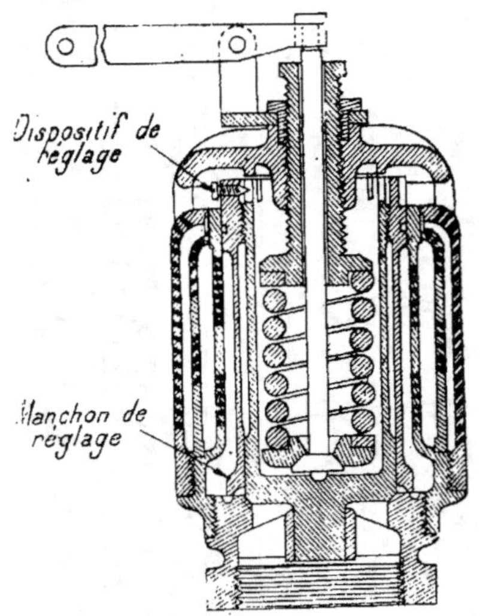

Fig. 192. — Soupape américaine.

chines puissantes P.-L.-M., P.-O., Nord, sont représentées figures 193 et 194.

On remarque que la soupape américaine et la soupape Nord sont munies d'un levier destiné à provoquer le fonctionnement de la soupape, lorsqu'il est tardif.

La soupape américaine porte à sa partie supérieure un dispositif de réglage accessible de l'extérieur, qui permet de faire descendre plus ou moins le manchon dont l'extrémité inférieure forme, avec la soupape, la rainure analogue à celle de la soupape Adams.

La soupape P.-O., qui est du type *Coole*, et la soupape Nord, qui est analogue, portent, à la partie inférieure, une bague de réglage R, qui permet de modifier la levée de la soupape et sa sensibilité.

44. Tuyau Crampton. — Diaphragme. — Le dôme des loco-

motives est placé généralement sur la virole milieu de la chaudière
ou sur la virole avant, de façon à réduire au minimum la longueur des
tuyaux qui conduisent la vapeur du régulateur aux cylindres.

Or, dans une chaudière locomotive, c'est à l'arrière, au-dessus du
foyer, que se produit la plus grande quantité de vapeur. On conçoit

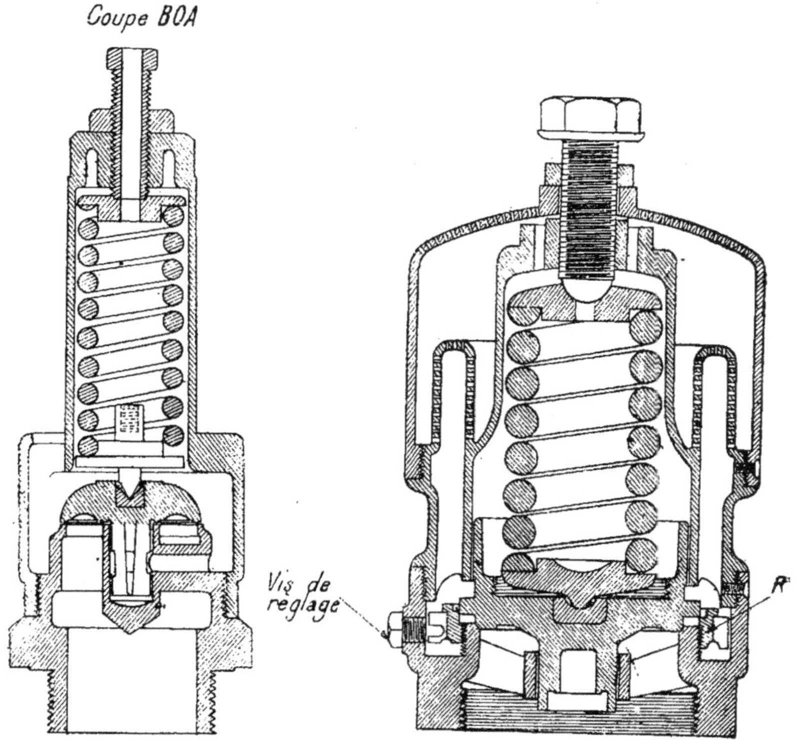

Fig. 193. — Soupape P.-L.-M.   Fig. 194. — Soupape P.-O.

donc qu'en marche il existe un afflux violent de vapeur du foyer au
dôme, surtout lorsque le régulateur est ouvert en grand et que, de plus,
les soupapes de sûreté de la chaudière se soulèvent.

Il peut se produire, dans ces conditions, des entraînements d'eau
en gouttelettes, qui peuvent prendre une importance considérable.
On dit alors que la machine prime.

Ces entraînements d'eau sont évidemment nuisibles au rendement
économique de la machine, puisque ce sont des calories perdues sans
profit. Mais ils peuvent également occasionner des avaries de méca-

nisme, notamment des ruptures de fond de cylindre lorsque la quantité
d'eau entraînée est importante.

Pour y remédier, on munit souvent les chaudières à leur partie

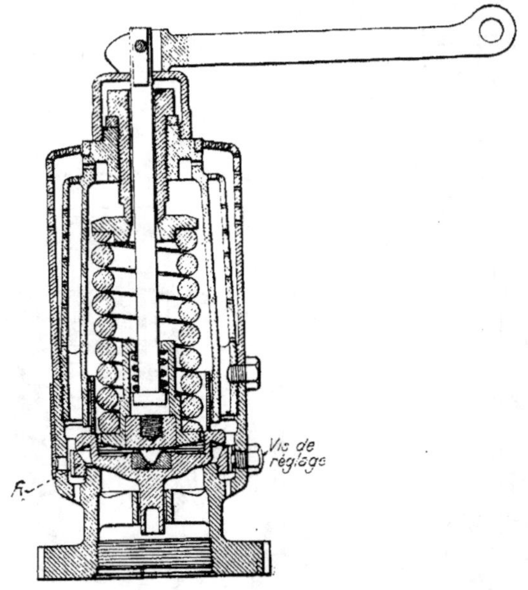

Fig. 195. — Soupape Nord.

supérieure d'un tuyau fendu ou crépiné, dit tuyau Crampton C, qui
recueille la vapeur à la partie la plus élevée de la chaudière pour l'amener

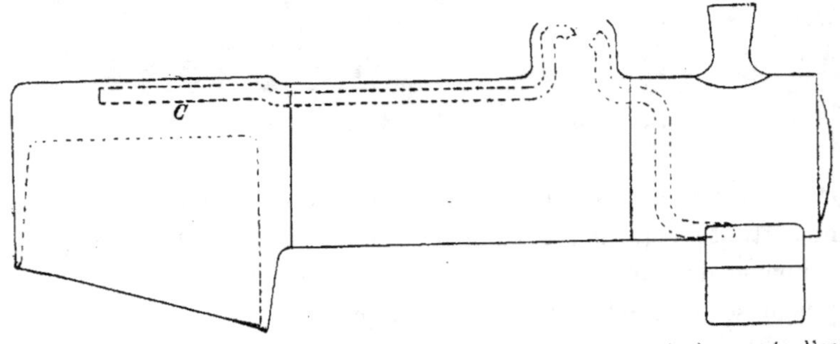

Fig. 196. — Chaudière avec tuyau Crampton pour éviter les entraînements d'eau

au dôme. Ce dispositif est complété par le diaphragme D, qui est
formé par une tôle percée de trous et fixée à la partie inférieure du
dôme.

§ VII. — ENVELOPPES DES CHAUDIÈRES.

Dans une machine timbrée à 15 kilos, la température de l'eau de la chaudière est de 200°. On conçoit, dès lors, l'importance des pertes de calories que subirait une chaudière dont les tôles seraient à nu.

Aussi, dès leur apparition, les chaudières des locomotives ont-elles été recouvertes d'une enveloppe permettant d'atténuer ces pertes.

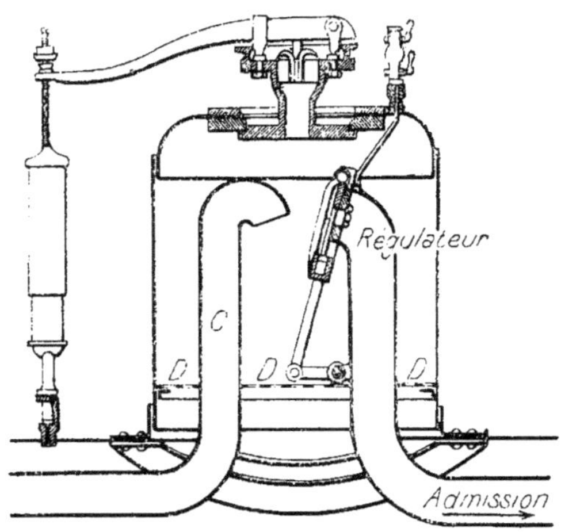

Fig. 197. — Disposition des tuyaux de vapeur dans le dôme.

On s'est arrêté rapidement à l'adoption d'une enveloppe ménageant entre elle et la chaudière, un matelas d'air de 30 à 50 millimètres d'épaisseur.

On admet que ce dispositif diminue de moitié la perte de chaleur par rayonnement.

Mais ce genre d'enveloppe n'a toute son efficacité qu'à la condition essentielle que l'enveloppe soit bien hermétique, de façon à éviter que l'air du matelas ne puisse se renouveler.

Pour les contrées où l'hiver est rigoureux, on utilise avec succès des **enveloppes en amiante** ou en *magnésie*, disposées sous l'enveloppe en tôle habituelle. Ce mode de protection, comparé à l'enveloppe en tôle avec matelas d'air seul, procure une *économie totale de combustible* qui peut *atteindre 6 p. 100.*

Les enveloppes de chaudières, en France, sont formées de tôles laiton ou d'acier, recouvertes d'une couche protectrice de peinture. Toutefois, les anciennes machines du P.-O. possèdent des enveloppes de laiton sans aucune peinture.

A l'étranger, notamment en Suisse, on emploie beaucoup des enveloppes en tôle d'acier bruni qui restent brillantes et donnent un très bel aspect aux machines. Mais ces tôles ont l'inconvénient de s'oxyder lorsque les chaudières présentent quelques fuites persistantes.

§ VIII. — INJECTEURS.

45. Généraliés sur les injecteurs. — Sur les anciennes ma-

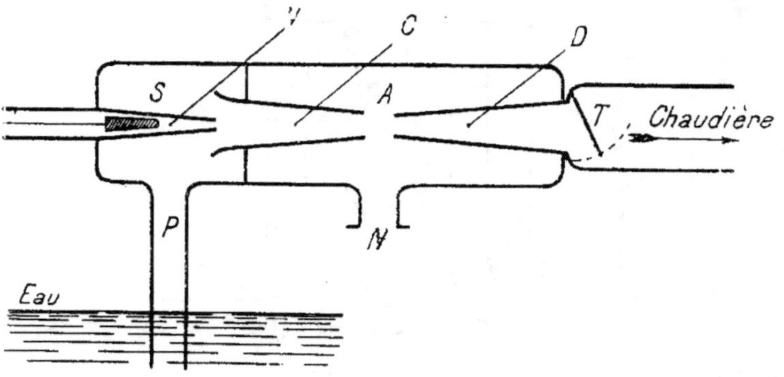

Fig. 198. — Figure schématique d'un injecteur.

chines, l'alimentation de la chaudière était assurée par des **pompes** qui ont été peu à peu remplacées par des **injecteurs**. Les pompes, en effet, présentaient le grave inconvénient de ne pouvoir fonctionner que pendant la marche, et l'utilisation des injecteurs a été, à ce point de vue, un grand perfectionnement.

Avant d'entreprendre une description des divers injecteurs employés, nous indiquerons d'abord sommairement quel est le principe général du fonctionnement de tous ces appareils.

Un injecteur se compose essentiellement :

D'une chambre à eau S ;

D'une chambre de trop-plein A ;

D'un tuyau de prise de vapeur V ;

D'une cheminée conique C appelée convergent ;

D'une deuxième cheminée conique D appelée divergent.

Ces trois tuyères sont disposées sur le même axe.

La tuyère de prise de vapeur est fermée par une aiguille, un clapet ou un robinet qui permet de régler le passage de la vapeur.

La chambre à eau S communique avec les caisses à eau du tender par un tuyau P. Si elle se trouve au-dessus du niveau normal de l'eau, on dit que l'injecteur est aspirant ; si elle se trouve au-dessous du niveau de l'eau, l'injecteur est dit non aspirant.

La chambre de trop-plein communique avec l'atmosphère par un tuyau de trop-plein N, destiné à laisser écouler l'eau qui s'échappe entre le convergent et le divergent.

Le divergent, à l'extrémité duquel se trouve un clapet d'arrêt T, est relié au tuyau de refoulement qui aboutit à la chapelle de refoulement sur la chaudière (fig. 207, p. 125).

Ce dernier organe comporte un robinet d'arrêt à boisseau ou à vis et un second clapet disposé entre le robinet et la chaudière.

L'eau, refoulée de l'injecteur à la chaudière, rencontre donc deux clapets de retenue qui ont pour but d'empêcher le retour de l'eau chaude et son écoulement par le trop-plein, quand l'injecteur ne fonctionne pas.

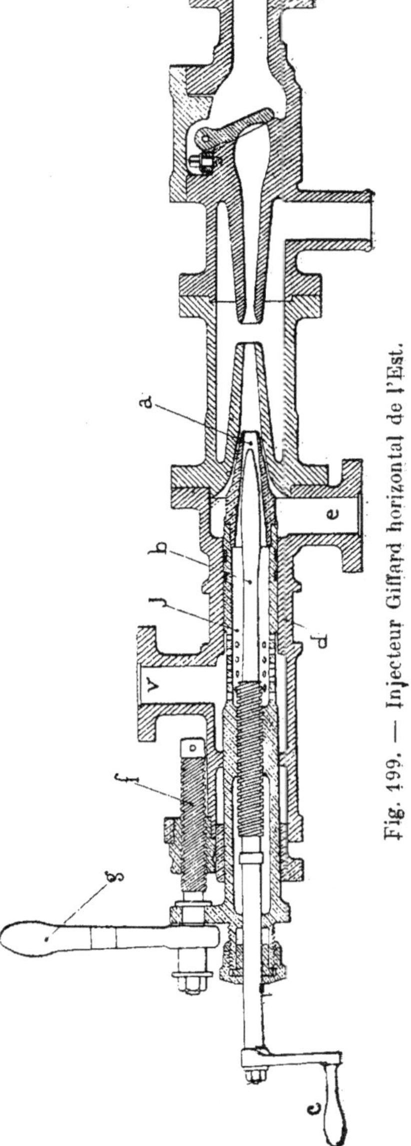

Fig. 199. — Injecteur Giffard horizontal de l'Est.

Pour mettre l'appareil en marche, on ouvre la tuyère V, de façon à permettre à la vapeur de se précipiter dans le convergent. Ce jet, en s'échappant, forme aspiration d'air et fait le vide dans la chmabre S et le tuyau P.

Par suite, l'eau monte progressivement dans ce tuyau P, et, lorsqu'elle arrive dans le convergent, elle est entraînée à son tour par l'action de la vapeur.

Il se forme alors, à la sortie du convergent, un jet d'eau chaude animé d'une grande vitesse, qui est reçu à sa sortie dans le divergent. La section allant en augmentant, la vitesse de l'eau diminue progressivement. Mais, comme la force vive de cette masse liquide ne peut se perdre, elle se traduit par une augmentation de pression qui devient assez importante pour soulever les clapets de retenue et permettre l'introduction dans la chaudière.

46. Différents types d'injecteurs : Giffard. — L'*injecteur Giffard*, dont la première application date de 1859, a été employé de suite sur un grand nombre de réseaux, notamment sur l'Est.

Dans cet appareil (fig. 199), l'ouverture de la tuyère a est obtenue au moyen d'une aiguille filetée b, manœuvrée par une petite manivelle c. La vapeur arrive de la chaudière par la tubulure v et se rend à la tuyère après avoir traversé une série de trous percés dans un cylindre creux J portant la tuyère.

Ce cylindre peut glisser dans le corps d de l'injecteur, de façon à découvrir plus ou moins l'orifice du tuyau d'arrivée d'eau e. Ce déplacement s'obtient au moyen d'une vis f à filet rapide, commandée par une poignée g, et permet de régler l'arrivée de l'eau dans le divergent, en réduisant l'ouverture annulaire d'autant plus que la pression dans la chaudière est plus faible.

Pour faire fonctionner l'appareil, on ouvre d'abord le passage de l'eau au moyen de la poignée g. On tourne ensuite la manivelle c de l'aiguille b, de manière à ouvrir un léger passage à la vapeur, puis, quand l'amorçage est obtenu, on continue à dévisser l'aiguille à fond.

Si l'injecteur ne fonctionne pas bien, ce que l'on reconnaît à l'écoulement d'eau par le trop-plein, on retouche à l'arrivée d'eau au moyen de la poignée g, jusqu'à ce que l'écoulement d'eau au trop-plein ait cessé.

Le bruit produit par l'injecteur dans son fonctionnement normal est,

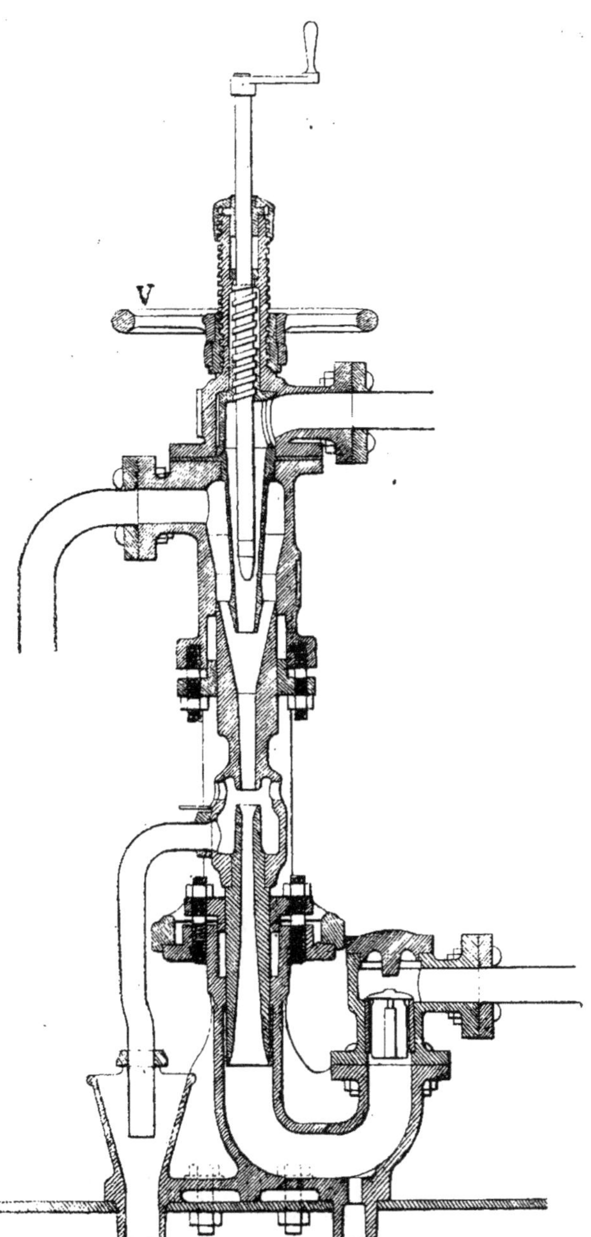

Fig 200. — Injecteur Giffard P.-L.-M. disposé verticalement.

du reste, tout à fait caractéristique et suffit à avertir le mécanicien de son bon fonctionnement.

47. Injecteur P.-L.-M.. — La compagnie P.-L.-M., vers la même époque, a mis en service un *injecteur genre Giffard*, disposé verticalement (fig. 200), sur lequel on reconnaît les mêmes dispositions essentielles que sur celui de l'Est, qui vient d'être décrit.

Le déplacement de la tuyère de vapeur dans le convergent est réalisé au moyen d'un volant V.

48. Injecteur Friedmann non aspirant. — *L'injecteur Fried-*

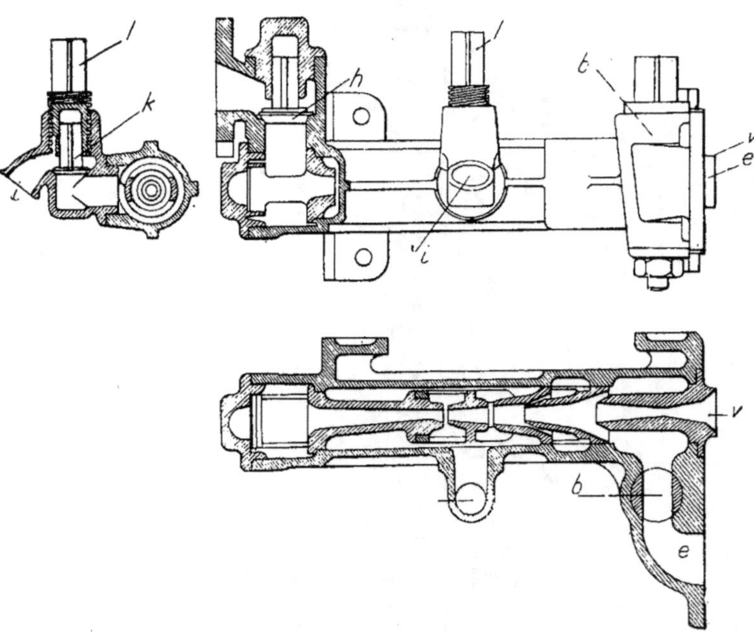

Fg. 201. — Injecteur Friedmann non aspirant.

mann non aspirant (fig. 201) est établi sur la machine, près des marchepieds, à un niveau un peu en dessous du fond du tender. La vapeur arrive par la tuyère V.

L'entrée de l'eau se fait en *e.* Elle est réglée par un robinet à boisseau *b,* commandé par une clé à portée du chauffeur. La tubulure de refoulement est munie d'un clapet de retenue *h.* Le trop-plein *i* comporte également un clapet *k* qui s'ouvre de dedans en dehors et

s'oppose ainsi à l'introduction dans la chaudière de l'air qui pourrait
être entraîné par le jet entre les tuyères.

On peut, au moyen de cet appareil, réchauffer l'eau d'alimentation
du tender. Pour cela, il suffit de condamner le clapet k au moyen
de la vis l actionnée de la plate-forme par une tringle à poignée. On
ouvre alors légèrement la prise de vapeur de l'injecteur et le robinet
de prise d'eau, qui permet ainsi le passage de la vapeur à la caisse à
eau du tender et, par suite, le réchauffage.

49. Injecteur Gresham. — Cet injecteur (fig. 202) est disposé en

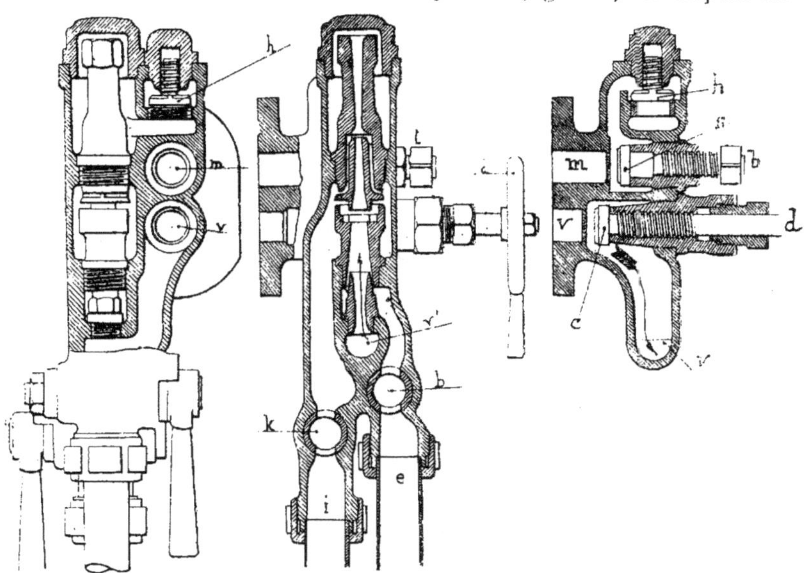

Fig. 202. — Injecteur Gresham.

vue de son application directe sur la chaudière. Il porte lui-même sa
prise de vapeur et sa chapelle de refoulement.

La boîte à clapet d'introduction, le robinet de prise de vapeur sur
la chaudière et toute la tuyauterie extérieure autre que les tuyaux
d'arrivée d'eau et de trop-plein se trouvent, par suite, supprimés.

Dans cet appareil, l'arrivée d'eau e est réglée par un robinet à boisseau b, et l'arrivée de vapeur par un clapet c, commandé par un volant d.
La vapeur, qui est prise à l'intérieur de la chaudière, entre en v dans
l'injecteur et se rend par v' à la tuyère.

La tubulure de trop-plein i est munie d'un robinet à boisseau k,

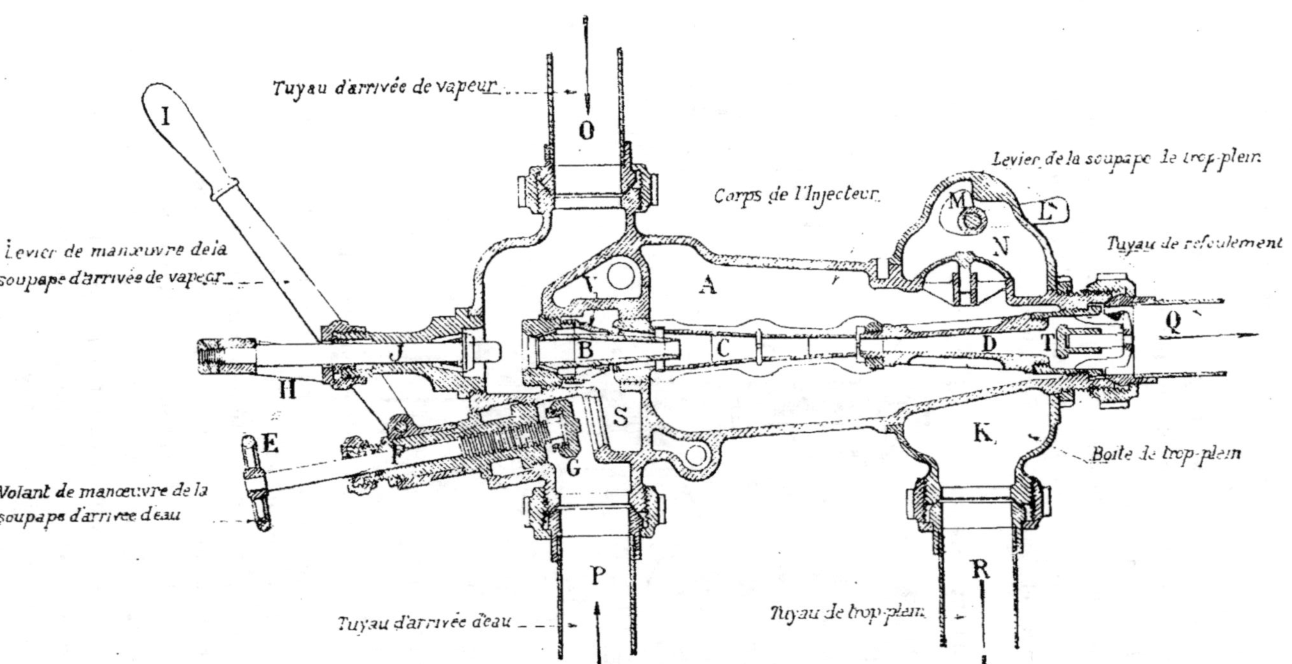

Fig. 203. — Injecteur Sellers, type P.-L.-M.

qu'on peut fermer pour réchauffer l'eau du tender. Le clapet de retenue *h* est monté au-dessus de la tubulure de refoulement *m*.

Lorsqu'on veut isoler l'injecteur de la chaudière, on ferme l'orifice de refoulement *m* au moyen d'un clapet *s* prolongé par une vis *t* à tête carrée.

Pour faire fonctionner l'appareil, on ouvre d'abord le robinet *b* d'arrivée d'eau, puis la prise de vapeur *d*. Pour l'arrêter, on ferme rapidement la prise de vapeur *d*, puis le robinet *b*.

50. Injecteur Sellers. — On emploie beaucoup actuellement l'*injecteur Sellers* (fig. 203).

Dans ces injecteurs, la tuyère de vapeur est double ; elle est fermée par un clapet terminé par une partie cylindrique qui entre dans la tuyère centrale.

Pour mettre l'appareil en marche, on commence par ouvrir la soupape d'arrivée d'eau G. Puis on actionne le levier I de manœuvre en le tirant d'abord légèrement, de façon que le téton du clapet reste engagé dans la tuyère B. Le clapet livre passage à la vapeur dans la tuyère annulaire seulement, ce qui détermine l'amorçage. On peut alors tirer le levier à fond de manière à donner accès à la vapeur dans la tuyère centrale et provoquer l'entraînement de l'eau dans le convergent.

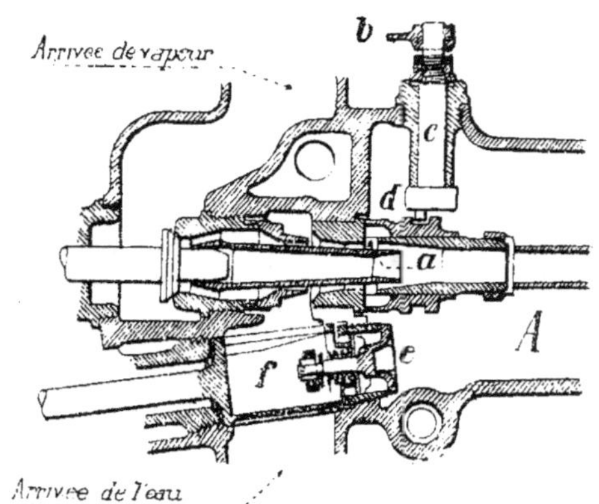

Fig. 204. — Injecteur Sellers perfectionné.

Le trop-plein est muni d'un clapet N, qui peut être bloqué au moyen d'une came M quand on veut réchauffer l'eau du tender.

Le clapet de retenue T est placé à l'extrémité de l'injecteur.

Certains Sellers sont munis des perfectionnements de détail indiqués ci-après.

La prise d'eau est constituée par un robinet à tournant *f* (fig. 204) dont le fond du boisseau porte une petite soupape auxiliaire *e* s'ouvrant vers l'intérieur du trop-plein.

La raison de cette petite soupape est la suivante : lorsque la quan tité d'eau qui arrive au convergent est trop faible par rapport à la quantité de vapeur qui provient de la chaudière, l'excès de vapeur disponible qui s'engouffre dans le convergent entraine une partie de l'eau contenue dans la chambre A et y produit un certain vide. La soupape *e* se soulève alors, livrant passage à une petite quantité d'eau qui, à son tour, est entraînée dans le convergent et va à la chaudière. Le débit de l'injecteur muni de ce perfectionnement est donc un peu plus fort que celui d'un injecteur ordinaire.

Un deuxième perfectionnement consiste dans l'addition d'un man-

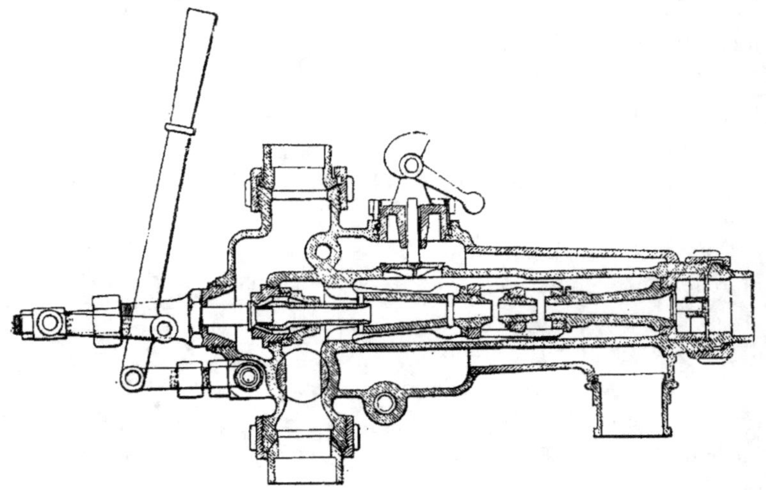

Fig. 205. — Injecteur Friedmann aspirant.

chon obturateur cylindrique *d* qui peut masquer ou découvrir la première échancrure *a* du convergent. Ce manchon est commandé par la rotation de l'axe *c* au moyen du levier *b*. Lorsque cette échancrure est masquée, on peut alimenter avec de l'eau chaude dont la température atteint jusqu'à 60°. Dans ces conditions, il convient de caler la soupape de trop-plein N pendant le fonctionnement de l'appareil, en rabattant la came.

Les injecteurs sont généralement désignés par un numéro qui indique, en millimètres, le diamètre de la partie la plus étranglée du divergent. C'est de ce diamètre que dépend le débit de l'appareil.

Les débits des Sellers de différentes puissances, obtenus avec une pression à la chaudière de 15 à 16 kilos et de l'eau d'alimentation à 20° environ, sont les suivants :

Injecteur	6,5	....	4 000 litres à l'heure.
—	7,5	....	5 900 —
—	8,5	....	6 900 —
—	9,5	....	9 200 —
—	10,5	....	14 600 —
—	11,5	....	17 200 —

51. Injecteur Friedmann aspirant. — L'injecteur *Friedmann aspirant* (fig. 205) est presque identique à l'injecteur Sellers.

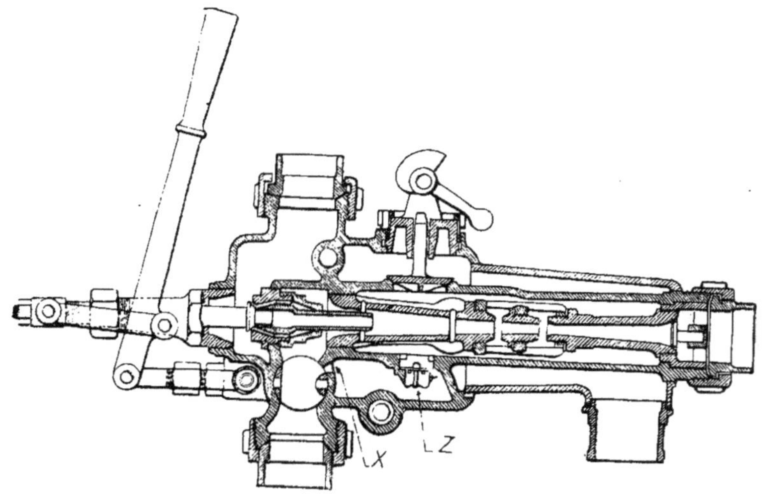

Fig. 206. — Injecteur Friedmann perfectionné.

La seule différence appréciable consiste dans la disposition de la prise d'eau, qui est commandée par un robinet à boisseau ordinaire.

L'injecteur *Friedmann aspirant perfectionné* (fig. 206) est également analogue au Sellers perfectionné.

Il comporte un dispositif formé par un orifice z et une soupape x, qui permettent d'améliorer le débit lorsque la vapeur est en excédent.

L'augmentation de débit ainsi réalisée est de 2 à 3 p. 100.

§ IX. — RÈGLES A SUIVRE POUR L'ENTRETIEN ET LE BON FONCTIONNEMENT DES INJECTEURS.

52. Règles générales. — Lorsqu'un injecteur ne fonctionne pas ou fonctionne mal, on doit s'assurer tout d'abord :

1º Que le *robinet de prise d'eau*, le *robinet de prise de vapeur* et le *robinet de refoulement* sont *complètement ouverts* ;

2º Que le clapet de trop-plein, s'il existe, est libre.

Ces conditions étant remplies, il convient d'examiner plus particulièrement en quoi consiste le mauvais fonctionnement.

1º *La vapeur n'arrive pas ou arrive en quantité insuffisante.*

Le robinet de prise de vapeur étant ouvert, on doit s'assurer, en le manœuvrant plusieurs fois, qu'il ne comporte pas un *défaut de montage*, par exemple une mauvaise orientation de la poignée, s'il s'agit d'une robinet à boisseau.

Si l'on ne trouve rien, c'est qu'un *corps étranger* s'est logé sur le trajet de la vapeur.

Les incidents de cette nature sont généralement provoqués par des écrous oubliés qui, entraînés par la vapeur, viennent se loger dans la tuyère.

2º *L'eau n'arrive pas ou arrive en quantité insuffisante :*

Après s'être assuré que les robinets et vannes de prise d'eau sont bien ouverts, le mécanicien procède au *désaccouplement du tuyau de communication* entre le tender et la machine.

Si l'eau n'arrive pas à ce point, c'est que la vanne de prise d'eau sur le tender a sa *manœuvre avariée* ou qu'un *corps étranger*, chiffon, filasse, en *obstrue l'ouverture*.

Dans la plupart des cas, les accidents de cette nature sont causés, en été surtout, par de *fines algues*, cotonneuses, qui prennent naissance dans les réservoirs et qui, entraînées dans les tenders, viennent obstruer partiellement les *grilles* placées sur les brides d'accouplement en G (fig. 207).

3º *La vapeur et l'eau arrivent normalement.*

Rechercher s'il y a une *rentrée d'air* sur la conduite d'eau. Cette défectuosité empêche l'amorçage, mais dans le cas d'injecteurs aspirants seulement.

Pour *rechercher cette fuite*, on *réchauffe* au moyen de l'injecteur. Au bout de quelques minutes, s'il y a une fissure quelconque, elle est décelée par la vapeur qui s'en échappe si, par ailleurs, elle n'a pu être reconnue au préalable par la fuite de l'eau.

Une cause très fréquente de *mauvais fonctionnement* des injecteurs est due à leur *échauffement*. Cet échauffement est occasionné

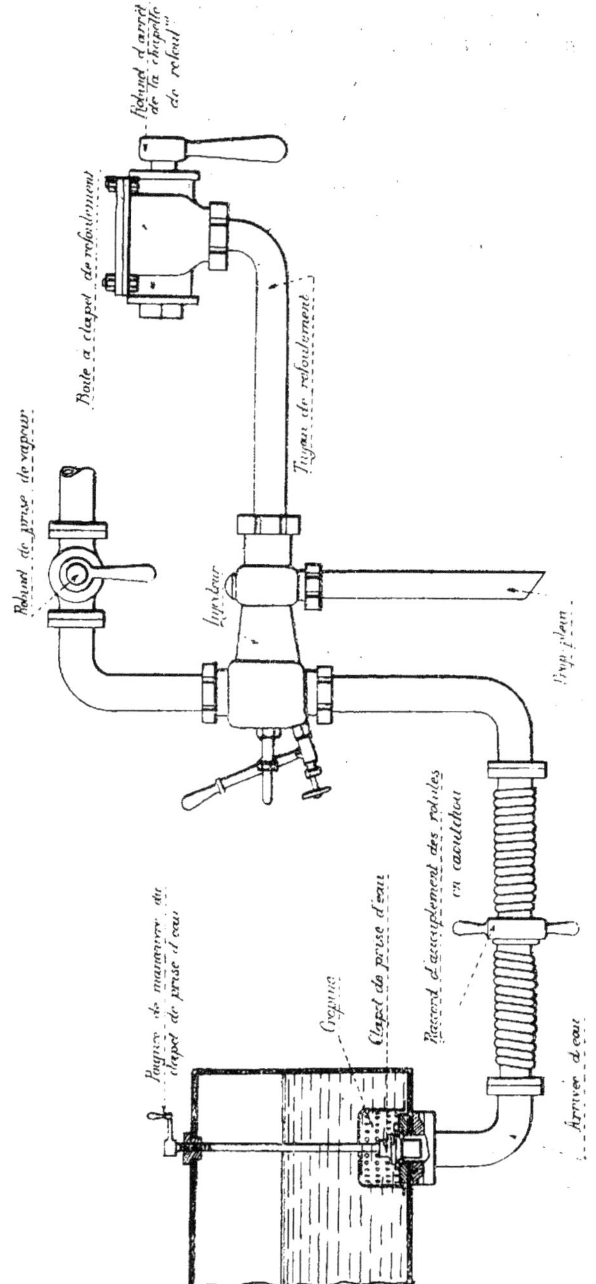

Fig. 207. — Disposition schématique d'ensemble d'un injecteur.

soit par une *fuite au clapet de prise de vapeur*, soit par des *fuites au clapet de refoulement*. Les incidents de cette nature sont surtout fréquents en été par les grandes chaleurs. Les mécaniciens arrivent parfois à y remédier en **arrosant l'injecteur** avec le seau en toile du tender.

On peut, du reste, *s'apercevoir de ces fuites par le trop-plein* et demander la réparation en temps utile.

L'entartrement des injecteurs et du tuyau de refoulement *gêne considérablement leur fonctionnement*. Aussi doit-on suivre cette question de très près par des visites périodiques dont la fréquence, déterminée par l'expérience, peut varier d'un dépôt à un autre ou même d'une série de machines à une autre.

Pour **détartrer un injecteur**, on le démonte et on le plonge dans un bain d'**acide chlorhydrique étendu d'eau à volumes égaux**.

53. Usure de la tuyère ou des cônes. — Lorsque les causes qui précèdent ont pu être éliminées, il ne reste plus qu'à démonter et vérifier l'injecteur.

Après un certain temps de service, on trouve, en effet, une **usure** plus ou moins prononcée de la *tuyère de vapeur*, du **convergent** ou du **divergent**, qui entraîne le retrait de l'appareil.

54. Entraînement d'eau par le tuyau de prise de vapeur. — Il peut arriver qu'un injecteur soit retiré du service pour mauvais fonctionnement sans que la cause ait pu en être déterminée, et que le **nouvel injecteur**, mis en place, **continue à ne pas fonctionner.** Dans ce cas, il y a lieu d'incriminer la **prise de vapeur**.

Le tuyau de prise de vapeur des injecteurs, dans certaines machines, prend en effet la vapeur dans le dôme et se trouve disposé à l'intérieur de la chaudière.

Pour diminuer les difficultés de démontage, on peut être conduit à lui donner une forme telle qu'il baigne partiellement dans l'eau de la chaudière lorsque le niveau est élevé. S'il se trouve à cet endroit un joint **non étanche, l'eau qui s'introduit dans le tuyau suffit à empêcher l'amorçage.** Cette défectuosité n'est à rechercher que sur les machines où l'on sait qu'elle peut de produire.

§ X. — SURCHAUFFE.

55. Généralités. — Si l'on considère un *récipient fermé* E
(fig. 208) contenant de l'eau et de la
vapeur et dont tous les points sont à une
même température T, on dit que la vapeur
qui surmonte le liquide est de la *vapeur
saturée*.

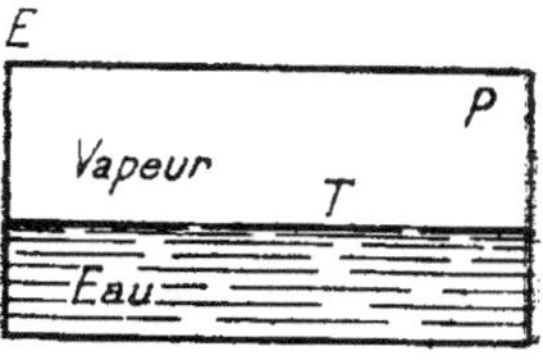

Fig. 208.

Quand on fait *varier la température,*
la *pression de la vapeur saturée varie
dans le même sens.*

C'est ainsi, par exemple, que la pression de la vapeur d'eau dans le
récipient E sera de :

$$6 \text{ kilos pour } T = 158°.$$
$$7 \quad — \quad — \quad T = 164°.$$
$$8 \quad — \quad — \quad T = 169°.$$

La relation qui existe entre la pression et la température de la vapeur
saturée est représentée par la courbe ci-contre.

La vapeur est dite *surchauffée* lorsque sa *température est supérieure à celle de la vapeur saturée à la même pression.*

La vapeur qui sort d'une chaudière ordinaire de locomotive est
saturée, puisqu'elle vient d'un *récipient en contact avec l'eau.*

Pour la transformer en *vapeur surchauffée*, il faut élever sa température en la dirigeant après son passage au régulateur dans un appareil spécial convenablement chauffé et que l'on appelle pour cette
raison *surchauffeur*.

56. Avantages de la surchauffe. — L'économie qui résulte de
l'emploi de la surchauffe dans les machines à vapeur résulte d'un principe important auquel les savants qui l'ont étudié ont donné le nom
d'*action de paroi*.

Ce principe est le suivant :

*La transmission de la chaleur entre un solide et un liquide qui
le mouille se fait très facilement. Au contraire, les échanges de
calories sont relativement faibles entre un gaz et un solide* (1).

(1) Nous avons déjà parlé de ce principe, à l'occasion de l'emploi des tubes à ailettes.

Il résulte de cette propriété que les **condensations** dans les cylindres et boîtes à vapeur qui ont une *importance appréciable* avec

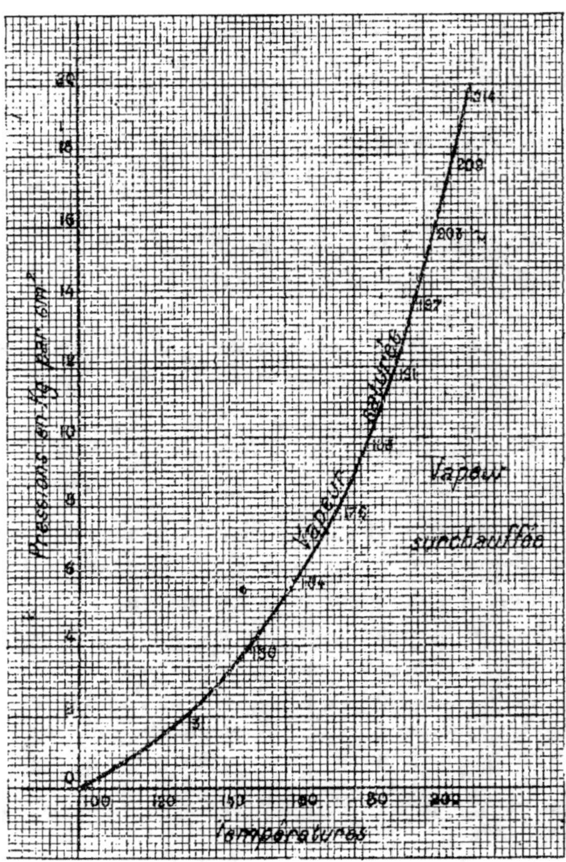

Fig. 209.

la *vapeur saturée diminuent notablement* avec l'emploi de la *vapeur surchauffée.*

57. Résultats obtenus. — L'emploi de la surchauffe n'a pas donné un bénéfice constant sur toutes les séries de machines. Les meilleurs résultats sont obtenus avec les locomotives affectées au service des rapides et express.

On a relevé assez couramment avec l'emploi de surchauffeurs bien établis une *économie* de :

10 p. 100 de charbon ; 18 p. 100 d'eau, par rapport à des locomotives identiques à vapeur saturée.

En présence de ces résultats, on avait pensé que la surchauffe pouvait faire renoncer au compoundage et en même temps permettre l'abaissement du timbre de la chaudière de 16 à 12 kilos.

On obtenait ainsi des machines plus simples comme mouvement, et on assurait une moindre fatigue de la chaudière, par suite une meilleure conservation et une plus longue durée.

L'expérience a montré que le *bénéfice de la surchauffe subsistait avec les machines compound* ; aussi la tendance actuelle est-elle de construire des locomotives compound à mécanisme simplifié et munies de surchauffeurs (1).

Il n'en est pas moins vrai que l'*application d'un surchauffeur à une machine ancienne*, non compound, à l'ocassion d'une réparation importante de chaudière, *peut être une opération économique et recommandable.*

La température à laquelle il y a lieu de porter la vapeur par la surchauffe pour obtenir les meilleurs résultats est comprise entre 300° et 350°. Il convient *de ne pas dépasser ce maximum de 350°* à cause des *difficultés de lubrification des cylindres* au-dessus de cette température, et d'autre part afin d'assurer la *conservation des garnitures en métal antifriction* des tiges de pistons et distributeurs.

Il faut apporter un soin tout particulier au graissage des organes qui se déplacent dans la vapeur surchauffée afin d'éviter les usures anormales des segments qui se produiraient très vite. La fuite qui en résulterait compromettrait le rendement économique de la machine.

L'huile employée doit être une huile spéciale conservant ses qualités lubrifiantes aux températures élevées.

Nous allons examiner successivement les divers types de surchauffeurs les plus connus qui ont été essayés sur les chemins de fer.

58. Surchauffeur Schmidt. — Ce type de surchauffeur (fig. 210), le plus répandu actuellement sur les locomotives, se compose d'un col-

---

(1) Les machines compound à mécanisme simplifié ne possèdent que deux mouvements de distribution extérieurs desservant chacun le cylindre HP et le cylindre BP du même côté, au lieu d'avoir quatre mouvements de distribution desservant chacun un cylindre.

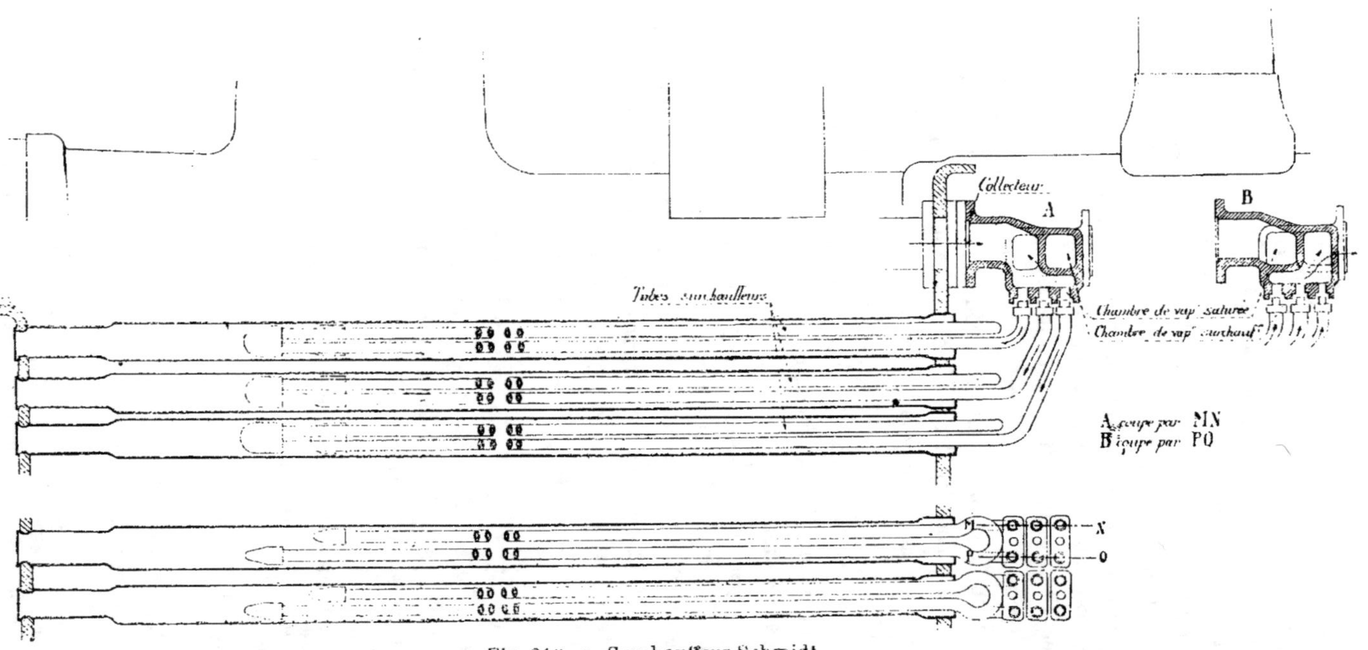

Fig. 210. — Surchauffeur Schmidt.

lecteur qui reçoit dans une première chambre (coupe A) la vapeur saturée venant du dôme, la distribue dans une série de deux ou trois groupes de tubes ou éléments surchauffeurs et la reçoit à nouveau ainsi surchauffée dans la deuxième chambre (coupe B) du collecteur, d'où elle est dirigée vers les cylindres.

Le faisceau tubulaire de la machine comporte alors une série de gros

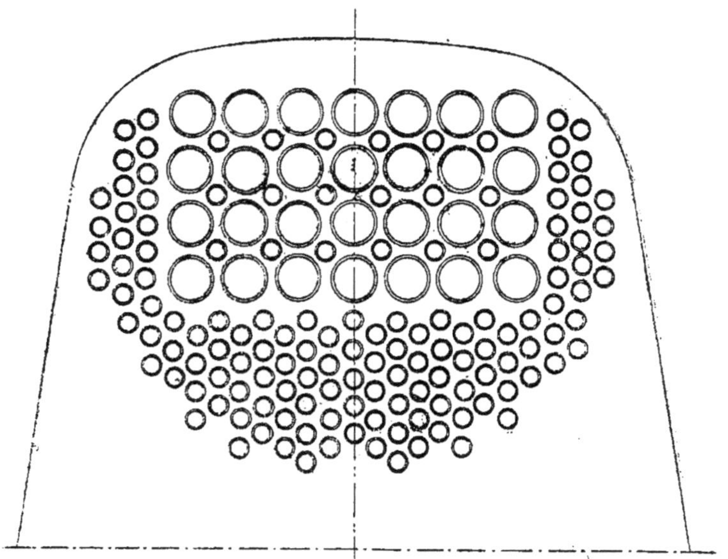

Fig. 211. — Plaque tubulaire d'une machine *Pacific* à surchauffe.

tubes (fig. 211) dans lesquels sont placés les éléments surchauffeurs en question.

Au début, on avait cru nécessaire d'isoler dans une sorte de coffre à volets, le surchauffeur du reste de la boîte à fumée, de façon à permettre de supprimer le tirage dans les gros tubes pendant l'ouverture du souffleur à régulateur fermé. Cette mesure avait pour but d'éviter de porter les éléments surchauffeurs à une trop haute température. Cette caisse, appelée **étouffoir**, était fermée par des volets mobiles qui s'ouvraient automatiquement sous l'action d'un petit piston à vapeur dès qu'on ouvrait le régulateur.

L'expérience a montré qu'on pouvait supprimer l'étouffoir sans inconvénient.

59. Surchauffeur Notkin. — Cet appareil (fig. 212) diffère du précédent par l'élément surchauffeur qui, au lieu d'être formé par un long tube replié quatre fois sur lui-même, est constitué par 2 tubes concentriques. La vapeur saturée arrive par le tube central, commence à se surchauffer dans son trajet vers l'arrière et achève de prendre sa température maximum dans la partie annulaire en revenant vers l'avant.

La figure 212 représente schématiquement ce surchauffeur ainsi

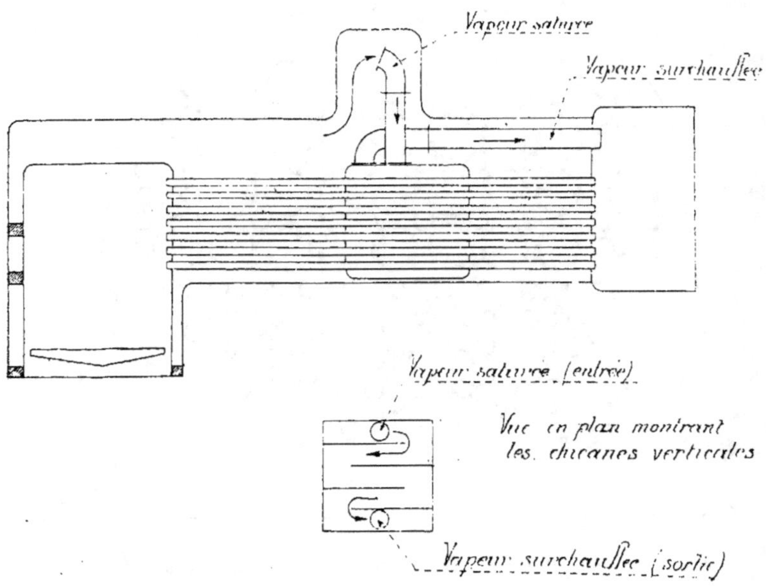

Fig. 213. — Surchauffeur Piélock.

que l'*étouffoir* et la ***commande automatique*** dont il a été question dans le paragraphe précédent.

60. Surchauffeur Piélock. — Le surchauffeur Piélock (fig. 213) est constitué essentiellement par un ***caisson étanche traversé par le faisceau tubulaire***, qui est par suite noyé entièrement dans l'eau de la chaudière.

Un système de chicanes force la vapeur à accomplir un trajet important dans ce caisson.

La température de surchauffe est d'autant plus élevée que le caisson est rapproché de la plaque tubulaire du foyer.

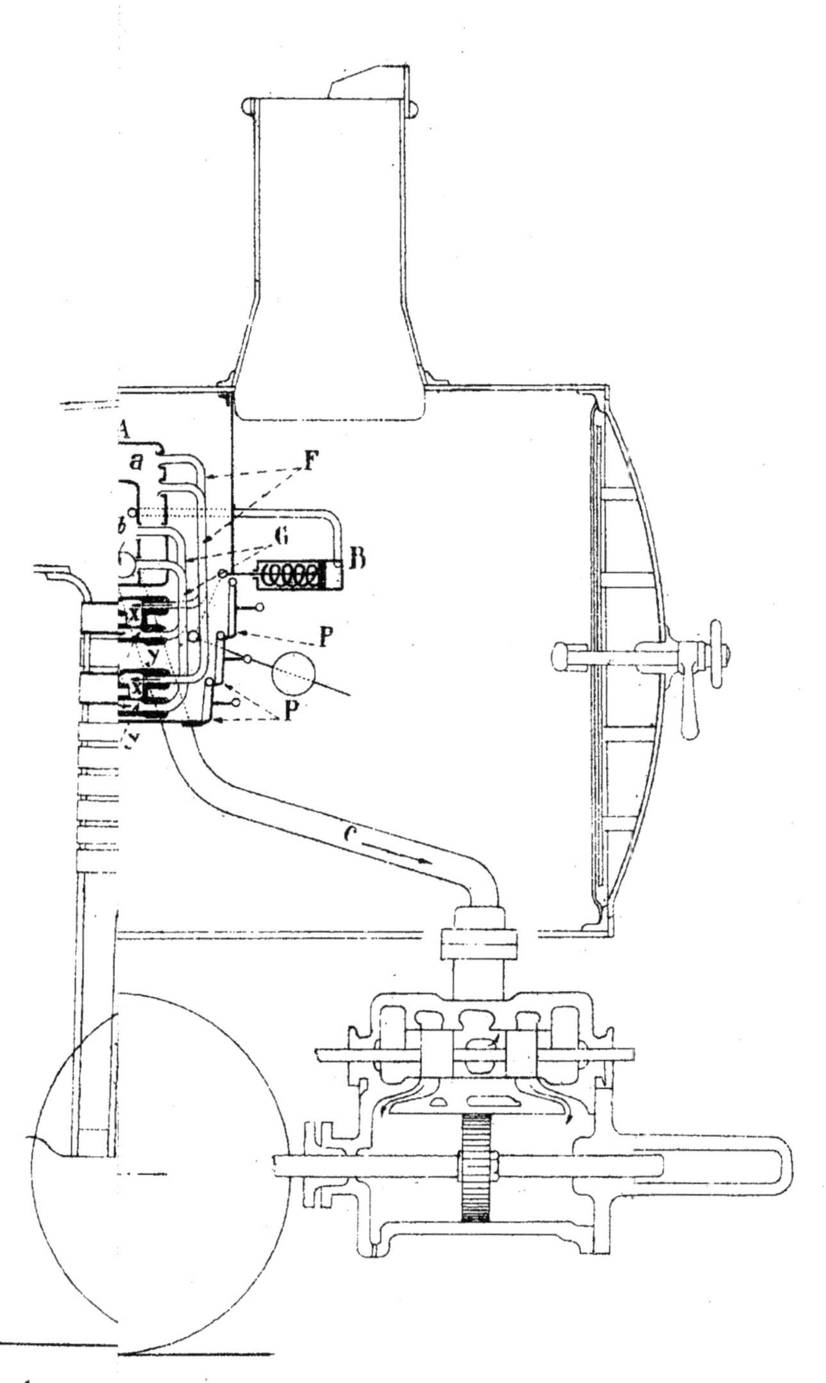

A
a
b
F
G
B
x
P
y
x
P
C

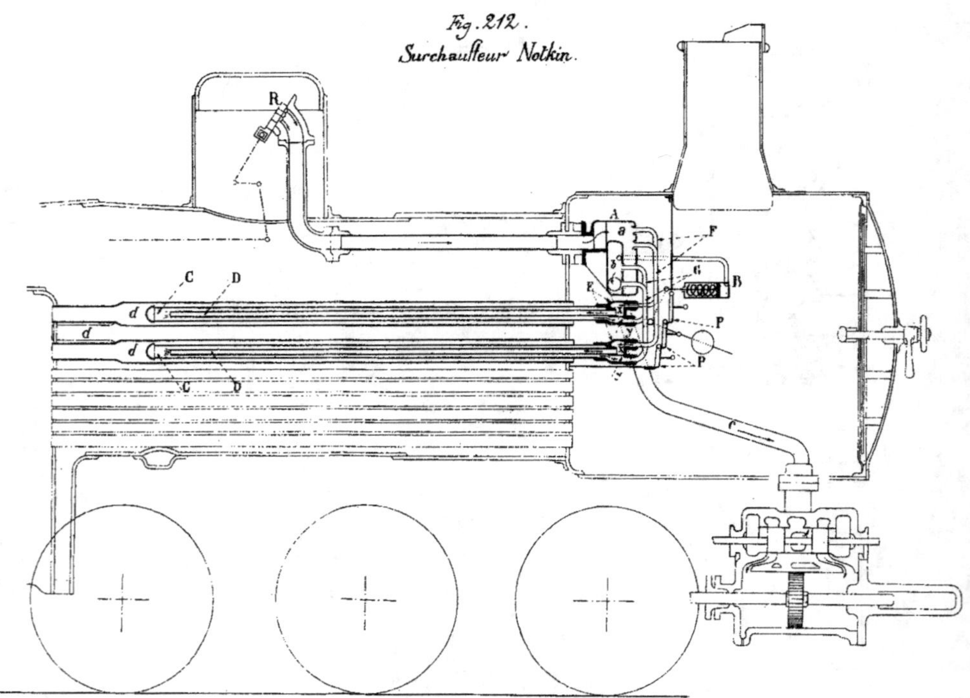

Fig. 212.
Surchauffeur Notkin.
R
C D
d C
d
d C
C D
A
a
b
E
F
G
B
P
P

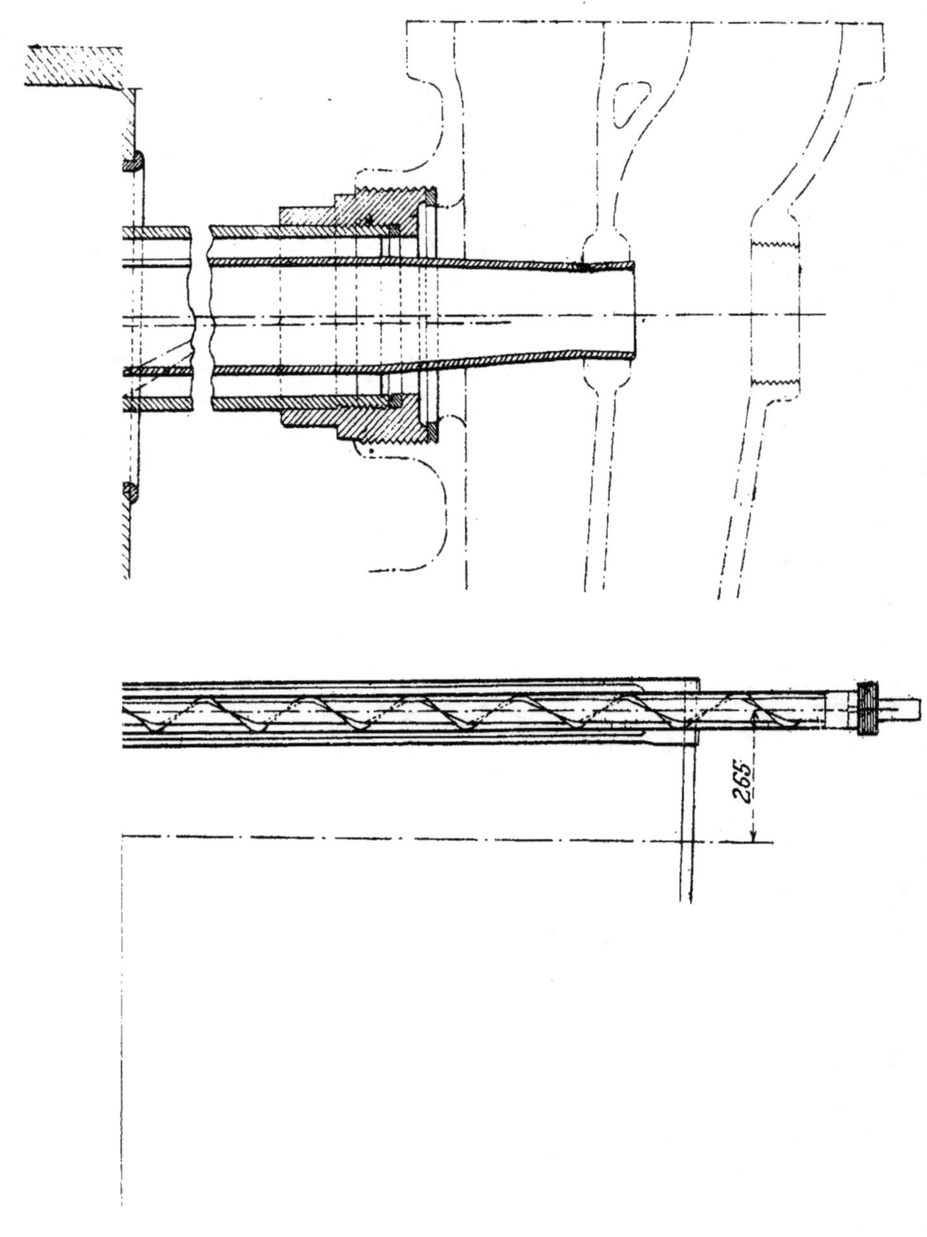

265

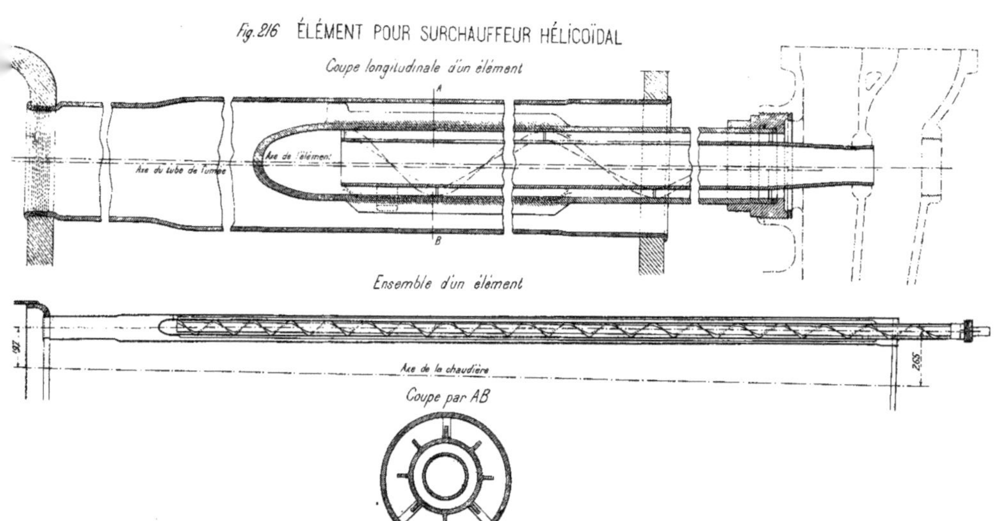

Fig. 216   ÉLÉMENT POUR SURCHAUFFEUR HÉLICOÏDAL
Coupe longitudinale d'un élément
A
Axe de l'élément
Axe du tube de fumée
B
Ensemble d'un élément
Axe de la chaudière
Coupe par AB

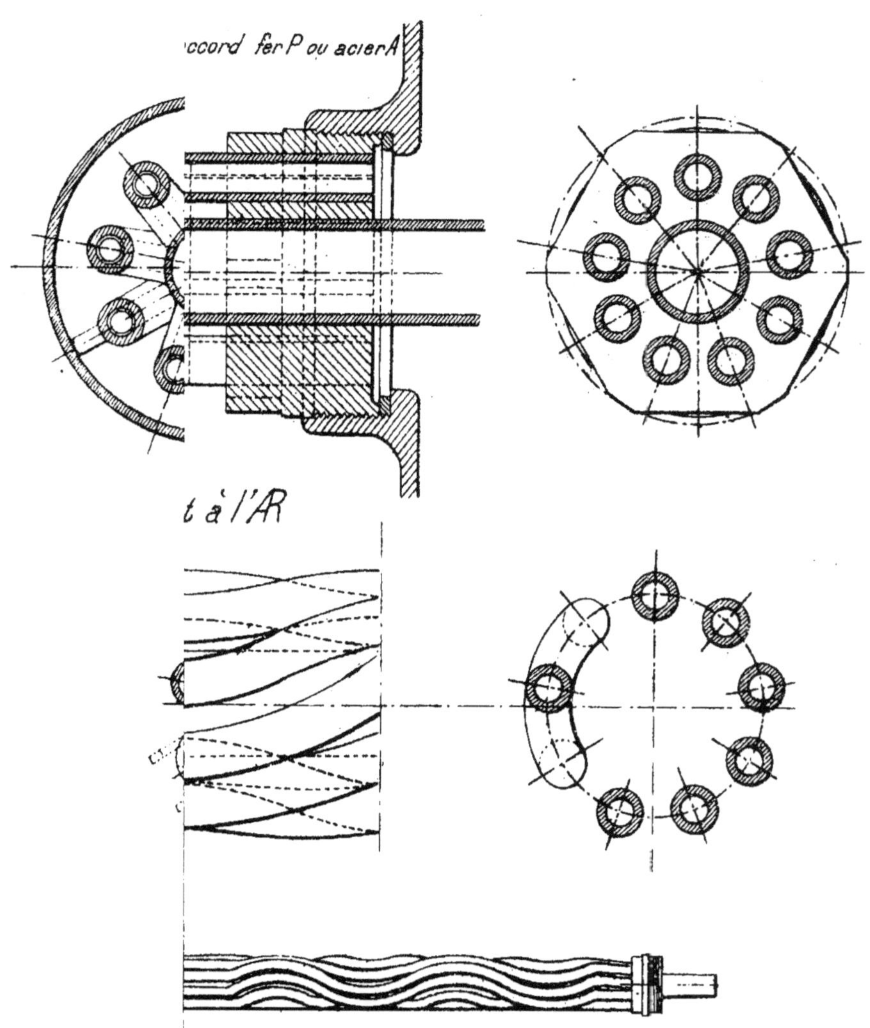
ccord fer P ou acierA
t à l'AR

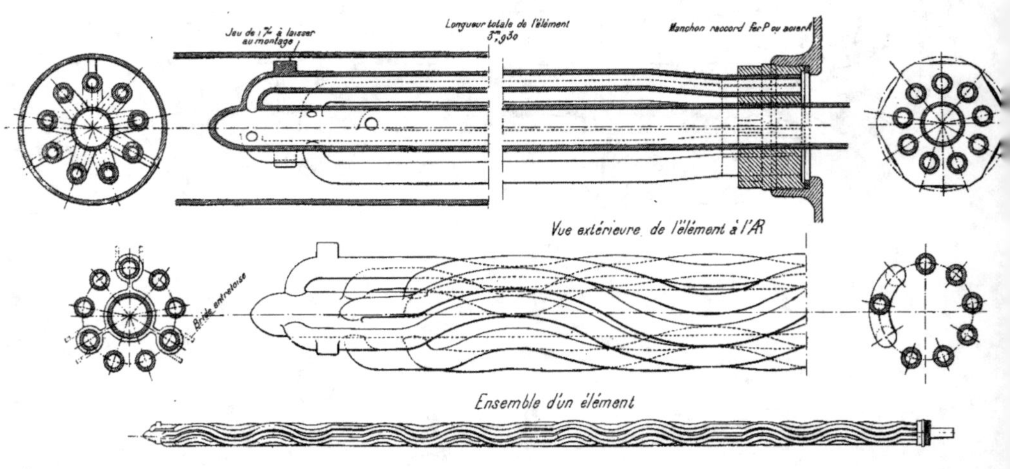

Fig.217. ÉLÉMENT ONDULÉ POUR SURCHAUFFEUR EN CAGE D'ÉCUREUIL
Système MESTRE
Jeu de 1 % à laisser au montage
Longueur totale de l'élément 3m,930
Manchon raccord Fer P ou acier
Vue extérieure de l'élément à l'AR
Bride entretoise
Ensemble d'un élément

Le constructeur détermine l'emplacement le plus convenable pour chaque type de chaudière.

De tous ces surchauffeurs, c'est l'appareil *Schmidt* qui a le plus de faveur.

Il y a lieu de noter que les surchauffeurs occassionnent une chute de pression assez importante entre la chaudière et les cylindres à cause

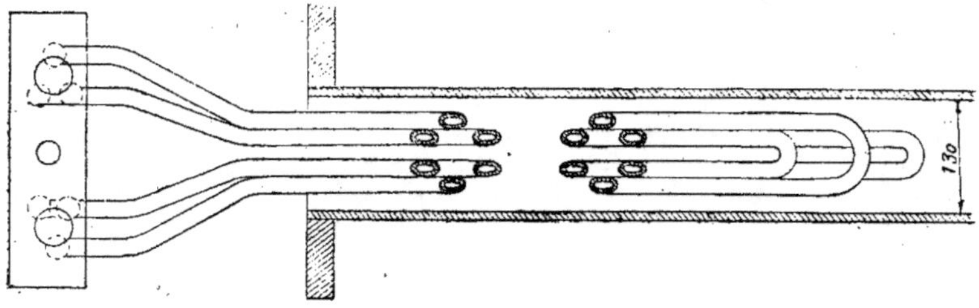

Fig. 214.

du long trajet suivi par la vapeur et de la perte de charge qui en résulte.

Sur une machine timbrée à 12 kilos, on n'obtient généralement que 9 à 10 kilos aux boîtes à vapeur.

On a cherché à remédier à cet état de choses en employant, au lieu de la *distribution en série* (fig. 192), celle *en parallèle* (fig. 214 et 215).

Ce dernier type de surchauffeur *diminue la perte de charge*, mais donne une *surchauffe un peu moindre*.

La Compagnie de l'Est, en dehors des applications du surchauffeur Schmidt faites à ses locomotives, a également mis en service deux autres types de surchauffeurs : le *surchauffeur hélicoïdal* et le *surchauffeur en cage d'écureuil*, système *Mestre*.

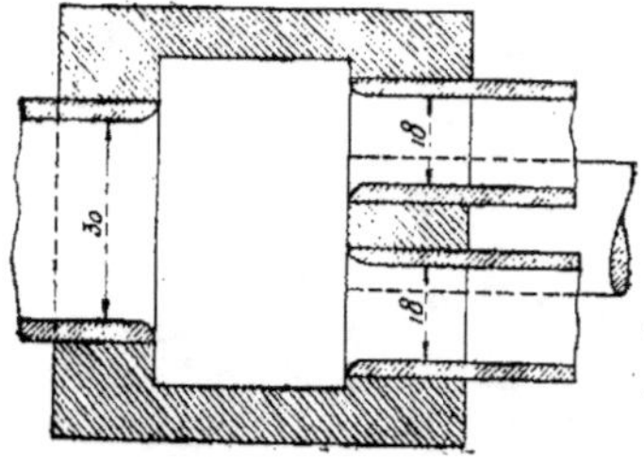

Fig. 215.

1° *Surchauffeur hélicoïdal.*

Le *surchauffeur hélicoïdal* est appliqué à un certain nombre de locomotives à grande vitesse type 4—6—0 et de locomotives à marchandises type 2—6—0 (fig. 216).

Chaque élément logé à l'intérieur d'un gros tube à fumée de 125/133 millimètres comprend : 1° un tube extérieur dont l'extrémité côté du foyer est fermée de manière à présenter un fond ovoïde portant des saillies en dehors destinées à son centrage ; 2° un second tube enfilé dans le premier et centré par une cloison en hélice soudée sur lui. Les éléments, répartis verticalement par groupes de trois, sont montés sur une même culasse en acier moulé qui comprend à l'arrière trois portées cylindriques sur lesquelles les tubes extérieurs sont vissés par l'intermédiaire d'un raccord. La culasse est divisée en deux compartiments par une cloison sur laquelle sont dudgeonnés les tubes intérieurs ; elle porte à sa partie supérieure une bride cloisonnée réunie au collecteur du surchauffeur par des boulons à étriers avec interposition de rondelles en cuivre et amiante formant joints.

Les sections des diverses parties de la culasse sont déterminées pour qu'une même quantité de vapeur circule dans chacun des trois éléments. Des bouchons en bronze vissés dans la paroi d'arrière permettent d'accéder aux tubes intérieurs pour leur dudgeonnage.

Les premiers surchauffeurs de ce système ont été établis en se servant de tubes lisses pour les tubes extérieurs des éléments ; en vue d'augmenter le degré de surchauffe, on a utilisé, pour les dernières applications, des tubes avec ailettes extérieures du modèle exposé. La soudure longitudinale de ces derniers tubes est faite par rapprochement au chalumeau.

Pour utiliser un seul type de culasse, malgré la différence des tubes lisses et à ailettes, les tubes à ailettes sont vissés du côté de la boîte à fumée sur un raccordé intermédiaire vissé lui-même dans le manchon fileté correspondant de la culasse.

2° *Surchauffeur en cage d'écureuil, système Mestre.*

Le **surchauffeur en cage d'écureuil**, système **Mestre**, a été appliqué en premier lieu, pour essai, sur trois locomotives de la Compagnie de l'Est, série 3100 (4—6—0), analogues à la locomotive 3201, déjà munies de tubes à fumée de 125/133 millimètres de diamètre. Cet essai ayant donné des résultats satisfaisants, ce surchauffeur a été monté sur la locomotive 4401, type *Mikado,* et sur la locomotive 5001, grosse locomotive-tender, type *Lorraine* (2—10—2), qui vient d'être mise en service par la Compagnie de l'Est.

Chaque élément est constitué par un tube central de 36/44 millimètres, concentrique au tube à fumée, et par neuf tubes périphériques ondulés de 13/20 millimètres disposés à intervalles réguliers sur une circonférence concentrique au tube central (fig. 217).

Chacun des tubes périphériques est raccordé et soudé au tube central à son extrémité, côté foyer ; ces raccordements sont chevauchés, et les trois premiers, côté foyer, portent des talons destinés à centrer l'élément dans le tube à gaz. En plusieurs points de leur longueur, les tubes périphériques sont entretoisés entre eux et avec le tube central, ces entretoises étant également chevauchées pour gêner le moins possible le passage des gaz. A leur extrémité, côté boîte à fumée, les neuf tubes périphériques d'un élément sont brasés ou mandrinés sur une bague en fer vissée sur la boîte de culasse qui est semblable à celle utilisée pour les éléments du surchauffeur hélicoïdal décrit précédemment. L'étanchéité du joint est assurée par une rondelle en cuivre rouge serrée entre la boîte et une portée à angle vif de la bague. Le tube central, également brasé ou dudgeonné sur la bague, la traverse et se prolonge jusqu'à la cloison de séparation de la culasse, dans laquelle il est dudgeonné pour faire joint entre les deux compartiments de cette boîte.

La vapeur saturée venant de la chaudière par le collecteur et la boîte de culasse passe d'abord par le tube central et se dirige vers les cylindres en passant par les tubes périphériques. Les ondulations de ces derniers tubes ont pour but de permettre à l'élément de subir sans déformations permanentes les différences des dilatations résultant des diverses températures auxquelles il est soumis dans son ensemble.

§ XI. — JOINTS.

La matière plus ou moins plastique employée pour faire les joints sur les locomotives dépend de diverses conditions, notamment de la fréquence du démontage du joint, de la nature du fluide (air, eau, vapeur) qui le baigne, de la température et de la pression à laquelle il est soumis.

61. Joint à sec. — Dans certains cas cependant, le joint est obtenu par le contact parfait de deux surfaces planes, coniques ou sphériques bien dressées.

La figure 218 représente un *raccord sphérique* qui, pour la réunion des tuyaux, se comporte parfaitement bien.

Certains constructeurs ont livré des locomotives avec les *plateaux de cylindres* montés *sans joints*. Cela dénote un ajustage très soigné, mais ce montage est une exception.

62. Plomb ou alliage blanc. — On emploie le *plomb pur* ou *mélangé à un peu d'étain et d'antimoine* pour les *joints d'auto-claves* de chaudière, baignés par l'eau et qui sont démontés fréquemment.

Le joint figure 219 se trouve suffisamment écrasé par l'écrou de serrage E pour que l'on n'ait pas, en général, à le resserrer lorsque la

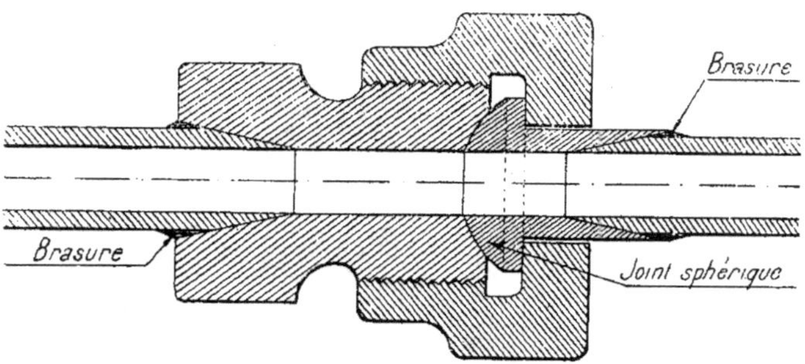

Fig. 218. — Raccord sphérique.

machine est en pression. Mais c'est cependant une *précaution à recommander aux mécaniciens de vérifier le serrage des auto-claves avant la sortie du dépôt au lendemain d'un lavage.*
On évitera souvent ainsi une détresse.

Ces joints sont, dans la plupart des cas, confectionnés en *plomb ordinaire.*

Cependant, comme le plomb est trop mou, il est préférable d'employer l'*alliage ci-après* :

Plomb.. 88
Étain.. 7
Antimoine.. 5

Cet alliage est un peu plus dur, sans être cassant, et permet d'utiliser le même joint à deux ou trois lavages.

63. Feuille de cuivre. — On utilise les *joints avec feuille de cuivre* pour les plateaux de cylindres et de boîte à vapeur, pour les plateaux de la pompe à air (fig. 220) et sous forme de *rondelles* pour différents raccords de tuyauterie à joint plat.

Lorsque ces joints sont établis avec soin, ils se comportent bien et durent longtemps.

Si un joint avec feuille de cuivre présente une fuite de vapeur, il se

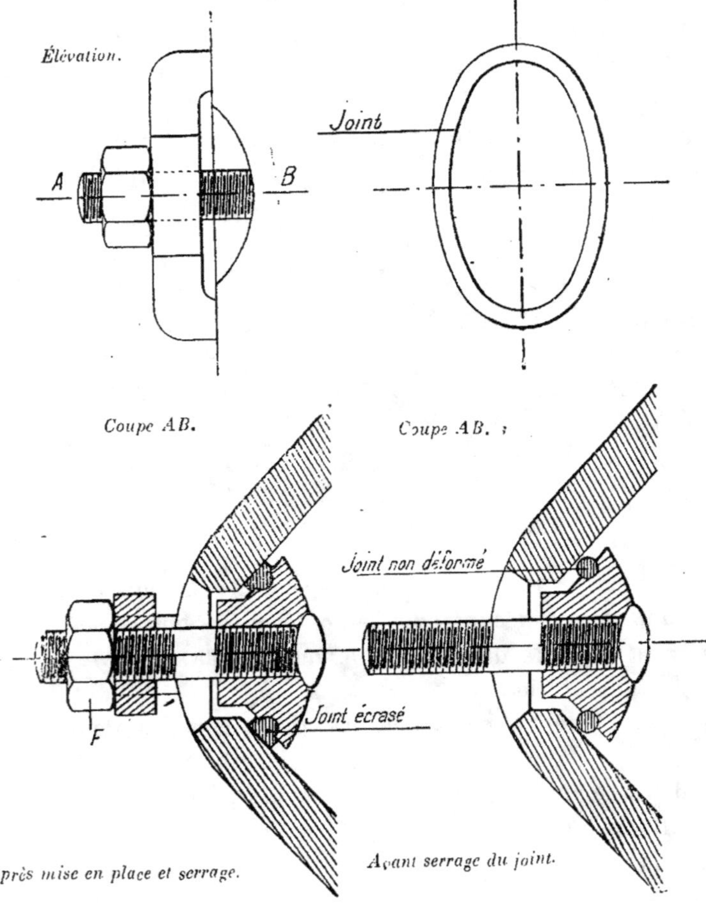

Fig. 219. — Autoclave d'angle de boîte à feu.

ronge très rapidement à l'endroit de cette fuite, qui par suite s'aggrave.

64. Joints en fil de cuivre. — On emploie dans certains réseaux des joints formés d'un *fil rond* ou d'un *fil profilé* pour les plateaux de cylindres ou de tiroirs.

Lorsqu'on utilise un fil rond, on le place dans la gorge de rupture G du plateau du cylindre (fig. 221), ou dans une gorge creusée spéciale-ment dans ce but.

Le profilé (fig. 222) s'emploie entre parties planes.

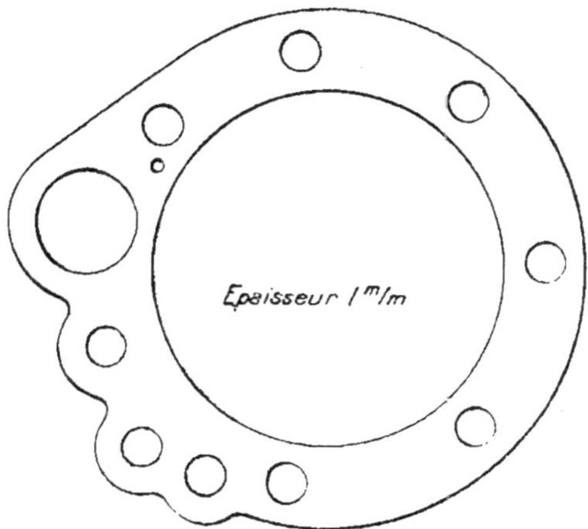

Fig. 220. — Joint de plateau supérieur du cylindre à vapeur d'une pompe à air.

Pour la confection des joints, le fil, rond ou profilé, est coupé à la longueur voulue; il est ensuite disposé selon la forme du joint, et ses deux extrémités sont réunies par soudure ou brasure. Ce joint est plus économique que celui constitué par une feuille de cuivre; on peut l'employer sur des surfaces imparfaitement dressées, mais on lui reproche précisément de **détériorer les portées** à la longue.

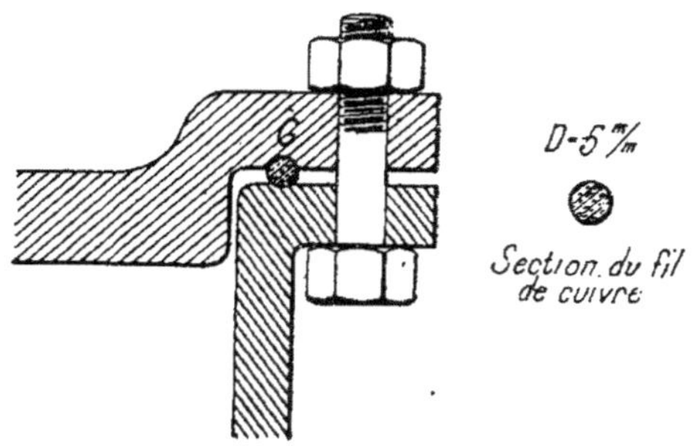

Fig. 221. — Joint en fil de cuivre rond.

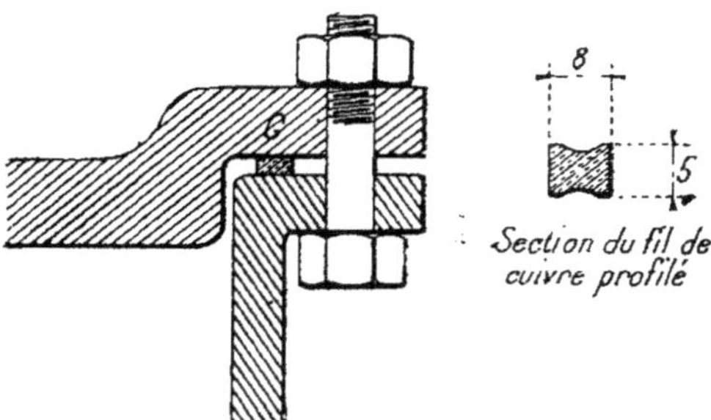

Fig. 222. — Joint en fil de cuivre profilé.

65. Carton d'amiante.

— **L'amiante** est un produit minéral fila-

menteux qui résiste de façon remarquable à la chaleur. On l'emploie sous forme de carton pour la confection des joints.

Ces joints, lorsqu'ils ne sont pas trop grands, sont découpés en plein
carton (fig. 223) d'une seule pièce. On ménage
souvent deux oreilles pour faciliter la mise en
place des joints difficiles. Lorsqu'il s'agit de grands
joints, on utilise des bandes rectilignes que l'on
dispose le long des prisonniers (fig. 224). Pour
les joints circulaires, on mouille au préalable la
bande, et elle devient alors assez plastique pour
être disposée en forme de couronne (fig. 225).

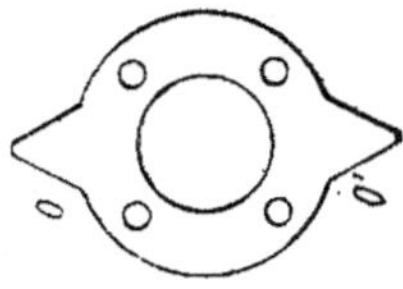

Fig. 223. — Joint en
carton d'amiante.

La réunion de deux bandes se fait à **mi-carton** (fig. 226) en bout
ou à angle droit.

On recommande avant l'application d'un joint de le ***trem-***

Fig. 224. — Joint de plateau de boîte
à vapeur.

Fig. 225. — Joint du plateau
du cylindre.

per dans l'huile de lin et de le laisser ensuite égoutter.
D'autre part, les ***portées sont enduites avec un pinceau de la
mixture ci-après :***

> Plombagine.................................... 30 p. 100.
> Huile de lin .... 35 —
> Suif....................................... 35 —

Cette double opération a pour but d'empêcher le joint de ***coller
aux portées*** et, par suite, de ***permettre son démontage éventuel***
sans le détériorer.

Pour les grands joints circulaires, de cylindre par exemple, qui sont
confectionnés avec des bandes, on enduit les portées comme il est dit
ci-dessus, mais ***on se contente de tremper la bande dans l'eau
pour la ramollir.*** On ne la trempe pas dans l'huile de lin, parce

qu'elle resterait rigide et ne pourrait être disposée en forme de couronne.

Les joints d'amiante se comportent bien dans la vapeur lorsqu'ils ne sont pas en contact permanent avec l'eau. Il faut *recommander aux ajusteurs de ne pas faire des joints trop épais,* par exemple en *doublant le carton,* car ces joints tiennent moins bien et provoquent alors des fuites importantes.

66. Céruse — La *céruse* est un carbonate de plomb qui se trouve dans le commerce sous forme de poudre d'une blancheur remarquable.

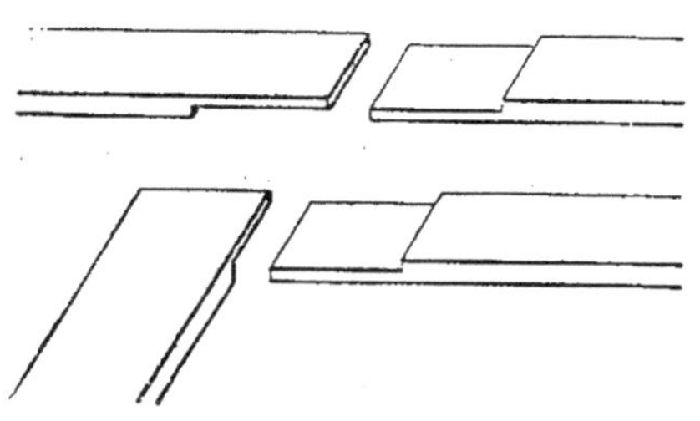

Fig. 226. — Mode d'assemblage de deux bandes de carton d'amiante.

Pour éviter les phénomènes de saturnisme, c'est-à-dire d'empoisonnement par le plomb qu'elle provoque, on la livre délayée dans l'huile de lin sous forme de pâte.

La *pâte de céruse pure* était utilisée surtout pour les *raccords vissés* de tuyauterie d'air comprimé dont on enduisait les filets avant le serrage.

Depuis l'application du décret du 18 juillet 1902, réglementant son emploi, on lui a substitué le *blanc de zinc.*

67. Mastic de minium. — Le *minium* est un *oxyde de plomb de couleur rouge. Mélangé à moitié de son poids de céruse et malaxé avec de l'huile de lin,* il forme un mastic qui a été longtemps employé pour les *joints fixes* qui ne sont pas appelés à être démontés.

Pour confectionner le joint, on *recouvre la portée de mastic et on enroule en spirale sur sa surface une cordelette en filasse.* Un autre procédé consiste à découper à la forme du joint *une toile métallique fine que l'on enrobe de mastic.*

Les joints ainsi préparés sont serrés et, au bout de quelques heures, peuvent supporter la mise en pression de la chaudière. Le joint devient alors très dur et donne rarement lieu à des fuites.

68. Mastic plastique au zinc. — En vue de satisfaire à la réglementation sur l'emploi de la céruse, on a substitué au mastic au minium

d'autres mastics dans lesquels les composés à base de plomb sont
remplacés par l'oxyde de fer, l'oxyde de zinc, l'alumine, etc...

Ces divers mastics sont employés dans les mêmes conditions que
l'ancien mastic au minium, c'est-à-dire avec des cordelettes de filasse
ou de la toile métallique.

69. Joints spéciaux. — Les tubes surchauffeurs sont réunis sur
le collecteur par un joint spécial constitué par une **bague d'amiante**

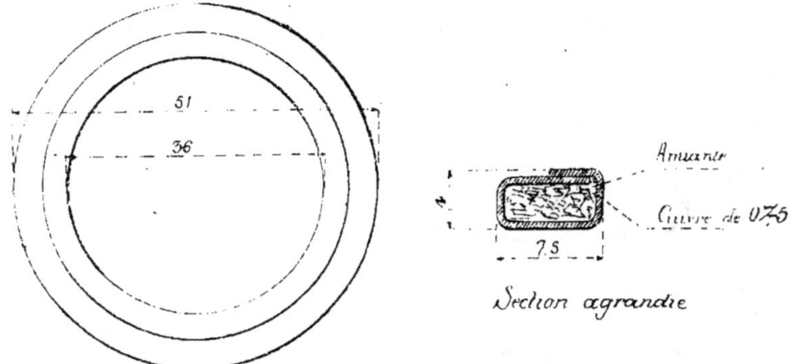

Fig. 227. — Joint de tube surchauffeur.

entourée d'une mince feuille de cuivre qui donne de très bons
résultats (fig. 227).

70. Cuir. — Enfin, pour les tuyaux et appareils d'air comprimé
non soumis à la chaleur, on emploie avec succès le **cuir comme joint**
entre surfaces planes.

§ XII. — BOITE A FUMÉE.

L'ensemble de la partie avant de la chaudière qui constitue la **boîte
à fumée** comporte les éléments ci-après, que nous allons examiner
successivement.

Boîte à fumée proprement dite ;

Portes de boîte à fumée ;

Cheminée et échappement ;

Grilles à flammèches ;

Robinet arroseur, de ramonage, accessoires divers.

La **boîte à fumée**, sur les locomotives anciennes, était généralement
de faible capacité. Sa longueur atteignait à peine 1 mètre. L'inconvénient
d'une capacité aussi réduite apparut lorsque la puissance des machines

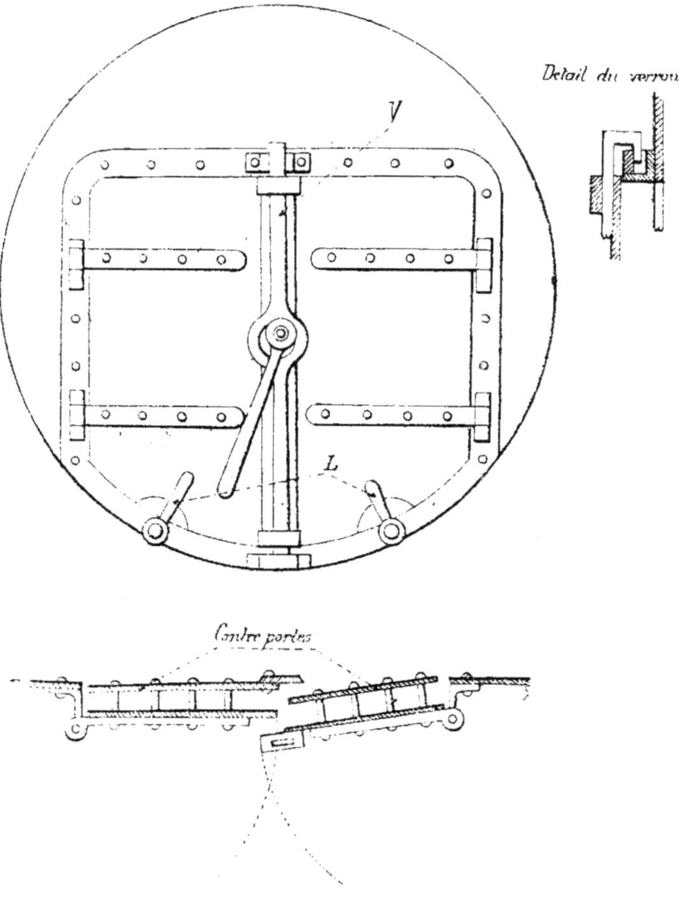

Fig. 228. — Fermeture de boîte à fumée avec porte à deux volets.

fut complètement utilisée et que les relais atteignirent 150 kilomètres.

L'accumulation rapide d'escarbilles obstruait les tubes inférieurs
et diminuait la production de la machine. D'autre part, la moindre
rentrée d'air par les portes, ou autour des tuyaux de prise de vapeur
et d'échappement, provoquait la combustion des escarbilles, dont la
masse rougissait et détériorait les tôles et tuyaux voisins.

Actuellement, on adopte des boîtes à fumée de grande capacité
dont la longueur dépasse 2 mètres. L'influence des coups d'échappement, dans la cheminée, est atténuée ; le tirage est, par suite,
moins saccadé, ce qui diminue l'entraînement des escarbilles.
Par ailleurs, on n'a plus à craindre que leur accumulation arrive à
favoriser leur combustion, ou à obstruer les tubes inférieurs.

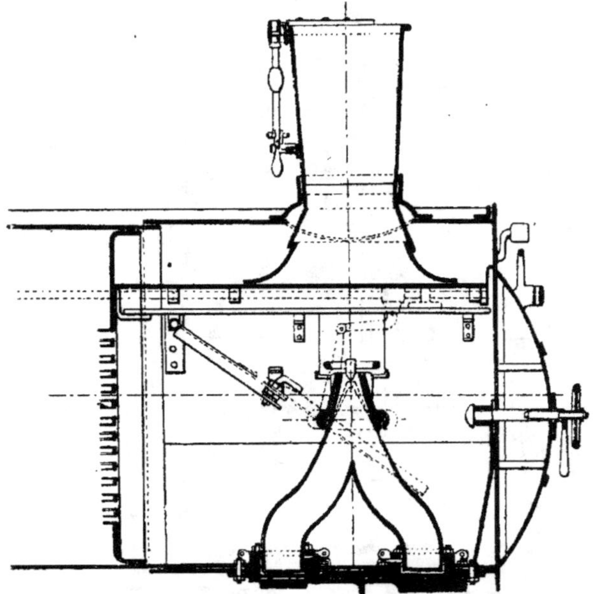

Fig. 229. — Porte de boîte à fumée ronde.

La boîte à fumée était fermée à l'avant par une double porte (fig. 228)
avec verrou V et loquets L, afin d'obtenir une fermeture hermétique.

Les portes étaient munies de contre-portes en vue de les soustraire
le plus possible à l'influence de la chaleur des gaz de la combustion et
des escarbilles accumulées.

Avec les chaudières de grand diamètre, on a adopté des portes de
boîte à fumée rondes, d'une seule pièce (fig. 229).

La fermeture est obtenue au moyen d'un T qui s'introduit dans la
mortaise d'une traverse barrant l'ouverture de la boîte à fumée.

Le fonctionnement est le suivant :

Pour fermer, par exemple, la porte, on place la poignée P horizontale
de façon que le T puisse s'introduire dans la mortaise de la traverse.

On rabat ensuite la poignée verticalement, position de la figure 230, puis on agit sur le volant V pour obtenir, par l'intermédiaire de la vis F, la fermeture hermétique de la porte.

Certaines compagnies avaient doté l'avant des machines de rapides d'une sorte de **coupe-vent**. Cette mode n'a été que passagère et n'est plus guère en faveur.

L'échappement de la vapeur dans les locomotives se fait par un tuyau qui débouche vers le milieu de la boîte à fumée et dirige le jet de la vapeur dans l'axe de la cheminée.

L'ensemble du tuyau de l'échappement et de la cheminée constitue

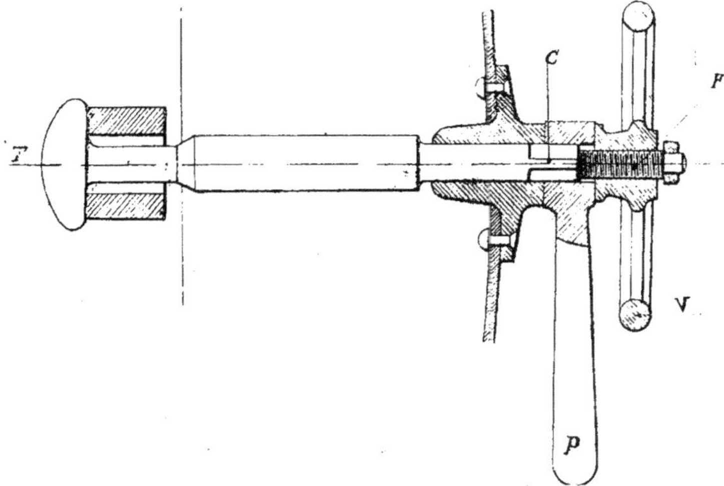

Fig. 230. — Dispositif de blocage de la porte de boîte à fumée.

donc un **puissant éjecteur** qui aspire les gaz de la boîte à fumée et **produit ainsi un tirage artificiel dans le foyer**.

Le tirage peut être mesuré, le cas échéant, au moyen d'un **manomètre à eau** dont l'une des branches est reliée à un tuyau qui débouche dans le cendrier et dont l'autre communique avec le boîte à fumée. La différence h de niveau dans les deux branches donne la valeur du tirage en millimètres d'eau. Ce tirage doit varier de 50 millimètres à 150 millimètres.

La vapeur qui s'échappe des cylindres conserve une certaine tension qui se trouve augmentée lorsqu'on restreint son orifice de sortie dans la boîte à fumée. C'est ce qu'on appelle la **contre-pression**. On la mesure au moyen d'un manomètre à mercure dont le tuyau aboutit au milieu de la tuyère d'échappement, à 40 centimètres environ au-dessous de l'orifice.

Cette contre-pression dépasse parfois 1 kilo par centimètre carré. Pour obtenir le meilleur rendement d'une machine à vapeur, il convient de laisser échapper la vapeur à **une pression aussi faible que possible.**

Dans les locomotives compound, on arrive à abaisser la tension de la vapeur d'échappement à $0^{kg},100$ ou $0^{kg},200$.

On conçoit facilement que **plus la contre-pression est forte, plus le tirage est intense.** On est donc conduit, pour augmenter la production d'une chaudière, à essayer d'améliorer le tirage en augmentant la contre-pression.

Mais, *si le tirage est favorable au développement de la puissance* de la chaudière, *la contre-pression est au contraire nuisible à cette puissance* et au

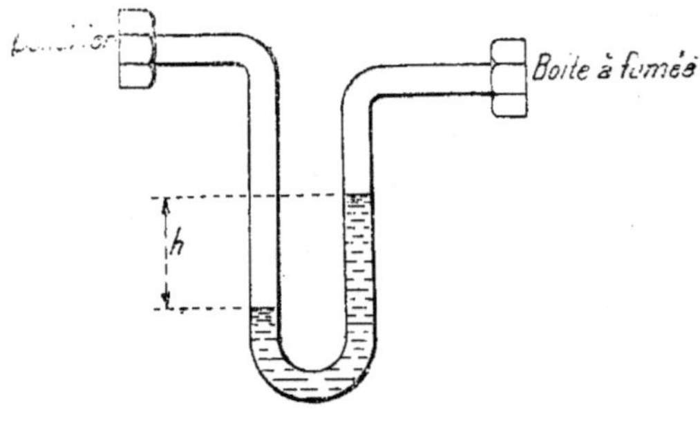

Fig. 231.

rendement. L'expérience a montré qu'un bon échappement peut donner un *tirage de 100 millimètres d'eau* avec une *contre-pression qui ne dépasse guère 100 millimètres de mercure.*

Un échappement qui produirait une contre-pression de 400 ou 500 millimètres de mercure pour donner 100 millimètres d'eau seulement comme tirage devrait être considéré comme défectueux.

Certains réseaux ont encore des **échappements fixes,** c'est-à-dire formés par un tuyau de diamètre et de position invariables par rapport à la base de la cheminée. Ce dispositif doit évidemment être étudié pour le rendement de la machine à pleine charge. Il doit correspondre à un tirage de 100 millimètres d'eau environ. Dans ce cas, lorsqu'on remorque des trains de composition réduite, l'échappement est trop puissant et occasionne une dépense exagérée de combustible.

Si, au contraire, en vue d'éviter cet écueil, on calcule l'orifice pour un tirage de 80 millimètres d'eau seulement, on s'interdit d'utiliser toute la puissance de la chaudière.

On a donc été conduit à adopter l'*échappement variable* qui produit à volonté un tirage plus ou moins intense selon la puissance à faire développer à la chaudière.

Nous allons passer en revue les divers types d'échappements les plus connus.

71. Échappements fixes. — Le plus simple est constitué par un

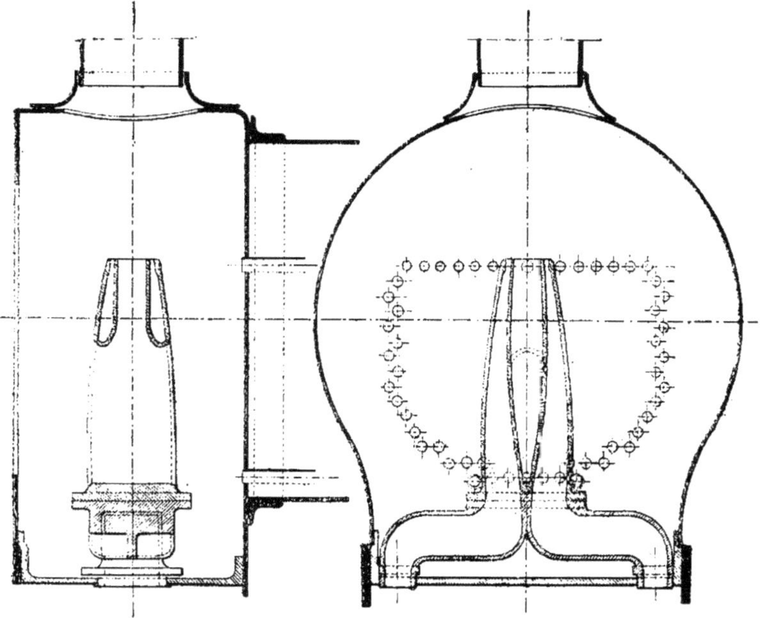

Fig. 232. — Échappement annulaire.

tuyau d'orifice circulaire qui débouche à peu près au niveau de la rangée horizontale supérieure des tubes à fumée.

Ce type d'échappement existe encore sur un grand nombre de locomotives des réseaux étrangers qui ne se sont pas décidés à adopter l'échappement variable.

En vue d'obtenir un meilleur tirage pour une contre-pression donnée, on a utilisé avec un certain succès les *échappements annulaires* (fig. 232) qui ont été largement employés en Angleterre.

On a également essayé, en Amérique, un échappement à deux tuyères juxtaposées ; mais tous ces appareils tendent de plus en plus à être remplacés par l'échappement variable.

72. Échappements variables. — L'appareil qui a eu le plus de vogue jusque vers 1900 est l'*échappement à valves* (fig. 233).

Il existe encore sur un très grand nombre de machines même de construction récente.

Le P.-L.-M. a également employé longtemps l'échappement à valves, mais cet appareil (fig. 234) était complété par *un cône* qui épanouissait le jet dans la cheminée. Il y a lieu de noter que le diamètre de la cheminée se trouvait alors sensiblement plus grand que sur les autres machines, du fait de la présence de cet appareil.

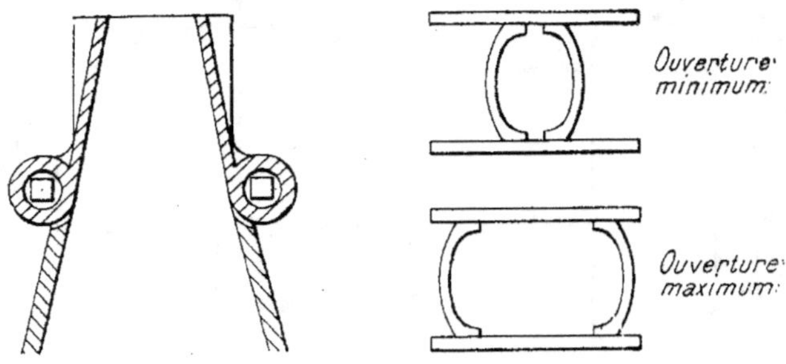

Fig. 233. — Échappement à valves.

Le cône, relié à sa partie inférieure à un tuyau de prise de vapeur V faisait l'office de souffleur. La vapeur, s'échappant par les trous S, était dirigée, comme l'indique la planche, dans l'espace annulaire compris entre le cône et les parois de la cheminée.

On emploie actuellement en France, sur les machines modernes, l'échappement type Nord, qui donne de très bons résultats (fig. 235 et 236).

Il se compose d'une tuyère fixe T et d'un cône intérieur mobile C (fig. 236).

Quand le cône est au bas de sa course, la vapeur peut passer à l'intérieur du cône et dans l'espace annulaire compris entre ce cône et la tuyère fixe (fig. 237). L'échappement est desserré. Quand on veut activer le tirage, on remonte le cône de façon à réduire l'espace annulaire (fig. 237).

A l'origine, ce cône était réuni à son noyau central par *trois ailettes minces verticales*. Par la suite, on a employé des *ailettes hélicoïdales*, qui ont donné de meilleurs résultats.

La figure 238 représente la coupe de l'une de ces ailettes suivant AB.
L'une des faces de l'ailette est verticale et l'autre est hélicoïdale.

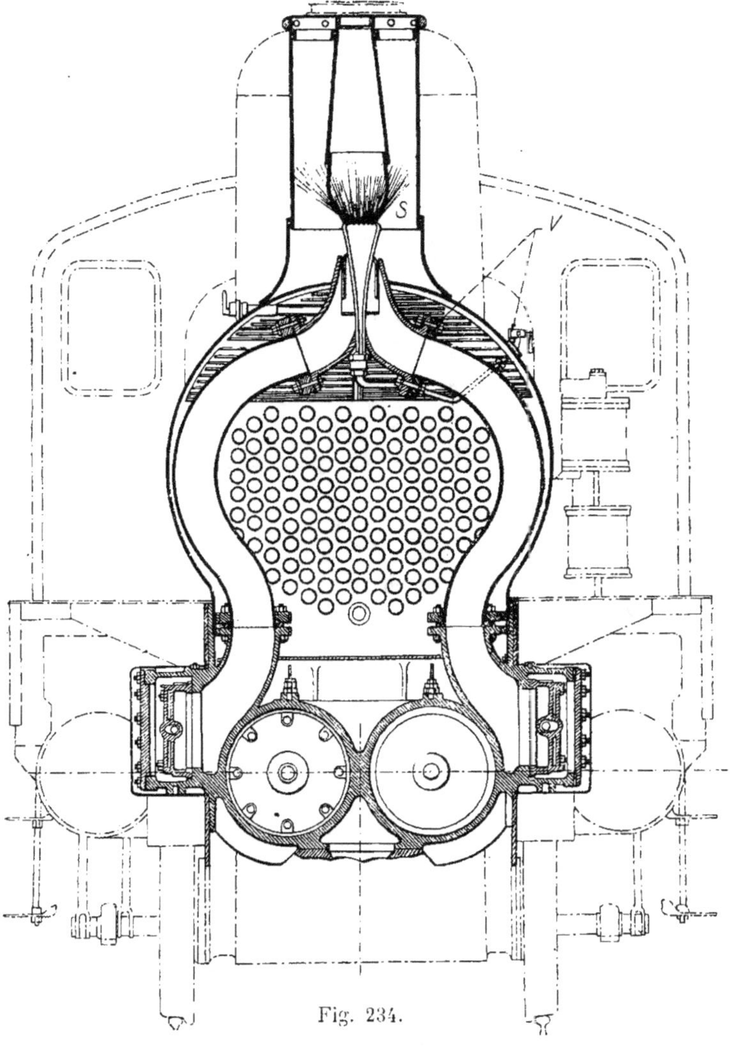

Fig. 234.

Mais l'amélioration du tirage résulte surtout, à notre avis, de ce que
les ailettes hélicoïdales, beaucoup plus épaisses à la sortie que les
ailettes droites, *séparent nettement le jet en trois parties*
et augmentent, par suite, la surface de contact avec les gaz. On a en
somme presque trois jets séparés.

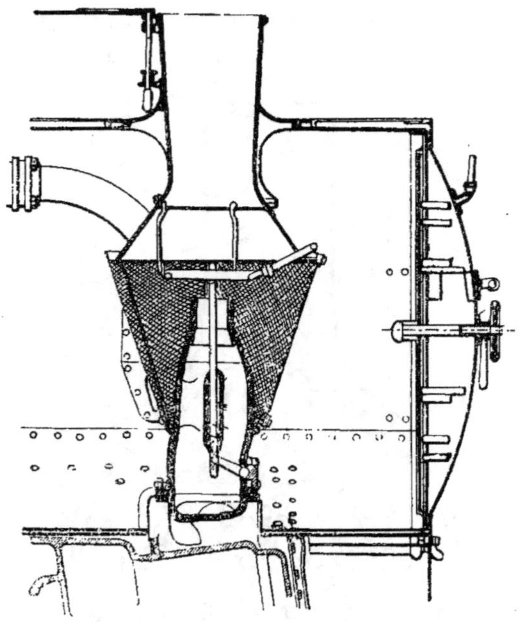

Fig. 235. — Échappement type Nord de la machine de banlieue Est à 2 bogies et 3 essieux couplés. L'échappement est représenté serré à bloc.

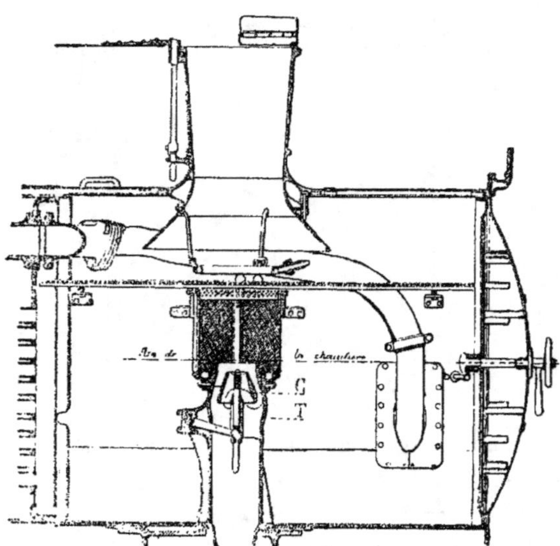

Fig. 236. — Détails du cône d'échappement Nord. L'échappement est représenté desserré.

Ce principe a été reconnu ainsi en Amérique, car on préconisait récemment un ***échappement muni de quatre barrettes***, B_1, B_2, B_3 B_4,

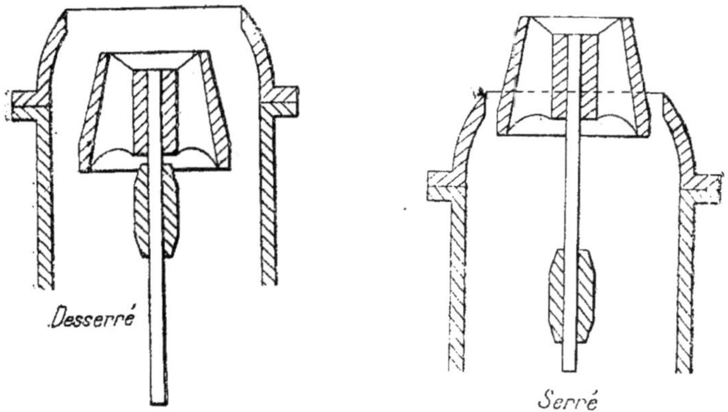

Fig. 237. — Figure schématique de l'échappement Nord.

qui modifiaient la forme cylindrique du jet en une forme plus tourmentée (fig. 239).

C'est également ce que l'Est avait reconnu depuis longtemps lorsqu'il

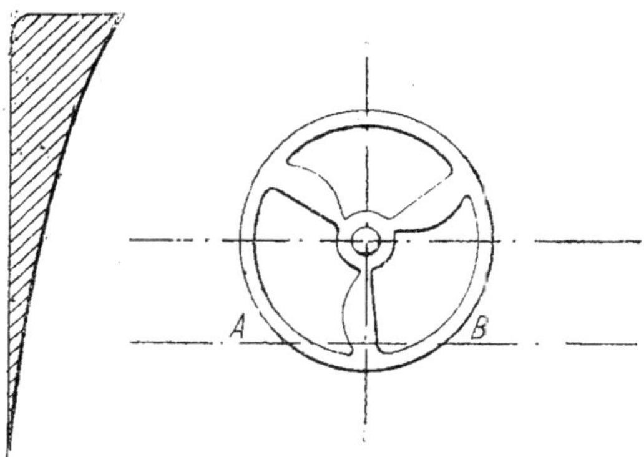

Fig. 238. — Cône Nord avec aillettes hélicoïdales.

a ajouté ***une barrette*** en travers de son échappement à valves (fig. 240).

73. Cheminées. — Sur les premières locomotives, la cheminée était cylindrique et très longue.

Au fur et à mesure que le diamètre de la chaudière a augmenté, la

cheminée est devenue de plus en plus courte, puisque sa hauteur
au-dessus du rail, limitée par le gabarit, restait constante et égale
à 4ᵐ,20 environ. Il est facile de se rendre compte de cette particularité en comparant la succession des figures relatives à
l'évolution de la loco-
motive de rapides depuis
la Crampton jusqu'à la
Pacific.

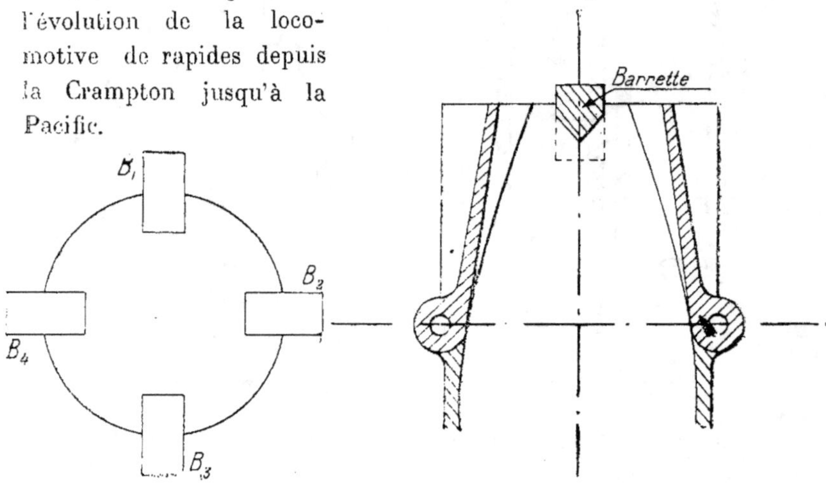

Fig. 239. — Échappement américain, à quatre barrettes.

Fig. 240. — Échappement à valves
avec barrette de l'Est.

Au début, les **cheminées cylindriques** étaient très en faveur.
Aujourd'hui, elles sont presque toutes légèrement **coniques**. Certaines compagnies les agrémentent d'un **chapiteau** (fig. 241). Ce

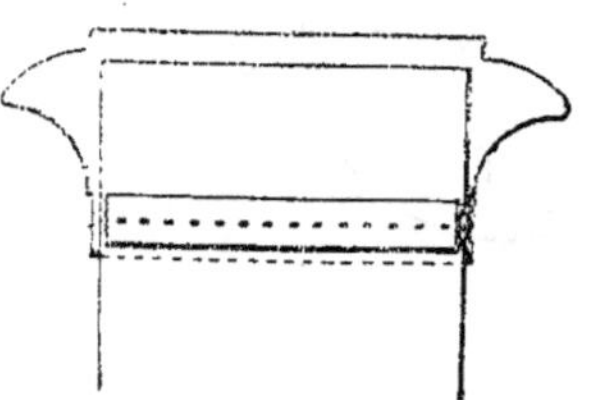

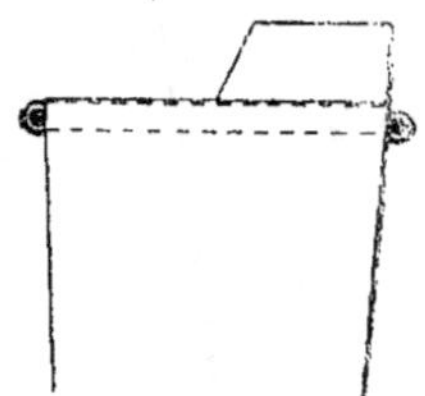

Fig. 241. — Chapiteau.

Fig. 242. — Auvent.

dispositif, qui n'a qu'une utilité décorative, est de plus en plus abandonné.

De même quelques réseaux emploient un **auvent** ou **visière**
(fig. 242) dont l'utilité est discutée. Il est du reste nuisible dans la

marche arrière, à moins qu'il ne soit amovible. Aussi évite-t-on d'en installer sur les machines-tenders, qui circulent indifféremment dans les deux sens.

L'usage du **capuchon** n'est guère répandu qu'en France. Il a

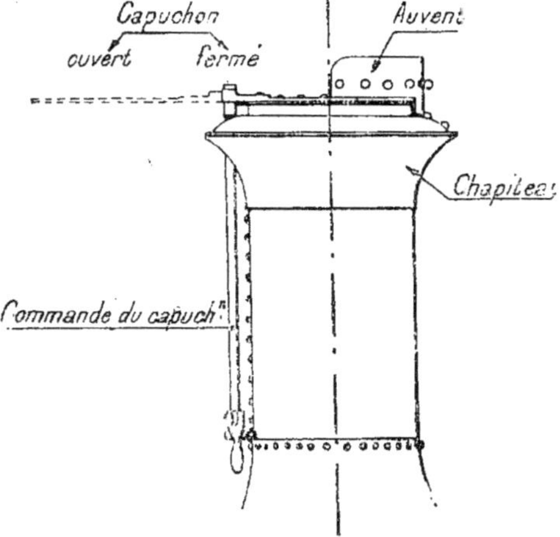

Fig. 243. — Cheminée avec chapiteau, **auvent** et capuchon (P.-L.-M.).

cependant son utilité pour la conservation du feu en réserve pendant les longs stationnements. Il supprime, en effet, tout

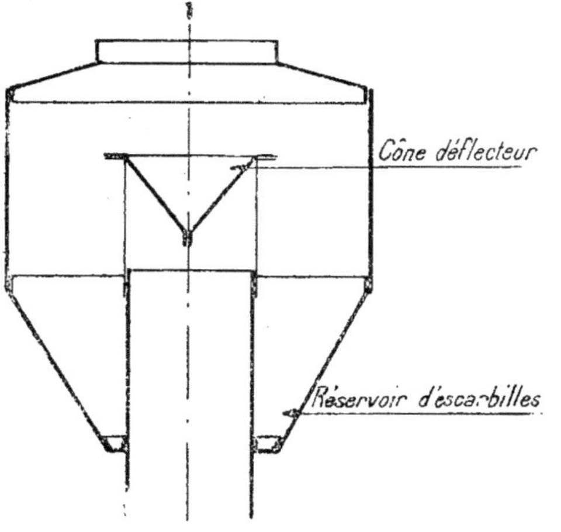

Fig. 244. — Cheminée avec déflecteur et réservoir à escarbilles.

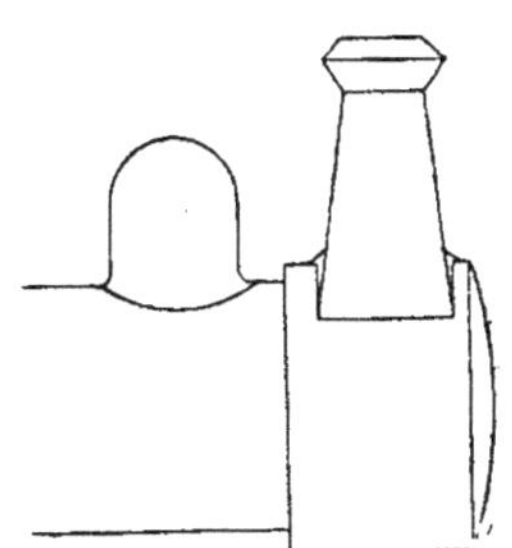

Fig. 245. — Cheminée belge à section rectangulaire.

tirage, ce qui évite la combustion inutile du charbon.

La figure 243 représente une cheminée avec **chapiteau, auvent** et **capuchon.**

Il convient de citer pour mémoire les cheminées à réservoir d'escarbilles avec déflecteur et les cheminées avec pare-étincelles pour locomotives destinées à brûler du bois ou des lignites.

On peut noter également que certaines locomotives État Belge sont munies de cheminées à section rectangulaire (fig. 245), mais cette forme n'a pas été développée.

74. Grilles à flammèches. — Nous avons vu précédemment, à propos des cendriers, que l'ordonnance royale de 1846 prescrit que les locomotives soient munies d'un dispositif destiné à *empêcher la projection des flammèches*. On emploie pour cela une *grille* disposée dans la boîte à fumée, de façon à arrêter les escarbilles qui pourraient être entraînées par le tirage. Lorsque l'échappement est très haut, la grille peut être disposée en dessous (fig. 246).

Dans le cas contraire on emploie le plus souvent une grille cylindrique ou tronconique (fig. 247) qui entoure la tuyère d'échappement.

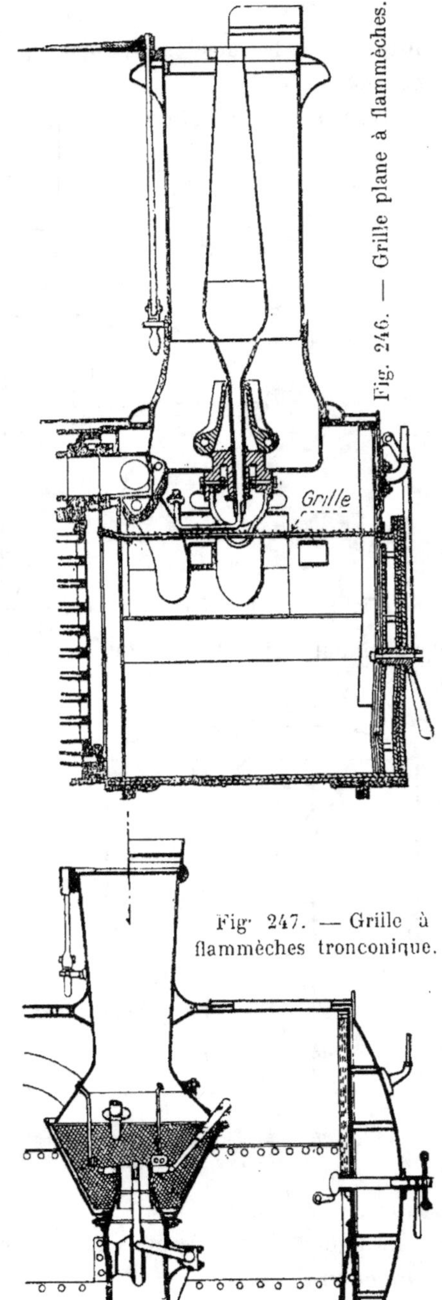

Fig. 246. — Grille plane à flammèches.

Fig. 247. — Grille à flammèches tronconique.

75. Déflecteurs-Petticoat. —· Le tirage dans les tubes à fumée est plus intense dans les tubes supérieurs qui se trouvent le plus rapprochés de l'échappement. Il est faible dans les tubes du bas, qui sont les plus éloignés. En vue d'obtenir une meilleure répartition du tirage dans le faisceau tubulaire, on emploie, surtout en Amérique, un appareil appelé *petticoat* utilisé seul ou uni à un *déflecteur*.

L'emploi du petticoat seul entraîne un léger abaissement de l'orifice

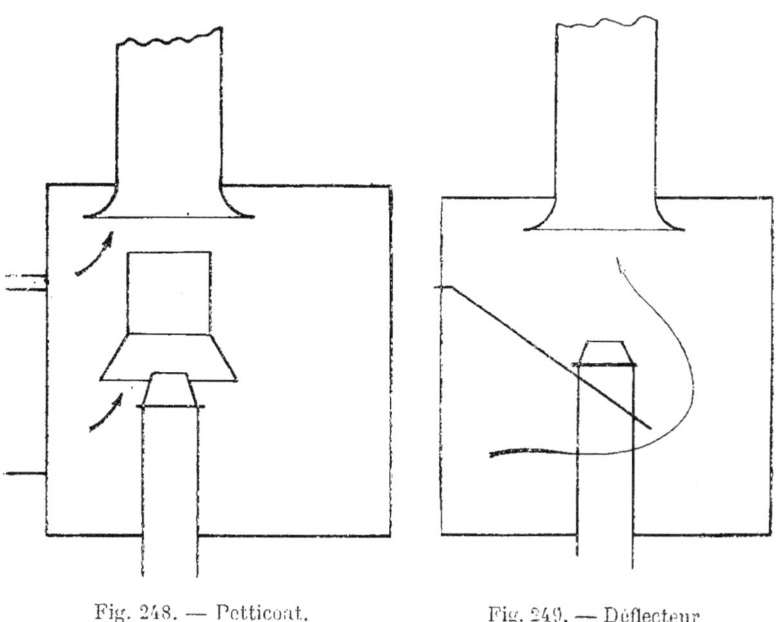

Fig. 248. — Petticoat.   Fig. 249. — Déflecteur

de la tuyère. La figure 248 montre comment cet appareil répartit le tirage entre les tubes supérieurs et inférieurs.

Le déflecteur (fig. 249) joue un rôle analogue.

76. Accessoires : arroseur de porte de boîte à fumée ; prise de vapeur de ramonage. — Lorsqu'on remorque un train lourdement chargé, on pousse la production de la chaudière en serrant l'échappement. Le tirage se trouvant notablement augmenté, la quantité et la grosseur des escarbilles sont plus fortes. Il en résulte qu'elles arrivent dans la boîte à fumée, sinon encore incandescentes, du moins rouges. Il suffit alors d'une faible rentrée d'air en un point de la boîte à fumée recouvert d'escarbilles pour favoriser l'inflammation de toute la masse.

Afin de parer à cet incident, on installe parfois derrière la traverse de fermeture un tuyau arroseur qui communique avec le tuyau de refoulement de l'un des injecteurs. Lorsque le mécanicien craint que l'inflammation des escarbilles se produise, il ouvre légèrement pendant la marche de l'injecteur le **robinet arroseur de la porte de la boîte à fumée**, et tout dommage se trouve ainsi évité. Il convient de remarquer que ce dispositif, utile pour les petites boîtes à fumée, perd de son intérêt pour les boîtes à fumée de grandes dimensions, dans lesquelles l'accumulation des escarbilles n'est jamais critique si on les enlève à chaque relai.

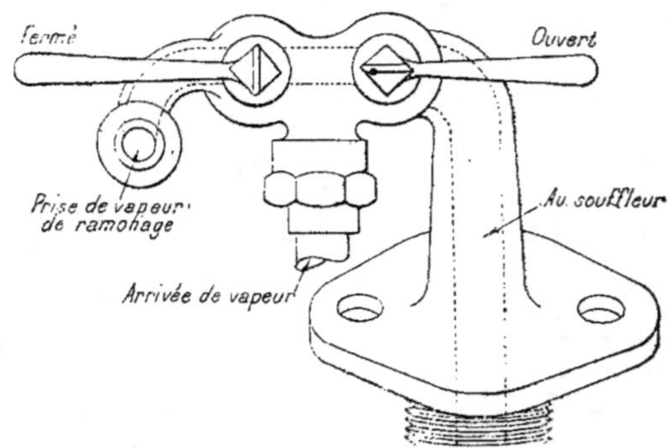

Fig. 250. — Robinet de prise de vapeur à usages divers.

En France, toutes les machines sont munies, à l'avant, sur la boîte à fumée, d'un **appareil de prise de vapeur à usages divers**.

Cet appareil est constitué par un seul robinet ordinaire, par un robinet à trois voies ou par deux robinets (fig. 250).

Dans le premier cas, il ne donne que la prise de vapeur auxiliaire; dans les deux autres cas, il dessert également le souffleur. La prise de vapeur auxiliaire peut être utilisée pour les usages ci-après :

Ramonage des tubes à fumée ;

Lavage des chaudières à l'eau chaude ;

Extinction des incendies de trains ;

Prise d'eau par pulsomètre.

La planche figure 251 représente son utilisation au **lavage des chaudières à l'eau chaude** au moyen d'un éjecteur alimenté par une prise d'eau des conduites de distribution du dépôt.

La planche figure 252 montre l'adaptation à un **éjecteur destiné à combattre les incendies** des trains.

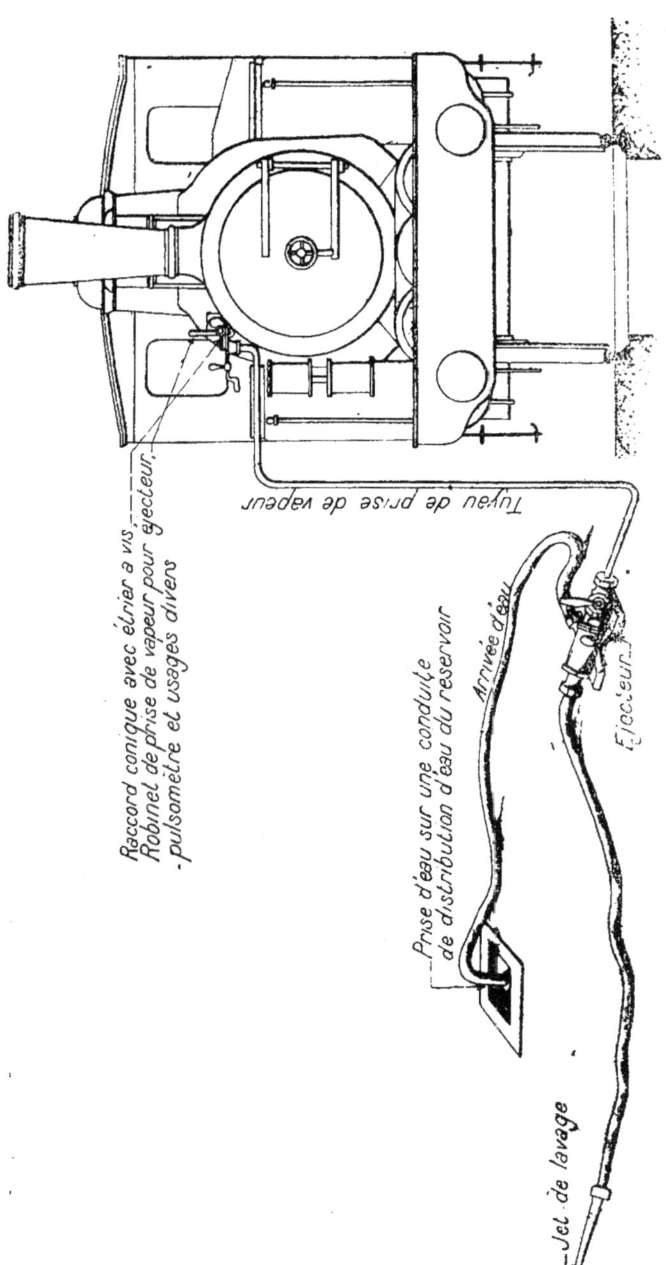

Fig. 251. — Installation de lavage à eau chaude.

Fig. 252. — Ensemble du montage de l'éjecteur pour combattre les incendies sur une locomotive de la série 3100 (Est.).

CHAPITRE III

CHASSIS — SUSPENSION — ESSIEUX

§ I. — CHASSIS.

77. Dispositions générales. — Le *châssis* proprement dit est
une sorte de cadre très robuste qui supporte la chaudière. Il repose
sur les essieux par l'intermédiaire des *organes élastiques de la
suspension*.

En Europe, le châssis est constitué par deux longerons en tôle d'acier
de 25 à 30 millimètres fortement entretoisés.

La figure 253 représente le longeron d'une machine type Bourbonnais.

En Amérique, les longerons sont formés par des barres d'acier de
section carrée ou rectangulaire d'aspect beaucoup plus massif (fig. 254).

On emploie quelquefois un type intermédiaire comme celui exposé
par les chemins de fer de l'État prussien en 1911 à Turin (fig. 255).

Ce châssis se compose de deux parties, celle arrière, constituée par
deux fortes tôles découpées, et celle avant, par des fers en barre très
robuste supportant le bâti des cylindres. Cette dernière disposition
permet un accès facile au mécanisme intérieur.

L'*entretoisement* d'un châssis est réalisé (fig. 256) :

— Par la *traverse avant* A ;

— Par le *bâti des cylindres* B ;

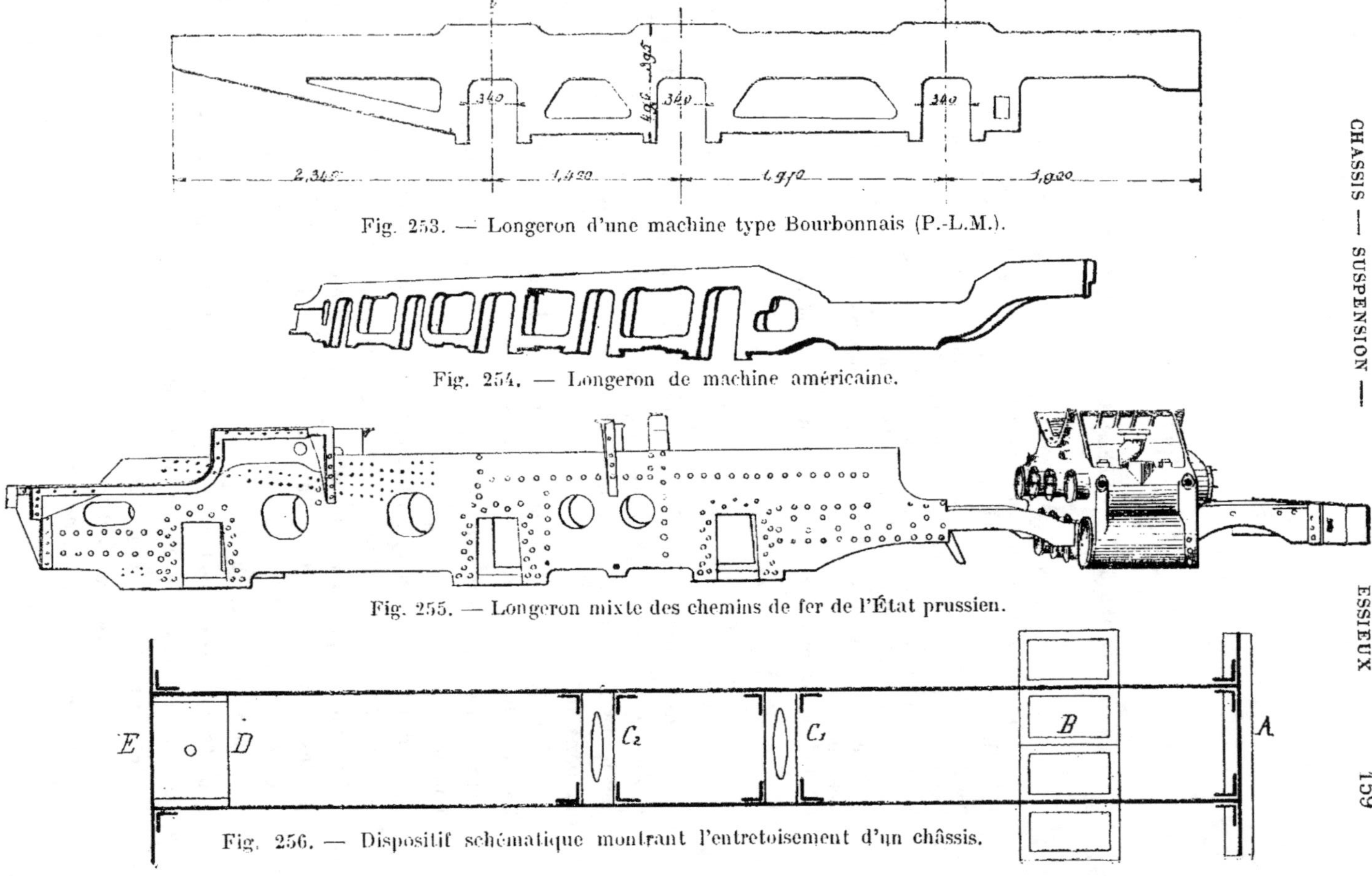

Fig. 253. — Longeron d'une machine type Bourbonnais (P.-L.M.).

Fig. 254. — Longeron de machine américaine.

Fig. 255. — Longeron mixte des chemins de fer de l'État prussien.

Fig. 256. — Dispositif schématique montrant l'entretoisement d'un châssis.

— Par une ou plusieurs **entretoises** en fer profilé ou en acier moulé C_1C_2 ;

— Et enfin à l'arrière par le **bâti de l'attelage** D et la **traverse** R.

En plus de cet entretoisement, les diverses traverses moins importantes destinées à supporter des pièces du mouvement ou les bielles de timonerie de frein concourent au même but. Le châssis forme ainsi un ensemble aussi indéformable que possible.

La chaudière est fixée à l'avant par la boîte à fumée sur le bâti des

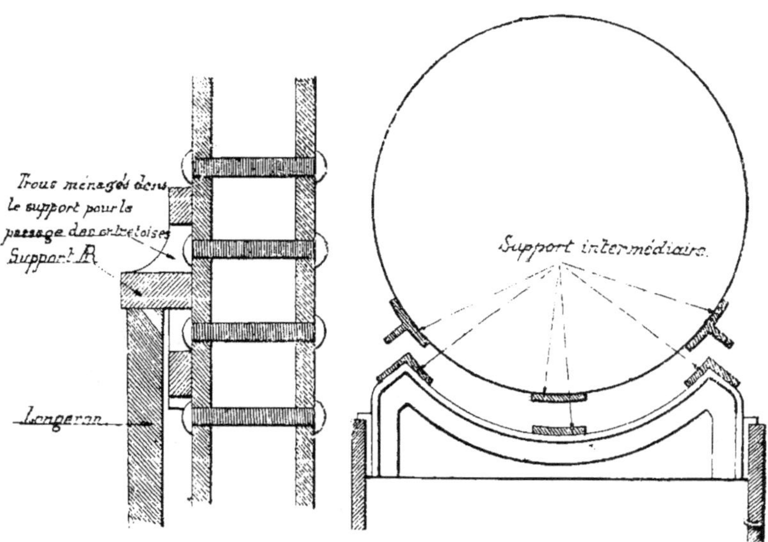

Fig. 257. — Repos de boîte à feu sur les longerons.

Fig. 258. — Support intermédiaire de chaudière.

cylindres, qui a reçu dans ce but une forme appropriée, ainsi qu'on peut s'en rendre compte facilement sur la figure 255.

A l'arrière, elle repose simplement par des supports sur le longeron de façon à **permettre le jeu de la dilatation** (fig. 257).

Ces supports sont généralement percés de trous disposés convenablement pour permettre le remplacement éventuel des entretoises qu'ils recouvrent.

Lorsque la chaudière est un peu longue, on la soutient par son milieu sur un **support intermédiaire** sur lequel elle peut glisser pour permettre, comme à l'arrière, le jeu de la dilatation.

La figure 258 représente la chaudière légèrement séparée de son support afin de mieux faire comprendre le dispositif.

Une chaudière en pression contenant de la vapeur à 16 kilos se trouve portée à 200° environ. Lorsqu'elle est froide, la température des tôles peut descendre à 0° dans la mauvaise saison. Le coefficient de dilatation de l'acier étant 0,0115, on voit que la variation de longueur en service d'une chaudière de 5 mètres, par exemple, atteint pour une différence de température de 200° :

$$5 \text{ mètres} \times 200 \times 0,0115 = 11^{m/m}5.$$

Cette variation importante fait ressortir la nécessité indiquée plus haut d'assurer le jeu parfait de la dilatation de la chaudière à l'arrière.

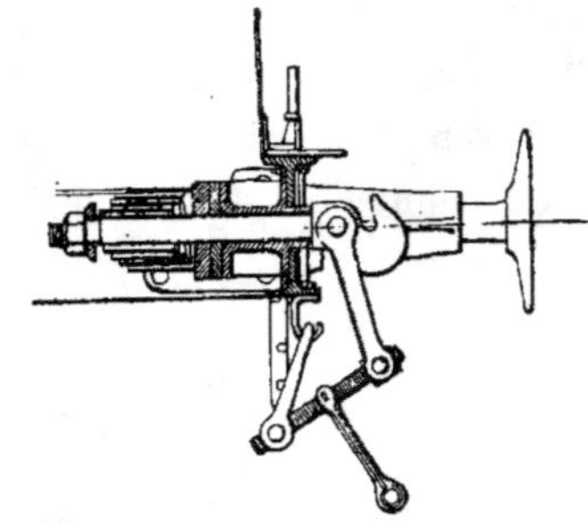

Fig. 259. — Traverse avant de locomotive (P.-L.-M.), coupe en élévation.

78. Traverses. — Le châssis est terminé à chaque extrémité par un entretoisement robuste qui reçoit les organes de choc et de traction.

La *traverse avant*, jadis en bois, est aujourd'hui constituée habituellement par un fer à I, réuni aux longerons par des équerres et généralement consolidé par une *armature*. Cette traverse porte les *tampons* et le *crochet de traction* (fig. 259 et 260).

La partie arrière du châssis et entretoisée par une sorte de caisson formé de deux fortes tôles assemblées avec les longerons au moyen de cornières (fig. 261).

Ce caissonnement est percé d'un trou B destiné à recevoir la broche de l'attelage entre la machine et le tender. La face arrière du caisson est fermée

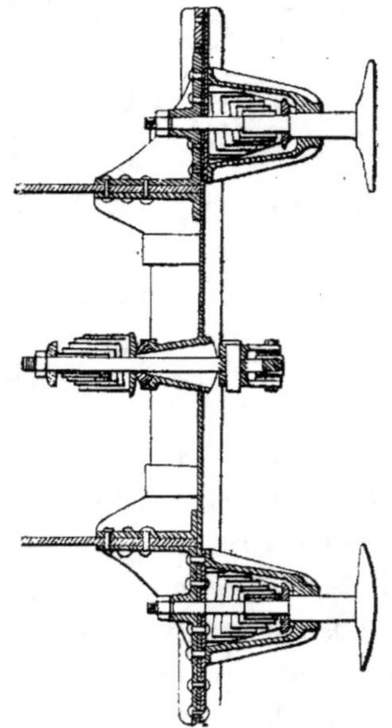

Fig. 260. — Traverse avant de locomotive (P.-L.-M.), coupe en plan.

par une tôle de 10 millimètres formant traverse, sur laquelle sont fixées les plaques de friction F_1F_2 des tampons du tender et deux chapes à broches C_1C_2 destinées à recevoir les anneaux formant chaines de sûreté.

L'ensemble de l'attelage arrière, type P.-L.-M., est représenté figure 262. Cette disposition varie un peu d'un réseau à l'autre.

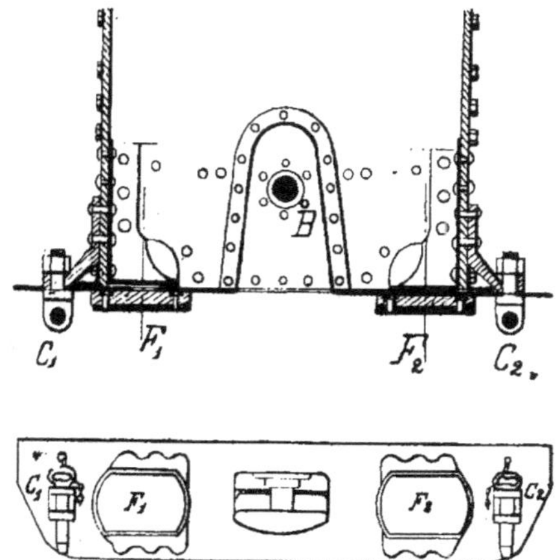

Fig. 261. — Traverse arrière de locomotive (P.-L.-M.), coupe en plan et vue de face.

Le **tendeur** BB′ est fixé par la **broche** B à la machine et par la **broche** B′ au tender.

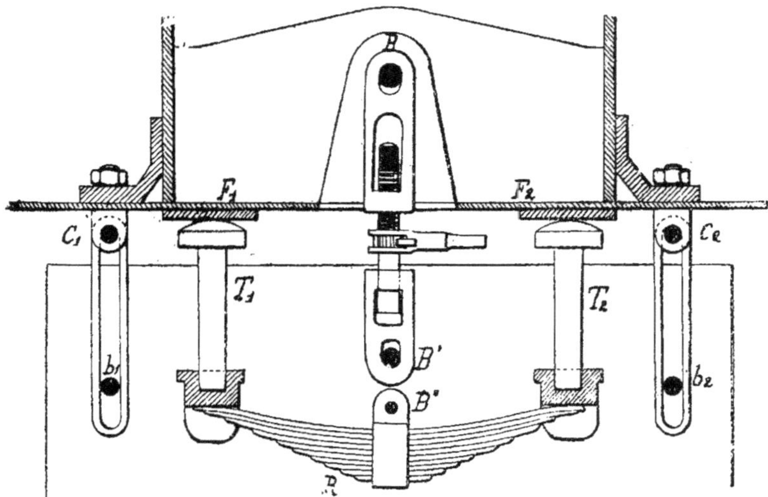

Fig. 262. — Ensemble d'un attelage entre machine et tender (P.-L.-M.).

Les deux **tampons** $T_1 T_2$ appuient sur les extrémités du **ressort de choc** R fixé au châssis du tender par la **broche** B″.

Les **anneaux de sûreté** sont maintenus sur la machine par les **broches** C_1C_2 et sur le tender par les **broches** b_1b_2.

On remarquera qu'il existe, entre les anneaux et les broches du ten-

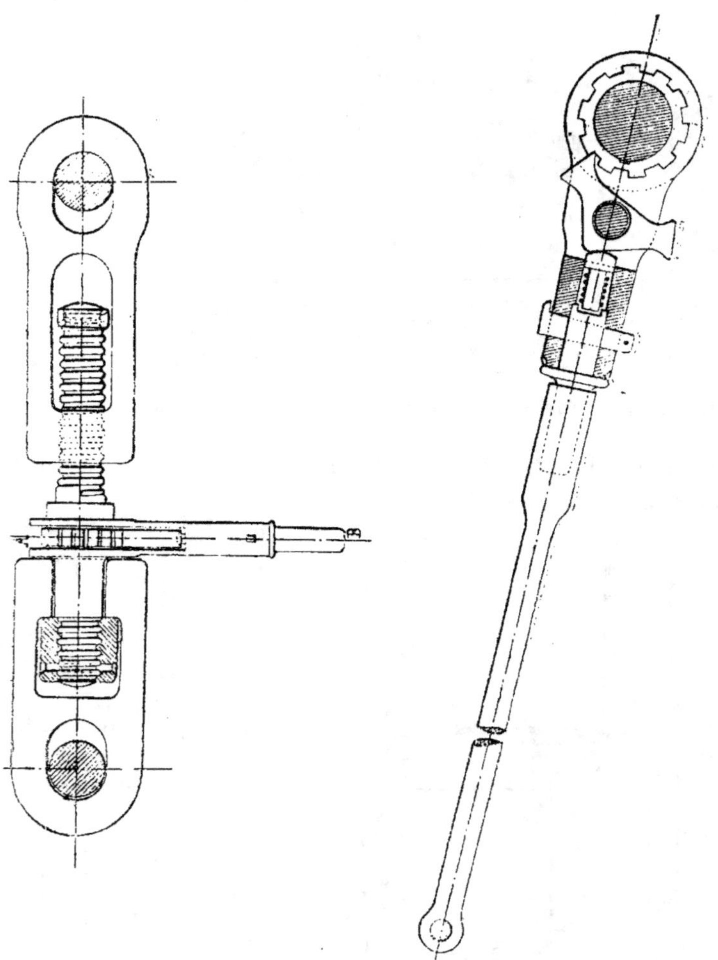

Fig. 263. — Attelage de la machine au tender. — Tendeur d'attelage type P.-L.-M. avec levier à douille.

der, un **certain jeu** qui permet l'**inscription dans les courbes**.

La figure 263 représente le détail du tendeur P.-L.-M. On utilise pour le serrage de ce tendeur le **levier à douille**, qui se trouve dans l'outillage de la machine et sert également pour les vérins de cet outillage.

§ II. — SUSPENSION.

Le châssis repose sur les **boîtes** des essieux par l'intermédiaire des **ressorts**, qui sont destinés, d'une part, à **répartir convenablement la charge** sur chaque essieu et, d'autre part, à **absorber les réactions plus ou moins violentes du roulement.**

79. Ressorts. — Les ressorts, dans la grande majorité des cas, sont à lames étagées.

La feuille supérieure, ou maîtresse lame, reçoit à ses extrémités la charge à supporter par l'intermédiaire de **couteaux simples** (fig. 264), de **couteaux rapportés** (fig. 265), de **rouleaux** (fig. 266).

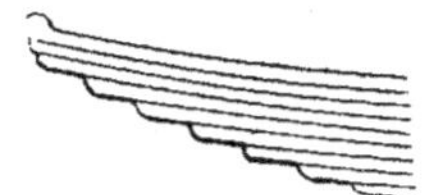

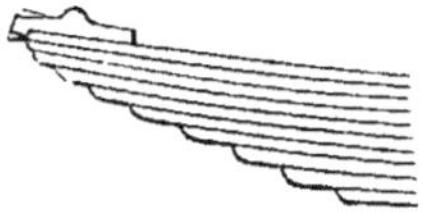

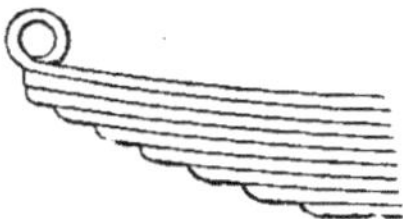

Fig. 264. — Ressort à couteaux simples.	Fig. 265. — Ressort à couteaux rapportés.	Fig. 266. — Ressort à rouleaux.

Le type le plus courant est celui à couteaux rapportés.

Le type de ressort à rouleaux est surtout adopté pour les voitures et wagons.

Les ressorts de locomotives ont généralement à la partie supérieure deux à quatre feuilles de même longueur que la maîtresse lame.

Les feuilles sont maintenues entre elles par une **bride** posée à chaud pour assurer un serrage énergique.

Le **glissement des lames dans le sens transversal** est souvent empêché au moyen d'une **rainure** (fig. 267) obtenue au laminage. Dans ce cas, la dernière lame du ressort a sa face inférieure plane, à moins que la bride ne comporte également le logement de la rainure.

Ce dispositif, qui remédie au **déplacement transversal** des lames, n'empêche pas le **glissement longitudinal**, qui est plus fréquent. Dans le but d'**éviter tout glissement transversal ou longitudinal** ; on établit maintenant les ressorts en ménageant sur chaque lame un petit téton repoussé à chaud, appelé **étoquiau**, qui s'engage dans une *fente correspondante* pratiquée à l'extrémité de la lame suivante (fig. 268).

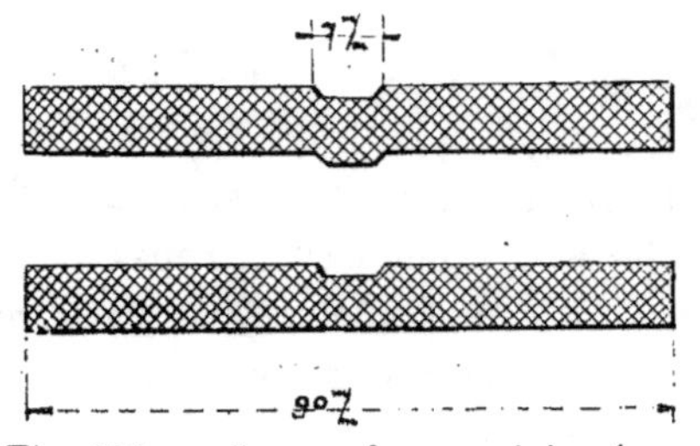

Fig. 267. — Lames de ressort à rainure.

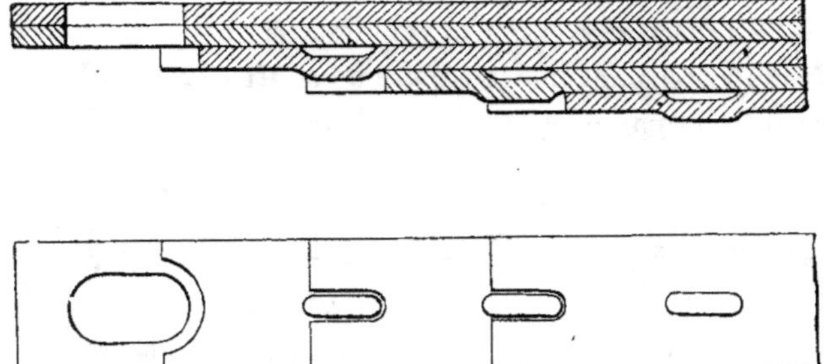

Fig. 268. — Lames à étoquiaux.

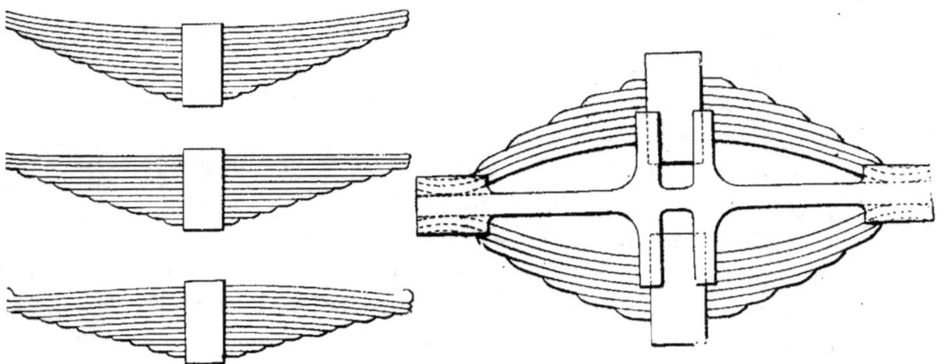

Fig. 269. — Types de ressorts avec flèche positive, nulle et négative.

Fig. 270. — Ressort à pincettes.

Les ressorts à lames sont établis pour avoir normalement en service une *flèche positive, nulle* ou *négative* (fig. 269). Ce dernier type de ressort, qui a été très employé par M. Belpaire sur l'État belge, est peu usité ailleurs.

A côté du ressort ordinaire à lames, on emploie quelquefois aussi le **ressort à pincettes** (fig. 270), dont la **flexibilité** est **double** de celle de chaque ressort qui le compose.

Ce dispositif est imposé lorsqu'on n'a pas la place suffisante pour installer un ressort ordinaire, par exemple lorsqu'un essieu est trop rapproché du foyer, car, pour une flexibilité demandée, *le ressort à pincettes est à peu près moitié moins long qu'un ressort ordinaire* (fig. 271).

On utilise également des **ressorts hélicoïdaux** à fil rond ou carré,

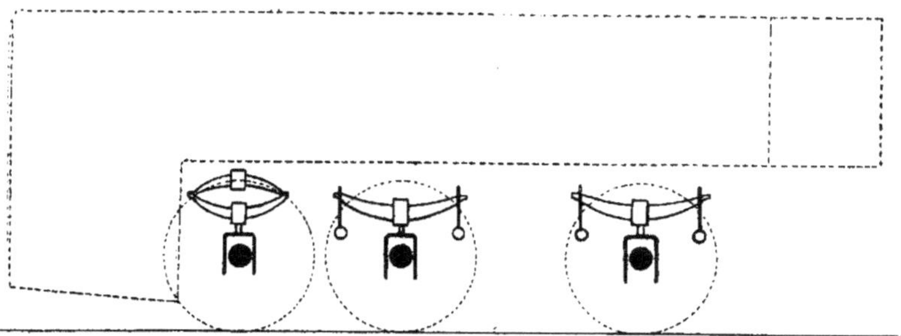

Fig. 271.—Suspension avec essieu arrière muni d'un ressort à pincettes.

qui présentent un **encombrement encore plus restreint**. Les deux ressorts reposent sur une platine suspendue à la boîte et reçoivent l'effort à leur partie supérieure (fig. 272).

A l'origine, on s'appliquait à disposer les ressorts au-dessus des boîtes, et chaque ressort qui était indépendant était relié au châssis par deux tiges de suspension et appuyait sur le dessus de la boîte, soit directement, soit par l'intermédiaire d'une **tige de pression** convenablement guidée (fig. 273).

Avec les machines à grandes roues, on a trouvé souvent commode de disposer le ressort **au-dessous** de la boîte. La charge est alors transmise du longeron au ressort par deux tiges de pression (fig. 274).

80. Balanciers. — Lorsqu'un essieu passe sur une **dénivellation de la voie**, par exemple sur un joint bas, cet essieu se **décharge** et change la répartition des poids sur les autres essieux.

Considérons le cas d'une machine à trois essieux du type Bourbonnais

Quand l'essieu du milieu est ainsi **déchargé**, les deux autres essieux se trouvent **surchargés d'autant.**

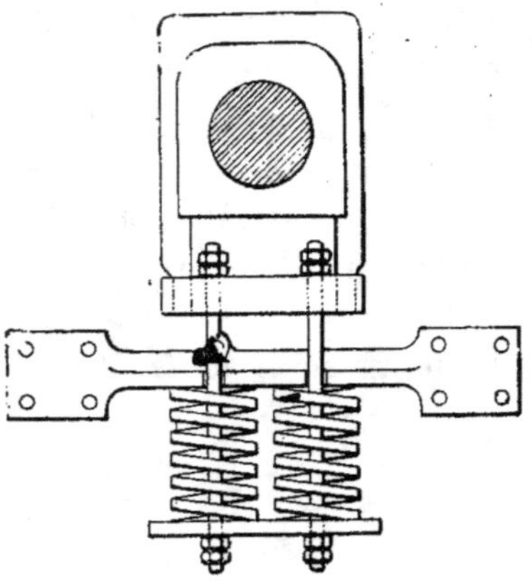

Fig. 272. — Boîte avec ressorts hélicoïdaux.

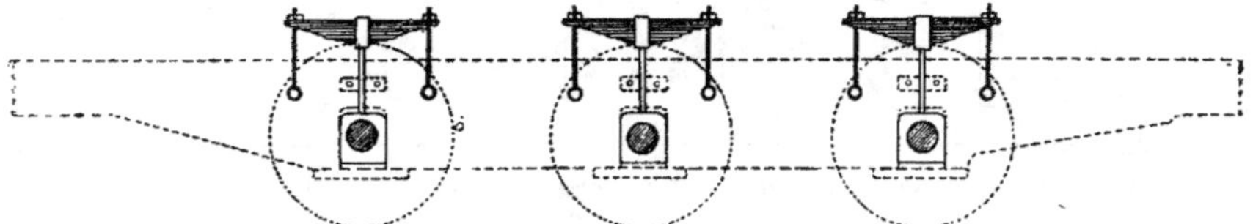

Fig. 273. — Suspension à ressorts à lames avec tiges de suspension reliées au longeron et tige de pression sur la boîte.

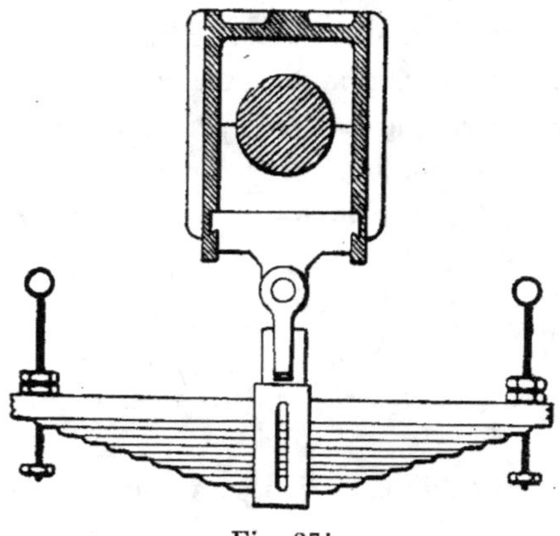

Fig. 274.

Pour atténuer ces **variations,** souvent importantes, de la répartition des poids sur les différentes roues, on a imaginé de **conjuguer les** *ressorts* de deux ou trois essieux successifs au moyen de balanciers.

Les combinaisons les plus complexes peuvent être réalisées, et cela dans le but d'installer les ressorts aux endroits *les plus convenables* où l'on a *la place disponible*.

Dans les bogies, en employant un *balancier* (fig. 275), on arrive à répartir *également* entre les quatre roues le poids qui repose sur la crapaudine. En effet, soit P ce poids. Le point d'application qui est

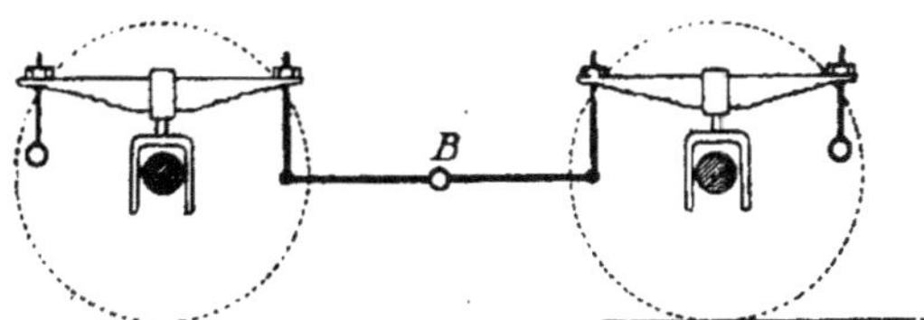

Fig. 275. — Suspension de bogie à balancier.

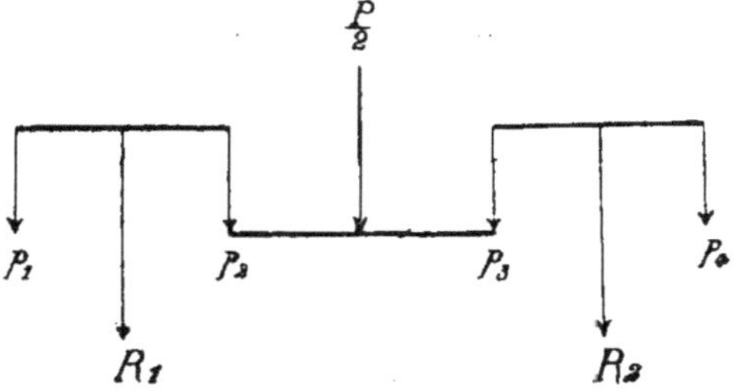

Fig. 276 — Schéma de la répartition des poids sur les tiges de suspension des ressorts d'un bogie à balancier.

dans l'axe de la machine se trouvant à égale distance des points d'articulation des deux balanciers, la charge supportée par chacun de ces points B sera de $\dfrac{P}{2}$ (fig. 276).

De même, on voit facilement que, les bras du balancier étant égaux, les efforts p_1, p_2, p_3, p_4 sont égaux et que :

$$p_1 + p_2 + p_3 + p_4 = \frac{P}{2},$$

d'où

$$p_1 = \frac{P}{8}.$$

par suite :

$$R_1 = R_2 = \frac{P}{4}$$

On emploie souvent pour les bogies une légère variante (fig. 277).

Le ressort R reçoit sur sa bride l'effort $\frac{P}{2}$, qui, dans le cas précédent, était supporté par l'axe d'articulation B.

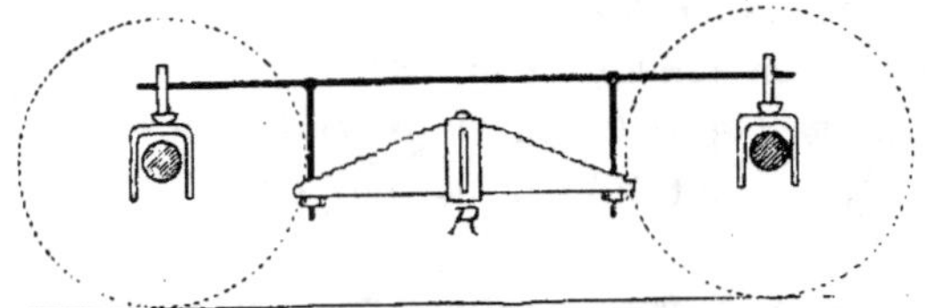

Fig. 277. — Mode de suspension de bogie à un seul ressort par côté.

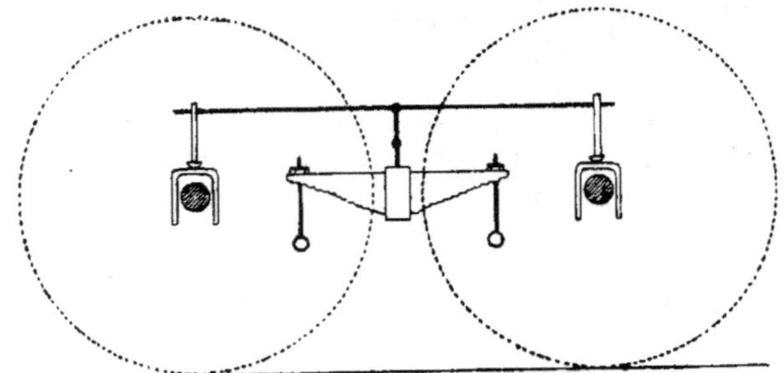

Fig. 278. — Mode de suspension à ressort et balancier sur une machine à deux essieux couplés.

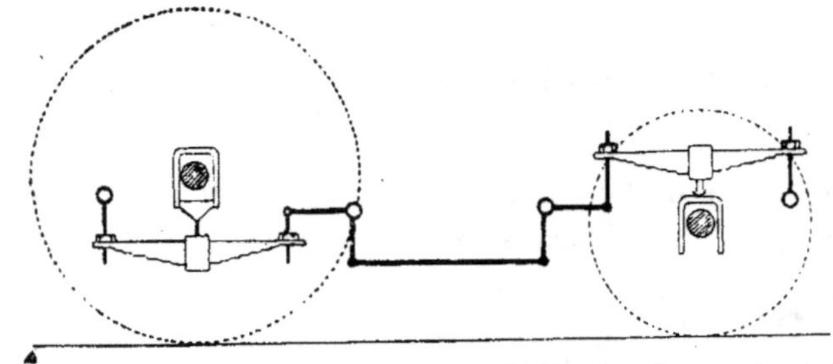

Fig. 279. — Suspension conjuguée entre le bissel et le premier essieu.

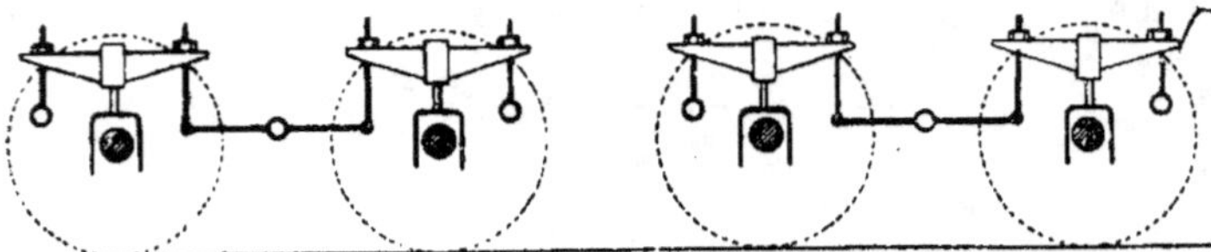

Fig. 280. — Suspension d'une machine à quatre essieux couplés avec essieux conjugués deux à deux.

Les tiges de suspension sont rattachées à un balancier reposant sur les deux boîtes.

Sur les machines à deux essieux couplés, on a employé le dispositif représenté figure 278, qui est analogue au précédent.

La figure 279 donne une disposition utilisée sur des machines à bissel.

Les machines à quatre essieux accouplés ont généralement leurs essieux conjugués deux à deux (fig. 280).

L'articulation des balanciers se fait sur **tourillon** ou sur **couteau**. Ce dernier dispositif est préférable, car, si les articulations sur tourillons ne sont pas **convenablement lubrifiéss**, le balancier fonctionne mal, et il peut devenir **nuisible**.

De même les tiges de suspension ou de pression sont articulées à

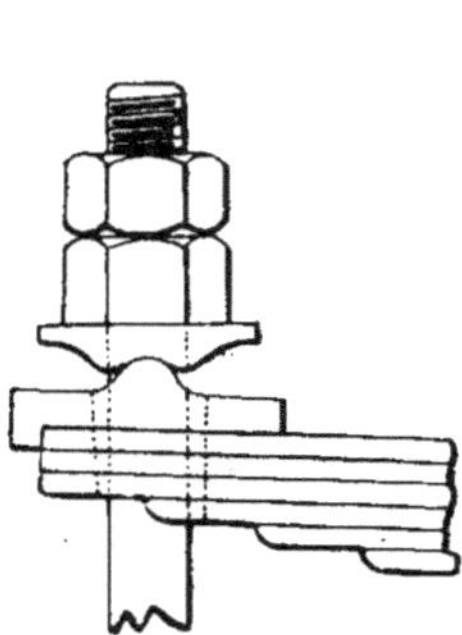

Fig. 281. — Articulation d'une tige de pension.

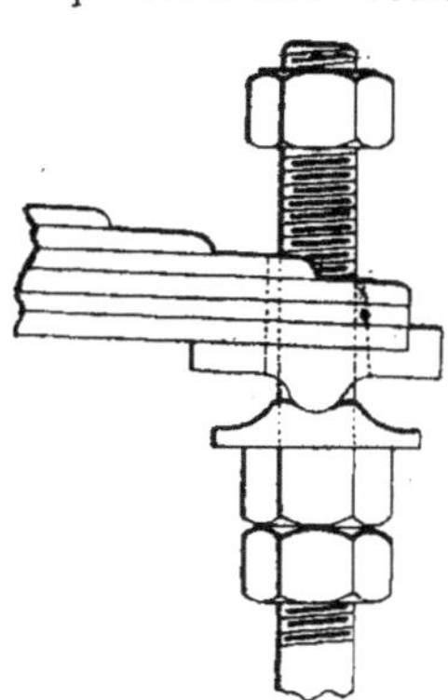

Fig. 282. — Articulation d'une tige de pression.

leur attache sur le ressort au moyen de **deux platines à côte** afin de faciliter le travail du ressort (fig. 281 et 282).

81. Bogies. — Le **bogie** est constitué essentiellement par un truck articulé autour d'un point central.

Les bogies se divisent en deux catégories suivant que l'**articulation est fixe** (fig. 283), ou peut prendre **un certain jeu latéral** (fig. 284). Ce jeu latéral J est contrôlé comme nous allons le voir, soit par des **ressorts**, soit par des **plans inclinés**, soit encore par des **bielles inclinées** ou **menottes de suspension**.

Le contrôle par ressorts peut se faire de plusieurs façons.

Sur les machines de l'ancien réseau de l'Ouest, le logement du pivot, monté sur glissières, est maintenu entre les talons des brides des ressorts $R_1 R_2$, dont les extrémités appuient sur le châssis (fig. 285).

Sur les autres réseaux, l'attache des ressorts est réalisée au moyen
de tiges filetées, comme le représente la figure 286. On peut ainsi régler
à volonté le contrôle du pivot.

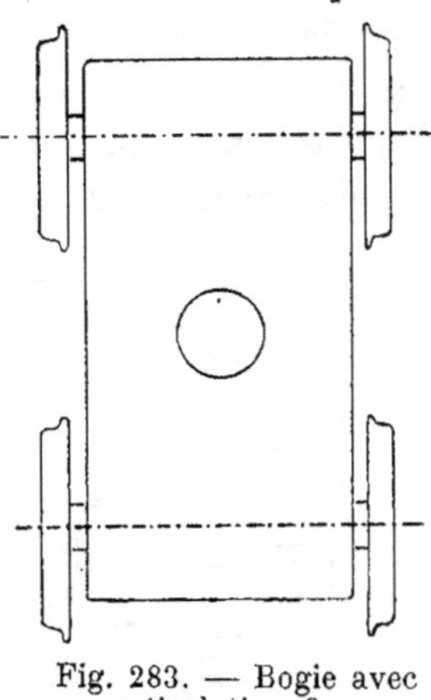

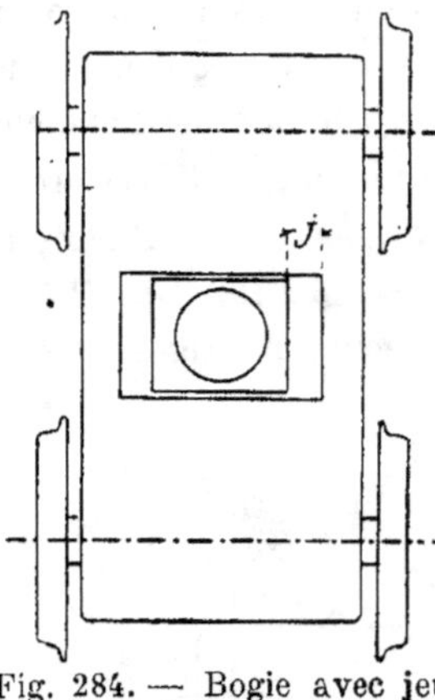

Fig. 283. — Bogie avec
articulation fixe.

Fig. 284. — Bogie avec jeu
latéral.

Le dispositif de rappel par **plan incliné** ou **rappel par la gravité**
est formé par deux pièces A et B pouvant glisser l'une sur l'autre
sur deux plans inclinés à 15° ou 18° et disposés en sens inverse (fig. 287).

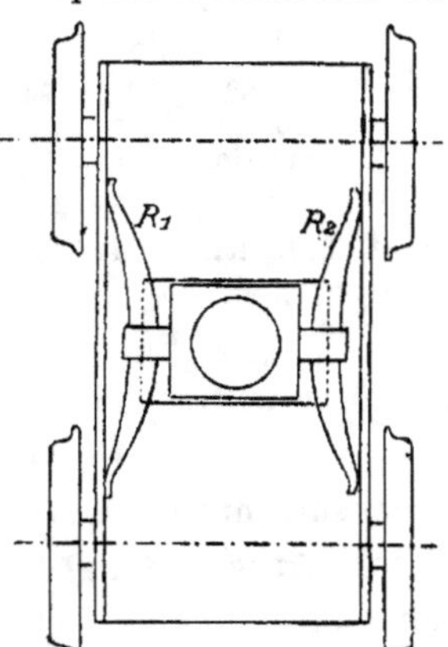

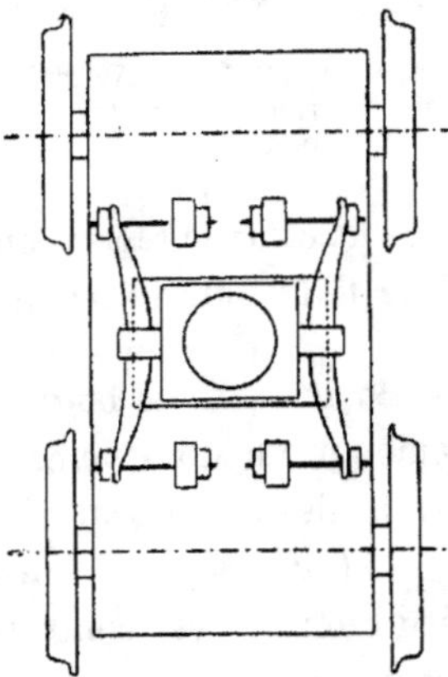

Fig. 285. — Bogie avec rappel
de la crapaudine au moyen
de ressorts (type Ouest).

Fig. 286. — Autre disposition
de bogie avec rappel de la crapaudine au moyen de ressorts.

L'intervalle d mesure le jeu latéral que le système permet d'obtenir.
On voit que, lorsque la pièce A est sollicitée vers la droite, elle monte
sur le plan incliné MN et soulève l'avant de la machine d'une hauteur e.

Les deux pièces A et B ne sont donc plus en contact sur les plans inclinés PR. Lorsque la pièce est sollicitée vers la gauche, c'est au contraire les plans inclinés PR qui sont en contact et ceux MN qui sont séparés.

La figure 288 donne l'aspect en perspective de la pièce B et de ses plans inclinés.

On voit que l'action de la pesanteur ramène les deux pièces A et B de telle façon qu'elles reposent sur tous leurs plans inclinés et que le moindre déplacement à droite ou à gauche tend à être annulé par la gravité dès que l'effort latéral qui le produit a cessé.

Ce système de rappel est utilisé pour contrôler le jeu latéral des **bogies P.-L.-M.** Il a été complété par un système analogue de **rappel angulaire** au moyen de **surfaces hélicoïdales**, ainsi que nous allons le voir ci-après.

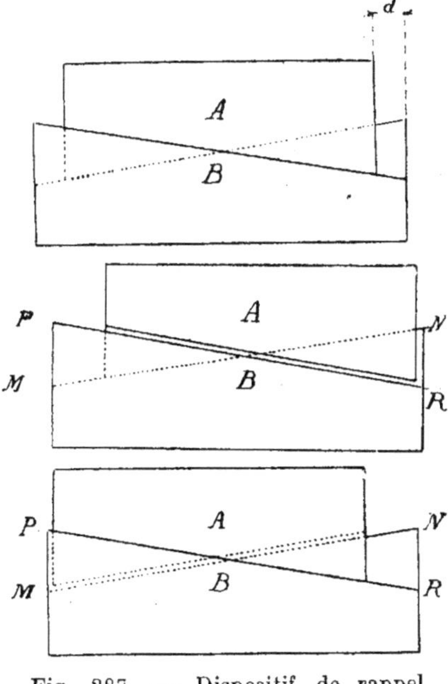

Fig. 287. — Dispositif de rappel par gravité.

Dans ce type de bogie (fig. 289 et fig. 290), l'avant de la machine s'appuie par un **pivot demi-sphérique** A (fig. 290) dans une **crapaudine** B. Cette dernière repose par

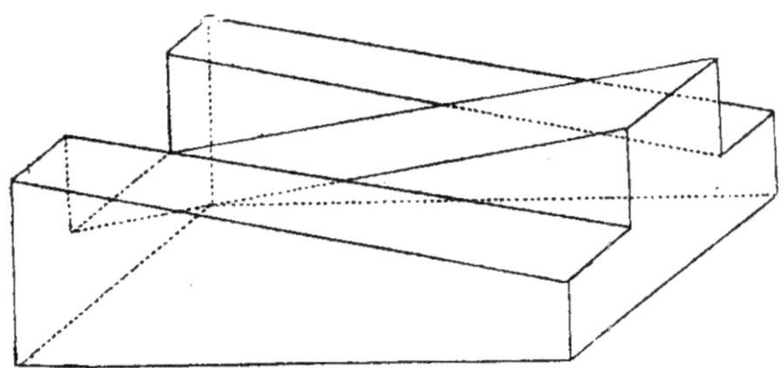

Fig. 288. — Vue en perspective des plans inclinés inférieurs.

quatre surfaces hélicoïdales dans la **cuvette** C, qui, elle-même, peut se déplacer sur les **plans inclinés** D fixés dans une cavité parallélipipédique E ménagée dans le châssis du bogie.

(TYPE PACIFIC)

—

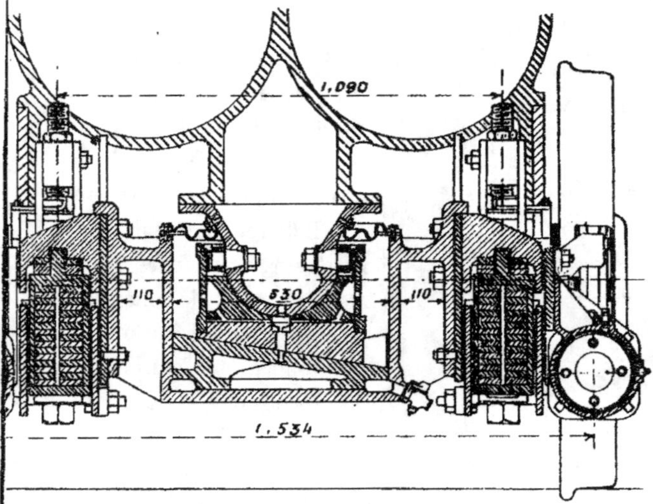

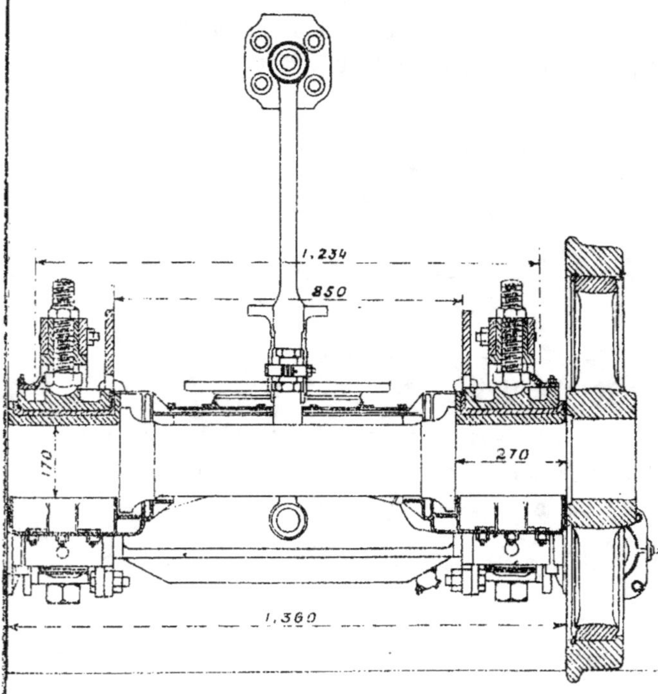

Fig. 289 BOGIE DE LA LOCOMOTIVE A VOYAGEURS (TYPE PACIFIC)

— Elévation —

— Coupe longitudinale —

— Coupe par l'axe du bogie —

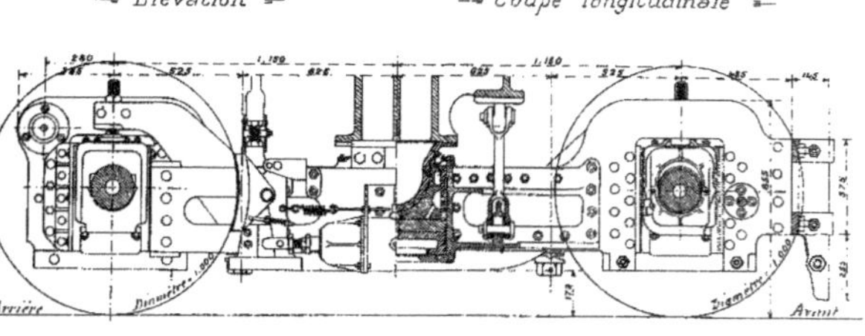

Arrière
Dernière
Première
Avant

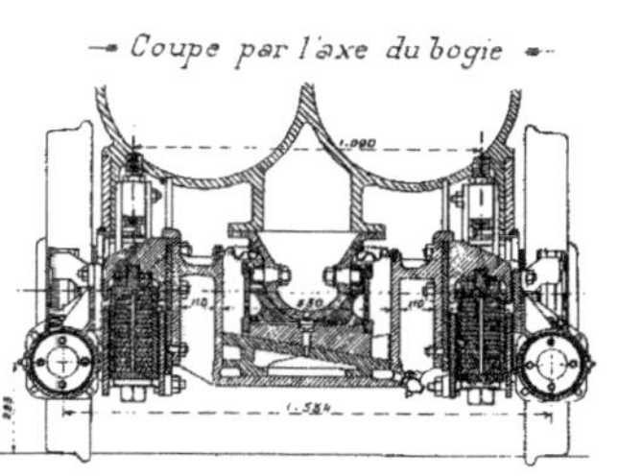

— Coupe horizontale et Vue en plan —

— Coupe par l'axe d'un essieu —

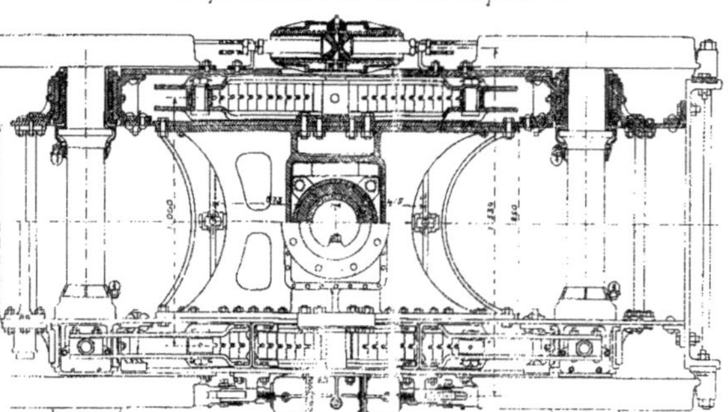

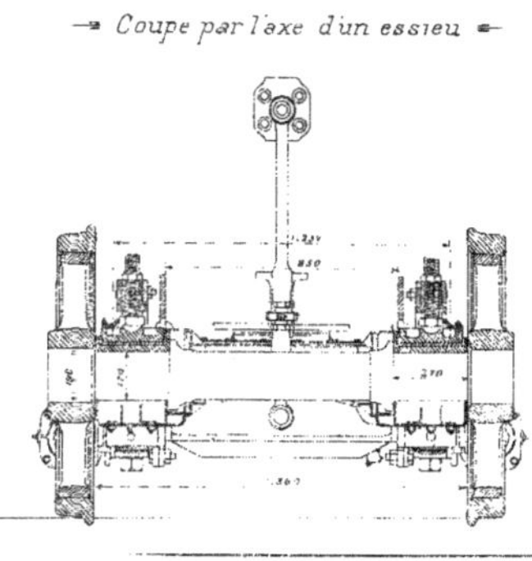

On voit en C′ la vue en plan par en dessus de la cuvette C avec les quatre surfaces hélicoïdales d_1d_2 avec pas à droite, g_1g_2 avec pas à gauche.

La figure 291 montre, par ailleurs, la vue en perspective des surfaces hélicoïdales du fond de cette cuvette.

Lorsque le bogie se trouve dans une courbe de faible rayon, par exemple, dans une courbe à **droite** (fig. 292), l'inscription se fait de la façon suivante :

La cuvette C monte sur *les plans inclinés de gauche*, donnant ainsi au bogie *un certain jeu latéral*.

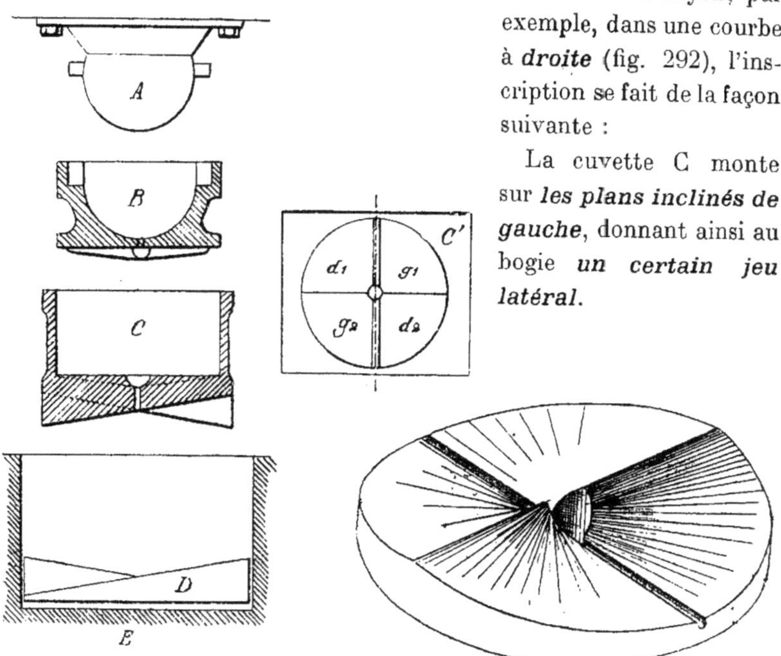

Fig. 290. — Détail des pièces mobiles de l'articulation du bogie.

Fig. 291. — Vue perspective des surfaces hélicoïdales de rappel angulaire.

D'autre part, les **surfaces hélicoïdales** de la crapaudine B invariablement liées à l'axe de la machine montent sur les surfaces hélicoïdales d_1d_2 de la cuvette C par suite de la rotation du bogie de l'angle α. Les surfaces hélicoïdales d_1d_2 sont hachurées sur la figure 292.

Le système de rappel par bielles inclinées (fig. 293) est, comme on le voit, fort simple. Aussi est-il très en vogue, notamment en Amérique.

82. Bissel. — Ce dispositif, ainsi appelé du nom de son inventeur, est constitué par un *essieu qui peut se déplacer autour d'un axe* O (fig. 294).

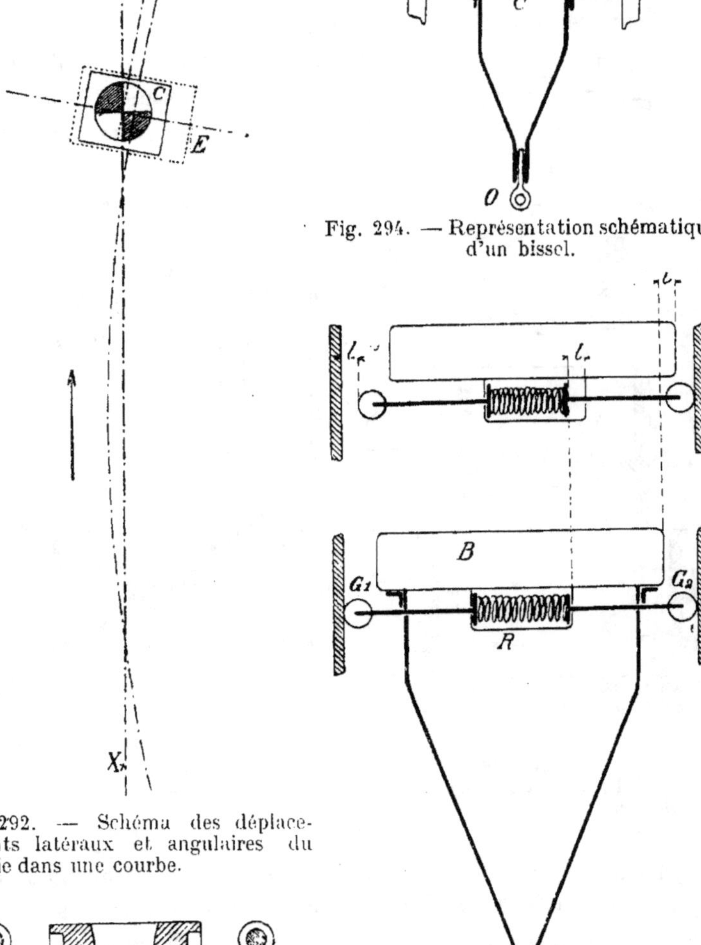

Fig. 292. — Schéma des déplacements latéraux et angulaires du
bogie dans une courbe.

Fig. 293. — Rappel par bielles
inclinées.

Fig. 294. — Représentation schématique
d'un bissel.

Fig. 295. — Représentation schématique
d'un bissel avec rappel à ressort (P.-L.-M.).

Le *bissel* est formé essentiellement d'un *châssis* C embrassant les
boîtes $B_1 B_2$ et *articulé* à une **cheville ouvrière** située à une certaine distance en arrière dans l'axe de la machine.

Coupe transversale

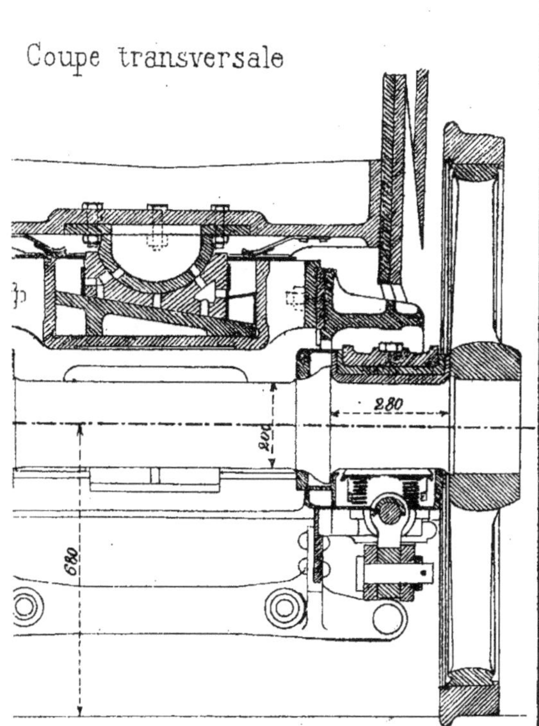

rizontale par l'axe de l'essieu

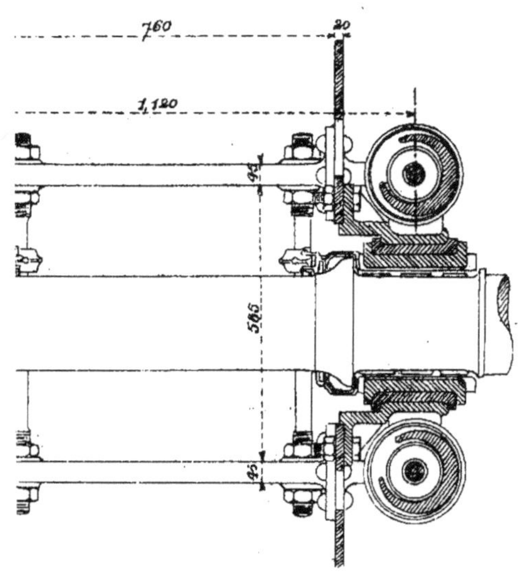

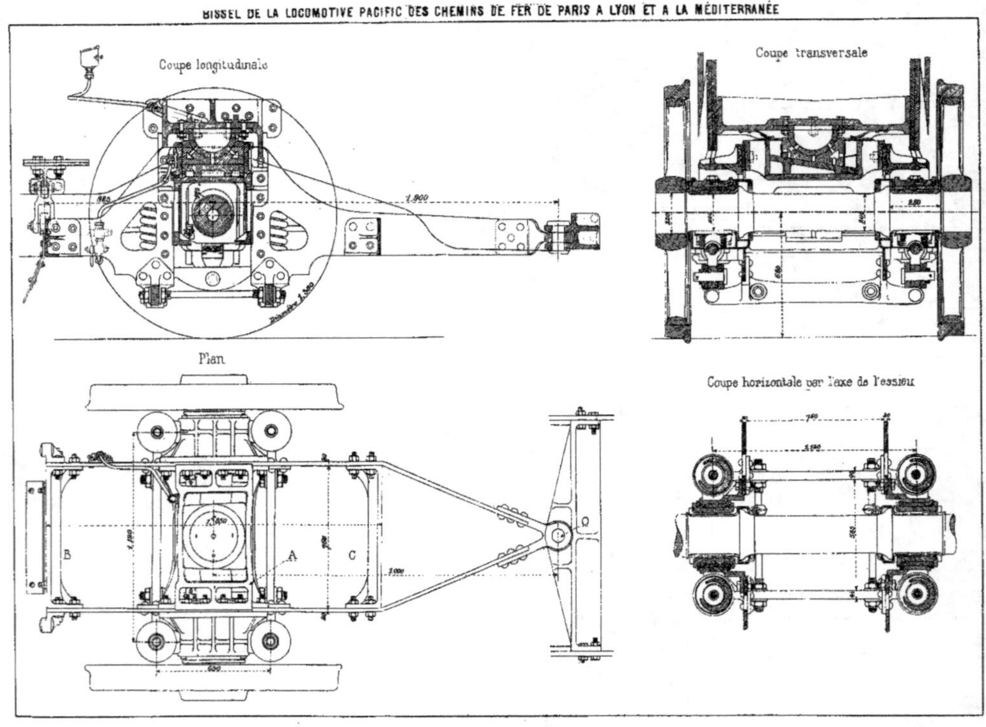
Coupe longitudinale
Coupe transversale
Plan
Coupe horizontale par l'axe de l'essieu

Ce châssis reçoit la charge de la machine généralement en son milieu et la transmet aux boîtes par l'intermédiaire des ressorts.

Mais il peut aussi la recevoir directement sur chaque boîte au moyen de platines à glissement qui permettent le déplacement de l'essieu.

Le bissel étant en *équilibre instable* doit avoir son mouvement de convergence *contrôlé par un système qui le ramène dans l'axe de la machine* ; comme pour les bogies, ce rappel se fait au moyen de *ressorts*, de *menottes* de suspension ou de *plans inclinés*.

Nous allons examiner sommairement les divers types en usage.

83. Bissel P.-L.-M. — Le P.-L.-M. emploie un *bissel avant* (fig. 295)

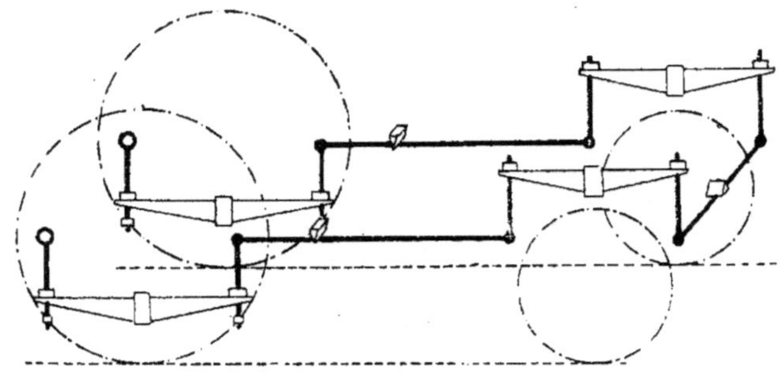

Fig. 296. — Représentation schématique de la suspension du bissel P.-L.-M. conjuguée avec celle du premier essieu accouplé.

dans lequel le rappel est obtenu par un *ressort* en hélice cylindrique R enfermé dans une cage fixée au châssis du bissel entre les bras de la pièce triangulaire qui porte l'articulation.

Deux *tampons à galets* poussés par le *ressort de rappel appuient contre les longerons* de la machine. Dès que l'axe du bissel cesse d'être en concordance avec celui de la machine, par exemple, lorsqu'il se déplace à droite, le galet de gauche quitte le contact du longeron, alors que le galet de droite comprime le ressort.

De plus, *la suspension du bissel est disposée pour charger également les deux roues* à l'entrée dans les courbes.

Les ressorts du bissel sont sonjugués à l'arrière avec ceux du premier essieu moteur au moyen d'un *balancier* (fig. 296); mais les tiges avant sont également réunies par un *balancier transversal* chargé en son *milieu* par un *couteau*.

84. Bissel du Midi. — Le *rappel a menottes* est réalisé dans le bissel de la Compagnie du Midi de la façon suivante. L'avant de la machine (fig. 297) repose en P sur *l'axe d'un balancier longitudinal AB*. L'extrémité A est articulée par un *couteau* au milieu du *balancier transversal CD* qui réunit les *tiges de pression des extrémités avant des ressorts du premier essieu moteur.*

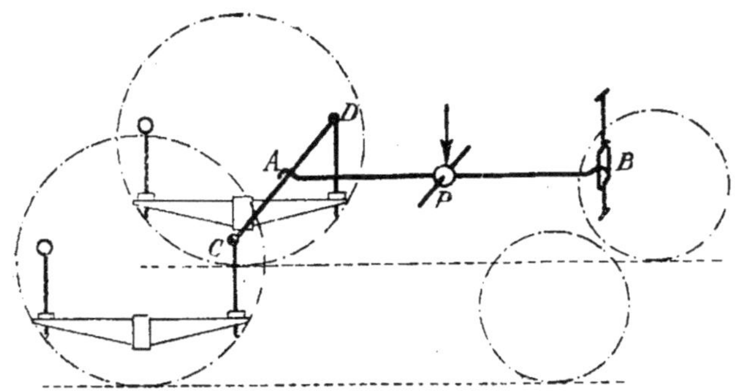

Fig. 297. — Représentation schématique de la suspension du bissel Midi conjuguée avec celle du premier essieu accouplé.

L'extrémité B du balancier longitudinal *charge le bissel* par le dispositif *à menottes* représenté figure 298.

Le *pivot d'appui*, fixé à l'avant de la machine, qui reçoit la charge de *l'extrémité avant du balancier longitudinal*, est maintenu

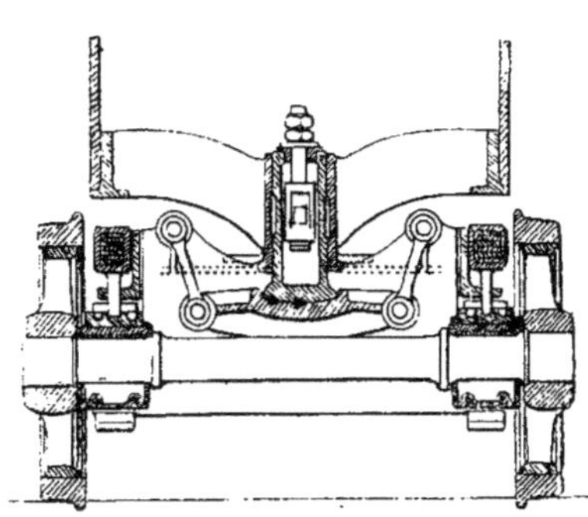

Fig. 298. — Chargement du bissel par le dispositif à menottes.

dans une *gaine* fixée à une entretoise des longerons, de sorte qu'*il se trouve toujours dans l'axe de la machine.* Lorsque le bissel se déplace sous l'avant de la locomotive, on voit que le rappel des menottes tend à le ramener dans l'axe dès que les essieux rentrent en alignement droit.

Le châssis du bissel repose sur les boîtes par deux ressorts à lames.

85. Bissel à plans inclinés. — Ce bissel n'a pas été utilisé jusqu'ici comme essieu directeur avant. Le P.-L.-M. seul l'emploie comme *essieu porteur* arrière de ses machines à foyer débordant *Pacific* et

Mikado. Il ne joue donc le rôle de bissel proprement dit que dans la marche arrière de la machine (fig. 299).

Son châssis est formé de **deux plaques de garde** reliées entre elles au-dessus de l'essieu par **une traverse en acier moulé** A supportant un **cadre rectangulaire** BC qui se termine vers l'avant par une **pièce en** V à l'extrémité de laquelle se trouve l'**articulation** O.

Le châssis de la locomotive repose sur le bissel par un **appui sphérique** dans la crapaudine du bissel, qui peut se déplacer de 66 milli-mètres à droite et à gauche sur des **surfaces hélicoïdales croisées,** inclinées à 15 p. 100 et analogues aux plans inclinés du bogie de la même

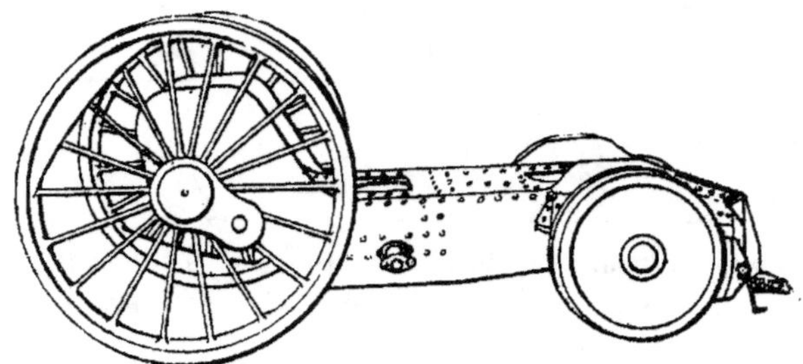

Fig. 300. — Vue d'un *carello italiano.*

compagnie. L'axe de ces surfaces hélicoïdales se confond avec l'**axe vertical de la cheville ouvrière** du bissel.

Le châssis en question s'appuie par des **ressorts en hélice** sur un balancier suspendu à la partie inférieure de la boîte à huile.

Toutefois le P.-L.-M a décidé d'adopter un bissel de ce type **à l'avant de ses nouvelles machines Mikado** à construire.

86. Bogies. — Bissel. — Il convient de mentionner les types de bissel dont l'articulation **suspendue à l'essieu** arrière peut subir un certain déplacement latéral de part et d'autre du plan vertical passant par l'axe de la chaudière.

Le *carello* des chemins de fer italiens et le bogie Flamme sont dans ce cas.

Le *carello* italien (fig. 300) est constitué par **deux longerons inté-rieurs aux roues** entretoisés par un caisson en tôle **auquel est sus-pendue par des menottes la crapaudine supportant le pivot.** Celle-ci peut ainsi se déplacer transversalement, et ce déplacement est

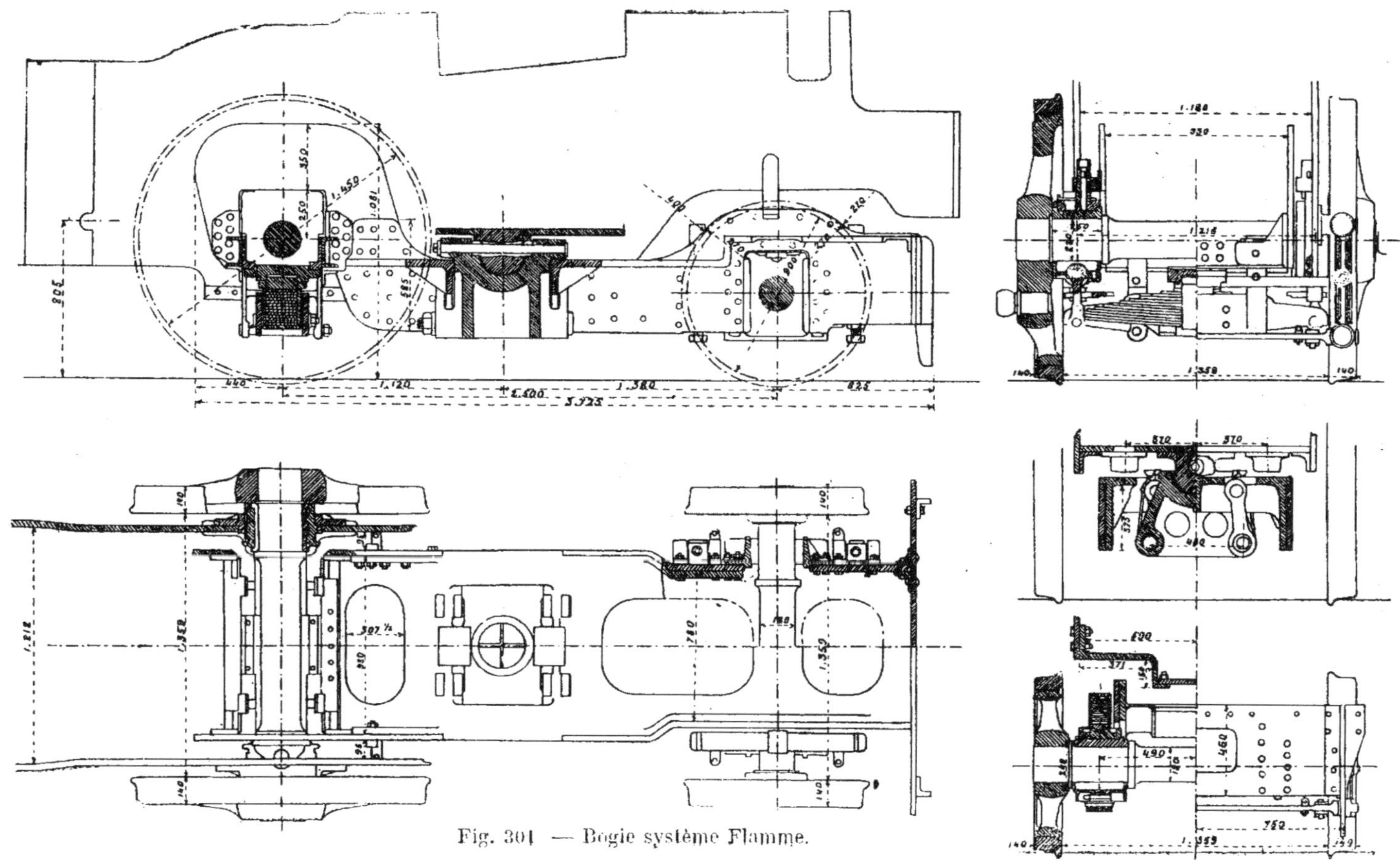

Fig. 301 — Bogie système Flamme.

rappelé, *de plus*, par des *ressorts hélicoïdaux* placés à droite et à gauche de l'extrémité des longerons.

L'axe du pivot est *en arrière du centre du bissel*, de façon à *reporter sur le premier essieu accouplé* la plus grande partie de la charge. L'avant du bissel *s'appuie sur l'essieu porteur* par deux ressorts ordinaires à lames. L'essieu accouplé *a ses boîtes encadrées dans les guides rivés aux longerons* de la locomotive, mais avec jeu transversal. Ces boîtes sont *chargées par-dessous* par des *biellettes* qui peuvent *osciller transversalement* et sont chargées

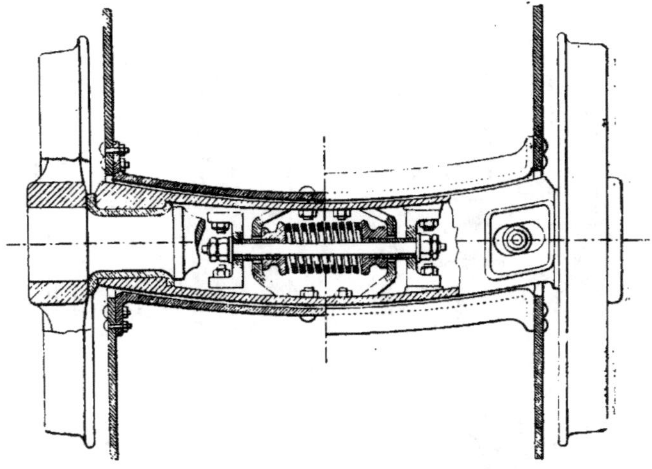

Fig. 302.

elle-mêmes par un *grand ressort transversal* sur lequel s'appuie l'arrière du bissel.

Le bogie-bissel, système Flamme, est analogue au précédent. La figure 301 représente les détails de cet organe.

87. Boîtes radiales. — On réalise quelquefois la *convergence d'un essieu* au moyen du dispositif connu sous le nom d'*essieu radial* ou *boîtes radiales*.

Le type le plus connu est l'*essieu radial* système *Webb*. La convergence de l'essieu est obtenue au moyen d'une *glissière circulaire* fixée aux longerons de la machine. L'essieu, avec ses boîtes, se déplace dans cette glissière ; il est rappelé par un ressort (fig. 302).

On peut aussi réaliser le rappel comme dans les bogies et les bissels au moyen de biellettes ou de plans inclinés.

88. Boîtes à déplacement latéral. — Le dispositif des *boîtes radiales* est un peu compliqué. On obtient des *résultats presque équivalents* au point

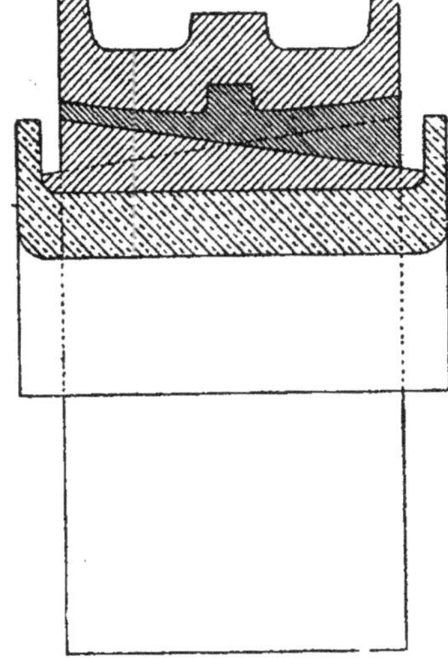

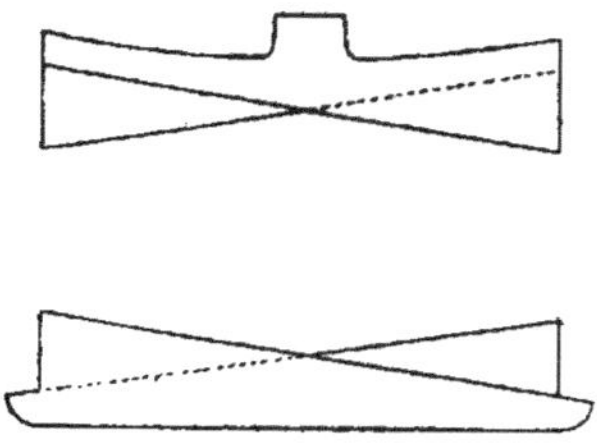

Fig. 303.

de vue de l'inscription dans les courbes en donnant à l'essieu un *déplacement latéral* perpendiculaire au plan vertical de l'axe de la machine.

Le rappel se fait au moyen de *plans inclinés* (fig. 303).

89. Boîtes à huile. — L'essieu tourne dans un *coussinet* C (fig. 304) fixé dans une *boîte* B qui est maintenue entre *deux guides rivés* aux longerons.

La figure 305 donne le détail des *guides de boîte à huile* de bogie d'une machine 3500 des chemins de fer de l'Est.

La *boîte à huile est figurée en pointillé sur la vue horizontale*. Le *graissage du coussinet* est assuré *par-dessus au moyen de mèche* ou de *graisseur à pointeau*, ou bien *par-dessous au moyen d'un tampon graisseur* baignant dans l'huile contenue dans un dessous de boîte.

On emploie aussi ces deux systèmes de graissage *simultanément.*

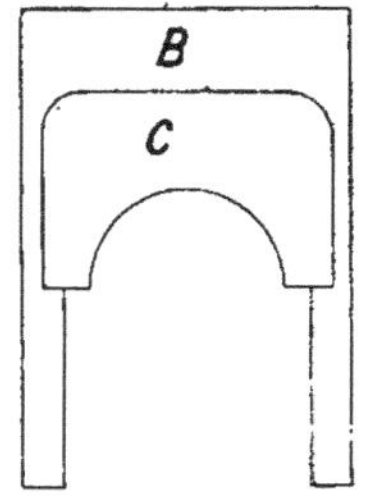

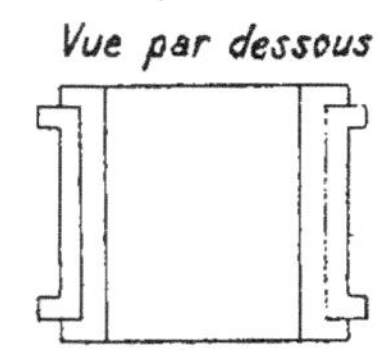

Fig. 304. — Schéma d'une boîte à huile démunie du dessous de boîte.

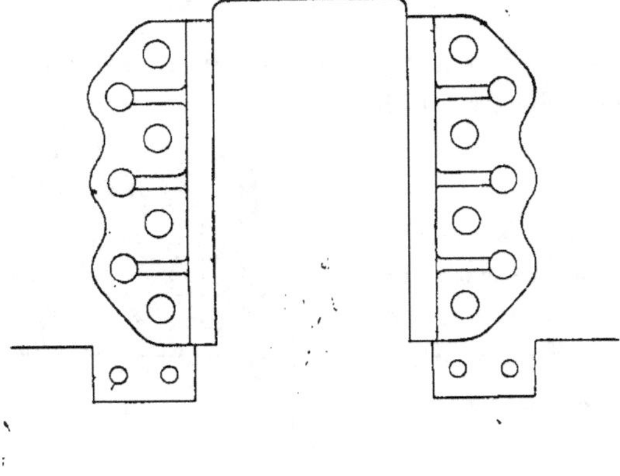

Fig. 305. — Guides de boîte à huile.

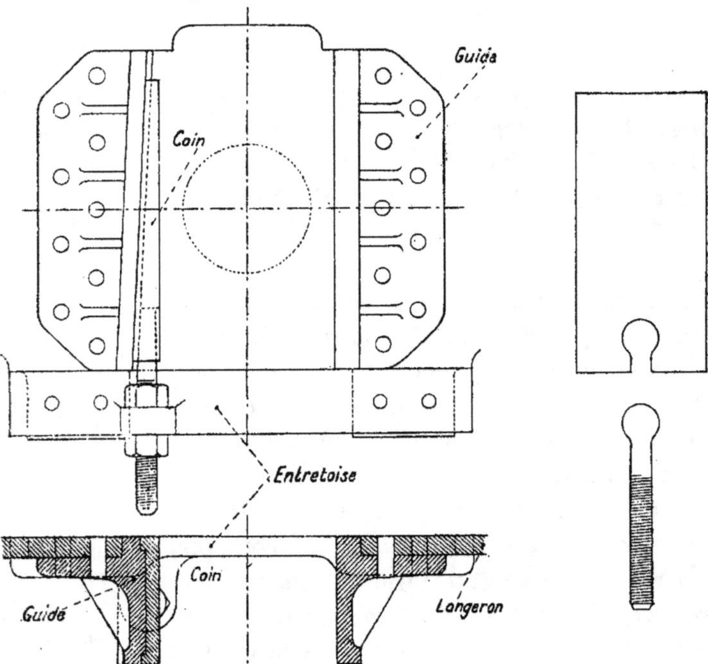

Fig. 306. — Boîte avec dispositif de rattrapage de jeu.

Lorsqu'il s'agit d'un essieu porteur, la boîte est simplement ajustée à frottement entre les glissières.

Pour les essieux moteurs, on emploie un **dispositif avec coin de rattrapage** (fig. 306), qui a pour but, comme son nom l'indique, de rattraper le jeu qui peut se produire en cours de service.

Le **coin** est fixé par une **queue rapportée** à un **appendice faisant corps avec l'entretoise** qui réunit les deux cornes du longeron en dessous de la boîte. On remonte le coin à volonté au moyen des écrous destinés à cet usage, et on le maintient en place en bloquant ces mêmes écrous.

90. Dessous de boîte. — Le **dessous de boîte**, qui contient généralement le **tampon graisseur** ou des **déchets de laine et coton,**

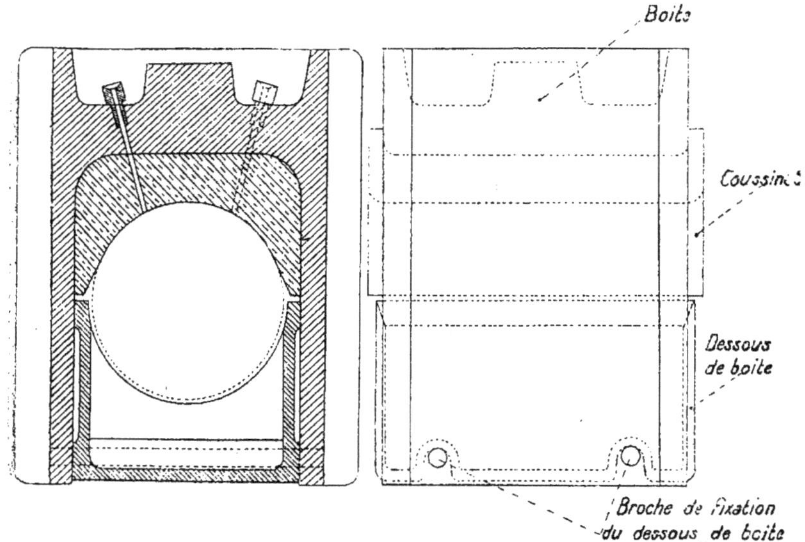

Fig. 307. — Boîte avec dessous de boîte fixé par des broches.

est fixé à la boîte au moyen de **broches** (fig. 307) ou par une **agrafe** (fig. 308).

C'est le dispositif avec broches qui est le plus fréquent. Les deux figures qui précèdent représentent des boîtes **chargées par-dessus**. Lorsque la boîte est **chargée par-dessous**, l'attache se fait par une **double articulation à la Cardan** (fig. 309).

Le dessous de boîte est alors *tracé* pour **reposer sur la broche,** tout en *laissant la place aux deux oreilles de l'étrier.*

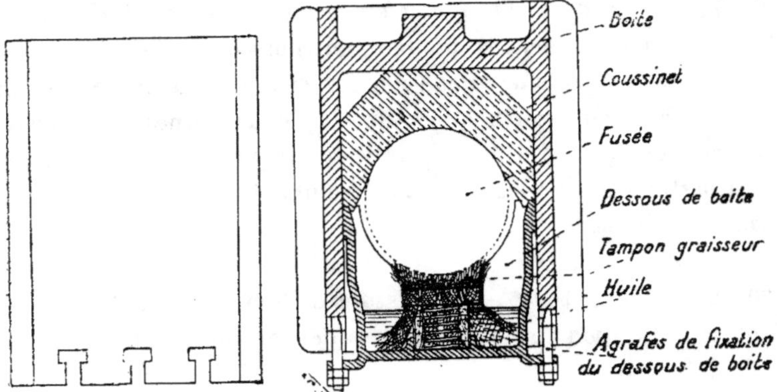

Fig. 308. — Boîte avec dessous de boîte fixé par agrafe.

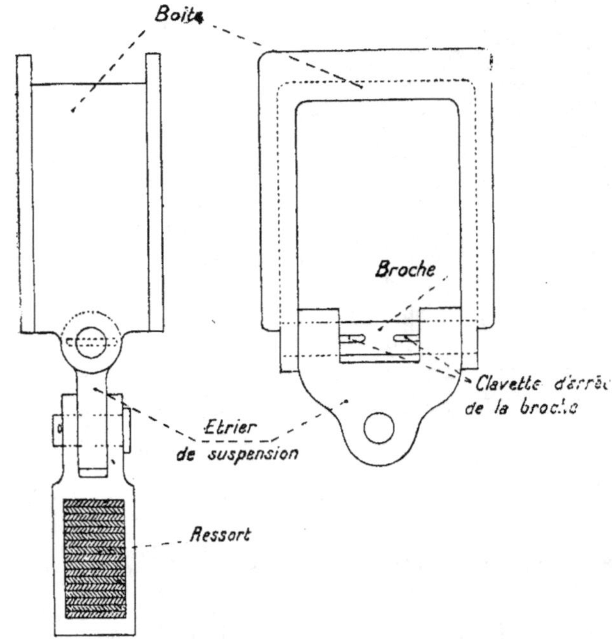

Fig. 309. — Boîte chargée par-dessous avec étrier et articulation à la Cardan.

91. Coussinets. — Le *coussinet* est la pièce sur laquelle s'appuie la *fusée* de l'essieu.

Il est généralement en **bronze** garni de **régule** sur les deux tiers ou les trois quarts de la partie supérieure frottante (fig. 310).

Le bronze est composé de :

Cuivre	85 à 90 p. 100
Étain	13 à 8 —
Zinc	2 —

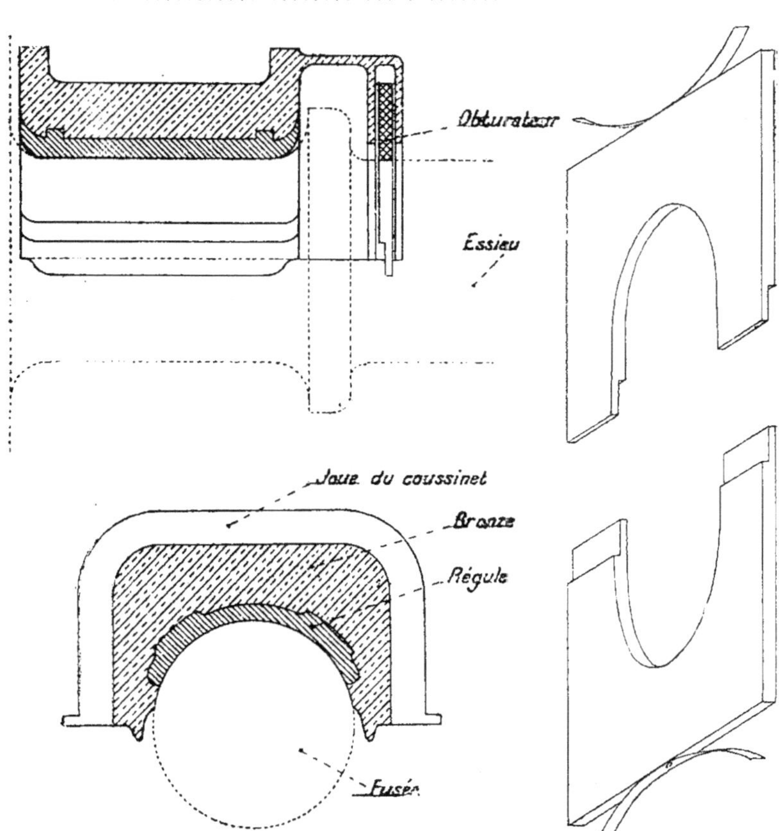

Fig. 310. — Coussinet montrant la disposition du régulage.

Fig. 311. — Rondelle obturatrice.

La composition du régule est également variable selon les réseaux. Celle qui est la plus courante est la suivante :

Étain	83 p. 100
Cuivre	6 —
Antimoine	11 —

Le coussinet et le dessous de boîte ou le dessus et le dessous de boîte comportent du côté de la sortie de l'essieu une rainure servant à la **rondelle obturatrice**, qui est formée d'une plaque de feutre emprisonnée entre deux épaisseurs de cuir.

Cette rondelle est en deux parties, dont le contact avec l'essieu est assuré au moyen de ressorts (fig. 311).

92. Tampons graisseurs. — Graissage des boîtes. — Le graissage de la fusée doit être *assuré dans les meilleures conditions*, tout en restant *économique*.

On se contentait jadis du graissage *par-dessus* au moyen de *mèches de coton*. Ce mode de graissage très simple présente l'inconvénient de *débiter en stationnement si l'on n'a pas soin de retirer les mèches*.

Dans ce cas, le dessous de boîte *risque de se remplir d'huile* et de *déborder* si on a trop rempli le dessus de boîte.

On emploie presque exclusivement maintenant le *graissage par-dessous* au moyen d'un *tampon graisseur* qui donne de très bons résultats.

Certains réseaux utilisent cependant les *deux moyens simultanément*, c'est-à-dire graissage *par-dessus avec mèche*, graissage *par-dessous par tampon*.

La figure 312 représente une boîte à huile de bogie des machines 800 de l'Est qui se trouve dans ces conditions.

§ III. — ESSIEUX

93. Essieux porteurs. — Les *essieux porteurs* sont droits. Ils ont indifféremment les *fusées intérieures* (fig. 313) ou *extérieures* (fig. 314). La longueur des fusées varie de 200 à 300 millimètres et le diamètre de 130 à 180.

La figure 315 représente le détail de l'assemblage de l'axe et de la roue d'un essieu de bogie des machines 3400 de l'Est.

La *portée de calage* a un diamètre de 190. Elle présente une *embase* de 5 millimètres, qui fixe la position de la roue.

La fusée a une longueur de 225 et un diamètre de 150 millimètres.

On a ménagé une *portée* entre la fusée et le moyeu pour le *frottement de la rondelle obturatrice*.

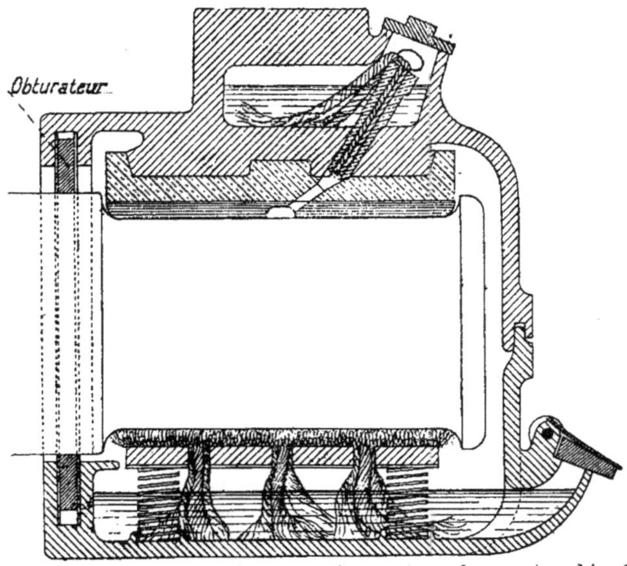

Fig. 312. — Boîte à huile avec graissage par-dessus et par-dessous (machine 800 Est).

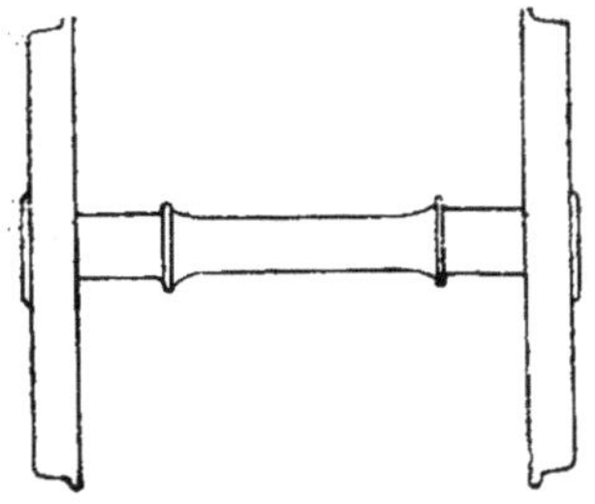

Fig. 313. — Essieu porteur à fusées
intérieures.

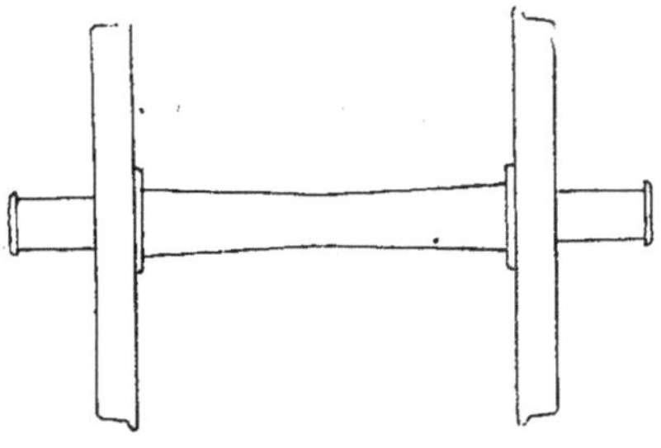

Fig. 314. — Essieu porteur à fusées
extérieures.

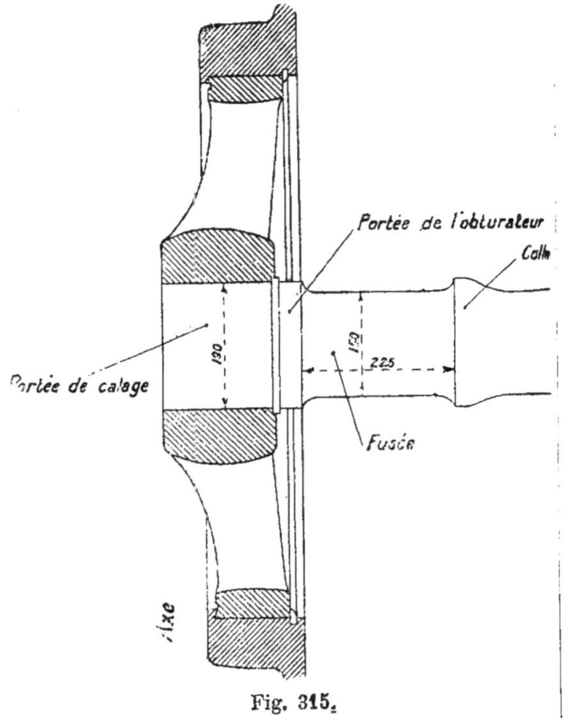

Fig. 315.

94. Essieux accouplés. — Les *essieux accouplés* sont à *corps droit*, sauf celui qui est actionné par des cylindres intérieurs, qui comporte un *axe coudé*.

On distingue :

L'essieu *accouplé simple* ;

L'essieu *accouplé avec bielles motrices extérieures* ;

L'essieu *accouplé avec bielles motrices intérieures* ;

L'essieu accouplé simple ne diffère d'un essieu porteur à fusées inté-

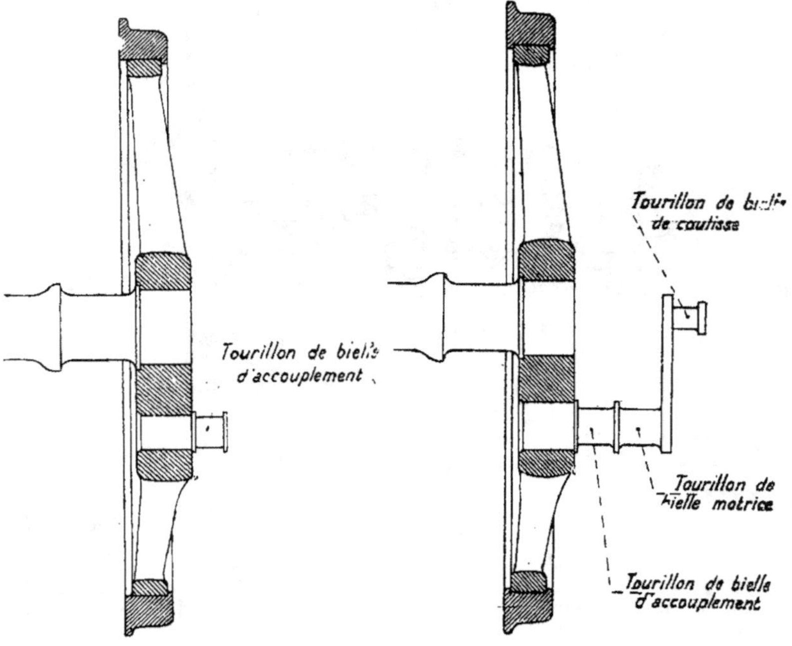

Fig. 316.   Fig. 317.

rieures que par les *tourillons de bielles d'accouplement* (fig. 316) ;

L'*essieu accouplé avec bielles motrices extérieures* possède un *double tourillon* pour l'articulation de la bielle d'accouplement et celui de la bielle motrice ; il est de plus muni d'*une contre-ma-nivelle* qui commande la *bielle de coulisse* (fig. 317).

L'*essieu coudé* (fig. 318) possède *deux manivelles intérieures* et *extérieurement* un *tourillon de bielle d'accouplement* comme l'essieu accouplé simple.

Les divers constructeurs se sont appliqués à donner à l'axe coudé une forme donnant le maximum de résistance et, par suite, la meilleure tenue en service.

Le type le plus courant est celui représenté figure 319, dans lequel les **bras des coudes** sont des **plateaux elliptiques.**

Les axes coudés étant sujets à fissures et à rupture, on **perce souvent le tourillon** d'un trou intérieur de 60 millimètres environ,

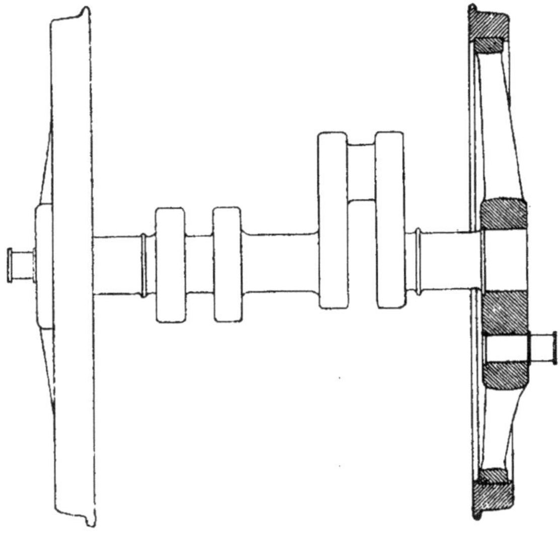

Fig. 318.

dans lequel on passe un **boulon** de même diamètre **énergiquement serré** (fig. 320).

Le percement d'un trou ne diminue pas sensiblement la résistance du tourillon, et la présence du boulon empêche la séparation des deux parties de l'essieu en cas de rupture.

L'application de **frettes en fer forgé** aux manivelles concourt également à assurer la solidité de l'axe et à maintenir, en cas de rupture, les deux parties d'une manivelle qui viendrait à casser.

Les deux dispositifs qui précèdent, **boulon de consolidation** et **frettes**, sont fréquemment employés **simultanément** aujourd'hui (fig. 321).

Il convient de citer aussi l'essieu à plateaux circulaires type Wordsdell, qui permet, à **résistance égale**, d'avoir une **épaisseur moindre** des bras des manivelles (fig. 322).

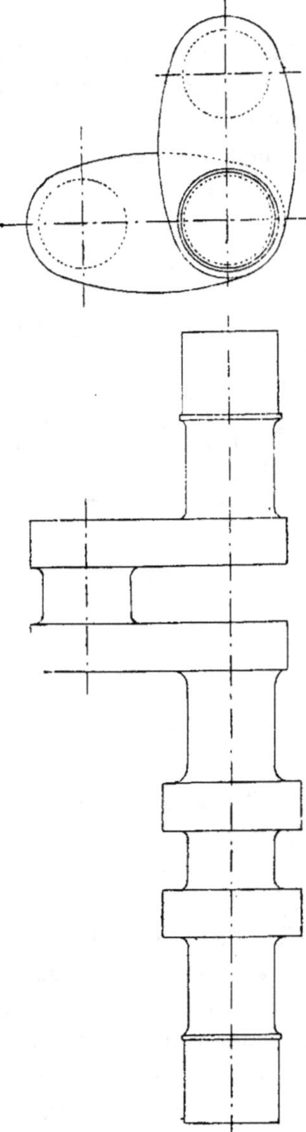

Fig. 319. — Axe coudé ordinaire.

Cet essieu présente en outre l'avantage de pouvoir être usiné *complètement sur le tour*.

Malgré toutes ces précautions, les essieux coudés périssent en général par des **fissures** qui se produisent aux **raccordements du tou-rillon** et de la **manivelle** ou de la **manivelle** et du **corps de l'essieu** ; ces fissures s'agrandissent peu à peu ; elles ne sont pas

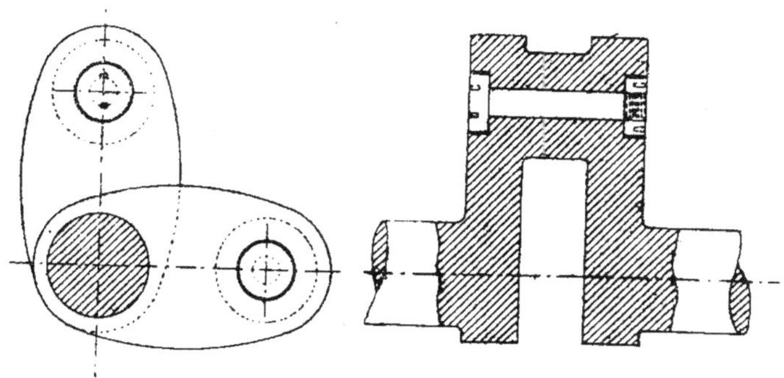

Fig. 320. — Axe coudé avec tourillons percés.

dangereuses au début, parce qu'elles mettent un certain temps pour s'agrandir, mais doivent être suivies de **très près en service**.

Elles sont **peu visibles**. Pour les déceler, on essuie soigneusement

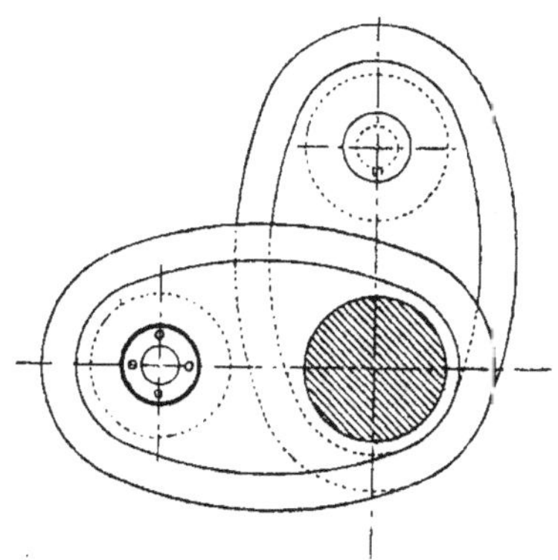

Fig. 321. — Axe coudé avec manivelles frettées.

les congés où elles se produisent, et on lance l'essieu sur une voie contre d'autres essieux arrêtés. Les vibrations du corps de l'essieu qui résultent du choc **font sortir l'huile de la fissure**, qui apparaît sous forme d'une **petite ligne noire**. Pour améliorer la tenue de l'essieu à ce point de vue, on a préconisé le **dispositif Frémont**, qui consiste à creuser un évidement en forme de 8 dans les plateaux de la manivelle (fig. 323).

Cet allègement de plateaux donne au coude une **certaine flexibilité** qui améliore notablement sa tenue.

Dans le même ordre d'idées et dans le but de diminuer le nombre des points critiques de l'axe, on a adopté, il y a une vingtaine d'années,

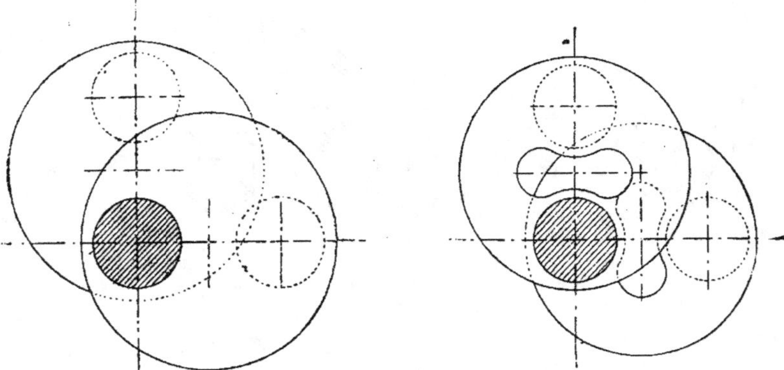

Fig. 322. — Axe coudé à plateaux circulaires type Wordsdell.

Fig. 323. — Axe coudé avec dispositif Frémont.

un essieu dit **à corps oblique** qui supprime deux bras des manivelles sur quatre (fig. 324).

Rien n'empêche par ailleurs que les **deux plateaux qui subsistent**

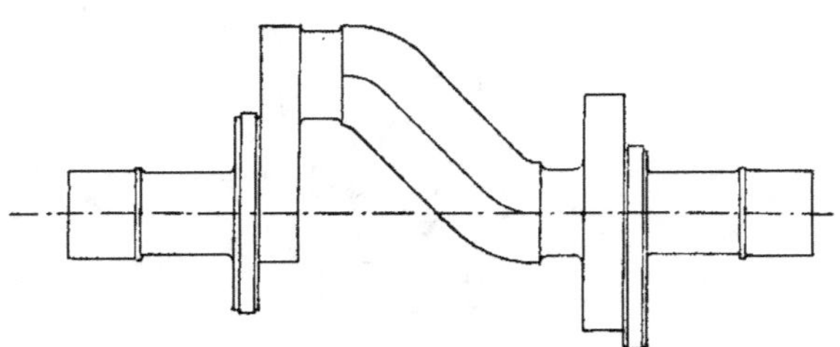

Fig. 324. — Axe coudé à corps oblique.

dans cet essieu soient **circulaires** comme dans le type Wordsdell et même soient munis d'**évidements Frémont**.

La Compagnie du Midi emploie des essieux coudés de ce dernier type.

Enfin, vers la même époque, M. Webb, ingénieur en chef du Matériel et Traction du *London and North Western Railway*, a imaginé de construire un **essieu coudé en neuf morceaux** dont la construction est très économique (fig. 325).

Les deux parties extrêmes comprennent chacune la portée de calage dans le moyeu de la roue, la fusée et la portée de calage dans le bras extérieur de la manivelle motrice voisine.

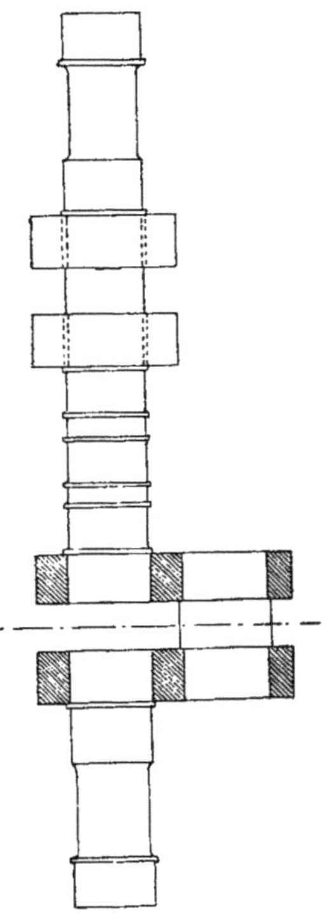

Fig. 325. — Essieu type Webb.

La partie médiane formant portée des poulies d'excentrique se termine par deux portées de calage dans les deux bras intérieurs des manivelles motrices. Les deux bras des deux manivelles forment quatre morceaux. Enfin les deux tourillons moteurs forment deux morceaux terminés par deux portées de calage dans les bras des manivelles. Ce genre d'essieu porte le nom de **type Webb**.

Il convient cependant de noter que la Compagnie de l'Est avait construit en 1856 des essieux coudés en cinq morceaux qui étaient formés :

Les deux extrêmes d'un bras de manivelle avec la fusée et la portée de calage de la roue, la partie milieu de la portée des poulies d'excentriques et des deux autres bras de manivelles ; enfin les deux dernières parties étaient les deux tourillons de manivelle.

Pendant la guerre de 1914-1918, en raison de la difficulté de se procurer des essieux coudés dans les forges et aciéries, on a eu largement recours à la confection d'essieux type Webb.

95. Roues. — Le corps des roues de locomotives est fabriqué aujourd'hui en **fer matricé** ou en **acier coulé**.

Il se compose de trois parties : le **moyeu**, les **rayons**, la **jante**.

Toutefois certains essieux porteurs de locomotives de même que certains essieux de tender sont à **centre plein**, c'est-à-dire formés d'une toile en fer matricée renforcée parfois à l'intérieur par des **nervures**.

En Amérique, on emploie beaucoup de roues **en fonte**.

Depuis quelques années cependant, on commence à adopter l'*acier moulé* comme en France.

Les roues sont *calées* sur les essieux à la **presse hydraulique** à une pression qui dépend du diamètre et de la longueur de la portée de calage.

Cette pression varie du reste suivant les réseaux.

Elle est généralement comprise entre 20 tonnes et 50 tonnes pour les petits diamètres (100 à 200 millimètres) et entre 50 tonnes et 100 tonnes et même au delà pour les diamètres de 200 à 300 millimètres.

96. Contrepoids. — Lorsqu'un essieu est *parfaitement équilibré*, c'est-à-dire lorsque son axe de rotation passe par le centre de gravité de chaque roue et aussi par le centre de gravité de l'ensemble, la *réaction produite sur le rail pendant le roulement est constante.*

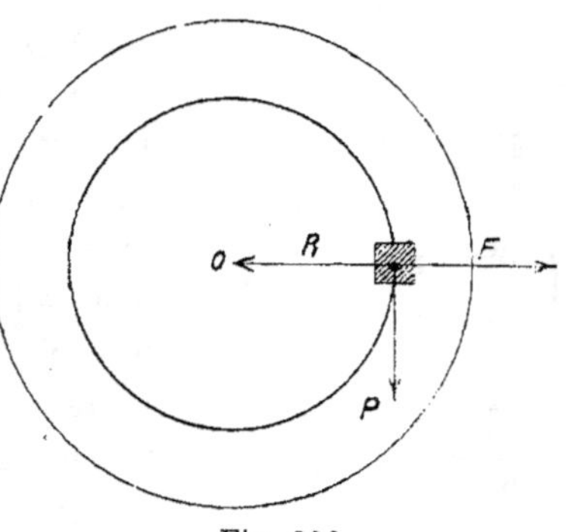

Fig. 326.

Si, sur une roue bien équilibrée, on fixe un contrepoids P de 10 kilos (fig. 326) par exemple, à une distance R du centre, on trouve que ce contrepoids sera sollicité pendant la rotation par une force centrifuge F proportionnelle à R et au carré de la vitesse.

P étant exprimé en kilogrammes ;

R étant exprimé en mètres ;

V étant la vitesse de rotation exprimée en mètres par seconde d'un point de la roue situé à un mètre du centre, la force a pour valeur :

$$F = \frac{P}{9,81} \times RV^2.$$

On voit que, si P = 9kg,81 et R = 1 mètre et V = 20 mètres, c'est-à-dire un peu plus de trois tours par seconde, on a :

$$F = V^2 = 20^2 = 400 \text{ kilos.}$$

Par suite, un contrepoids voisin de 10 kilos à une vitesse de rotation de 20 mètres, c'est-à-dire trois tours par seconde, occasionne des réactions de 400 kilos sur le rail, selon que le contrepoids passe au point le plus bas ou au point le plus haut.

Ce simple calcul démontre la nécessité absolue d'équilibrer dans toute la mesure possible les pièces entraînées dans le mouvement de rotation des roues.

97. Bandages. — Le *bandage* est constitué par un anneau en acier d'un profil déterminé (fig. 327), fixé à chaud sur le corps de la

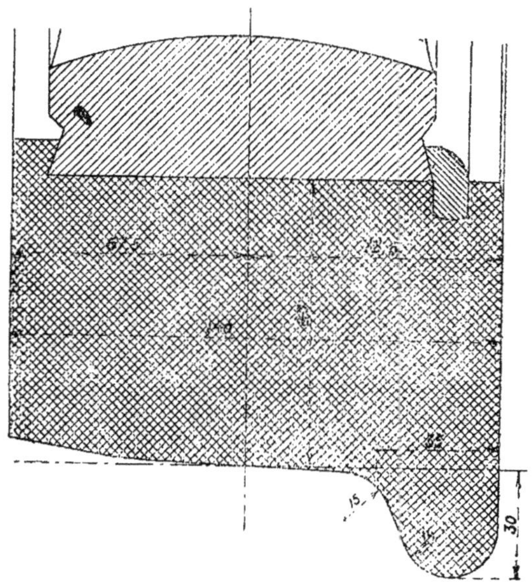

Fig. 327. — Bandage de roue.

roue, de façon que son refroidissement provoque un serrage convenable.

Le boudin a généralement 30 millimètres de hauteur au-dessus du cercle de rendement. Il atteint quelquefois 35 millimètres. Sur certaines locomotives à grand empattement, on emploie pour les roues du milieu des bandages à profils de boudins amincis.

Quelques machines possèdent même parfois un essieu vers le milieu qui est totalement dépourvu de boudin.

98. Fixation des bandages. — Les bandages sont tournés intérieurement à un diamètre légèrement inférieur à celui du corps de roue.

La mise en place se fait à chaud, de telle sorte que l'on obtient par refroidissement en serrage énergique du bandage sur la roue.

Le bandage est néanmoins réuni à la roue par un moyen mécanique de façon à éviter son déplacement.

Anciennement le bandage était fixé par des **boulons**, des **rivets** ou des **vis** (fig. 328).

Actuellement, on emploie plus communément la fixation à **talon** ou à **agrafe** (fig. 329).

Dans le premier cas, le bandage comporte deux épaulements ou talons dont l'un *n'a que 2 millimètres de hauteur environ*. La température à laquelle on porte le bandage pour la mise en place donne une

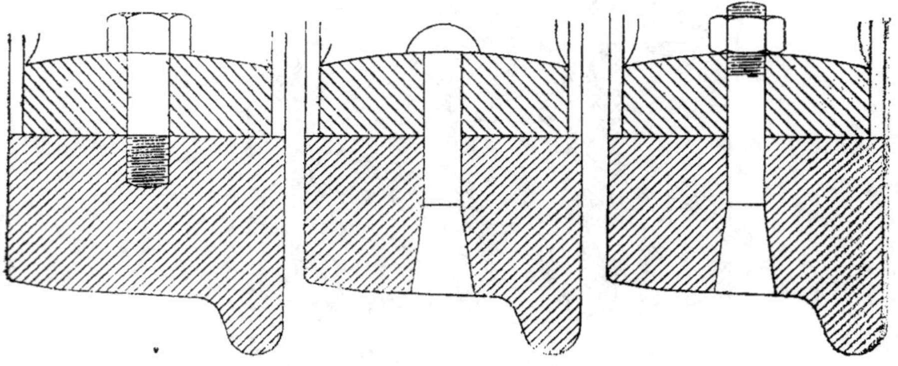

Fig. 328. — Diverses fixations de bandages.

dilatation suffisante pour permettre de placer le bandage sur la roue. Après refroidissement, on voit que le bandage ainsi placé ne peut donner lieu à *aucun déplacement transversal*.

Le deuxième mode de fixation des bandages, également très usité, consiste à tourner le bandage avec un seul talon côté extérieur et une gorge du côté intérieur.

Lorsque le bandage a été mis en place sur la roue selon le procédé habituel, on introduit un **cercle de fer** ou **agrafe** dans la gorge du bandage, et on rabat ce cercle contre le corps de roue au moyen d'un petit marteau-pilon spécial.

99. Répartition des poids. — Nous avons vu que les locomotives, comme tous les véhicules, reposent sur les roues par l'intermédiaire de ressorts.

Or les conditions de conservation des voies exigent que le poids supporté par chaque essieu de locomotive ne dépasse pas une certaine limite, qui est par exemple de $18^{T},500$ au P.-L.-M. On conçoit que, sur une locomotive à trois ou quatre essieux et à suspension indépen-

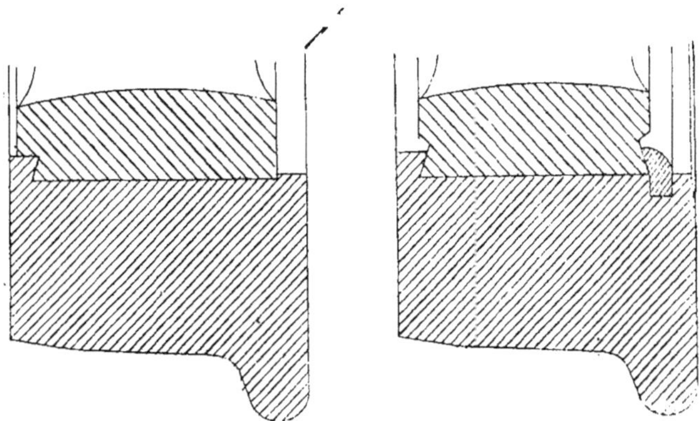

Fig. 329. — Fixation d'un bandage au moyen de deux talons ou d'un talon et d'une agrafe.

dante, on puisse faire varier dans des limites importantes les poids supportés par chaque essieu.

Pour remédier à cette situation, **on vérifie avec soin la répartition des poids** sur les essieux au moyen de **bascules spéciales**, et on égalise les poids de la machine sur ses divers essieux, suivant les indications données pour chaque série.

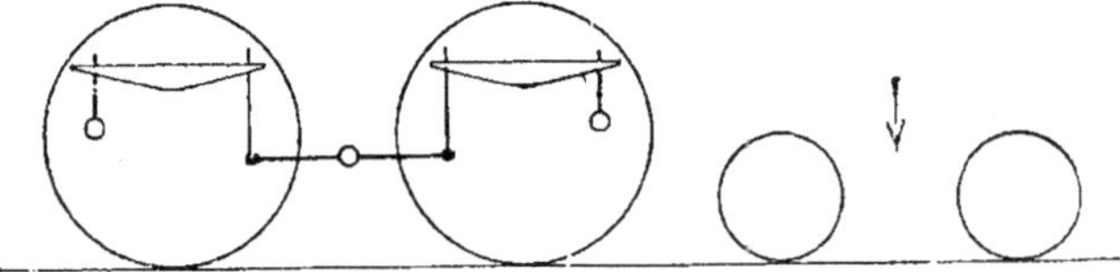

Fig. 330. — Suspension à trois points.

Nous allons examiner successivement les divers types de suspension.

100. Suspension à trois points. — Ce cas est celui d'une machine à bogie et à 2 essieux couplés dont les ressorts sont réunis par un balancier (fig. 330).

On peut supposer la machine *supportée par trois vérins* placés l'*un sous le pivot* du bogie et les *deux autres* sous *chacun des axes d'articulation du balancier*. Dans une telle suspension, la répartition du poids sur les trois points d'appui en question est *invariable*. Il en résulte que la répartition du poids sur les essieux ne peut également pas varier.

En effet, le bogie étant muni pour ses deux essieux de la suspension conjuguée, le poids invariable de la machine sur le pivot est *réparti également entre les quatre roues*.

De même le poids invariable qui repose sur chaque axe d'articulation du balancier des essieux moteurs est *réparti également sur chaque roue*. Par ailleurs, la machine étant symétrique par rapport à son plan médian, les poids sur les roues motrices coté D et coté G sont égaux.

Une telle machine *n'a donc pas besoin de passer sur la bascule*

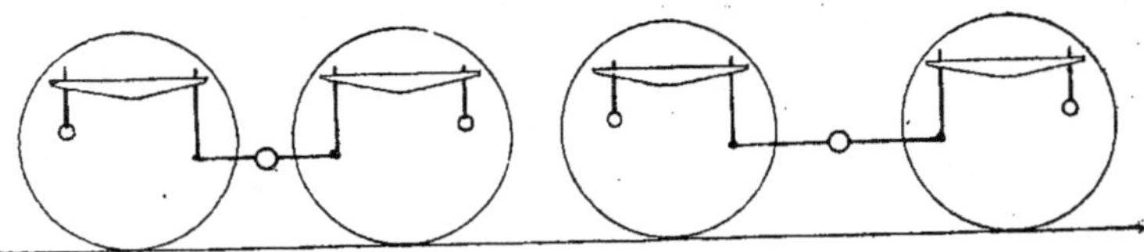

Fig. 331.

pour la répartition des poids, qui reste *invariable* tant que le *balancier fonctionne normalement*.

Il suffit de mettre le châssis *de niveau* et à *la hauteur voulue* et les balanciers *horizontaux*, en agissant sur les tiges de réglage. La suspension à trois points présente cet inconvénient qu'*en cas de rupture* dans la suspension des essieux moteurs le châssis *tombe du côté où s'est produit la rupture*, jusqu'à ce que les vis de pression fixées au longeron viennent porter sur les boîtes correspondantes. On ménage généralement un jeu de 30 millimètres en service normal entre ces vis et le dessus de boîte afin d'éviter que, dans ce cas, un trop fort déversement de la chaudière ne l'amène en contact avec les bandages.

101. Suspension à quatre points. — Cette suspension est le cas normal de la plupart des véhicules à 2 essieux, notamment des tenders. C'est aussi celui des machines à 4 essieux avec suspension conjuguée 2 à 2 (fig. 331).

Dans ce cas, les quatre points de suspension sont constitués par les quatre axes d'articulation des balanciers.

Pour régler la suspension d'un véhicule à 4 roues, d'un tender, par exemple, il suffit, lorsque le châssis est *horizontal*, de s'appliquer à

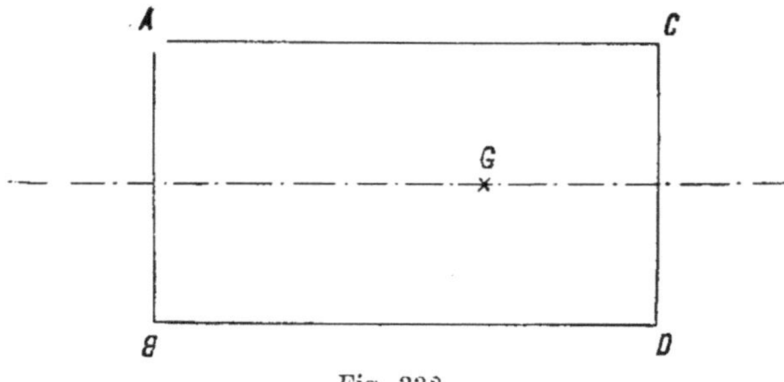

Fig. 332.

égaliser les poids sur les deux roues A et B (fig. 332) de l'un des essieux.

Cette condition étant réalisée et le centre de gravité G étant dans le plan médian, on voit que les poids des roues C et D seront *nécessairement égaux*.

Lorsqu'il s'agit d'une machine à 4 essieux conjugués 2 à 2, on opère

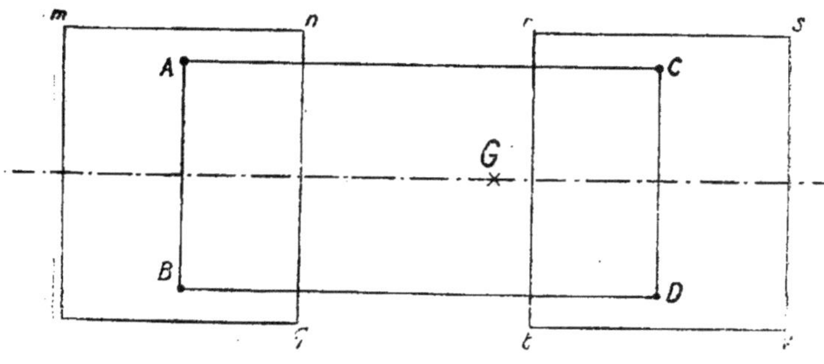

Fig. 333

par analogie, en s'appliquant, après avoir obtenu l'*horizontalité des balanciers, à égaliser d'une part la somme des poids sur m et n et, d'autre part, sur p et q* (fig. 333).

Lorsque cette condition est remplie, c'est que les poids sur les axes d'articulation A et B sont égaux. Il en résulte que les poids sur les axes C et D sont aussi égalisés et, par suite, la suspension *se trouve réglée*, puisque les balanciers *répartissent à leur tour également les poids sur les roues conjuguées.*

La suspension à quatre points présente l'inconvénient sérieux qu'en cas de déréglage, par exemple en cas de rupture d'une tige de la roue A,

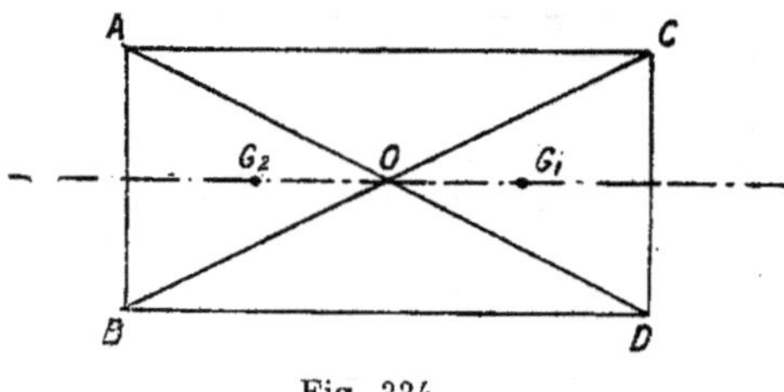

Fig. 334.

cette roue se trouve *déchargée* au détriment des roues B et C (fig. 334).

Si le centre de gravité est en O au point d'intersection des deux diagonales, le véhicule est en *équilibre instable sur la diagonale BC.*

Si le centre de gravité est en G_1, la stabilité est un peu meilleure, puisque la projection du centre de gravité se trouve dans l'intérieur du polygone de sustentation BCD ; mais la *diagonale BC reste fortement chargée* et *la roue A complètement déchargée.*

Si le centre de gravité est en G_2, sa projection est en dehors du polygone de sustentation ; le châssis *tombe sur la boîte de la roue A.*

Tous ces cas sont *éminemment favorables à un déraillement.*

102. Suspension à cinq points. — La suspension à cinq points est

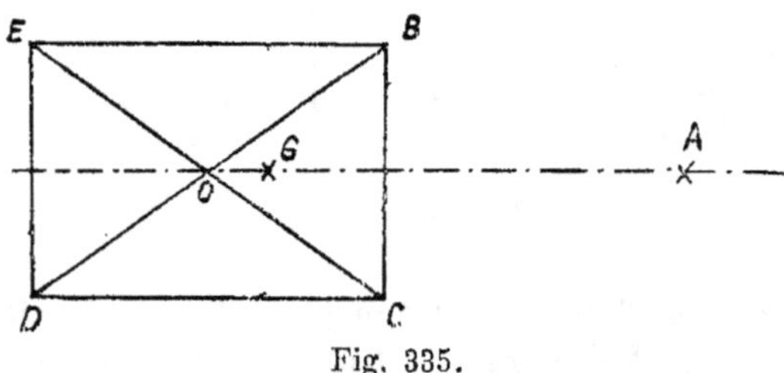

Fig. 335.

réalisée sur une machine à bogies et à 2 essieux couplés non conjugués (fig. 335).

Pour **régler** une telle suspension, les ressorts des 4 roues B, C, D, E ayant été chargés *à peu près également,* c'est-à-dire en exerçant le même effort sur les écrous de serrage, il suffit de s'appliquer à *égaliser les poids sur les deux roues de l'essieu arrière*. A ce moment les poids sur chacune des roues B et C se trouvent aussi égalisés.

Supposons qu'alors l'essieu BC supporte 2 tonnes de plus que l'essieu DE et que l'on désire maintenant égaliser les charges de ces deux essieux ; on agira par tâtonnement en desserrant les quatre écrous des ressorts de l'essieu BC de *six pans, par exemple*, et en serrant ceux de l'essieu DE de *la même quantité*.

Après examen de la répartition des poids, on recommence l'opération jusqu'à ce que l'on arrive au résultat cherché.

103. Suspension à plus de cinq points. — Pour les suspensions à plus de cinq points, la règle est analogue. On s'applique d'abord, après la première pesée, à *égaliser les poids* autant que possible sur les *2 roues de chaque essieu*.

On *décharge ensuite* les essieux *surchargés*, et *vice-versa*, comme il est indiqué dans le cas de la suspension à cinq points.

104. Adhérences. — Lorsque la machine est mise en marche, les roues motrices roulent sur le rail en raison de l'*adhérence* et entraînent le convoi.

Mais il arrive parfois qu'elles *patinent* sur place.

Si nous considérons une locomotive à 3 essieux couplés et à *adhérence totale* attelée à un train par l'intermédiaire d'un *dynamomètre*, le dynamomètre marquera en kilogrammes la valeur de l'*effort de traction T*.

La *réaction* horizontale R des roues sur le rail sera *égale* et de *sens contraire* à cet *effort de traction*. Comme il y a 6 roues motrices accouplées, la réaction r de chaque roue sera égale à $\dfrac{T}{6}$.

Soit P le poids total de la machine et $p = \dfrac{P}{6}$ le poids de chaque roue sur le rail.

Admettons pour fixer les idées que P = 30 000 kilos, p = 5 000 kilos.

L'expérience montre que, tant que l'*effort de traction est inférieur au* $\dfrac{1}{5}$ du poids adhérent sur un rail sec, la machine roule *sans patinage*.

Dans le cas qui précède, on peut donc développer un effort de traction de $\dfrac{30\ 000}{5} = 6\ 000$ kilos sans que le patinage se produise. Si le rail est humide ou gras, l'adhérence diminue notablement, et on ne peut obtenir sans patiner qu'un effort de traction égal au $\dfrac{1}{10}$ ou même au $\dfrac{1}{15}$ de l'adhérence, c'est-à-dire dans l'exemple ci-dessus : 3 000 kilos ou 2 000 kilos, au lieu de 6 000 kilos sur rail sec.

On voit donc tout l'intérêt qui existe à pouvoir utiliser tout l'effort de traction d'une machine correspondant à un rail sec, c'est-à-dire au $\dfrac{1}{5}$ du poids adhérent.

Les diverses causes qui font un rail mauvais et *occasionnent le patinage* sont :

L'humidité, les *feuilles mortes*, les *herbes*, *l'huile*, les *sauterelles écrasées.*

Toutefois, il est à remarquer que l'adhérence sur un rail *abondamment lavé* par la pluie est *aussi bonne* que sur un *rail sec*, alors que les premières gouttes de pluie provoquent régulièrement le patinage lorsque l'effort de traction est compris entre $\dfrac{1}{5}$ et $\dfrac{1}{15}$ du poids adhérent.

Pour remédier à cet état de choses, on combat le patinage au moyen de la *sablière.*

105. Sablière. — Cet organe, dans sa forme la plus simple, est constitué par un réservoir unique placé sur la chaudière ou par deux réservoirs placés de chaque côté sur le tablier.

Lorsqu'on démasque l'ouverture, le sable tombe dans des tuyaux qui l'amènent sur le rail, en avant des roues motrices.

Le dispositif d'*obturation* est constitué par un *disque horizontal* ou *vertical* formant tiroir, qui est manœuvré par une tringle et vient découvrir ou fermer à volonté l'écoulement du sable dans les tuyaux.

La figure 336 représente le détail de l'obturateur de la sablière P.-L.-M.

Le disque est disposé *horizontalement* sur le fond. Il est manœuvré *par-dessous* au moyen d'un bras actionné par la *tringle de manœuvre.*

Le fonctionnement de ces sablières est assez irrégulier lorsque le

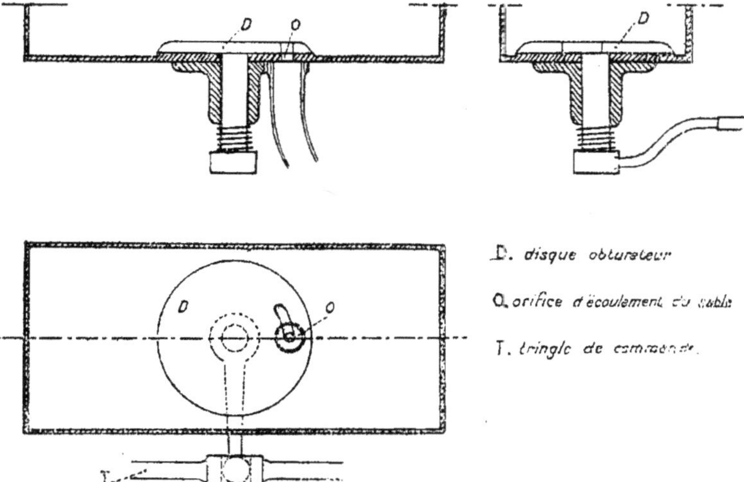

Fig. 336. — Obturateur de la sablière P. L.-M.

D, disque obturateur; O, orifice d'écoulement du sable; T, tringle de commande.

sable n'est pas bien criblé. De plus, il est difficile de régler l'arrivée du sable sur le rail.

Enfin, si on laisse par oubli la tringle dans la position d'ouverture, on risque de voir *s'épuiser rapidement* la provision de sable qui coule inutilement sur le rail et *augmente la résistance du train*.

On préfère généralement comme sablière à main le *distributeur à hélice* (fig. 337).

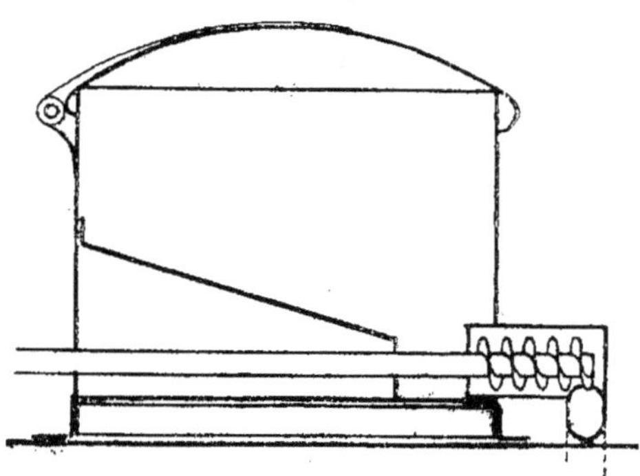

Fig. 337. — Sablière avec distributeur à hélice.

Il présente l'avantage de ne débiter le sable que *pendant la rotation de l'hélice*, et le débit est *proportionnel à la vitesse avec laquelle on actionne la manivelle* de commande.

Toutes les sablières à main dépensent généralement une quantité de sable bien supérieure à ce qui est strictement nécessaire pour éviter le patinage.

A ce point de vue, la **sablière Gresham à vapeur** a apporté une

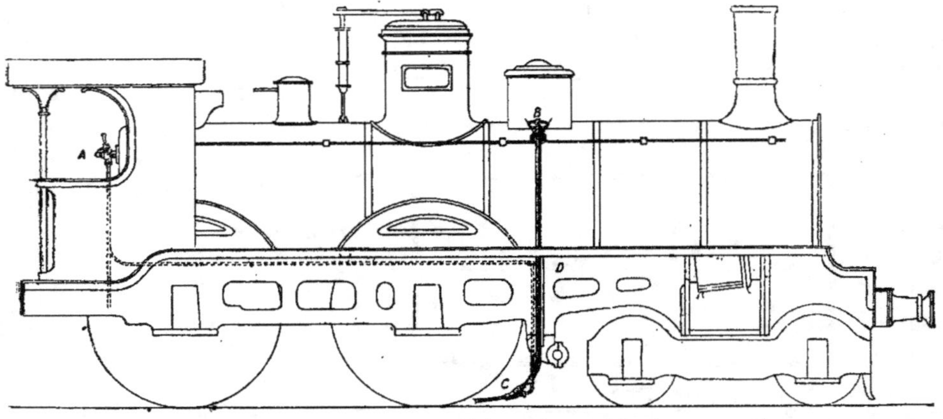

Diagramme montrant la disposition d'ensemble des appareils.

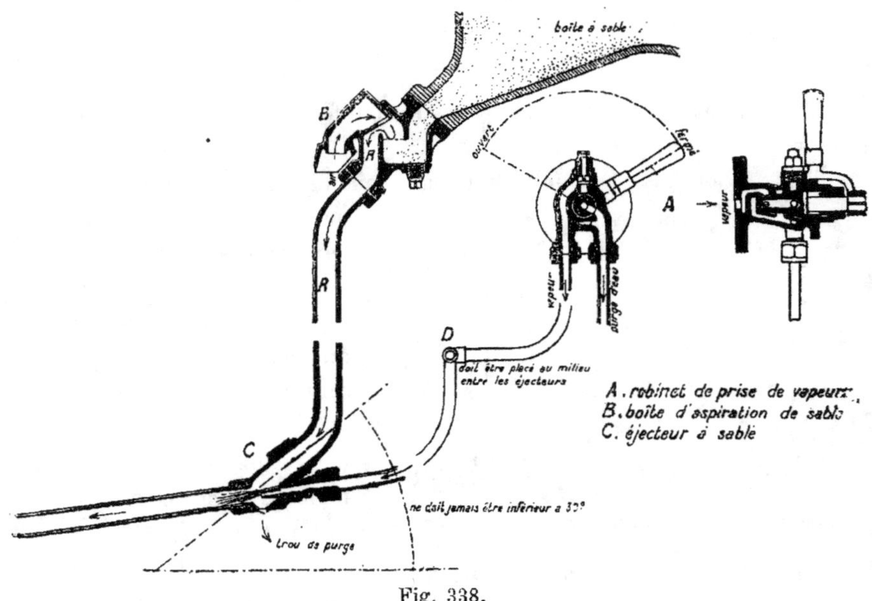

Fig. 338.

amélioration notable. La figure 338 donne une vue d'ensemble du montage de l'appareil et en dessous un diagramme montrant le fonctionnement.

La vapeur arrive à l'éjecteur C par le robinet du mécanicien A et produit le vide dans le tuyau de descente du sable. L'air rentre violemment dans le **reniflard de la boîte d'aspiration B** et en suivant le trajet des flèches vient **souffler sur le sable** qui se trouve dans la **chicane**. Ce sable est entraîné avec l'air dans le tuyau de descente R vers l'**éjecteur**. Il est ensuite projeté par le jet de vapeur exactement au point de contact des roues et du rail. La dépense de sable avec cet appareil est minime, et son efficacité n'en est pas moins excellente.

Il présente, par suite, l'avantage appréciable que la présence du sable sur le rail étant réduite *au minimum*, la résistance de traction du train *n'est augmentée que dans une proportion correspondante*.

Un certain nombre de compagnies, notamment l'Est et l'État, emploient une **modification de la sablière Gresham** dans

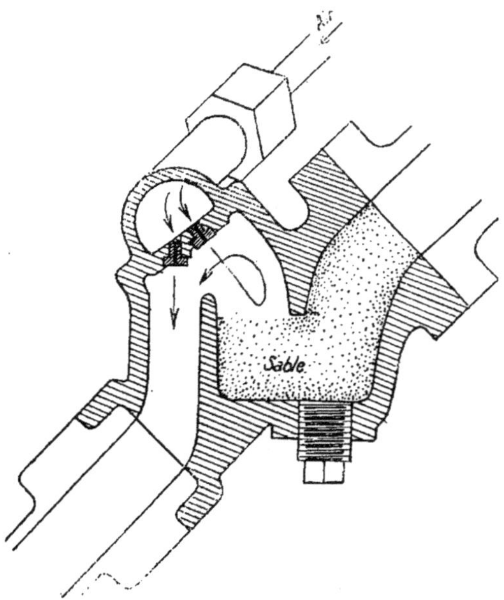

Fig. 339.

laquelle *l'éjecteur est supprimé*. L'air comprimé des réservoirs est envoyé **directement dans la boîte à sable**, ainsi que le montre la figure 339.

Ce dispositif présente sur la sablière à vapeur l'avantage de ne pas occasionner des **obstructions** par les **grands froids**. Lorsque le robinet de prise de vapeur n'est pas bien entretenu, il peut, en effet, donner lieu à des fuites dans le tuyau qui aboutit à l'éjecteur, et l'eau de condensation s'y congèle avant d'avoir pu s'échapper par l'orifice de purge de l'éjecteur.

Ces deux types d'éjecteur à vapeur ou à air nécessitent du sable **séché** et **criblé** au *tamis de 3 millimètres*. C'est une sujétion qui entraîne des dépenses appréciables.

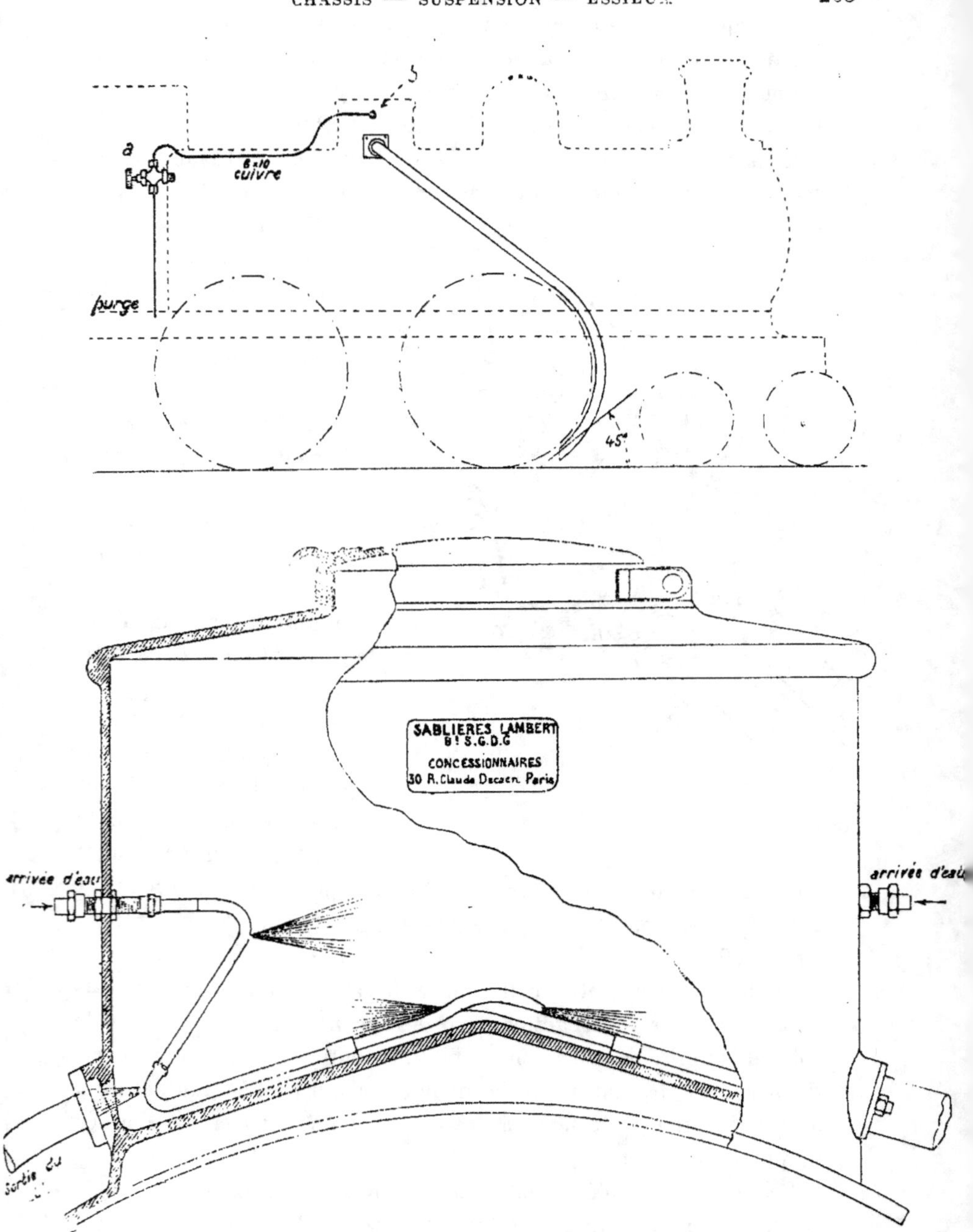

Fig. 340. — Sablière Lambert

La *sablière Lambert à sable humide* permet à ce point de vue une économie notable.

Elle se compose (fig. 340) d'un réservoir habituel dans lequel on dispose une *tuyauterie* destinée à *mouiller* et à *entraîner le sable dans un courant d'eau.*

Lorsque le robinet de commande est fermé, le sable restant dans le réservoir s'égoutte et se tasse de telle façon qu'il ne risque pas de s'écouler sur les rails.

La sablière Lambert présente donc un résultat économique à retenir puisqu'elle permet d'*utiliser le sable humide* sans *aucune préparation qu'un criblage avec mailles de 7 millimètres.*

Enfin, pour terminer, il convient de mentionner l'emploi, sur certaines lignes accidentées, du lavage des rails par un jet d'eau pour combattre le patinage.

On utilise l'eau du tender, qui est envoyée sous les roues de la machine au moyen d'éjecteurs à vapeur.

§ IV. — LOCOMOTIVES A CHASSIS ARTICULÉ.

106. Généralités. — L'*étude des conditions de traction* sur certaines lignes peut conduire à la *nécessité* de répartir le poids adhérent sur *6 essieux accouplés.* L'empattement d'une telle machine ne permettrait pas une inscription facile dans les courbes de faible rayon. On a été ainsi amené à envisager les locomotives à châssis articulé.

La réalisation primitive a consisté à construire *deux locomotives jumelles* que l'on réunissait dos à dos.

C'est le type *Duplex.*

Il est utilisé surtout sur les chemins de fer à voie étroite. Cependant, en 1905, les chemins de fer de l'État Belge ont réalisé des machines *articulées de fortune*, en accouplant ainsi par leur arrière deux locomotives à marchandises 0—6—0 afin de suppléer les locomotives de renfort de la rampe d'Ans, dont le nombre était insuffisant.

Le type de locomotive articulée le plus répandu actuellement est le type *Mallet.*

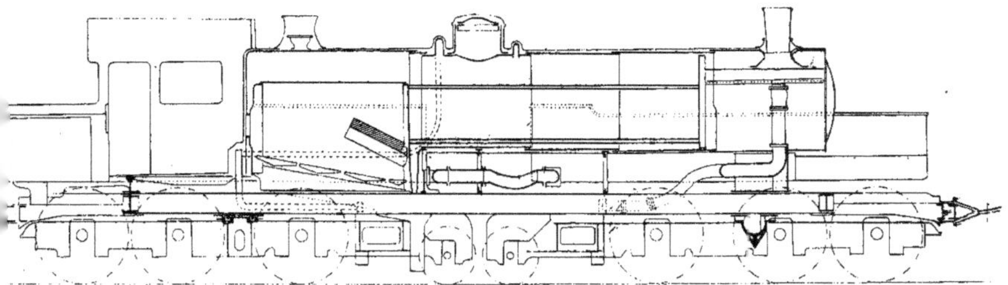

Fig. 341 — Locomotive compound 0—6—2 + 2—6—0 de la Ceinture.

En France, les Compagnies du Nord, de l'Est et de la Ceinture utilisent une machine :

$$0—6—2+2—6—0$$

compound et à 6 essieux couplés (fig. 341).

Le châssis est constitué par une **poutre cellulaire** qui repose sur le **bogie** arrière par un **pivot plan** et sur le **bogie** avant par un **pivot sphérique** s'engageant dans une crapaudine, ce qui permet à ce bogie de se **dégauchir complètement** par rapport à la chaudière. Le bogie arrière, au contraire, ne peut prendre qu'un mouvements angulaire horizontal. La stabilité sur les bogies est complétée par des appuis latéraux.

CHAPITRE IV

MÉCANISME

§ I. — CYLINDRES.

Les *cylindres* sont venus de fonte avec les *boîtes à vapeur.* Ils sont fixés solidement à l'avant du châssis sur les longerons. Sur les machines à deux cylindres, ils sont disposés à l'intérieur ou à l'extérieur du châssis. Sur les machines à 4 cylindres, il y a 2 cylindres intérieurs et 2 extérieurs ou quelquefois les 4 extérieurs 2 à 2 au tandem.

107. Cylindres avec boîtes à vapeur à tiroirs plans. — Les cylindres extérieurs ont leur boîte à vapeur disposée généralement à la partie supérieure.

La table du tiroir est alors *horizontale* (fig. 342) ou *inclinée* (fig. 343).

Sur les anciennes machines à deux cylindres et à simple expansion,

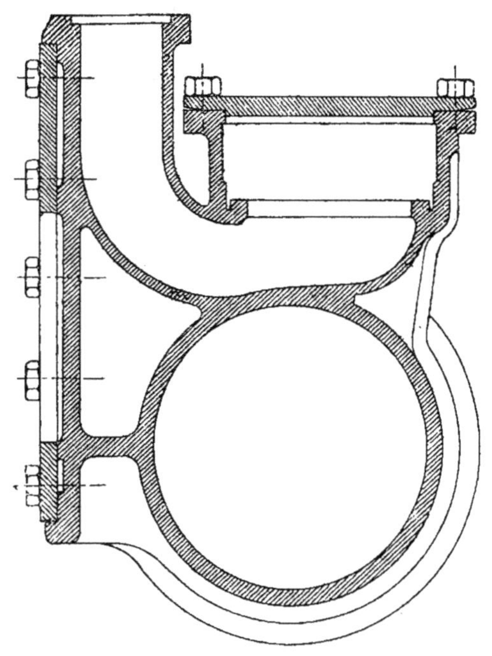

Fig. 342. — Cylindre extérieur à tiroir plan horizontal.

on trouvait aussi la disposition des cylindres extérieurs avec *tiroirs verticaux à l'intérieur des longerons* (fig. 344). C'est la disposition des machines P.-L.-M. type Bourbonnais.

La fixation du cylindre au longeron n'est pas assurée seulement par des *boulons*. Elle est *consolidée* soit par des *talons* (fig. 342) qui embrassent le longeron en haut et en bas, soit par des *épaule-*

ments (fig. 343) qui s'emboîtent dans un évidement rectangulaire du longeron, soit *par les deux moyens réunis.*

Dans tous les cas, l'ajustage de ces assemblages doit être *fait avec soin* si l'*on veut éviter l'ébranlement du cylindre* sur le longeron au bout d'un certain temps de service. Par ailleurs, les trous du bâti du cylindre et du longeron doivent *bien correspondre ensemble* et être *parfaitement alésés.* Enfin, les boulons de fixation doivent être mis en place très justes, en les *enfonçant à la masse.*

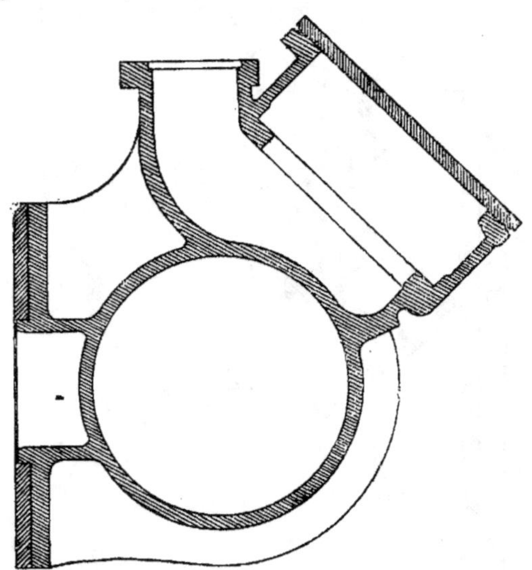

Fig. 343. — Cylindre extérieur à tiroir plan incliné.

Toutes ces précautions sont *nécessaires* pour assurer la *solidité de la fixation du cylindre.*

Quand les cylindres sont intérieurs, ils sont fondus ensemble ou séparément.

Anciennement, on adoptait souvent cette dernière disposition parce que l'*avarie d'un cylindre en service n'entraîne pas le rebut de l'autre.* Mais cette considération a beaucoup perdu de son intérêt depuis que l'on procède à de très nombreuses réparations de cylindres par la *soudure autogène.*

Lorsque les cylindres intérieurs sont venus de fonderie *d'une seule pièce,* ils sont moins lourds et, de plus, on peut leur donner *un plus grand diamètre.*

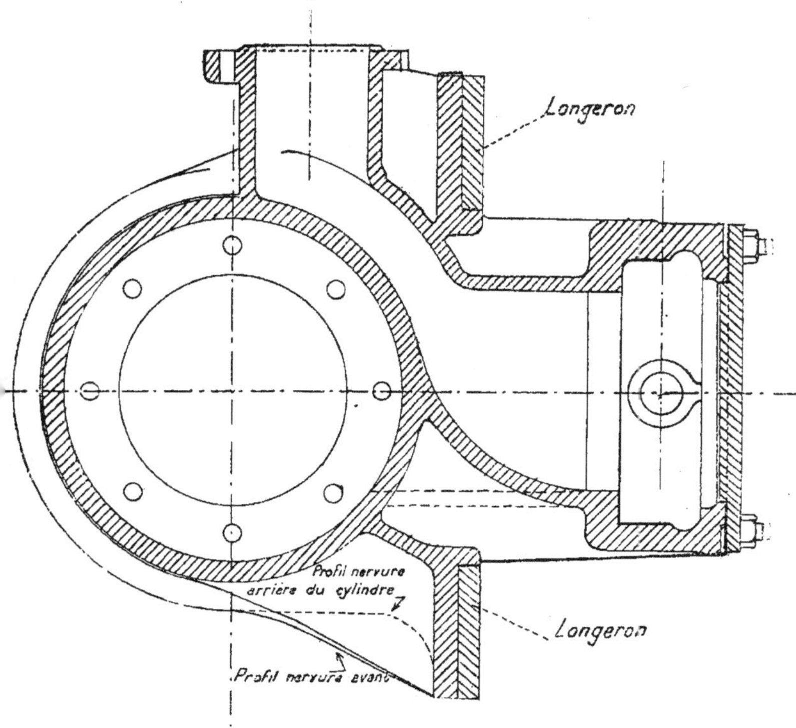

Fig 344. — Cylindre extérieur à tiroir plan vertical entre les longerons.

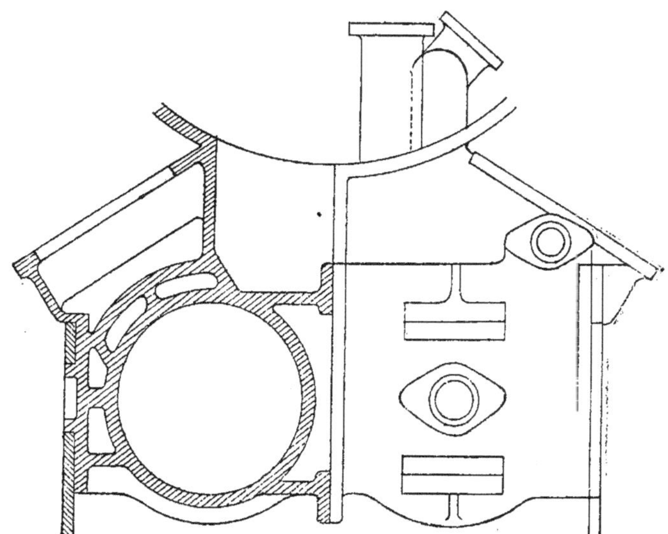

Fig. 345. — Cylindres intérieurs BP d'une locomotive 3400 P.-L.-M. avec tiroirs
plans disposés à la partie supérieure.

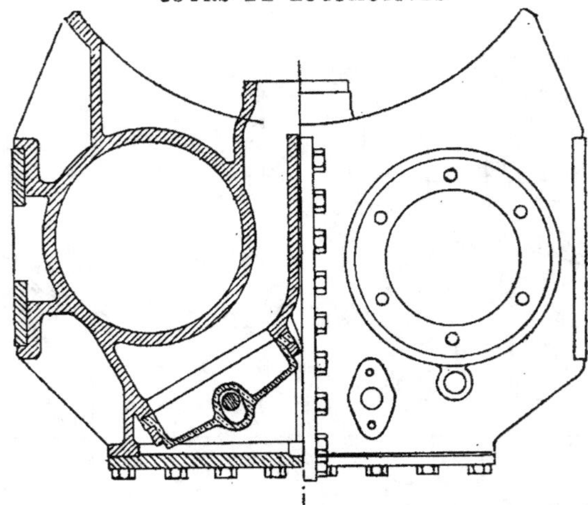

Fig. 346. — Cylindres intérieurs HP d'une locomotive 3200 P.-L.-M. avec tiroirs
plans disposés à la partie inférieure.

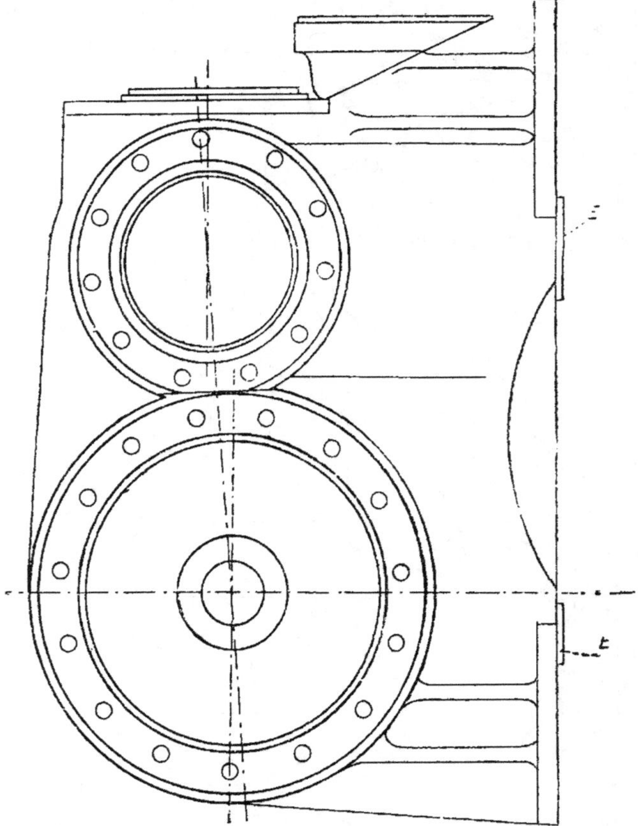

Fig. 347. — Cylindres extérieurs d'une locomotive *Pacific* compound P.-L.-M.

On a donc été conduit à adopter presque exclusivement cette solution pour les machines compound qui ont les cylindres BP à l'intérieur.

Les tiroirs sont alors disposés soit *à la partie supérieure* des

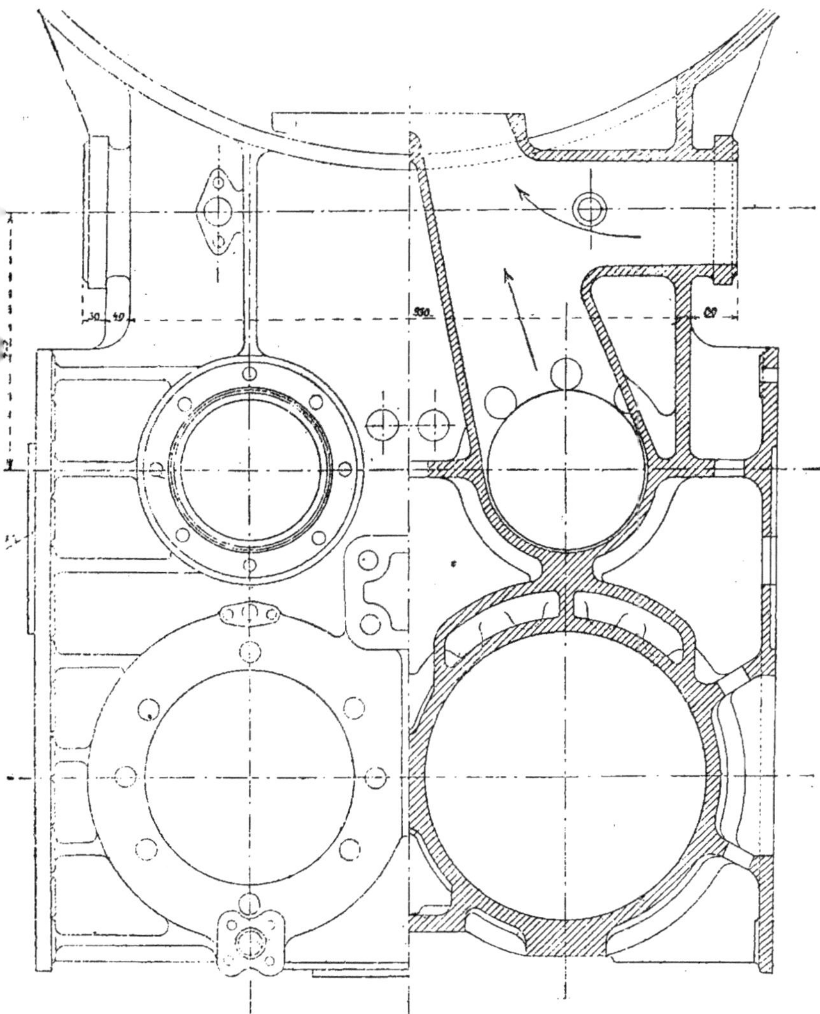

Fig. 348. — Cylindres intérieurs d'une locomotive *Pacific* P.-L.-M, à 4 cylindres à simple expansion.

cylindres (fig. 345), soit *à la partie inférieure* (fig. 346).

108. Cylindres avec boîtes à vapeur à distribution cylindrique. — Sur les machines puissantes modernes, dont le timbre est élevé on emploie, de préférence *aux tiroirs plans*, les *distributeurs cylindri-ques*. Les conditions de fixation des cylindres ne sont pas changées.

La figure 347 représente les cylindres extérieurs d'une locomotive *Pacific* compound P.-L.-M., et la figure 348 les cylindres intérieurs d'une locomotive *Pacific* à simple expansion de la même compagnie.

On remarque sur ces figures les **épaulements E**, venus de fonderie, qui s'encastrent dans un logement rectangulaire correspondant ménagé dans le longeron.

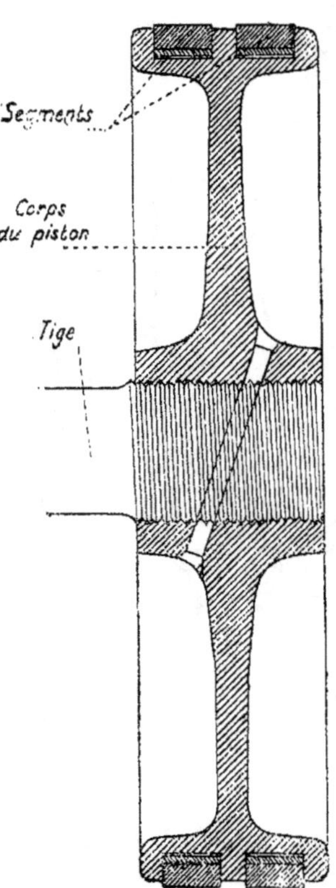

Fig. 349. — Piston de locomotive P.-O. avec tige filetée et goupillée.

§ II. — PISTONS.

109. Généralités. — Le *piston*, qui reçoit alternativement la pression de la vapeur sur ses deux faces par *le jeu du tiroir*, transmet par *sa tige*, à la *bielle motrice* et à la *roue, l'effort qui déplace la machine.*

La qualité essentielle d'un piston est d'être **solide** et d'assurer l'**étanchéité** entre les deux parties du cylindre qu'il sépare.

Cette étanchéité est réalisée par les **segments** qui sont constitués par des cercles en fonte, élastiques, disposés dans les *gorges du piston* et ajustés de façon qu'ils s'appliquent avec une certaine force sur les parois du cylindre.

Le piston se compose habituellement d'un corps en fonte comportant un renflement pour la fixation de la tige et une couronne avec gorges pour le logement des segments.

La figure 349 représente un piston des locomotives (77-86) du chemin de fer d'Orléans ; la tige est réunie au corps du piston par un *filetage* et une *goupille*.

Lorsque le piston est muni d'une *contre-tige* (fig. 350), elle est gnéralement fixée sur la tige par un *filetage* et maintenue en place par **un frein**. Ce dispositif est utilisé sur les locomotives de l'Est.

Sur le P.-L.-M., on emploie une **tige avec contre-tige d'une seule pièce** (fig. 351).

Ce piston est fixé par un **emmanchement conique** et maintenu par un écrou.

En vue d'éviter des **espaces morts** trop importants aux fonds de courses entre le piston et les fonds de cylindres, les plateaux, dans le

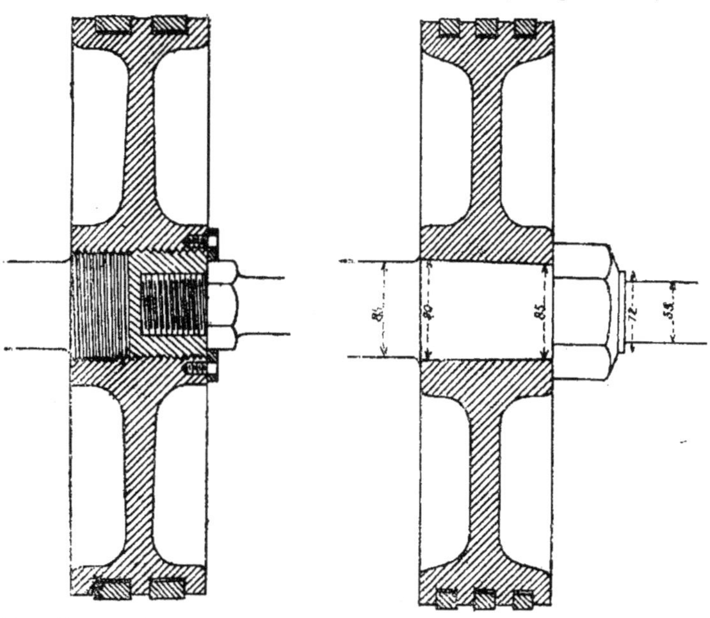

Fig. 350. — Piston avec tige filetée et contre-tige rapportée type Est.

Fig. 351. — Piston avec tige et contre-tige d'une seule pièce fixée par un emmanchement conique type P.-L.-M.

cas des figures précédentes, doivent présenter une **forme assez compliquée**, afin d'épouser la forme du piston.

On peut obtenir des **fonds de cylindres plats** en utilisant le **piston à deux toiles** avec nervures et cloisons intérieures (fig. 352).

On est souvent conduit par des nécessités de construction, lorsque la **bielle motrice se trouve un peu courte**, à adopter des **pistons coniques** (fig. 353).

Cette disposition permet de **rentrer la garniture** dans le piston et de gagner quelques centimètres sur la longueur de la bielle motrice.

Le piston représenté figure 353 comporte un assemblage conique à génératrice très inclinée d'usage courant en Angleterre.

110. Segments des pistons. — Le *segment* est constitué par une *bague en fonte*, tournée à un diamètre un peu plus grand que celui du cylindre. On coupe sur cette bague une longueur telle qu'en la comprimant de façon à faire rejoindre les deux bouts on puisse l'in-

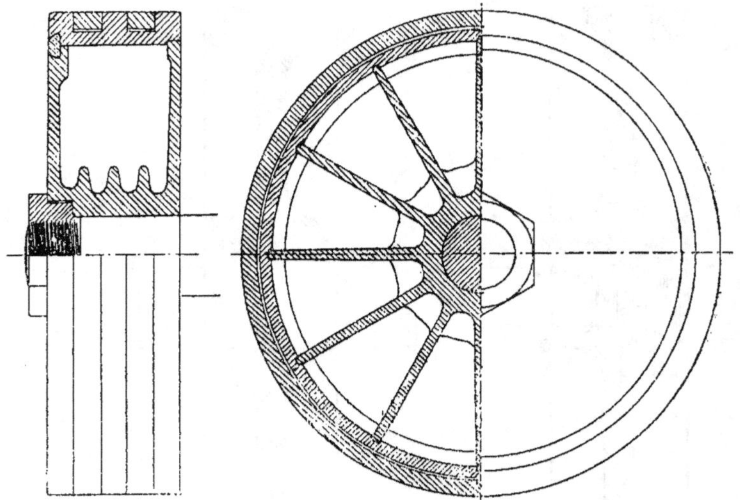

Fig. 352. — Piston à faces plates.

troduire dans le cylindre et qu'il *reste environ 1 millimètre de jeu à la coupe.*

Les segments sont prélevés dans un *tambour en fonte* de diamètre convenable, au moyen d'un tour ordinaire ou d'un tour spécial vertical qui débite ainsi les segments bruts.

Le *finissage* et *l'ajustage* sont faits par les dépôts pour adapter segment au *diamètre du cylindre* et à la *largeur des gorges du piston.*

Dans certains réseaux, on extrait directement les segments finis du tambour en fonte.

Pour éviter, ou mieux pour réduire les fuites à la coupe, il convient de donner au piston dans son cylindre le plus grand diamètre possible. On ne laisse *un jeu que de 1 à 2 millimètres sur le pourtour entre le piston et le cylindre.*

De plus, l'assemblage des becs des segments est fait suivant les indications de la figure 354, c'est-à-dire **à becs croisés**.

Cependant, on se contente parfois d'une **simple coupe en biseau**.

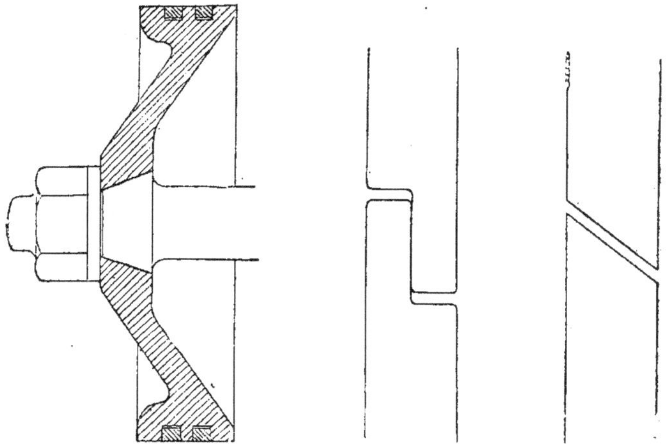

Fig. 353. — Piston conique avec emmanchement conique à génératrice très inclinée, type anglais

Fig. 354. — Assemblage à becs croisés.

Fig. 355. — Assemblage avec coupe simple en biseau.

(fig. 355); mais, dans ce cas, il existe une fuite permanente par cette coupe, fuite d'autant plus forte que l'écartement entre les deux extrémités du segment est plus grand.

Lorsque le piston n'est pas muni de contre-tige, on **soutient sou-**

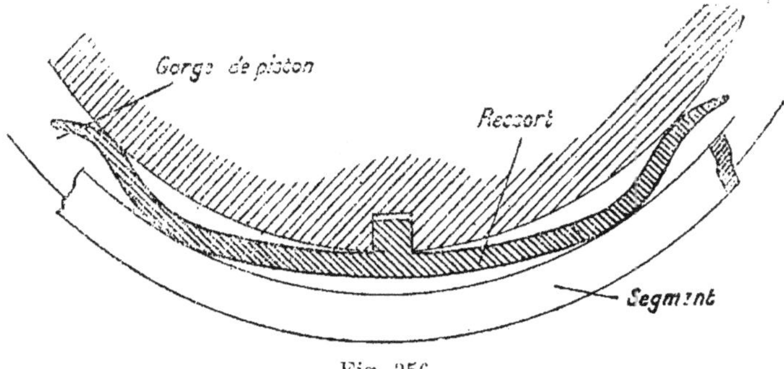

Fig. 356.

vent son disque par **un ressort** qui s'appuie sur chaque segment (fig. 356).

Cette disposition assure une moindre fatigue aux **garnitures** et une plus longue conservation.

On dispose généralement les coupes de deux segments voisins à une distance angulaire d'au moins 90°, et autant que possible, à la partie inférieure du piston et symétriquement par rapport au plan vertical passant par l'axe de la tige.

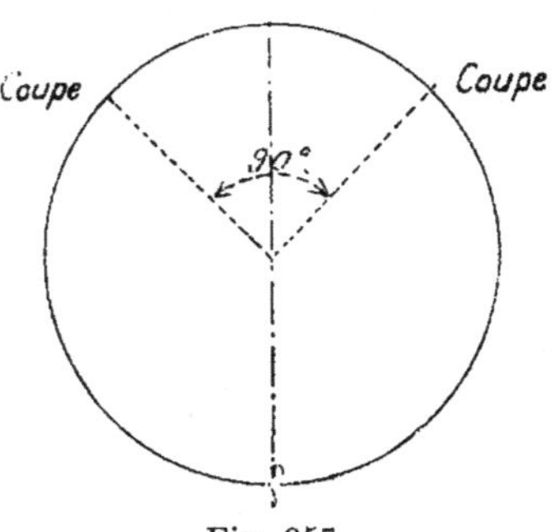

Fig. 357.

§ III. — GARNITURES.

L'étanchéité autour de la tige du piston à sa sortie du cylindre est assurée par une *garniture* facile à démonter et à régler et qui est constituée de façon générale, aujourd'hui, par des *bagues en métal blanc*.

Les systèmes employés par les divers réseaux étant un peu différents, nous allons examiner successivement les principaux types en usage.

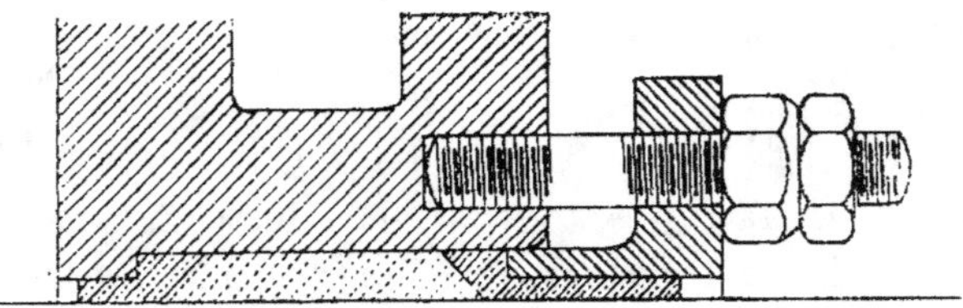

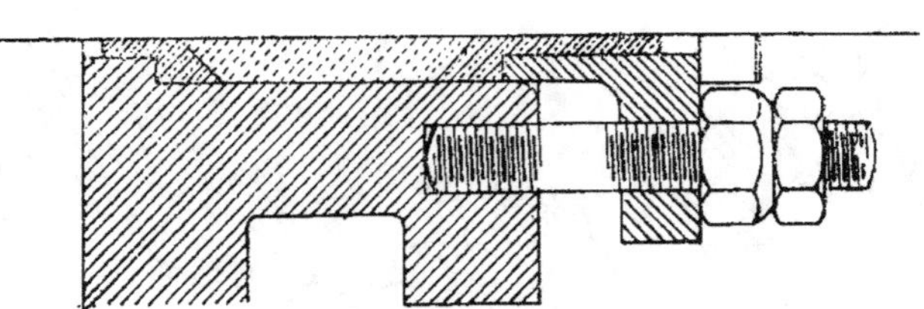

Fig. 358. — Garniture type P.-L.-M.

111. Garniture P.-L.-M. — Cette garniture (fig. 358) est constituée de quatre parties représentées séparément (fig. 359).

La garniture proprement dite est un alliage blanc contenant :

80 p. 100 de plomb ;

20 p. 100 d'antimoine.

Elle est fendue en deux parties (fig. 360) suivant *deux plans pa-*

rallèles différents. Les deux bagues qui les maintiennent sont également fendues, mais suivant **un plan diamétral** (fig. 361).

On voit que le **serrage** du presse-garniture a pour effet d'**écraser la garniture** sur la tige de piston. Il faut éviter de donner un serrage

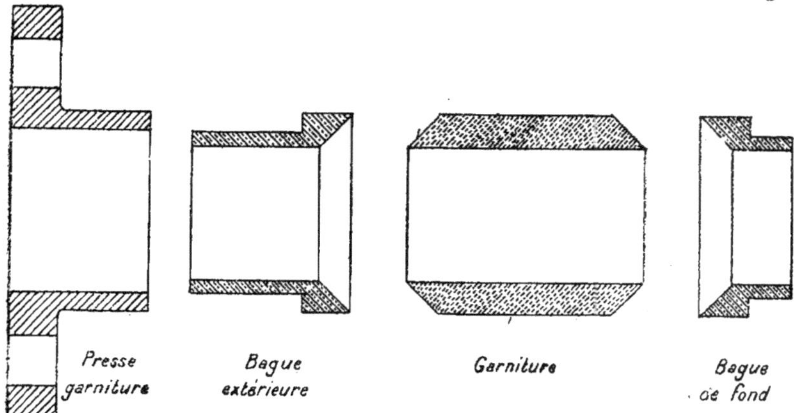

Fig. 359. — Pièces composant la garniture P.-L.-M.

exagéré, car on provoquerait l'**échauffement** et la **fusion du métal blanc**.

Afin de faciliter les démontages, le logement de la garniture et des bagues est **légèrement évasé** vers l'extérieur.

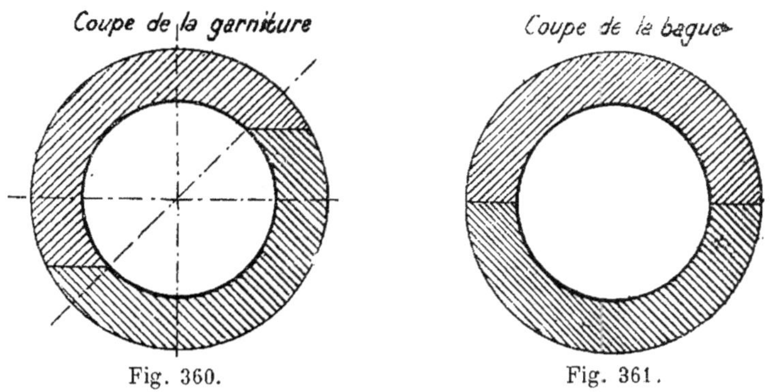

Fig. 360.   Fig. 361.

112. Garniture Kubler. — Cette garniture (fig. 362), en usage sur le réseau de l'Est, diffère de la précédente par les points ci-après :

Au lieu d'une **bague unique** en métal blanc, on emploie une **dizaine de petites bagues** s'emboîtant les unes sur les autres (fig. 363). Les coupures sont faites en biseau suivant des **plans parallèles**.

La bague de fond est prolongée par un ***fourreau*** qui ***enveloppe la garniture.***

Ce dispositif a été réalisé pour faciliter le démontage.

Il suffit, en effet, de réunir les deux collerettes du presse-garniture

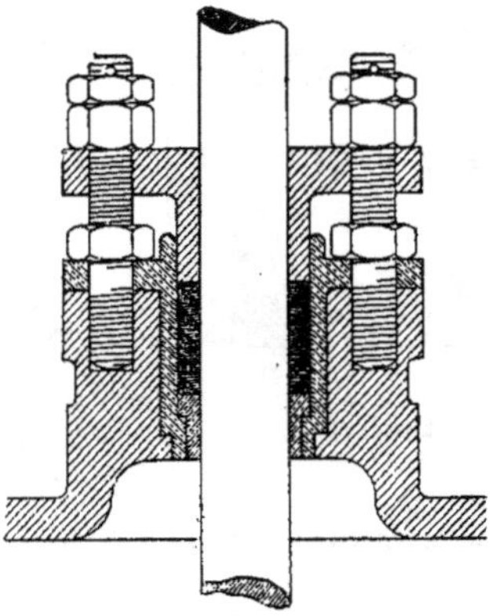

Fig. 362. — Garniture Kubler de l'Est.

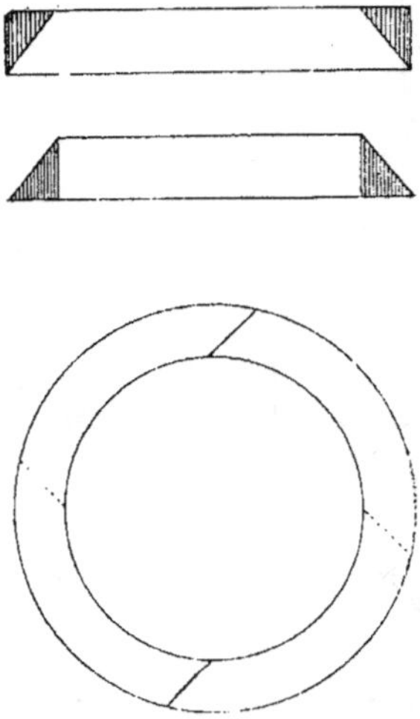

Fig. 363. — Jeu de deux bagues de garniture Kubler.

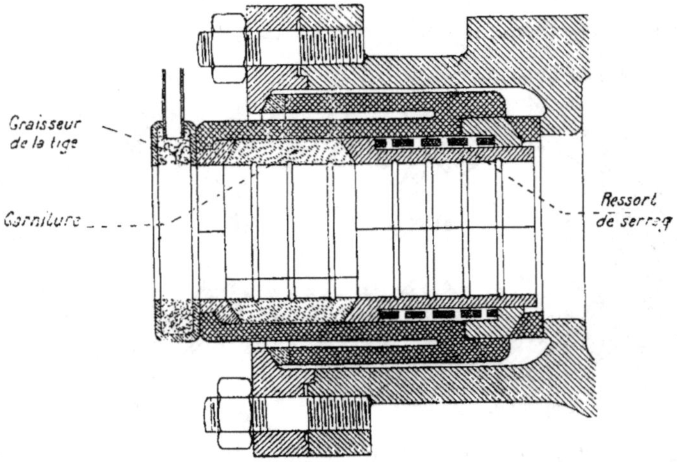

Fig. 364. — Garniture Schmidt de machine à surchauffe.

d'une part, et de la bague de fond, d'autre part, par deux étriers en forme de ⊏.

On enlève ensuite les écrous extérieurs du presse-garniture et on agit en les dévissant sur des deux écrous placés entre les collerettes pour faire sortir l'ensemble de la garniture de son logement.

Le métal blanc des **garnitures Kubler** a la *composition suivante* :
80 p. 100 de plomb ;
8 p. 100 d'antimoine ;
12 p. 100 d'étain.

113. Garniture Schmidt. — Cette garniture (fig. 364) est utilisée surtout pour les **machines à surchauffe.**

Elle présente les deux **particularités essentielles** ci-après :

D'une part, *le serrage*, assuré par **un ressort**, est **constant.** D'autre part, elle est disposée pour permettre un **déplacement transversal de la tige.**

Les garnitures métalliques avec ressort de serrage analogue au dispositif précédent sont très en faveur en Amérique et tendent à se généraliser en France.

§ IV. — TIROIRS ET DISTRIBUTEURS.

114. Tiroirs plans. — Le *tiroir plan* est l'appareil le plus simple utilisé pour *la distribution de la vapeur*. Il est entraîné par un *cadre* fixé à la *tige de commande* ; il se déplace sur une *table* (fig. 365) percée de *trois orifices*, les deux extrêmes aboutissant *aux extrémité du cylindre*, et celui du milieu *au tuyau d'échappement.*

On donne à ces orifices les noms de *lumières d'admission* A et de *lumière d'échappement* B.

Le jeu du tiroir est le suivant (fig. 366) ; lorsqu'il est porté sur la *droite*, il découvre *l'orifice d'admission de gauche*, tandis que l'*orifice de droite* est mis en communication *avec l'échappement* par la cavité intérieure du tiroir.

Lorsque le tiroir est porté vers la *gauche*, c'est l'*orifice de droite* qui est à l'*admission* et celui de *gauche* qui communique avec l'*échappement.*

On voit donc que le mouvement de va-et-vient du tiroir distribue alternativement la vapeur sur chaque face du piston pendant que l'autre face est mise en communication avec l'échappement.

Lorsque le tiroir se trouve *au milieu de sa course, il recouvre,*

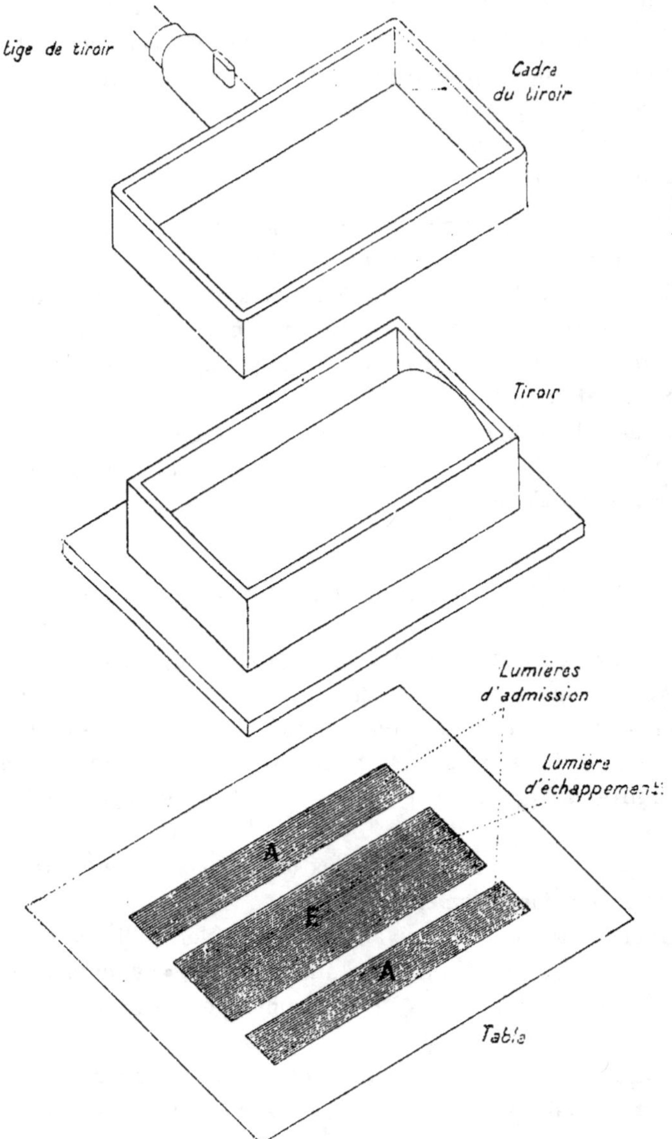

Fig. 365. — Vue perspective d'une table de tiroir, d'un tiroir et de son cadre d'entraînement.

en général, simultanément les orifices d'admission (fig. 367). La largeur r_1 mesure le **recouvrement extérieur** ou **recouvre-**

ment à l'introduction ; la largeur r_2 mesure le **recouvrement intérieur** ou **recouvrement à l'évacuation**.

Les recouvrements sont, en général, **plus faibles** du côté de

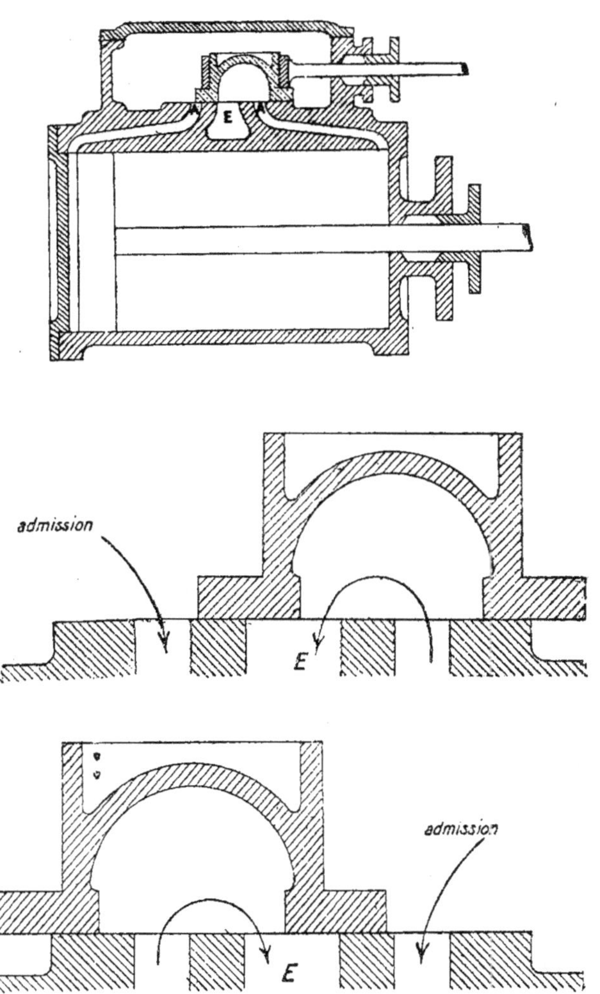

Fig. 366. — Fonctionnement du tiroir.

l'échappement que du côté de l'**admission**. Les recouvrements à l'évacuation peuvent **être nuls** (fig. 368) ou même **négatifs** (fig. 369). Nous verrons plus loin l'influence de ces recouvrements.

115. Tiroirs plans à canal ou tiroirs Trick. — Le *tiroir Trick* diffère du tiroir ordinaire par un *canal* C qui permet de **doubler l'ouverture du tiroir** sans modifier le mécanisme.

La figure 370 montre clairement le fonctionnement de ce tiroir.

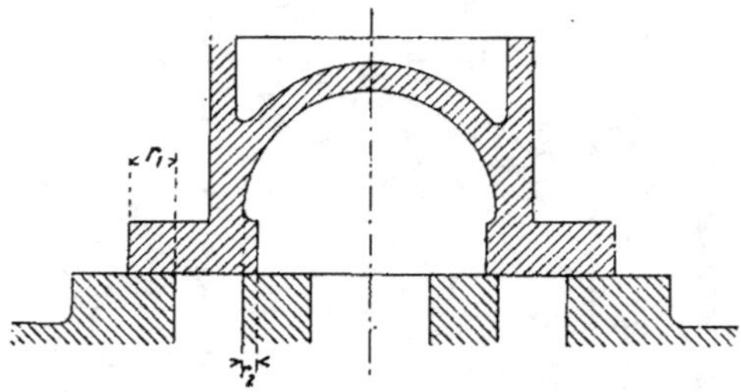

Fig. 367. — Tiroir représenté au point mort, montrant la valeur des recouvrements extérieur et intérieur.

On remarquera que les bords de la table doivent être disposés, de telle façon que la **distance** D d'une arête d'introduction de la table au

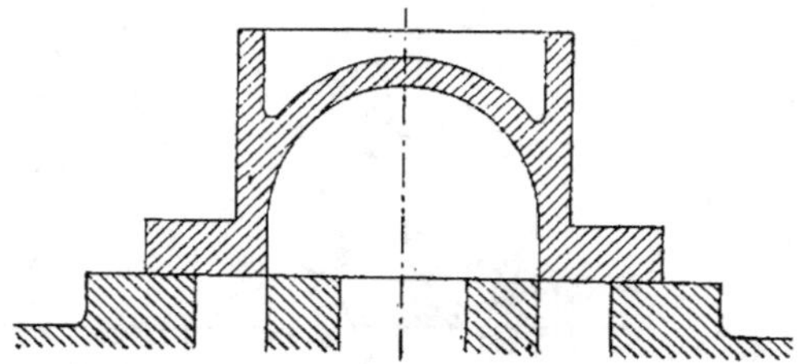

Fig. 368. — Tiroir avec recouvrement nul à l'évacuation.

bord opposé soit *égale* à *la largeur* L du tiroir **diminuée de la barrette** comprise entre l'arête extérieure et le canal.

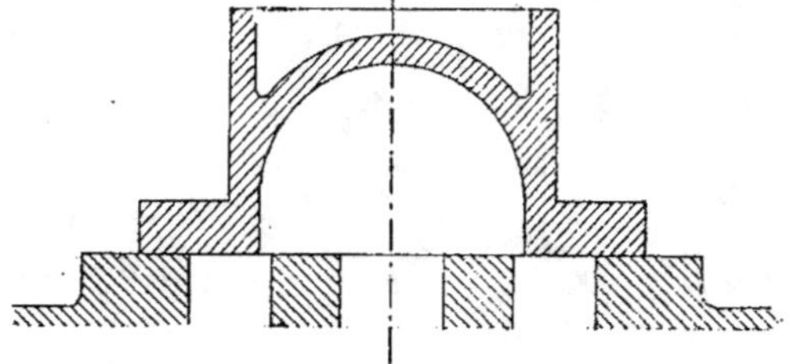

Fig. 369. — Tiroir avec recouvrement négatif à l'évacuation.

116. Tiroirs plans équilibrés Richardson. — Les tiroirs plans sont appliqués sur leur table par la pression de la vapeur d'admission. Cette pression est **très** importante.

Considérons, en effet, un tiroir de 250 × 400 représenté figure 371 ;
supposons que ce tiroir se meut dans une boîte à vapeur où la pression
est de 12 kilogrammes, la pression à l'échappement étant de 1 kilogramme.

La surface ABCD a pour valeur en cm² : 25 × 40 = 1 000 centimètres carrés.

La surface EFGH a de même pour valeur : 11 × 30 = 330 centimètres carrés.

La pression P est égale à : 1 000 × 12 = 12 000 kilogrammes.

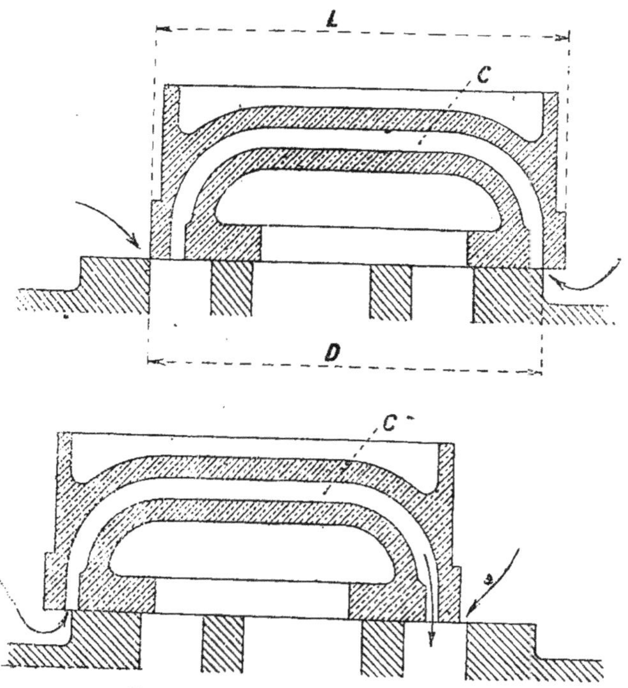

Fig. 370. — Tiroir Trick à canal.

La pression p est égale à : 330 × 1 = 330 kilogrammes.

Le tiroir est donc soumis en définitive à une pression résultante
P — p = 12 000 — 330 = 11 670 kilogrammes.

Ce tiroir se trouvant sur une table bien dressée pour laquelle on
admet un coefficient de frottement de 1/15 nécessitera pour son déplacement une force de $\dfrac{11\,670}{15}$, soit 784 kilogrammes.

Dans le but de **diminuer cet effort**, on a imaginé de *soustraire une partie du tiroir* à la **pression de la vapeur**.

Le dispositif des **tiroirs compensés Richardson-Allen** (fig. 372) est le plus connu. Il consiste à munir la partie supérieure du tiroir de

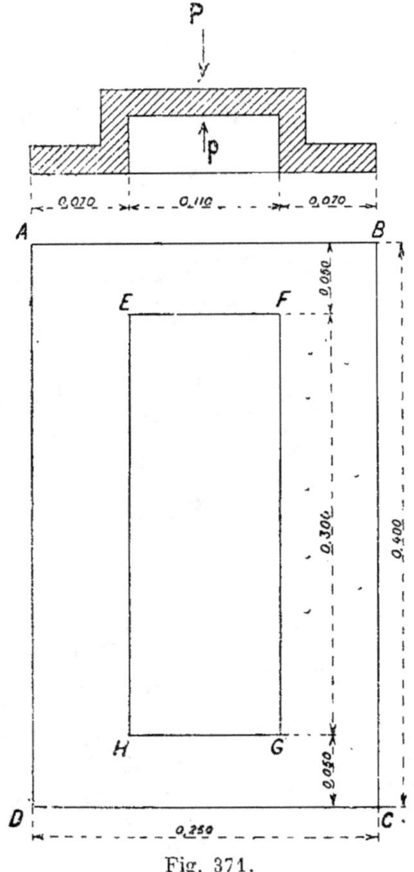

Fig. 371.

barrettes à ressort qui viennent frotter sur une **table bien dressée**, fixée en dessous du plateau de la boîte à vapeur.

L'espace compris entre les barrettes est ainsi *soustrait* à l'action *de la vapeur d'admission*.

Il ne reçoit que **quelques fuites** qui sont évacuées à l'échappement par l'**orifice O**, ménagé dans le corps du tiroir.

Les barrettes sont assemblées dans les angles, ainsi que le représente la figure 373.

On adopte parfois aussi une *barrette unique circulaire* dont

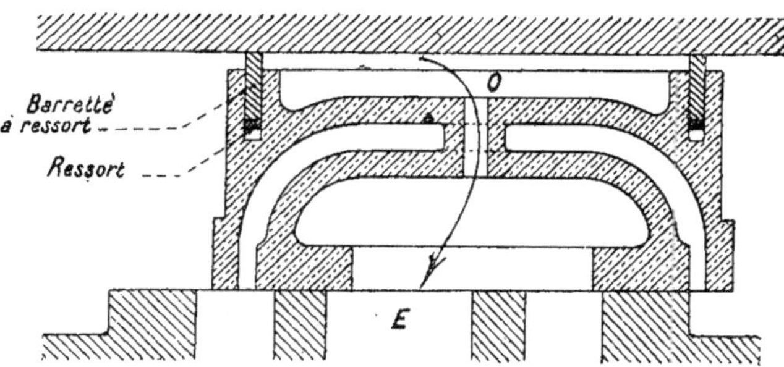

Fig. 372. — Tiroir compensé à barrettes Richardson Allen.

l'étanchéité est **plus facile à réaliser**. Dans la pratique, les tiroirs plans compensés n'ont pas donné tous les résultats qu'on en attendait.

Ils ont été peu à peu abandonnés pour les *tiroirs cylindriques.*

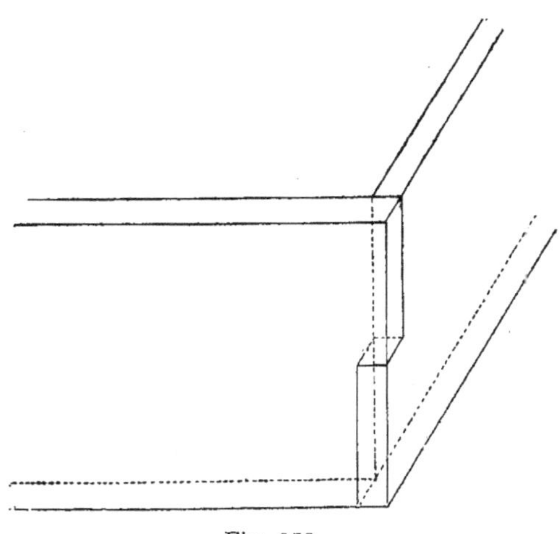

Fig. 373.

117. Tiroirs cylindriques. — Les tiroirs cylindriques représentent le *type parfait du tiroir équilibré*. L'effort nécessaire pour les manœuvrer résulte uniquement du frottement des segments dans le corps du distributeur et de la tige dans les garnitures.

Le type de tiroir cylindrique le plus communément adopté est celui de la Compagnie de l'Est.

Il se compose (fig. 374) :

1º D'*un piston double* A, en acier moulé ;

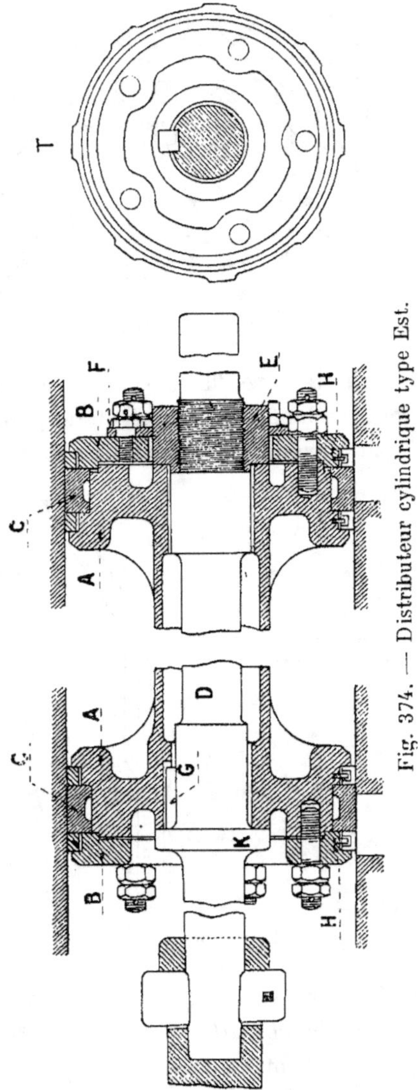

Fig. 374. — Distributeur cylindrique type Est.

2º De *quatre segments en fonte*, deux pour chaque disque du piston double ;

3º De *deux cercles en fonte* C maintenant l'écartement des segments ;

4º De *deux plateaux* B en acier moulé, qui s'emboîtent sur chacun
des disques du piston double pour maintenir en place les segments et
les cercles ; ces plateaux sont tenus au moyen de prisonniers avec écrou,
contre-écrou et goupille ;

5º D'*une tige* D en acier sur laquelle est monté le piston double,

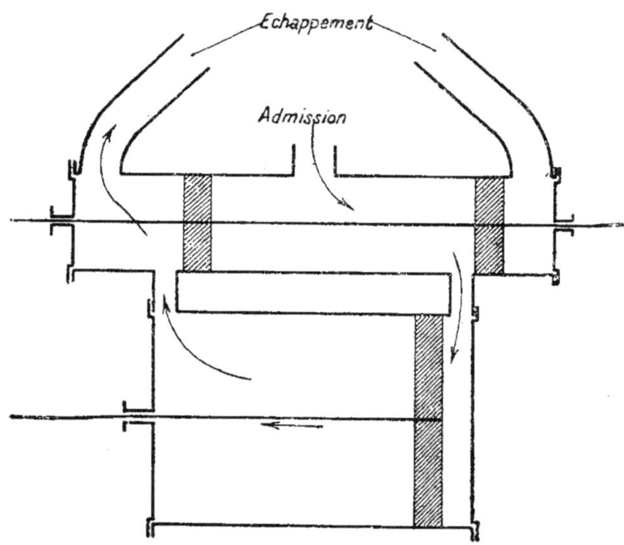

Fig. 375. — Schéma de distribution avec tiroirs cylindriques
avec admission intérieure.

entre une embase K et un écrou de serrage E, muni d'un frein F.

Une *clavette* G, fixée sur la tige au moyen de deux vis, à son logement dans une rainure *ad hoc* du piston double et *empêche celui-ci
de tourner sur la tige.*

Enfin *chaque segment* est *arrêté* par un *goujon* H vissé sur le
disque de piston ou le plateau qui le porte ; ce goujon s'engage dans
deux évidements demi-circulaires du segment, de part et d'autre de sa
coupure.

Dans le but de faciliter le passage de la vapeur par les orifices au
moment où le tiroir les découvre, le pourtour des pistons et des plateaux présente sur chaque face une *série de dégagements*, alternant
avec des *talons* T plus massifs qui retiennent les segments.

Ces dégagements sont *disposés* pour *correspondre aux inter-valles que les nervures des lumières de la boîte à vapeur laissent entre elles.*

Sur les machines P.-L.-M. et Est, qui sont munies de ce tiroir cylin-drique, la vapeur *arrive entre les deux disques* du distributeur, et l'*échappement* se fait par des *orifices* situés aux *deux extrémités* (fig. 375).

C'est la distribution la plus habituellement suivie, *parce que les garnitures de la tige du distributeur* n'ont besoin d'être établies *que pour la pression de la vapeur d'échappement.*

Cependant, on rencontre quelquefois le dispositif inverse dans lequel

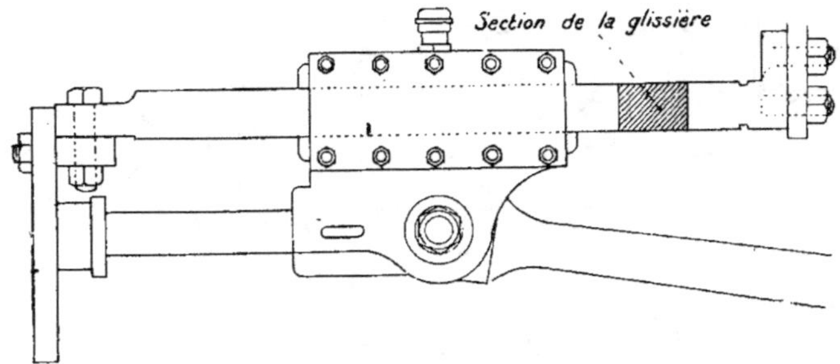

Fig. 376. — Glissière unique.

l'*admission* se fait par les *extrémités* et l'*échappement* par le *milieu du distributeur.*

La définition des recouvrements indiquée pour les tiroirs plans sub-siste pour les tiroirs cylindriques, que l'admission soit intérieure ou extérieure. Il suffit de *bien noter* que les *recouvrements à l'admis-sion* sont du *côté de l'arrivée de la vapeur* et les *recouvrements à l'évacuation du côté de l'échappement.*

§ V. — GLISSIÈRES.

Le mouvement rectiligne du piston est transformé en mouvement circulaire par l'intermédiaire de la *tige de piston*, des *glissières* et de la *bielle motrice.*

La *tête de piston* est guidée par une *glissière unique* (fig. 376) ou par une *glissière double* (fig. 377), ou encore par *deux glissières simples* séparées (fig. 378).

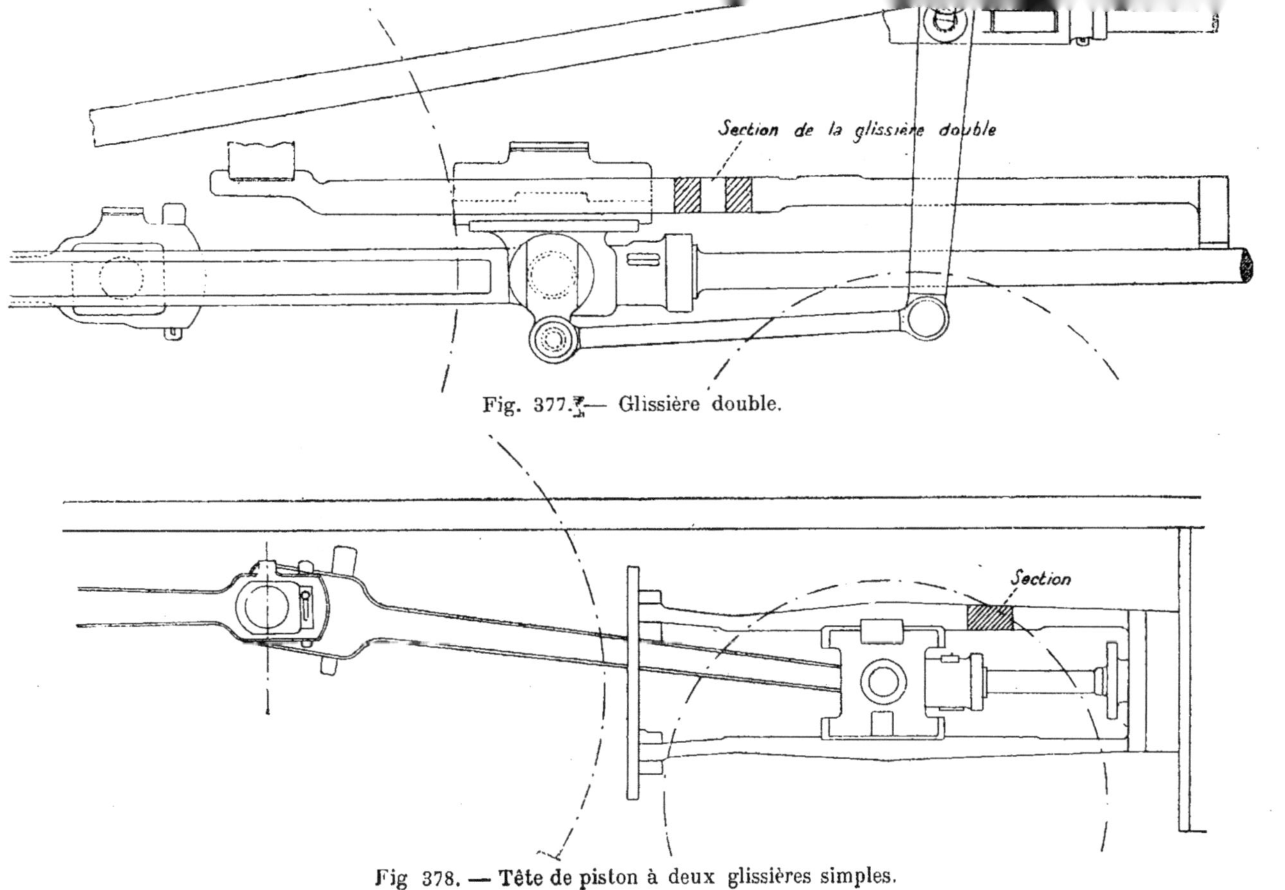

Fig. 377. — Glissière double.

Fig 378. — Tête de piston à deux glissières simples.

La *glissière double* présente un *léger inconvénient*.

En cas de *commencement de chauffage*, les deux *branches*

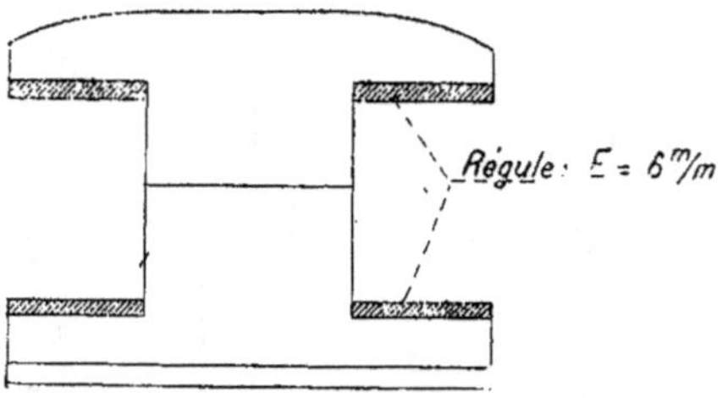

Fig. 379. — Régulage des semelles de glissière double.

se voilent, et le chauffage s'aggrave *plus facilement*.

On a adopté, depuis quelques années, avec beaucoup de succès, le

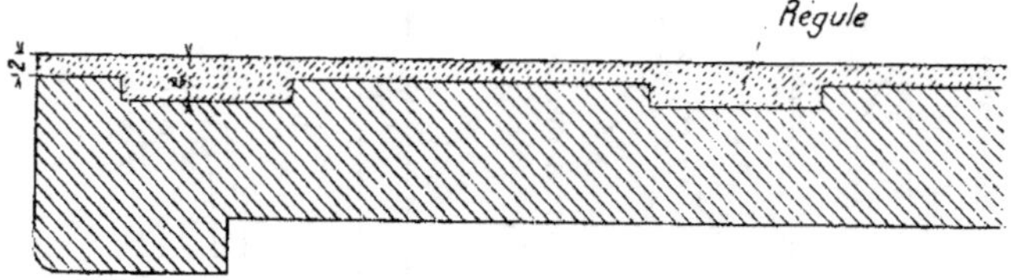

Fig. 380. — Consolidation du régule par entaillage de la semelle.

régulage des parties frottantes des *semelles de tête de piston*.

Ce *régulage des semelles* pour glissière double est fait suivant les indications de la figure 379.

En vue de faciliter l'*adhérence du régule*, la semelle est

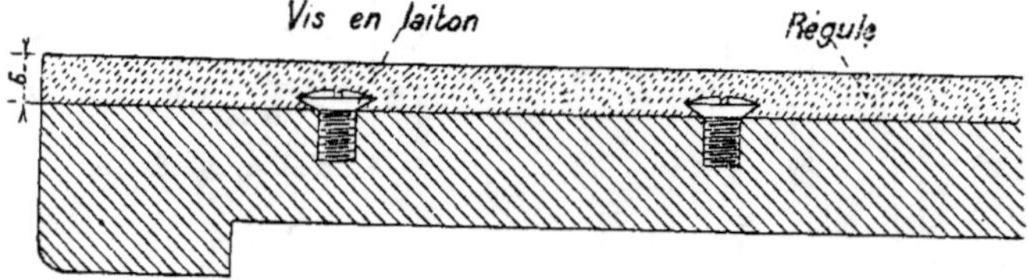

Fig. 381. — Consolidation du régule par des vis en laiton.

ordinairement *entaillée* comme le représente la figure 380. Mais on emploie aussi avec *avantage* le dispositif qui consiste à fixer un *certain nombre de vis en laiton* sur la semelle (fig. 381).

Ces vis sont noyées dans le régule, le consolident et empêchent très bien son décollement.

Pour les semelles des têtes de pistons à glissières séparées, le régulage se fait suivant une disposition analogue (fig. 382).

Le régule est **consolidé,** comme il vient d'être dit, par des *vis en laiton* fixées sur la semelle.

En cours de service, lorsque ces semelles ont pris du *jeu latéral,*

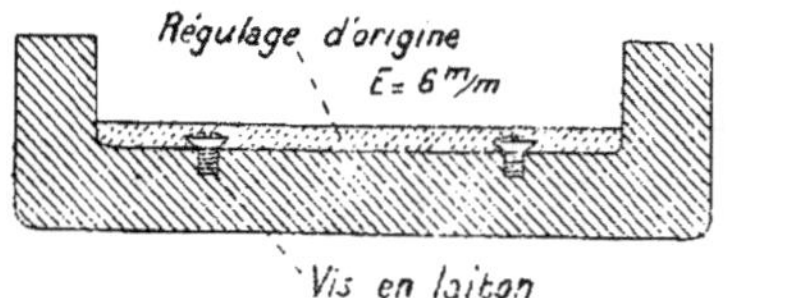

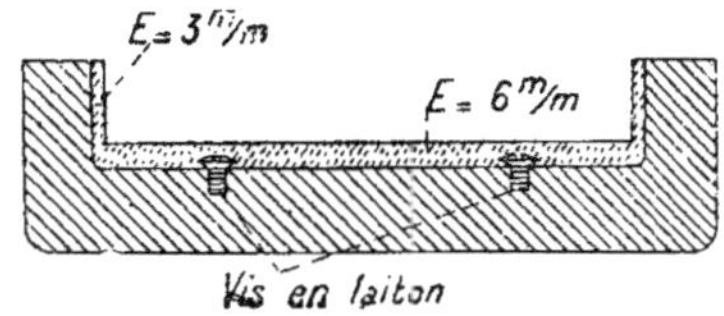

Fig. 382. — Régulage d'une semelle de tête de piston à glissières séparées.

Fig. 383 — Rattrapage du jeu latéral d'une semelle pour régulage.

on y remédie en les ***régulant à nouveau*** et en ***rattrapant*** ce jeu *par une épaisseur convenable de régule.* Il faut, en général, *raboter*

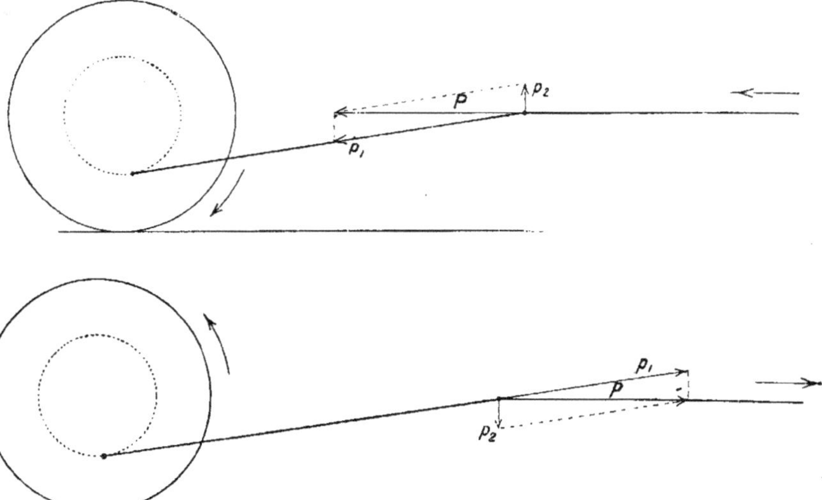

Fig. 384. — Schéma montrant la réaction de bas en haut P^2 sur la glissière pendant la marche avant.

alors les faces verticales intérieures de la semelle pour avoir une *épaisseur de régule* de chaque côté de *3 millimètres au moins.*

Les glissières doivent être mises en place de façon à être *rigoureusement parallèles* à l'axe du cylindre.

On arrive à ce résultat en plaçant au montage des *cales* d'épaisseur convenable d'une part, sur le *support de glissière fixé sur le cylindre* et, d'autre part, à l'autre extrémité sur le *support de glissière fixé au longeron.*

Il convient de remarquer que, *pendant la marche avant,* la bielle

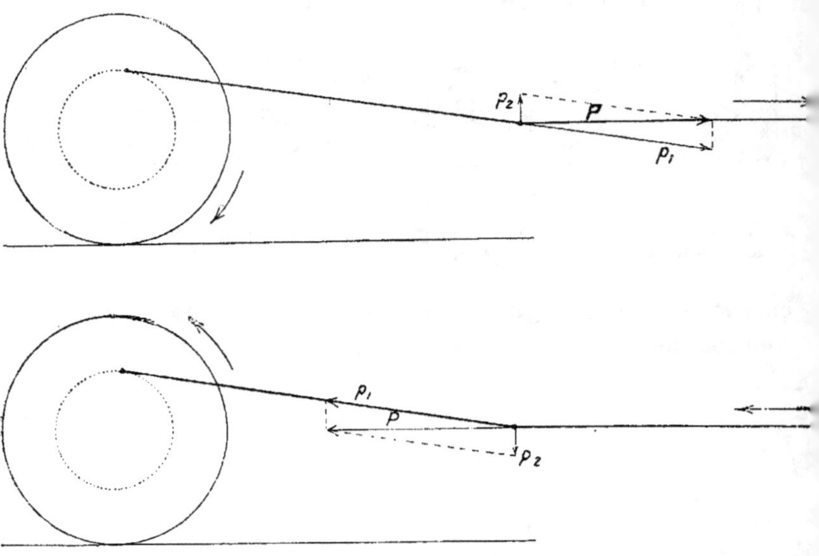

Fig. 385. — Schéma montrant la réaction de haut en bas P² sur la glissière pendant la marche arrière.

motrice produit une *réaction* de *bas en haut* sur la glissière. On s'en rend compte facilement à l'examen de la figure 384.

Pendant la *marche arrière,* la réaction est au contraire dirigée de *haut en bas* (fig. 385).

§ VI. — BIELLES MOTRICES.

118. Généralités. — La *bielle motrice* est reliée, d'une part, à la *tête de piston* et, d'autre part, à la *manivelle* de l'essieu. C'est l'organe qui sert à *transformer le mouvement rectiligne du piston* en *mouvement circulaire continu.*

La *petite tête de bielle motrice* qui s'articule sur la crosse de piston est généralement constituée par un œil garni d'une *bague en bronze* (fig. 386).

Cette bague est emmanchée à la presse et de plus est consolidée par un *prisonnier* A, qui l'empêche de tourner dans son logement.

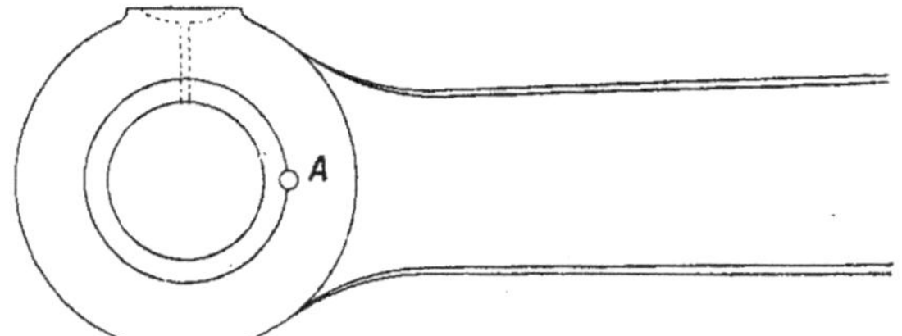

Fig. 386. — Petite tête de bielle motrice.

La *grosse tête de bielle* présente une disposition un peu plus compliquée.

On distingue les têtes de bielles à *cage fermée* et les têtes de bielles à *cage ouverte*.

Ces dernières se subdivisent à leur tour en bielles à *chape*, à *fourche* et à *palier*.

119. Têtes de bielles à cage fermée. — La tête de bielle à *cage*

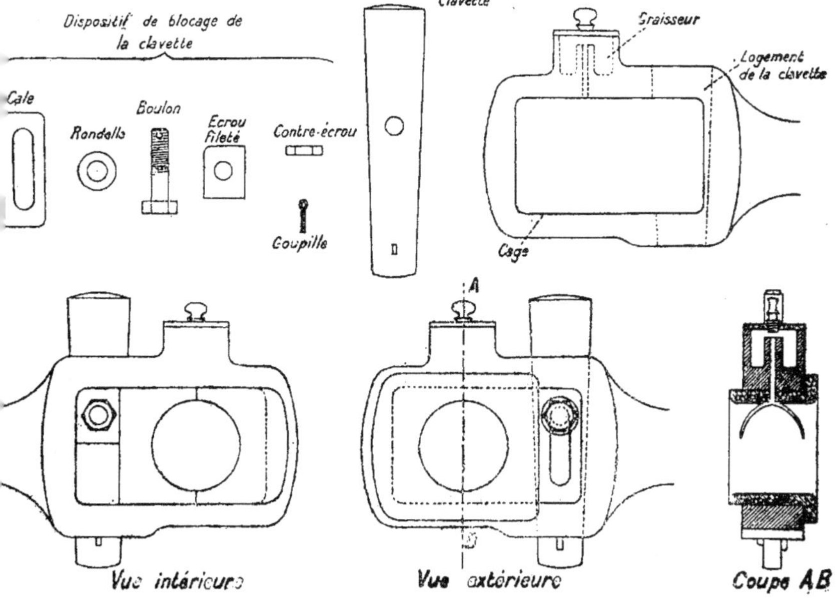

Fig. 387. — Tête de bielle à cage fermée.

fermée ne peut être employée qu'avec les *cylindres extérieurs.*

Les coussinets sont logés dans la cage et maintenus bloqués par une *clavette*. Un godet graisseur venu de forge est ménagé sur la partie supérieure de la cage.

La figure 387 représente en détail les diverses pièces constitutives de cette tête de bielle ; elle montre notamment le détail du dispositif de *blocage de la clavette*. On remarquera également (coupe AB) que les coussinets sont *démunis de joues à leur partie supérieure et inférieure interne*, de façon à permettre leur mise en place ou leur retrait après déclavetage préalable.

120. Têtes de bielles à cage ouverte. — Les *têtes de bielles ouvertes* qui s'imposent pour les *cylindres intérieurs* tendent

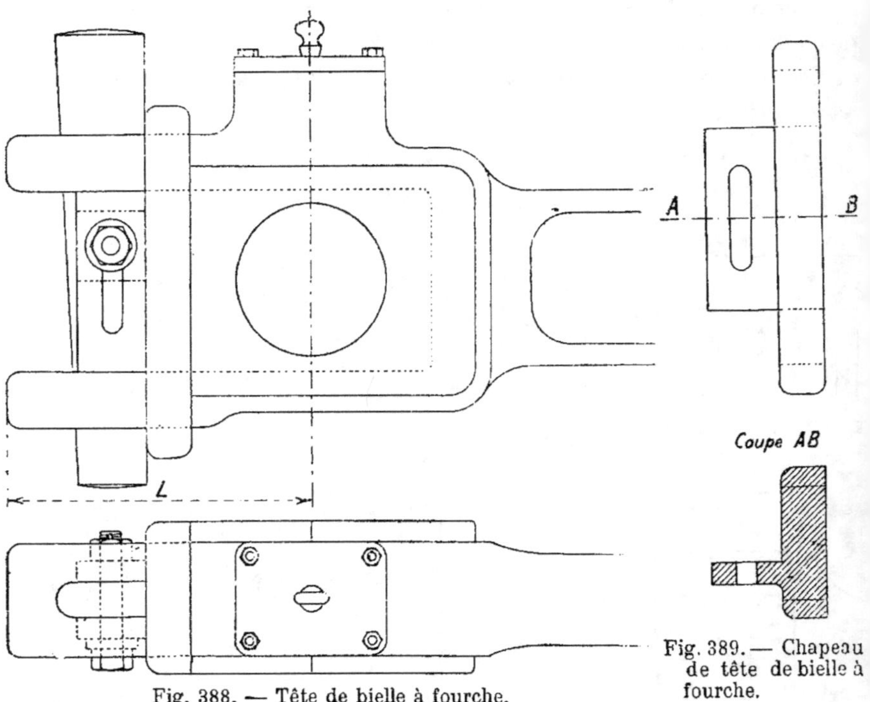

Fig. 388. — Tête de bielle à fourche.

Fig. 389. — Chapeau de tête de bielle à fourche.

également à être employées pour les cylindres extérieurs, à cause de leur *facilité de démontage*.

La *tête de bielle à fourche* (fig. 388), d'un usage très répandu en France, est le type le plus courant.

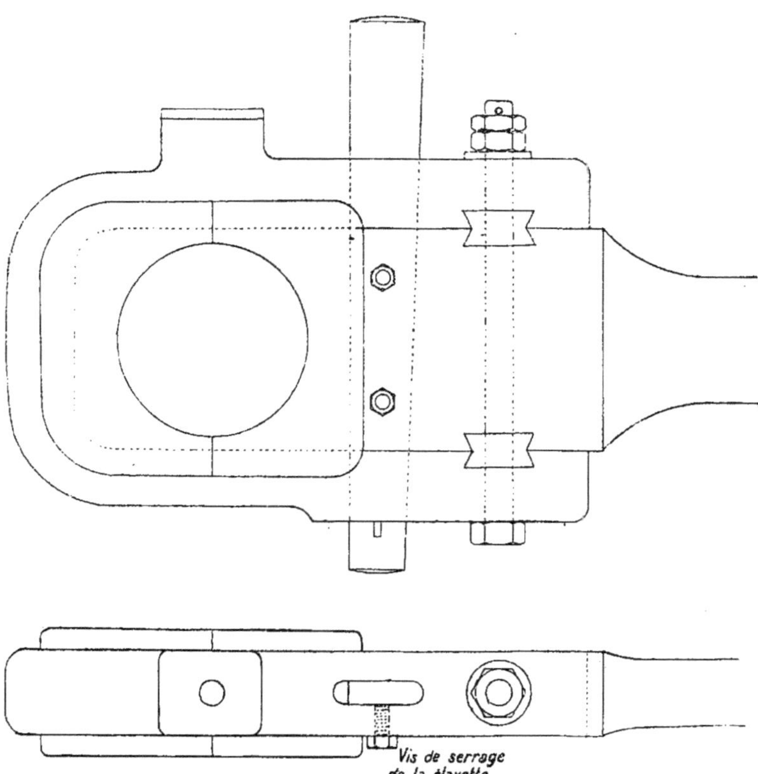

Fig. 390. — Tête de bielle à chape.

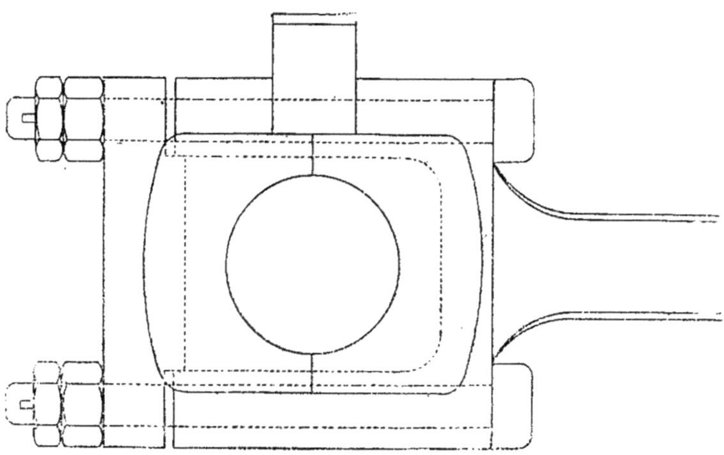

Fig 391. — Tête de bielle à palier.

Les deux coussinets sont *munis de joues, sur les deux faces, interne et externe*, sauf la *partie arrière du coussinet arrière*. On les glisse par l'ouverture de la fourche dans l'intérieur de laquelle ils sontmaintenus par un *chapeau* (fig. 389) et la *clavette*.

Ce genre de bielle présente l'*inconvénient* d'avoir un *encombrement un peu trop important* dans le sens de la longueur au delà du tourillon.

Autrement dit, la *longueur L* (fig. 388) est *un peu forte*, ce qui

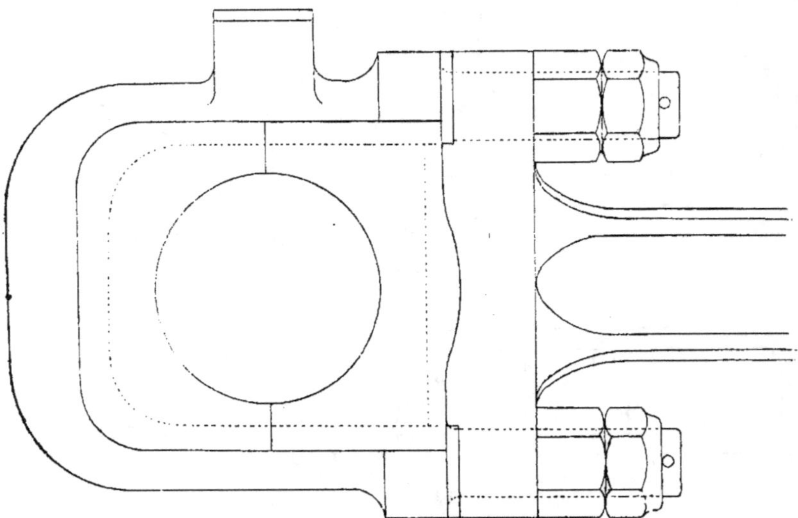

Fig. 392. — Bielle à étrier fileté.

peut être gênant dans certains cas de bielles intérieures où *le foyer est très rapproché de l'essieu coudé*.

Dans ce cas, on emploie les *bielles à chape* qui se comportent également bien.

La chape est assemblée sur la bielle par un *boulon* (fig. 390), quelquefois par *deux* ; de plus, on consolide souvent l'assemblage en ajoutant à mi-fer *une petite cale* en *double queue d'aronde* qui évite la trop grande fatigue du boulon et son cisaillement.

Les *têtes de bielles à palier* (fig. 391) sont moins employées que les précédentes. Il convient de noter que les boulons *peuvent être orientés à volonté* avec écrous vers *l'avant* ou vers *l'arrière* suivant les difficultés de montage que l'on peut rencontrer.

Enfin, en dernier lieu, nous citerons comme dérivée des deux types précédents, la *bielle à étrier fileté* (fig. 292) qui est d'un usage assez fréquent pour les *bielles intérieures* des machines modernes.

§ VII. — BIELLES D'ACCOUPLEMENT.

Les *bielles d'accouplement* ont des têtes analogues à celles des bielles motrices.

Nous allons d'abord examiner le cas des machines qui n'ont que deux essieux couplés.

Dans les anciennes machines à simple expansion, à cylindres exté-

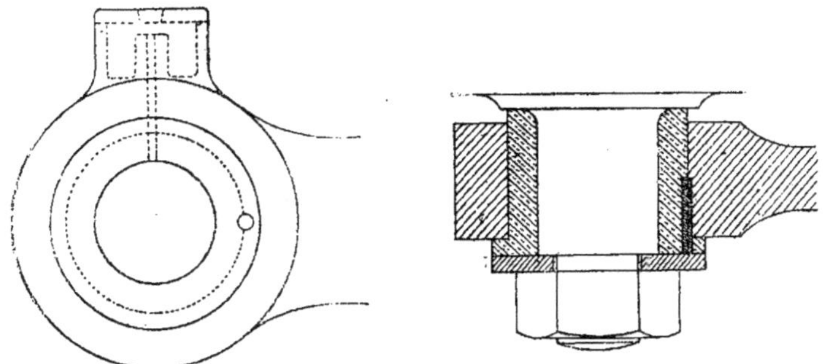

Fig. 393. — Bielle à tête ronde.

rieurs, on employait beaucoup les *bielles à têtes rondes* et à *bagues*.

Chaque tête était formée, comme pour les petites têtes de bielles motrices dont il a été question précédemment, d'un *œil* garni d'une *bague en bronze*. Le tourillon se terminait par une partie filetée qui permettait d'assurer le maintien en place de la bielle au moyen d'un *écrou* et .d'une *rondelle* (fig. 393).

Le type de bielle à *deux têtes rondes* (fig. 394) est à *longueur fixe*. Il convient, par conséquent, comme corollaire, de les employer autant que possible, avec des *boîtes à huile sans coins*, c'est-à-dire à *position fixe*.

On ne peut *remédier au jeu* de ce type de bielle sur ses tourillons qu'en *remplaçant les bagues*, ce qui est un inconvénient notable. De plus, en cas d'*usure des glissières des boîtes*, on est obligé de *remplacer ces glissières* afin de maintenir *fixe* l'écartement des essieux.

Avec les *bielles à longueur variable*, on peut, au contraire,

Fig. 394. — Bielle d'accouplement à deux bagues.

Fig. 395 — Bielle d'accouplement (une tête à bague, une tête à fourche).

Fig. 396. — Bielle d'accouplement à deux cages fermées.

admettre en service une *légère variation de l'écartement des essieux*, car il suffit de régler la longueur de la bielle en conséquence.

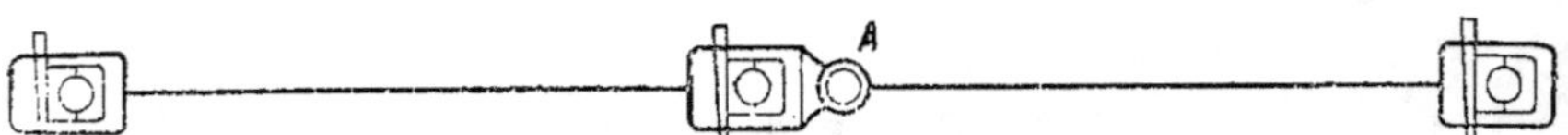

Fig. 397. — Bielles d'accouplement d'une machine à trois essieux couplés.

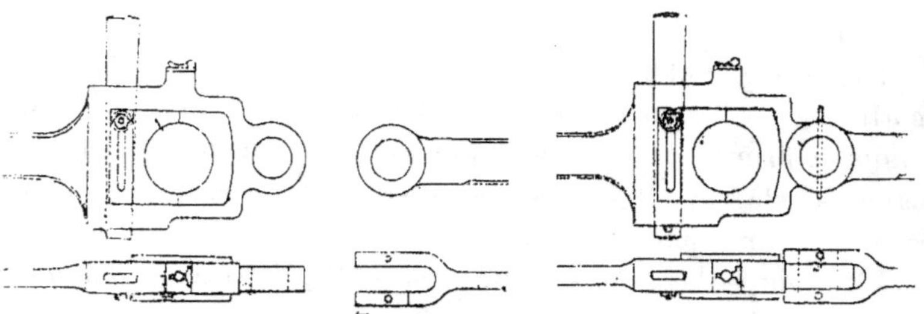

Fig. 398. — Détails de l'articulation des deux bielles de la figure 397.

Ces *bielles à longueur réglable* comportent en général *deux têtes à cages fermées* (fig. 396).

Cependant, dans certains cas, on emploie des bielles d'accouplement avec *une tête à bague ou à cage et l'autre tête à fourche* (fig. 395).

Lorsqu'on a *plus de deux essieux accouplés*, on est conduit à employer le dispositif représenté figure 397, qui comporte une *articulation A*, de façon à tenir compte de ce que les axes des essieux ne restent pas constamment dans le même plan horizontal.

Le détail de l'articulation en question est indiqué figure 398.

La tenue en service de l'axe de cette articulation, qui est fixé par une

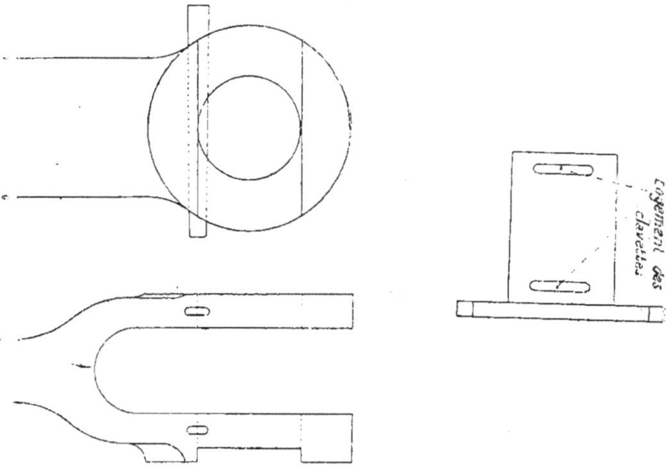

Fig. 399. — Articulation de bielle d'accouplement avec tête encastrée.

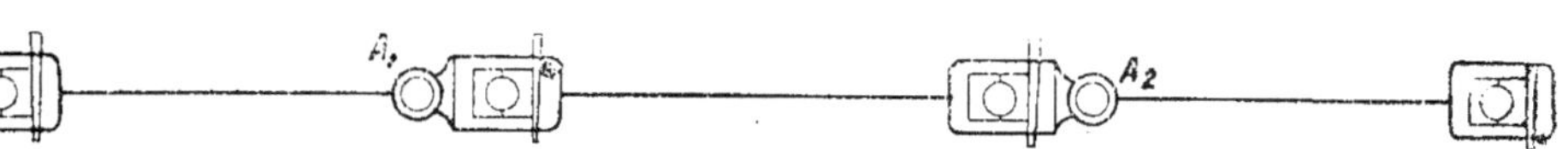

Fig. 400. — Bielles d'accouplement d'une machine à quatre essieux couplés.

ou deux clavettes, *laisse parfois à désirer*, parce que, l'axe étant sollicité à tourner, *cisaille* parfois la ou les clavettes. Pour éviter la fatigue que la clavette supporte de ce chef, on emploie généralement *un axe à tête encastrée* dont la tenue est bien plus satisfaisante (fig. 399).

Pour 4 essieux couplés, les bielles sont disposées comme le représente la figure 400. En vue de faciliter l'inscription de la machine dans les courbes, on emploie alors, pour A_1A_2, *des articulations sphériques* (Voir détail fig. 401).

Dans ce cas, l'articulation est *à cage,* avec *coussinet.*

Sur les machines modernes, les bielles d'accouplement sont gé-

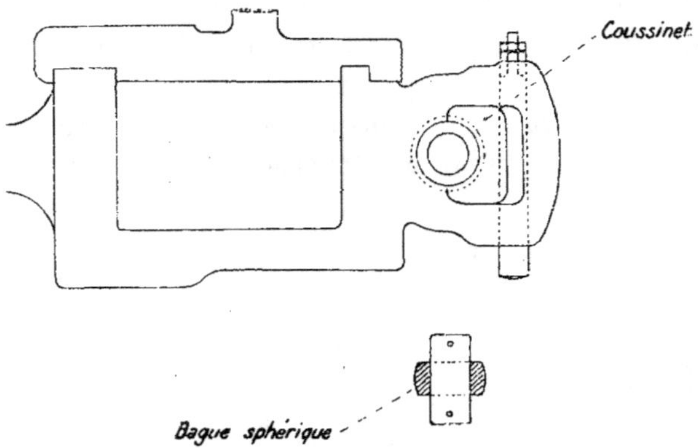

Fig. 401. — Tête de bielle d'accouplement à chapeau avec articulation sphérique.

néralement comprises entre la bielle motrice et les roues.

Il s'ensuit que, lorsqu'on veut démonter les bielles d'accouplement,

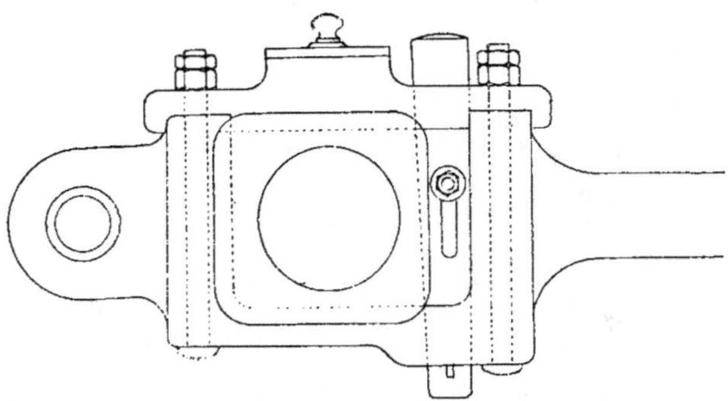

Fig. 402. — Tête de bielle d'accouplement avec cage ouverte à chapeau.

on est forcé de *démonter au préalable la bielle motrice.*

En vue d'éviter cet inconvénient, la *tête de bielle d'accouple-*

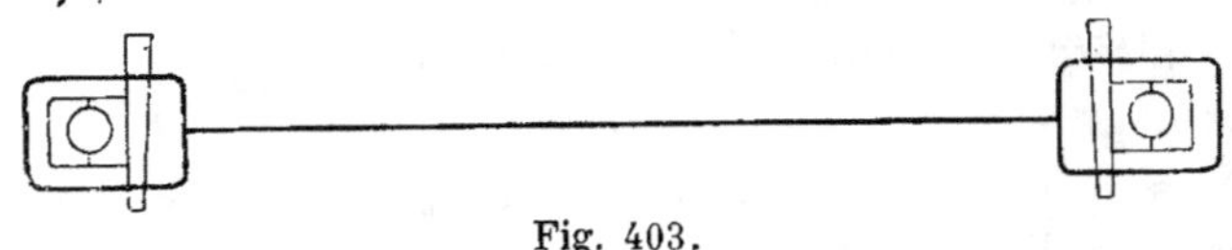

Fig. 403.

ment qui s'articule sur le même tourillon que la bielle motrice est munie d'une *cage ouverte à chapeau* (fig. 402).

On voit facilement que ce dispositif *évite le démontage de la bielle motrice*, en cas de visite des bielles d'accouplement.

Il y a lieu de noter que, dans les bielles, les clavetages doivent être *tous disposés soit vers l'avant, soit vers l'arrière*, par rapport à leurs tourillons.

Il est évident, en effet, que, si les clavetages d'une bielle étaient disposés l'un à l'avant, l'autre à l'arrière, par exemple figure 403, le rattrapage du jeu par serrage des clavettes pourrait modifier la longueur de la bielle.

§ VIII. — COMMANDE DU TIROIR.

Dans la plupart des machines fixes qui tournent dans un sens unique, le mouvement alternatif du tiroir est assuré par un *excentrique* (fig. 404).

Lorsque la manivelle motrice se trouve à *l'un des points morts* en OM, par exemple, *le centre de l'excentrique* se trouve en E.

La *course* du tiroir a pour valeur AB.

Elle est égale au *diamètre du cercle décrit par le centre de l'excentrique.*

Dans la position OM de la manivelle motrice, le tiroir ouvre l'orifice d'admission d'une certaine quantité I qu'on appelle l'*avance linéaire.*

L'angle MOE de la manivelle motrice et du rayon d'excentrique est appelé *angle de calage.*

L'angle COE ou *a* est l'*angle d'avance.*

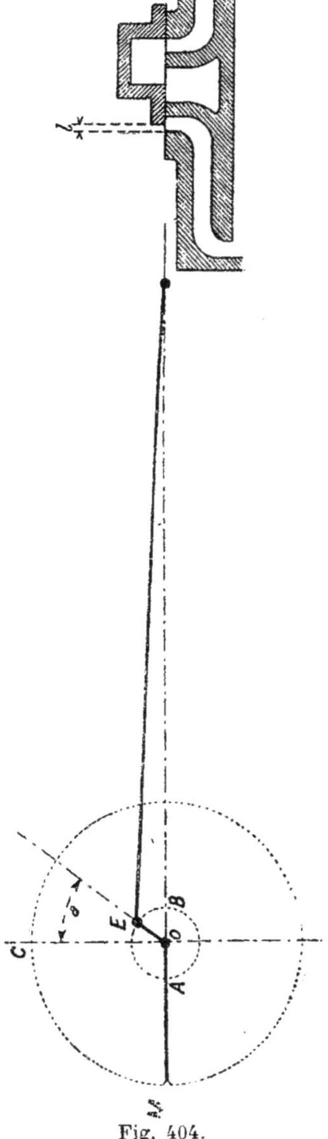

Fig. 404.

§ IX. — MOUVEMENTS DE DISTRIBUTION.

Dans les locomotives où l'on utilise la *marche avant* et la *marche arrière*, on a été conduit naturellement à avoir *deux excentriques*,

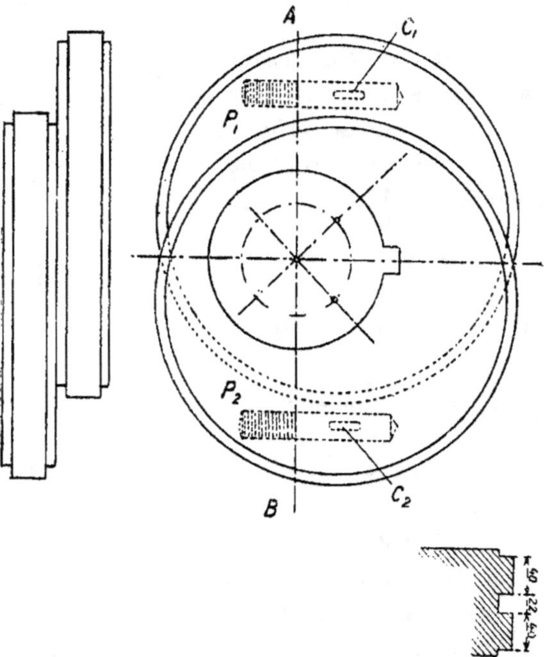

Fig. 405. — Montage des deux excentriques sur l'essieu.

un pour chaque sens de marche. On a imaginé divers dispositifs permettant de commander à volonté la tige de tiroir par celui des deux excentriques correspondant au sens de marche qu'on voulait obtenir.

Les deux excentriques sont calés **symétriquement** sur l'essieu moteur. Ils sont fondus en deux pièces qui se réunissent suivant AB et sont rendus solidaires au moyen de **deux prisonniers** P_1P_2, et de **deux clavettes** C_1, C_2 (fig. 405).

Le mouvement des excentriques est transmis au tiroir au moyen de **colliers** (fig. 406) dont la partie frottante est **généralement régulée.**

Nous allons examiner les divers mécanismes de distribution les plus employés.

121. Coulisse de Stephenson. — Cette distribution se compose essentiellement (fig. 407) d'une *coulisse CC′ articulée à ses extrémités à chacune des barres* EC, E′C′.

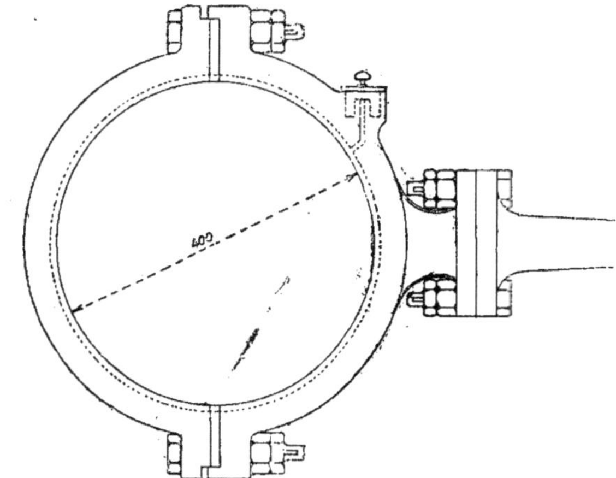

Fig 406. — Collier d'excentrique.

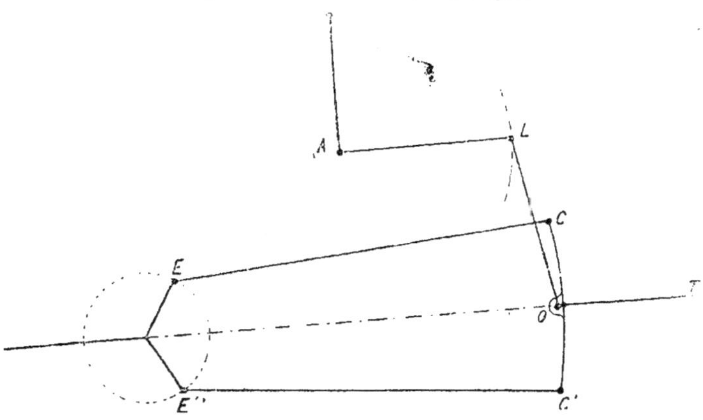

Fig. 407. — Coulisse de Stephenson au point mort.

La coulisse est *suspendue en son milieu* O par une bielle reliée à un levier AL de l'*arbre de relevage* A.

La tige de tiroir est terminée par un *coulisseau* qui glisse dans la coulisse.

La figure 407 représente le schéma de la coulisse *au point mort*.

Lorsqu'on *abaisse la coulisse* de façon à commander le tiroir par la barre EC (fig. 408), on obtient la *marche avant* de la machine ;

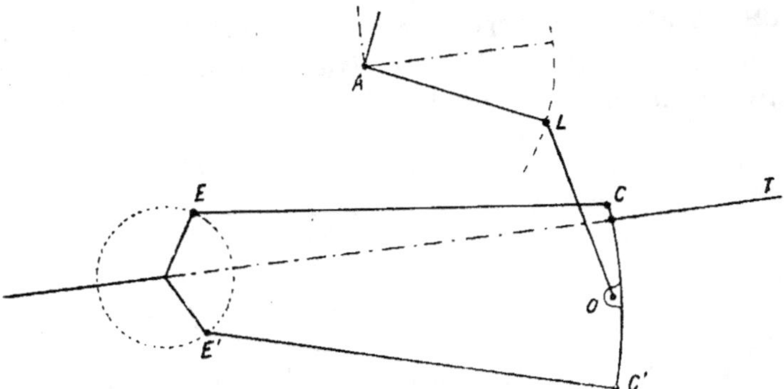

Fig. 408. — Coulisse marche avant.

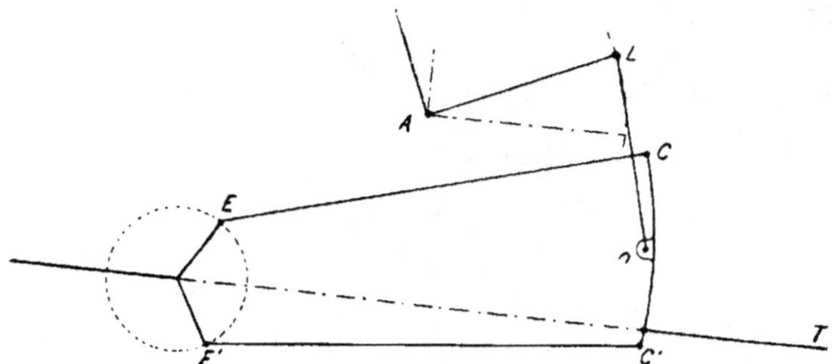

Fig. 409. — Coulisse marche arrière.

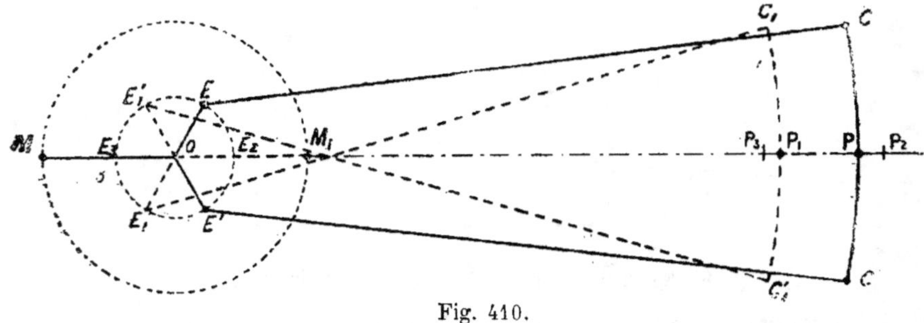

Fig. 410.

lorsqu'au contraire on *relève la coulisse*, de façon à commander le tiroir par la barre E'C', on obtient la *marche arrière* (fig. 409).

La figure 410 montre que, lorsque la marche est au point mort, la coulisse se déplace de PP_1.

Le *tracé plein* se rapporte à la *position* OM de la *manivelle* du piston et le *tracé pointillé* à la *position* OM_1, qui diffère de la première de 180°.

Lorsque la marche est à *fond de course avant*, c'est-à-dire lorsque le coulisseau est commandé par le point C de la coulisse, la course du tiroir est P_2P_3.

On obtient le point P_2 en portant à partir du point E_2 une longueur

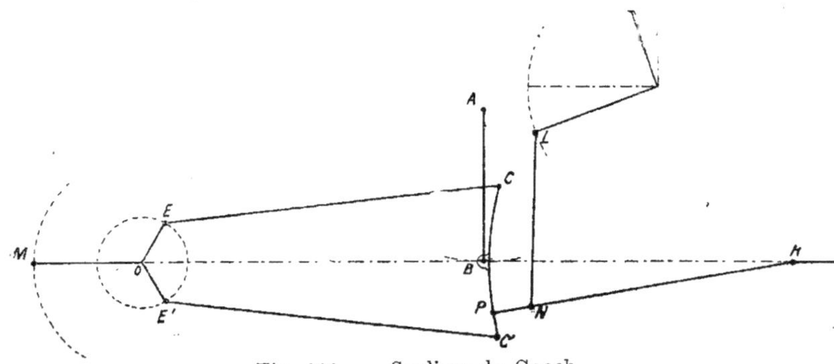

Fig. 411. — Coulisse de Gooch.

égale à EC et de même pour P_3, en portant la même longueur à partir de E_3.

Il en résulte que :

$$P_2P_3 = E_2E_3.$$

Lorsque le coulisseau occupe une *position intermédiaire* entre le *point mort* et le *fond de course* C, le déplacement du tiroir a une *valeur intermédiaire* comprise entre le *minimum* PP_1 et le *maximum* P_2P_3.

L'avantage principal de la coulisse de Stéphenson consiste dans la *commande directe* de la tige de tiroir *sans articulation* de cette tige qui peut, par suite, être *très courte*. Cette coulisse peut donc être très ramassée et *nécessite en longueur un encombrement relativement faible*.

122. Coulisse de Gooch. — La *coulisse de Gooch* a sa *courbure en sens inverse* de la précédente. De plus, son *point d'oscillation* est suspendu par une bielle BA à un *point fixe* A.

Enfin, le couliseau termine une *bielle de commande* PR du tiroir qui est *suspendue par un point* N *au levier de l'arbre de relevage*.

Lorsque le coulisseau est en B, la marche est *au point mort* ; en C, il est *à fond de course avant* et en C′ *à fond de course arrière*.

Le *rayon de la coulisse est égal à la longueur* PR *de la bielle de commande du tiroir*. Il en résulte que l'*avance linéaire* du tiroir

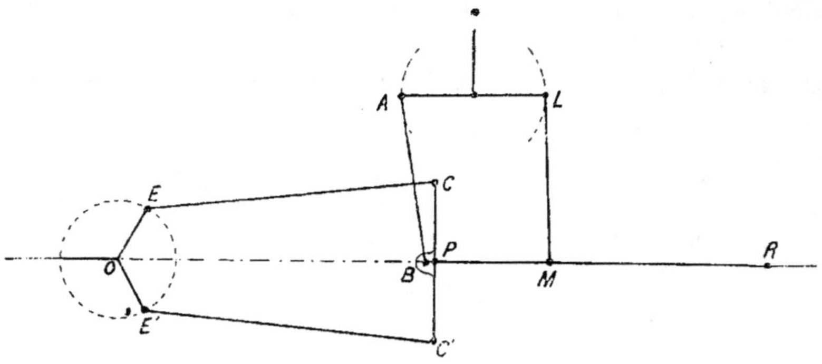

Fig. 412. — Coulisse d'Allan au point mort.

est *constante*, quelle que soit la position du coulisseau dans la coulisse.

En effet, lorsque la manivelle motrice se trouve à un point mort, en OM par exemple, la coulisse occupe la position de la figure 411, et

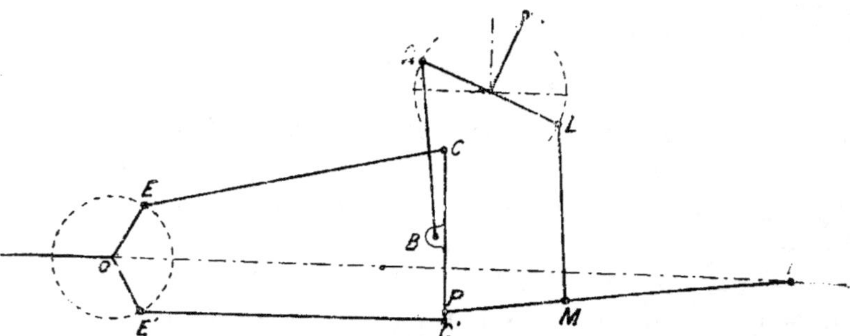

Fig. 413. — Coulisse d'Allan marche arrière.

son centre coïncide avec le point R, extrémité de la bielle de commande du tiroir.

Le *déplacement du coulisseau* P le long de la coulisse CC′ ne *déplace pas le point* R. Le tiroir *reste immobile*. L'*avance linéaire est donc invariable*, ce qui ne se produit pas avec la coulisse de Stephenson.

C'est là un des avantages de la coulisse de Gooch.

Mais elle présente l'*inconvénient* d'exiger *en longueur un encombrement plus grand*, puisqu'il faut loger *en plus la bielle de commande* du tiroir.

123. Coulisse d'Allan.

— La *distribution d'Allan* est un type *intermédiaire* entre celles de Stephenson et de Gooch. La *coulisse est droite*.

Elle est *suspendue à l'arbre de relevage ainsi que la bielle de commande*, de telle façon que, lorsque l'une est relevée, l'autre s'abaisse d'autant.

La figure 412 représente la coulisse *au point mort* et la figure 413 *à la marche arrière*.

L'avantage de la coulisse d'Allan consiste dans sa *forme rectiligne* plus facile à fabriquer et dans l'*équilibre des pièces suspendues* à l'arbre de relevage.

124. Distribution Walschaert.

— La *distribution Walschaert* ulilisée d'abord pour les cylindres extérieurs, se composə d'une coulisse dont la *concavité est tournée vers le tiroir* (fig. 414).

Cette coulisse *oscille en son milieu* autour d'un *axe fixe* O.

Elle est commandée par une *bielle* EF actionnée par un *bouton de manivelle* E.

La *tige de tiroir* guidée par une glissière G est commandée par un *levier* RT dont la *point* S est *actionné par la coulisse* et dont le *point* T suit *le mouvement de la tige de piston*.

La bielle PS est suspendue en un point N au *levier de l'arbre de relevage* comme dans la coulisse de Gooch.

Lorsque la distribution Walschaert est utilisée pour les *mouvements intérieurs*, la coulisse est commandée par un *excentrique unique*. C'est là un *très grand avantage* dans les machines puissantes modernes, car cela permet de donner un plus grand écartement aux joues de l'essieu coudé et, par suite, d'avoir une *plus large portée pour les coussinets des grosses têtes de bielles motrices intérieures*.

La distribution Walschaert a une très grande vogue actuellement en France.

125. Distribution Durand et Lencauchez.

— Il convient de citer pour mémoire la *distribution Durand et Lencauchez*, constituée par quatre *obturateurs oscillants*, analogues à ceux en usage sur les machines fixes du *type Corliss* (fig. 415).

Les tiroirs d'admission et ceux d'échappement sont commandés par deux *bielles de coulisseau distinctes*.

Les deux coulisseaux jouent *dans la même coulisse du type*

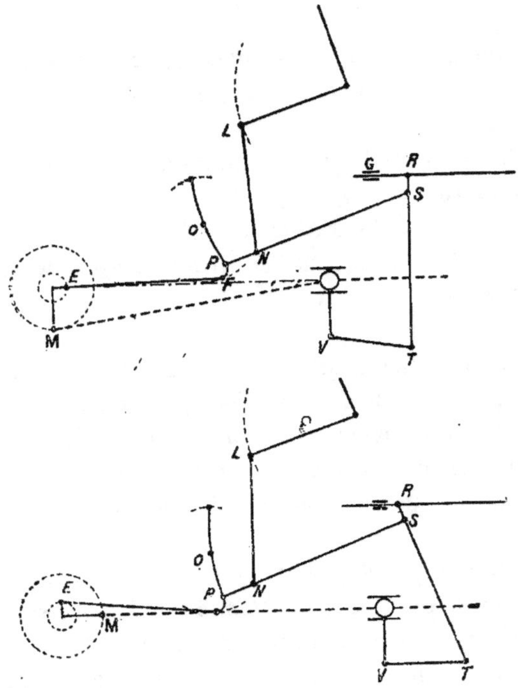

Fig. 414. — Distribution Walschaert.

Gooch, et leurs bielles sont reliées par une entretoise qui les rend *solidaires*. Elles sont donc déplacées par le même arbre de changement de marche.

Dans la marche avant, le coulisseau des tiroirs d'*échappement* est plus *éloigné du centre de la coulisse* que celui des tiroirs d'*admission*. Par conséquent, les phases d'*échappement anticipé* et de *compression* ont une *durée moins longue pour une admission donnée* que si on n'avait qu'un seul coulisseau, comme dans la distribution ordinaire.

Autrement dit, quand l'admission est au cran 2 de la réglette de changement de marche, l'échappement se produit comme si l'on marchait, p ar exemple, au cran 4 avec une distribution Gooch ordinaire.

Toutefois, pour la marche arrière, c'est le contraire qui a lieu; la distribution présente des **compressions plus fortes**, mais on a admis qu'il n'en résulterait pas un grand inconvénient.

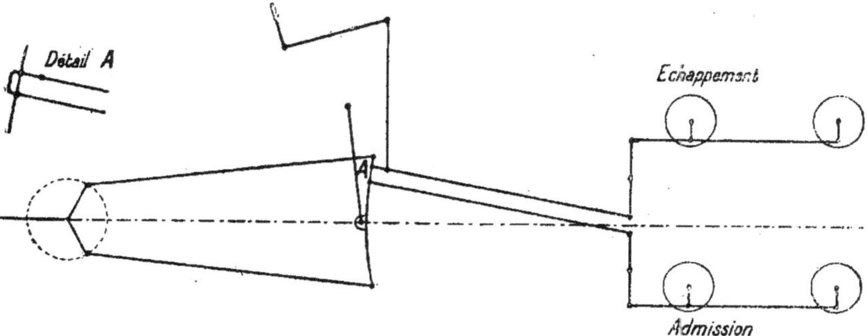

Fig. 415. — Distribution Durand et Lencauchez.

Cette distribution n'a pas donné les résultats qu'on en attendait et n'est plus guère employée.

126. Distribution Lentz. — On emploie sur un certain nombre de machines, en Allemagne et en Autriche, une **distribution à soupapes** qu'il est intéressant de signaler.

Le cylindre comporte (fig. 416) quatre soupapes, **deux** pour l'**admission** et **deux** pour l'**échappement**.

Chaque soupape, à **double siège**, est vissée sur une tige d'acier glissant dans un manchon de guidage en fonte.

L'étanchéité des tiges dans ce manchon est obtenue **sans garniture** au moyen de **cannelures**.

Les tiges se terminent par des têtes cylindriques ajourées de fort diamètre dans lesquelles se trouvent disposés des **galets polis extradurs** pouvant rouler facilement sur les **cames** de la tige de distribution.

Ces têtes des tiges glissent dans des **guides cylindriques** et isolent ainsi la **partie supérieure** de la boîte à soupapes qui renferme dans un **bain d'huile** les **ressorts de charge** destinés à assurer la fermeture des soupapes.

La tige de distribution comporte *deux entailles formant cames* qui

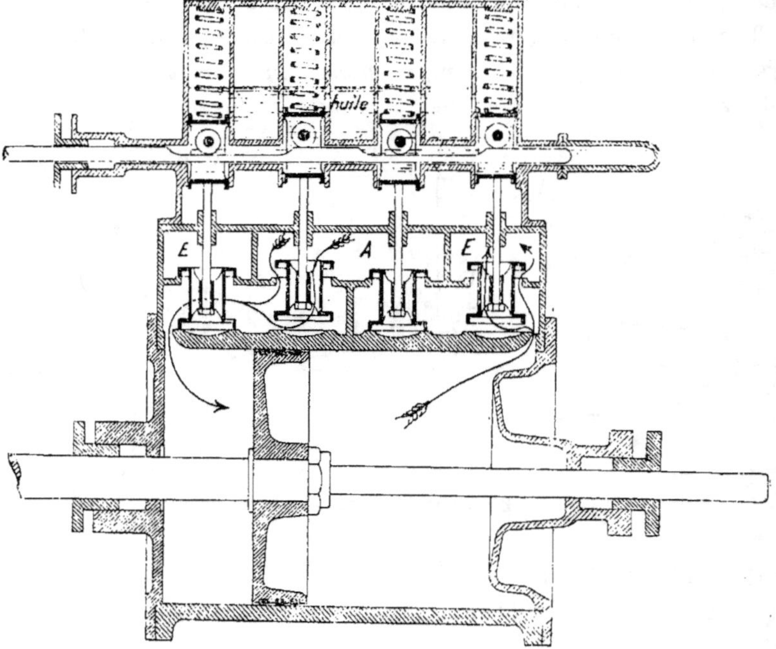

Fig. 416. — Distribution Lentz à soupapes.

se meuvent dans le bain d'huile et actionnent les *galets des tiges des soupapes*.

§ X. — CHANGEMENT DE MARCHE.

127. Généralités. — Le déplacement de la coulisse ou du coulisseau pour obtenir le *changement de marche* est obtenu du poste du mécanicien au moyen d'une *barre dite de relevage*.

Cette barre, sur les anciennes machines, était commandée par un *levier* auquel on a substitué depuis longtemps déjà une *manœuvre à vis*.

Le changement de marche sur les machines à simple expansion comporte donc un *bâti* B supportant une *vis* V commandée par un *volant* de manœuvre M. La vis porte un *écrou à tourillons* E, sur lequel est articulée la *barre de relevage* R (fig. 417).

L'écrou E est muni d'un *index* I, qui se déplace sur une ***réglette***

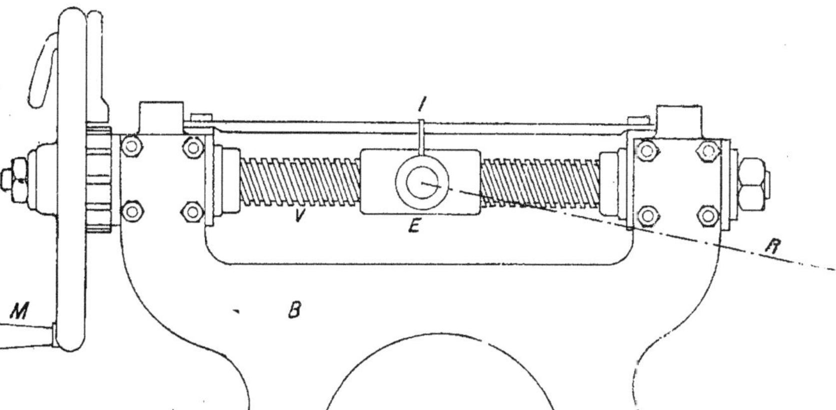

Fig. 417. — Changement de marche à vis d'une machine à simple expansion.

graduée (fig. 418).

Le ***point mort*** est marqué O. Les chiffres portés sur la réglette indiquent ce que les mécaniciens appellent le ***cran de marche***.

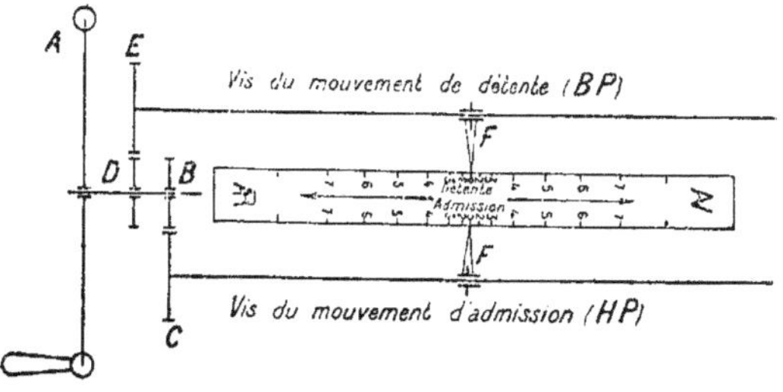

Fig. 418. — Réglette graduée du changement de marche.

C'est, en réalité, la ***valeur de l'admission exprimée en dixièmes de la course du piston***.

Quand l'index est au cran 2, cela veut dire que la vapeur est admise

Fig. 419. — Changement de marche des machines de banlieue P.-L.-M. (5500).

pendant les deux premiers dixièmes seulement de la course du piston.

Dans les machines ***compound***, il y a, en général, ***deux barres de*** *relevage*, une pour les *cylindres HP* et l'autre pour les *cylindres BP*.

La manœuvre de ces deux barres par un volant unique a été réalisée de diverses manières.

En général, les *deux vis sont parallèles* et commandées de telle façon qu'on puisse, à volonté, au moyen d'un *verrou d'enclenchement*, les manœuvrer séparément ou simultanément.

La figure 419 représente le schéma du changement de marche des machines-tenders 4 — 6 — 4 du service de banlieue P.-L.-M.

Ce changement de marche se compose d'un *volant* A *fou sur son axe.* Sur ce même axe sont montés *deux engrenages fous également*, l'un B commandant la vis du *mouvement HP* et l'autre D commandant la vis du *mouvement BP*.

Les deux engrenages B et D peuvent, à l'aide de *verrous*, être rendus *solidaires du volant*, *séparément* ou *simultanément*.

La figure 420 représente le détail du mécanisme d'enclenchement :

A, volant ;
B, engrenage de commande de C ;
C, engrenage de la vis HP ;
D, engrenage de commande de E ;
E, engrenage de la vis BP ;
H, verrou d'enclenchement HP ;
I, verrou d'enclenchement BP ;
G, verrou d'arrêt ;
M, manette des verrous d'enclenchement ;
N, manette du verrou d'arrêt.

Lorsqu'on veut manœuvrer la *vis d'admission seule*, on abaisse la manette M (fig. 421).

Si l'on veut manœuvrer la *vis de détente seule*, on relève la manette M (fig. 422).

Pour manœuvrer *les deux vis simultanément*, on place la manette M horizontale (fig. 423).

Enfin, lorsqu'on veut *fixer l'ensemble des deux vis à la position de marche choisie* pour chacune, on rabat la manette N du verrou d'arrêt.

128. Fonctionnement du changement de marche P.-L.-M.. — Le P.-L.-M. emploie de préférence aujourd'hui un changement de marche dans lequel la *barre de détente* est maintenue *constamment à fond de course*.

Ce changement de marche comporte (fig. 424) :

Une *vis* V sur laquelle est calé le volant de manœuvre A ;

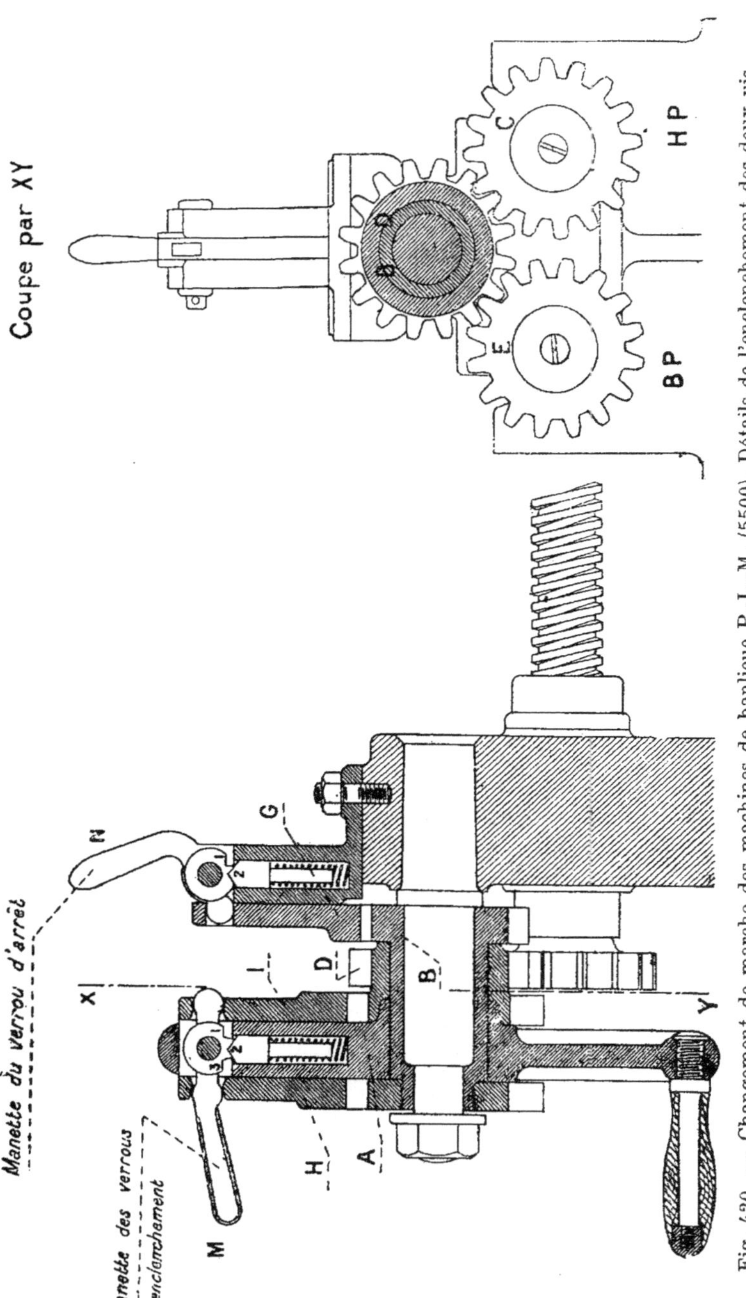

Fig. 420. — Changement de marche des machines de banlieue P.-L.-M. (5500). Détails de l'enclenchement des deux vis.

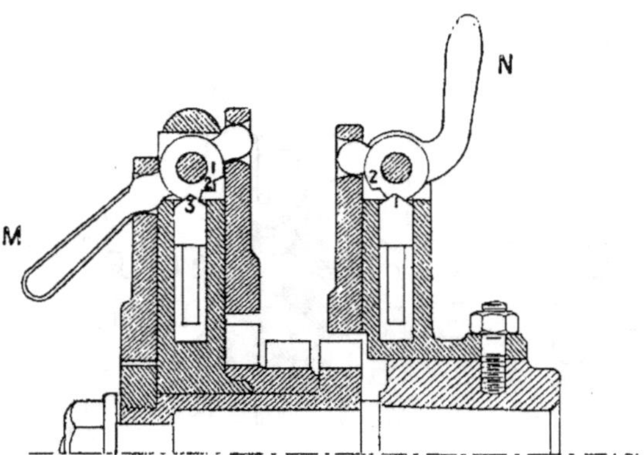

Fig. 421. — Enclenchement de la vis d'admission seule.

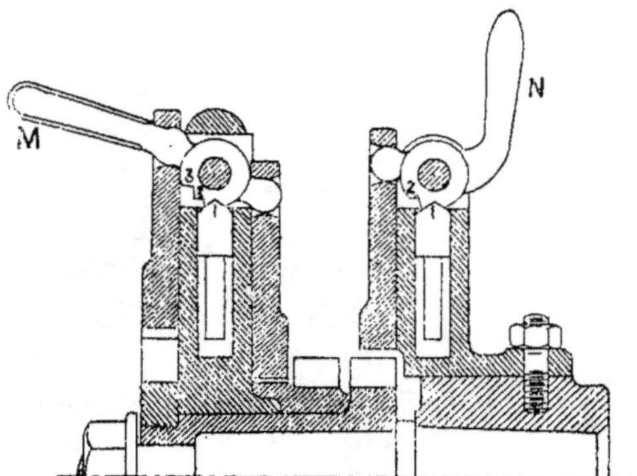

Fig. 422. — Enclenchement de la vis de détente seule.

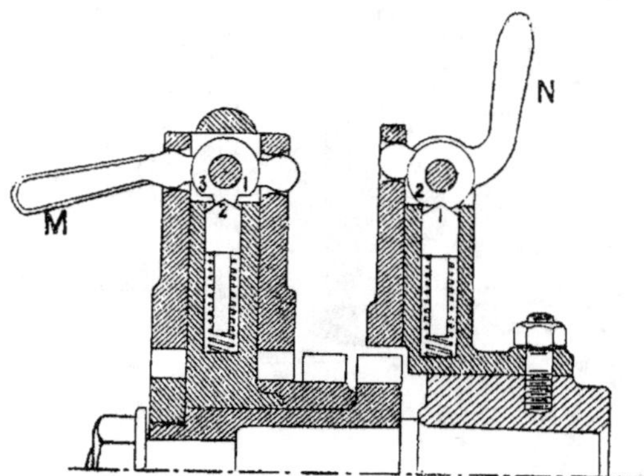

Fig. 423. — Enclenchement simultané des deux vis d'admission et de détente.

Un *écrou* E avec tourillons commandé par la vis et entraînant la barre de relevage HP ;

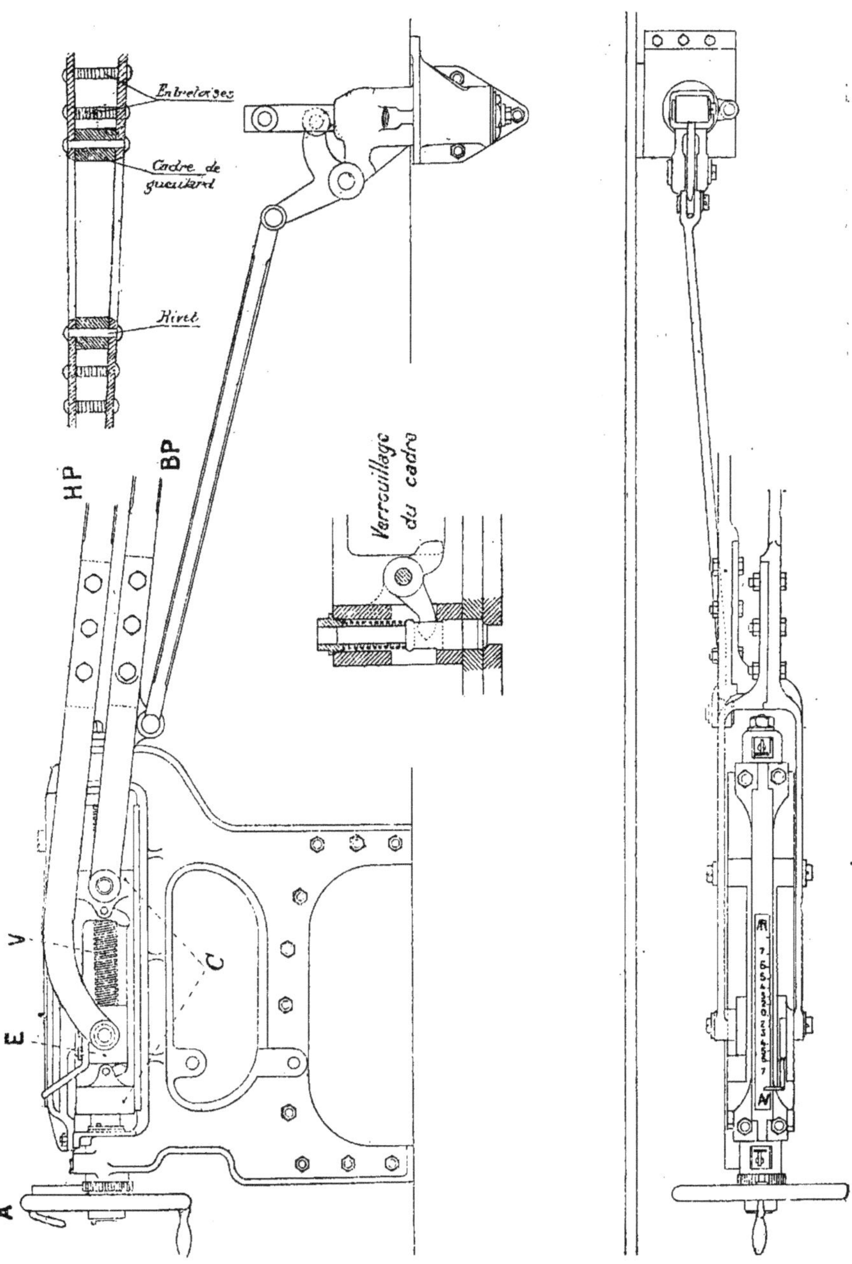

Fig. 424. — Ensemble du changement de marche.

Cours de Locomotives.   17

Un **cadre** C avec tourillons actionnant la barre de relevage BP.
Ce cadre, qui se déplace **entre deux glissières** du bâti, est entraîné

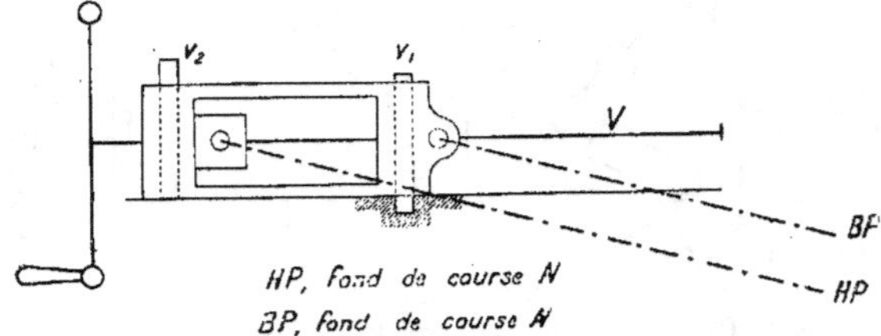

Fig. 425. — Barres HP et BP à fond de course marche avant.

par l'écrou de la vis HP, quand cet écrou se déplace d'une certaine quantité de part et d'autre de sa position moyenne. Aux deux extrémités

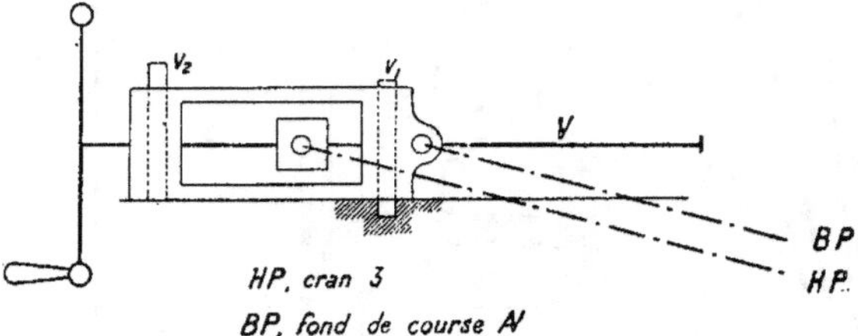

Fig. 426.—Barre BP à fond de course marche avant. Barre HP au cran 3 environ.

de sa course, le cadre est maintenu en place au moyen de **verrous**
avec taquets.

Le fonctionnement est le suivant :

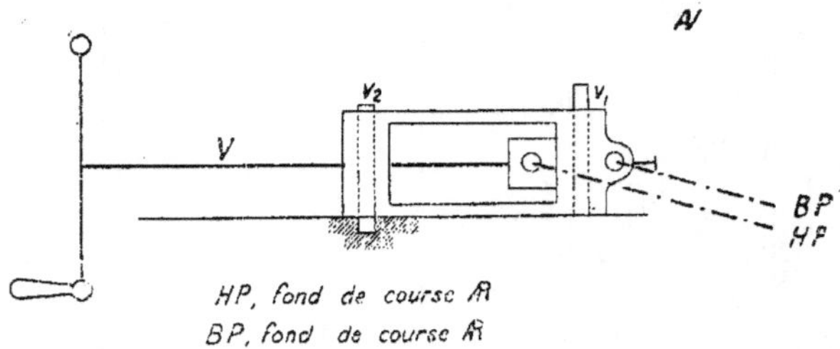

Fig. 427. — Barres HP et BP à fond de course marche arrière.

La barre d'admission ayant été ramenée à fond de course vers le
volant pour la marche avant, le cadre de détente a été entraîné également
à fond de course et se trouve immobilisé dans cette position par le
verrou v_1 (fig. 425).

On peut alors relever la barre HP jusqu'au cran convenable pour la conduite du train (fig. 426).

Lorsqu'on veut passer de la marche avant à la marche arrière, on manœuvre la vis pour amener l'écrou HP à l'extrémité de sa course vers l'avant de la machine.

Lorsqu'on a dépassé le point mort, l'écrou E vient buter contre le taquet du verrou v_1 du cadre, soulève ce verrou et entraîne ce cadre jusqu'à l'extrémité de sa course vers l'avant.

A ce moment, le verrou v_2 tombe dans son logement et enclenche le cadre (fig. 427).

On peut alors relever la barre HP au cran convenable pour la conduite du train.

Comme le cadre BP n'est pas maintenu lorsqu'il passe d'un fond de course à l'autre, la barre BP est reliée à un *ralentisseur* (fig. 424) composé d'un cylindre renfermant un liquide dans lequel se meut un piston percé d'un orifice suffisamment petit pour que le liquide ne puisse passer d'une face à l'autre du piston que dans un temps donné, qui est celui de la manœuvre de relevage.

De cette façon, lorsqu'on manœuvre la barre BP pendant la marche, on ne risque pas que les *réactions du mouvement de distribution entraînent violemment le cadre*, ce qui se produirait s'il n'y avait pas de ralentisseur ou si le cylindre de cet appareil n'était pas garni de liquide.

§ XI. — GRAISSAGE.

Les divers appareils employés pour le *graissage des pistons et distributeurs* peuvent se ramener à trois types :

Les *graisseurs à boule* ;

Les *graisseurs mécaniques* ;

Les *graisseurs à condensation*.

129. Graisseurs à boule. — Les *graisseurs à boule*, qui ont été seuls employés à l'origine, se composent d'un réservoir généralement sphérique isolé entre deux robinets.

Ils étaient tout d'abord montés à l'avant de la locomotive aussi directement que possible sur les cylindres et boîtes à vapeur. Mais, en raison du danger de leur utilisation en marche, qui exige le déplacement du mécanicien sur le tablier de la machine, on les a souvent reportés sous l'abri.

Toutefois, on les maintient encore à l'avant sur les machines modernes déjà munies de graisseurs mécaniques ou à condensation. Dans ce cas, ils sont utilisés très rarement, et comme **graisseurs de secours** seulement. Le fonctionnement de ce graisseur est le suivant :

Le robinet du bas R_2 étant fermé, on ouvre le robinet supérieur R_1

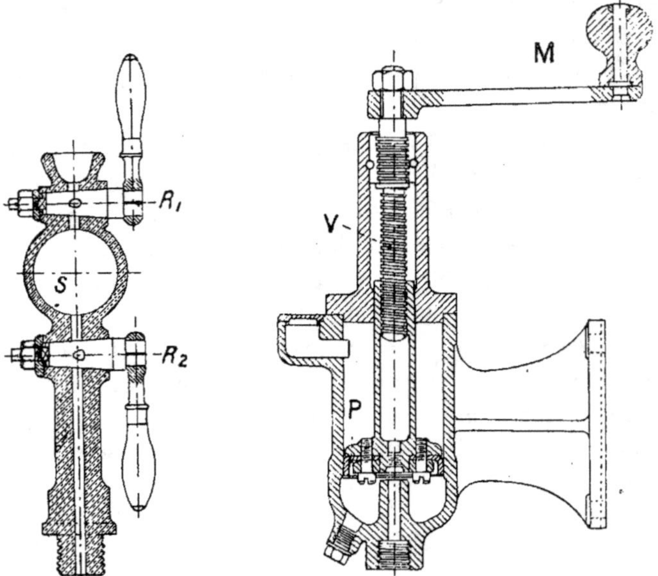

Fig. 428. — Graisseur à boules.

Fig. 429. — Compresseur à main.

et on remplit le réservoir sphérique S d'huile. Cela fait, on ferme le robinet R_1 et on ouvre R_2. L'huile s'écoule alors sur la pièce à lubrifier.

Ce type de graisseur présente évidemment l'**inconvénient de ne pas être continu.** L'huile s'écoule assez rapidement, et, dès que le réservoir est vide, le graissage ne se fait plus.

Lorsqu'il est placé sous l'abri, il présente un **certain danger**, car, si le mécanicien ouvre par mégarde les deux robinets R_1 et R_2 simultanément pendant la marche, cela occasionne des **projections d'huile et d'eau chaude** qui peuvent donner lieu à des brûlures et qui, en tout cas, sont une cause de malpropreté de la cabine.

130. Graisseurs mécaniques. — Les *graisseurs mécaniques* sont beaucoup plus pratiques.

Le plus simple est un *compresseur à main* (fig. 429) disposé à portée du mécanicien.

Il est constitué, sur certaines machines P.-L.-M., par un simple piston P en cuir embouti, commandé par une vis V et une manivelle M.

La partie inférieure du réservoir aboutit à un double conduit. Cha que conduit est muni d'un robinet et relié à la boîte à vapeur correspondante par un tuyau qui court le long du corps cylindrique de la chaudière.

Pour utiliser cet appareil, on opère de la façon suivante :

Le piston étant au bas de sa course et les robinets fermés, on remplit d'huile le réservoir. Il suffit alors de remonter le piston à la partie supérieure; l'huile passe entre le piston et le corps du compresseur, et le graisseur est prêt à fonctionner.

On ouvre alors successivement chacun des robinets de distribution R_1, R_2, en donnant en même temps quelques tours de manivelle. On envoie ainsi la quantité d'huile désirée dans les boîtes à vapeur, même pendant la marche à régulateur ouvert.

Le *défaut du compresseur* est encore de n'*être pas continu.*

131. Graisseur mécanique Drevdal. — Le *graisseur mécanique Drevdal* remédie à cet inconvénient.

Cet appareil (fig. 430), fixé sur le tablier à l'avant de la machine, se compose essentiellement de deux réservoirs cylindriques AA′ dans lesquels se déplacent verticalement deux pistons BB′ commandés par :

Un jeu de leviers L, MM′, L′ ;

Un levier à cliquet J ;

Un engrenage à vis sans fin F ;

Deux engrenages EE′ ;

Deux vis DD′.

Les engrenages EE′ tournant en sens inverse, les deux vis DD′ sont à pas de sens contraire.

La roue F est rendue solidaire de la tige D et de l'engrenage E par l'intermédiaire d'une poignée H à emmanchement carré sur la tige et portant sur sa face inférieure deux saillies qui s'engagent dans deux encoches correspondantes de l'engrenage F. Ce dernier est donc fou sur sa tige lorsqu'on soulève la poignée H pour dégager les encoches.

On voit ainsi que la descente lente des plongeurs chasse l'huile de façon continue par les conduits R et R' vers les points à lubrifier. L'huile ainsi refoulée doit traverser d'abord les **boîtes à soupapes de**

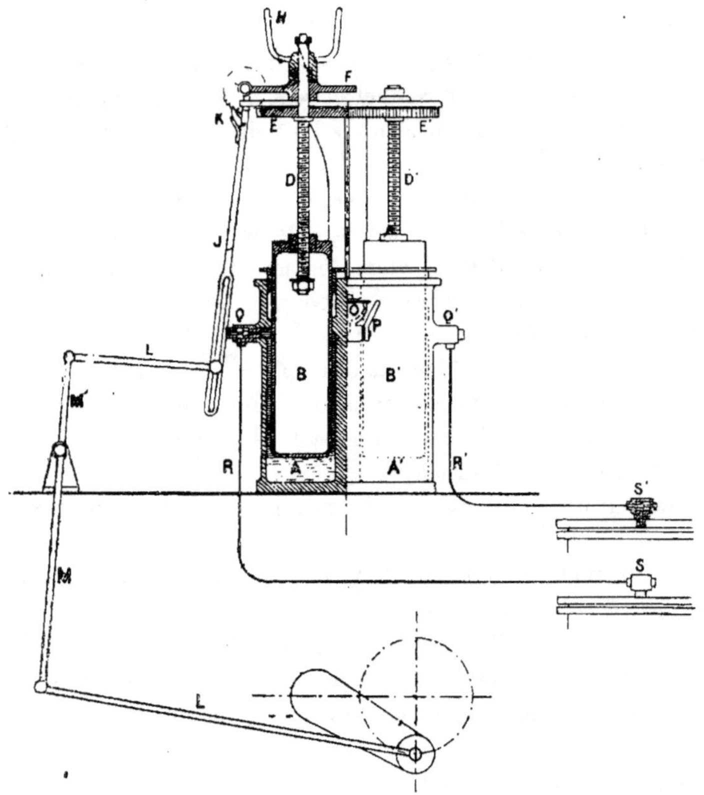

Fig. 430. — Graisseur mécanique Drevdal.

refoulement QQ'' qui s'opposent au retour de l'huile et de la vapeur dans l'appareil.

A l'arrivée des tuyaux graisseurs sur les boîtes à vapeur, l'huile traverse également les **boîtes à soupapes de retenue** SS', dont le but est d'empêcher l'écoulement de l'huile pendant l'arrêt de la machine.

Le remplissage de l'appareil se fait par le godet O après avoir ouvert le robinet P. On produit l'aspiration en remontant les pistons plongeurs BB′ par la rotation convenable de la manivelle H dégagée au préalable de ses encoches.

L'appareil ainsi rempli est prêt à fonctionner. Il suffit de faire retomber la manivelle H pour enclencher à nouveau l'engrenage F de la vis sans fin avec la tige D.

On *règle le débit* de l'huile au moyen de la *coulisse* du levier J qui permet de *faire varier l'amplitude d'oscillation* du cliquet.

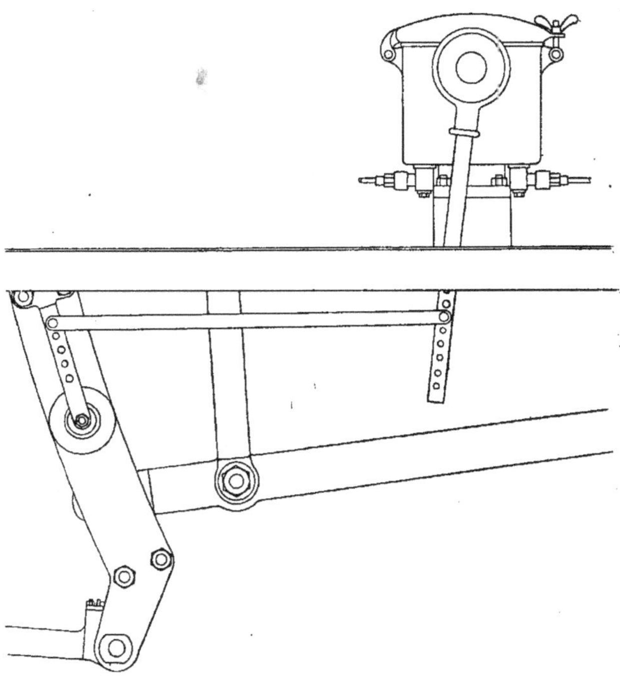

Fig. 431. — Pompe à huile Friedmann.

Cet appareil est d'un fonctionnement très sûr lorsqu'il est disposé de façon à être à l'abri de la gelée pendant la mauvaise saison.

Il existe d'autres types de graisseurs mécaniques qui fonctionnent comme de véritables petites pompes de compression pour chaque direction d'huile.

132. Pompes à huile Friedmann. — Ce graisseur est constitué par un récipient plein d'huile à l'intérieur duquel sont renfermés *autant de petits appareils de refoulement* qu'il y a de *directions d'huile* à desservir.

Il est monté sur le tablier avant de la machine, comme l'indique la figure 431.

Chaque appareil de refoulement comporte un **piston distributeur** p_1 et un **piston compresseur** p_2 qui se déplacent chacun dans un cylindre T_1, T_2.

Le mouvement de ces pistons est **alternatif** et réglé comme il est indiqué ci-après :

Le piston p_1 s'abaisse et arrive dans la position correspondant à l'aspiration (fig. 432).

Il découvre alors l'orifice O d'arrivée d'huile et le canal C_1. Il obstrue le canal C_2.

Le piston p_1 étant dans cette position, le piston p_2 effectue sa course

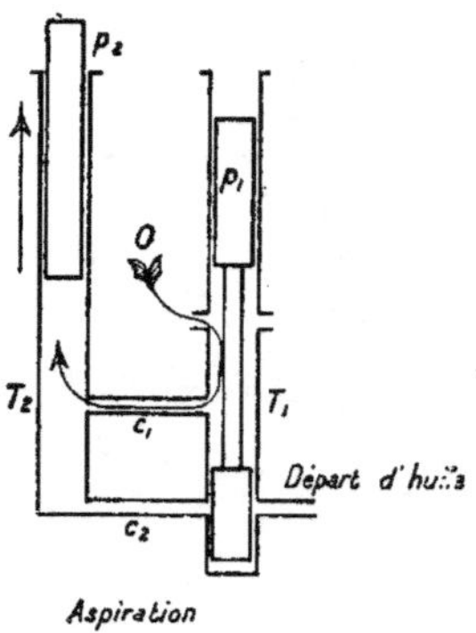

Fig. 432. — Schéma du graisseur Friedmann montrant la phase d'aspiration.

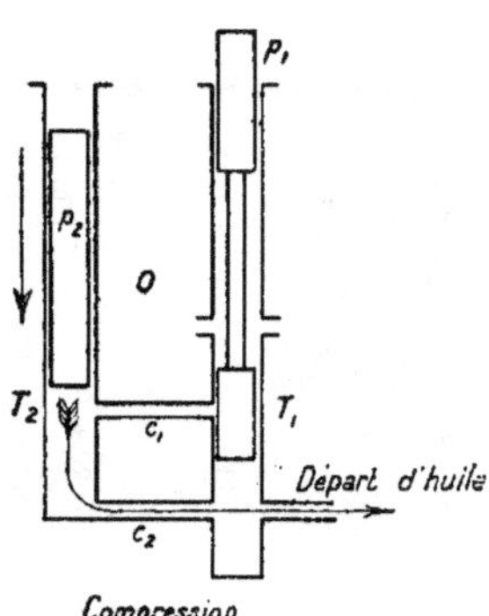

Fig. 433. — Schéma du graisseur Friedmann montrant la phase de compression.

ascendante et provoque l'aspiration de l'huile dans le cylindre T_2.

Lorsque p_2 est arrivé vers le haut de sa course, p_1 remonte à son tour et vient occuper la position de la figure 433.

Il découvre alors le canal C_2 et isole le cylindre T_1 de l'arrivée de l'huile en obturant le canal C_1.

Le piston p_2 effectue alors sa course descendante et chasse l'huile vers le point à graisser.

Ce mouvement alternatif des pistons $p_1 p_2$ est obtenu au moyen de **deux balanciers** $B_1 B_2$ commandés par **deux excentriques** $E_1 E_2$ (fig. 434).

Le **balancier** B_1 commande à chacune de ses extrémités un **piston** p_1.

Le **balancier** B_2 commande de même à chacune de ses extrémités un **piston** p_2 caché sur la figure par le **piston** p_1.

L'ensemble des deux balanciers correspond ainsi à deux départs représentés sur la figure, l'un à droite, l'autre à gauche.

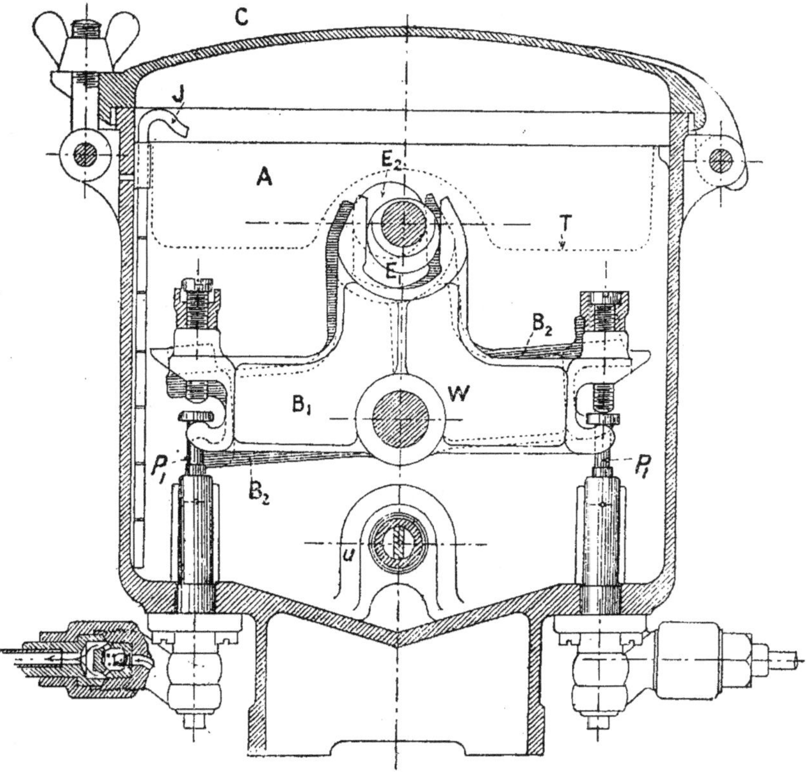

Fig. 434. — Pompe à huile système Friedmann.

C'est grâce au **calage différent** des excentriques E_1E_2, et aussi au **jeu ménagé entre les vis de réglage et les têtes des pistons** qu'on obtient que le piston p_1 soit au voisinage du haut de sa course, alors que p_2 refoule et inversement.

Pour remplir le graisseur, on ouvre le couvercle C, et on verse l'huile sur le tamis T.

Le réservoir comporte une jauge J graduée en kilogrammes qui permet de suivre la dépense.

133. Pompe Bourdon. — Il convient de citer également le *graisseur Bourdon à pression constante*.

Le principe de cet appareil consiste dans l'application, à la suite d'une **pompe unique** P, d'un *régulateur de pression* A (fig. 435).

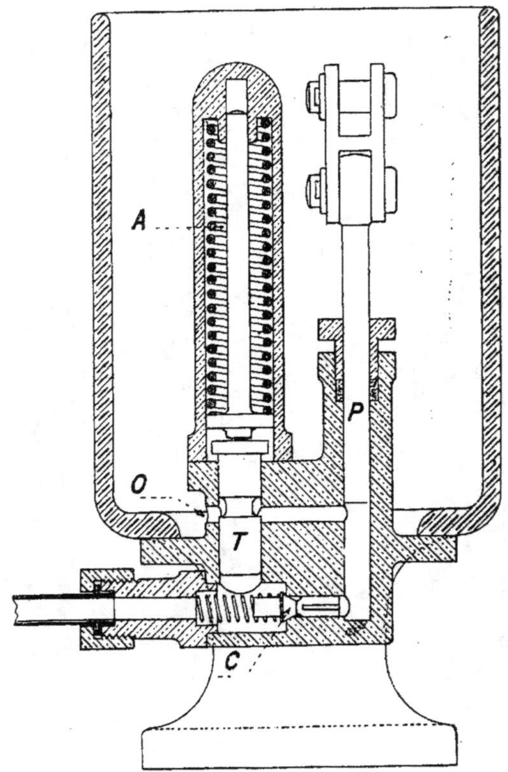

Fig. 435. — Graisseur Bourdon.

La pompe est calculée pour un débit sensiblement supérieur à celui des compte-gouttes de toutes les directions utilisées.

Il en résulte que, dès la mise en marche, la pression monte dans les conduits de distribution jusqu'à la valeur correspondante à la tension du régulateur A.

A partir de ce moment, le piston T se soulève et réduit l'arrivée de l'huile par l'orifice O ; la pression d'huile restant **constante** dans les conduits de graissage, le débit se trouve **nécessairement régulier**.

134. Graisseurs à condensation. — On emploie beaucoup en France, à ce jour, les *graisseurs à condensation*, alors que dans le reste de l'Europe on semble préférer les graisseurs mécaniques.

Le principe des graisseurs à condensation (fig. 436) est le suivant :

La vapeur arrive par un conduit V, dans un *condenseur* E, où une partie se condense ; l'autre partie forme un courant qui s'échappe par les tuyaux B et P vers les boîtes à vapeur.

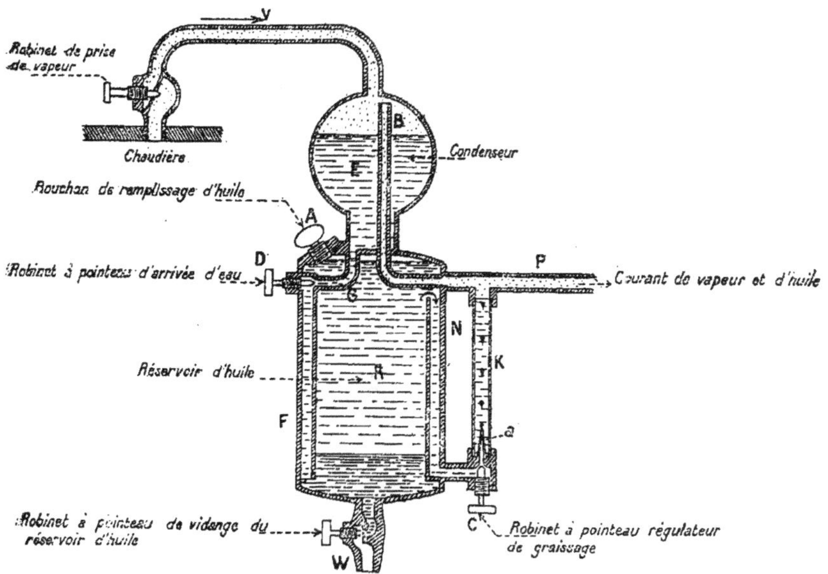

Fig. 436. — Figure schématique représentant un graisseur à condensation.

Le condenseur E communique avec le *réservoir d'huile* R par un *tuyau* F.

Le *robinet* D placé sur ce tuyau permet de régler l'écoulement de l'eau du condenseur E au réservoir à huile R.

L'eau ainsi introduite dans R déplace la même quantité de l'huile qui surnage. Cette huile s'écoule par le *tuyau* N et le *tube de vue* K dans le *tuyau* P où elle est entraînée vers les boîtes à vapeur par le courant de vapeur venant de B.

Le bouchon A sert pour le remplissage d'huile. Le robinet W est utilisé pour la purge du réservoir. Enfin, le robinet C sert à régler le débit des gouttes d'huile.

Pour mettre l'appareil en marche, on commence par remplir le réservoir d'huile au moyen du bouchon A. Pendant cette opération, on doit fermer le robinet de prise de vapeur et le robinet D.

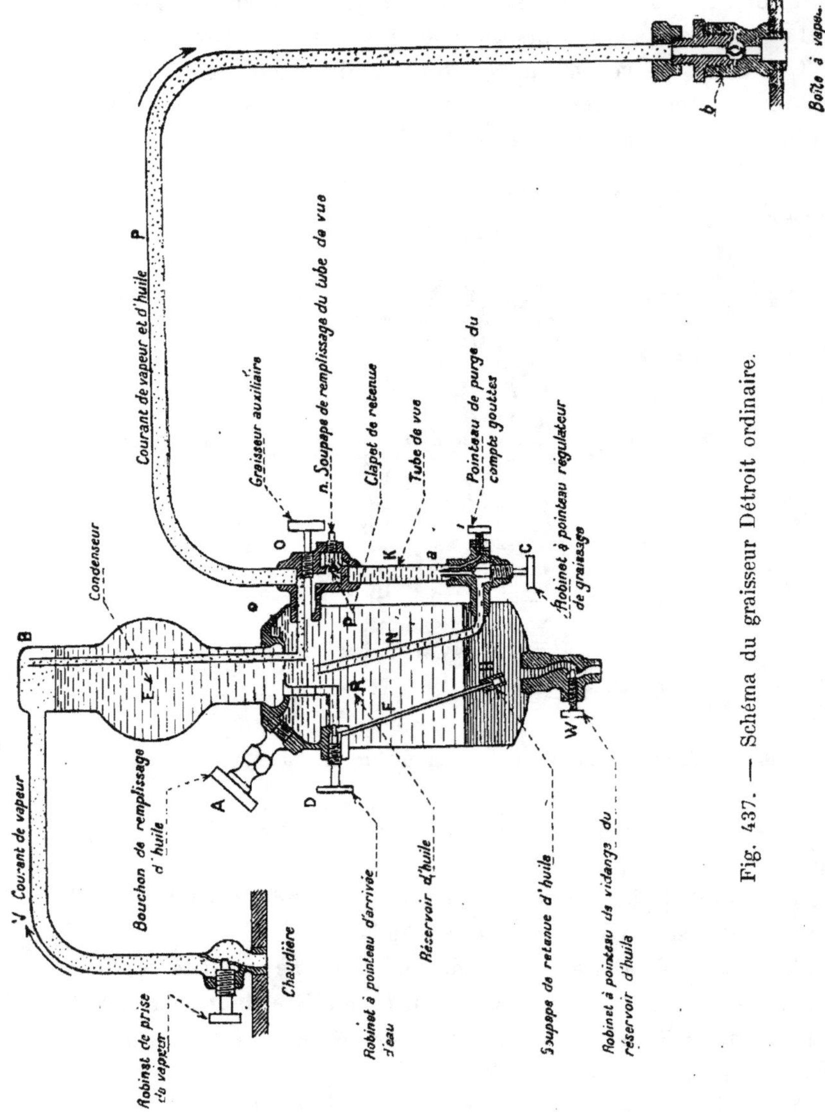

Fig. 437. — Schéma du graisseur Détroit ordinaire.

Ensuite, le bouchon A étant remis en place, on ouvre les deux robinets précédents.

Lorsque le condenseur E et le compte-gouttes K sont remplis d'eau, on ouvre le pointeau C de la quantité nécessaire pour obtenir le débit voulu.

Pour arrêter le fonctionnement, il suffit de fermer le pointeau C et le robinet d'arrêt sur la chaudière.

Les graisseurs à condensation comportent autant d'organes de débit qu'il y a de points à graisser.

Il existe de nombreux modèles de graisseurs à condensation, mais qui, en général, diffèrent peu les uns des autres.

135. Graisseur Détroit ordinaire à tubes de vue. — Ce graisseur (fig. 437) comporte en plus du schéma précédemment décrit les accessoires ci-après :

Une *soupape à bille de retenue* d'huile H;

Un *graisseur auxiliaire* O pour chaque départ à utiliser en cas de rupture du tube de vue ;

Un *clapet de retenue automatique* P empêchant le retour de la vapeur en cas de rupture du tube de vue ;

Une *soupape de remplissage* n du tube de vue :

Une *tubulure à clapet de retenue* b sur la boîte à vapeur ;

Cet appareil comporte ainsi à peu près tous les accessoires que l'on peut installer sur un graisseur à condensation. Mais il est un *peu compliqué*. On semble lui préférer actuellement le graisseur *Détroit Galéna sensiblement plus simple*.

136. Graisseur Détroit Galéna. — On retrouve sur la figure 438 tous les organes essentiels décrits pour le graisseur type.

Le graisseur Détroit Galéna comporte en plus :

Une *soupape de prise de vapeur* I :

Un *pointeau de purge* r du compte-gouttes ;

Une *tubulure à clapet de retenue* b sur la boîte à vapeur.

Les regards du compte-gouttes sont constitués par deux verres très épais fixés par une garniture à vis dans le corps de l'appareil. On peut remplacer la glace du fond par une plaque émaillée ou en métal poli. Ce dispositif qui éclaire les gouttes par réflexion donne une visibilité sensiblement meilleure.

Il est recommandé de tenir le *robinet d'eau D constamment ouvert*, excepté quand on remplit le réservoir d'huile.

Cette recommandation a pour but de permettre la dilatation de l'huile. En effet, si le robinet d'eau D et le robinet à pointeau C sont fermés, l'huile du réservoir R peut en s'échauffant et **en se dilatant avarier l'appareil**.

Il convient de procéder au **nettoyage de l'appareil** lorsque le

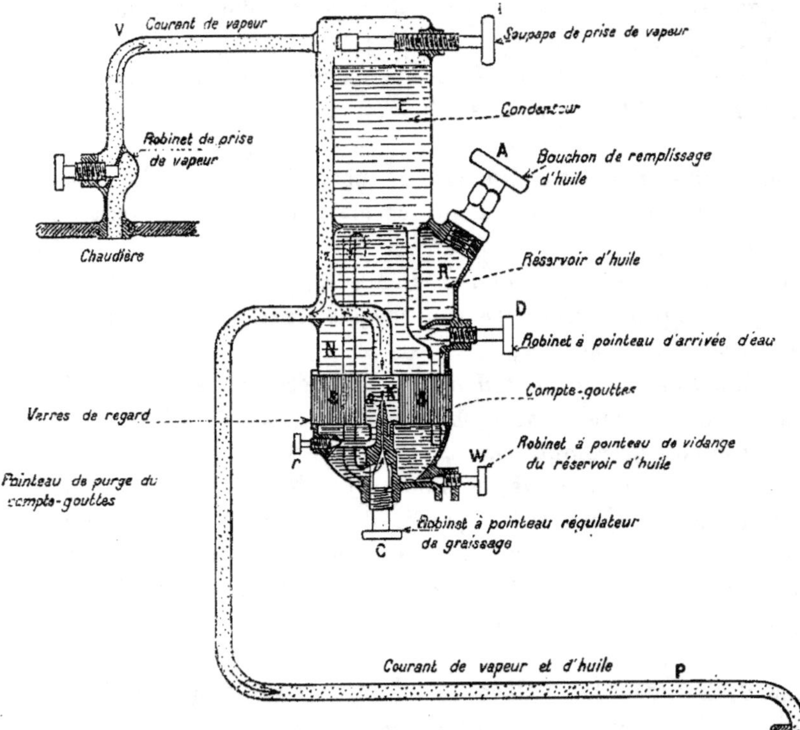

Fig. 438. — Schéma du graisseur Détroit modèle Galéna

besoin s'en fait sentir et en principe **une fois par semaine**.

Ce nettoyage se fait au moyen de la vapeur.

On vide au préalable le réservoir d'huile R par la purge W après avoir fermé le robinet de prise de vapeur sur la chaudière. On ouvre ensuite le robinet de façon à laver l'intérieur du réservoir par la vapeur qui s'écoule ensuite par la purge W.

On nettoie de même les tubes de vue, en ouvrant leur pointeau de purge r.

§ XII. — THÉORIE DE LA DISTRIBUTION.

Nous avons vu que le jeu du tiroir sert à distribuer la vapeur alternativement sur chaque face du piston.

Nous allons examiner en détail comment se fait cette distribution.

Considérons un piston réduit à une paroi mince se déplaçant dans un cylindre ; soient P_1 et P_2 les positions extrêmes du piston.

La longueur L représente la **course du piston**.

Les espaces $E_1 E_2$ compris entre le piston à chaque bout de course et les fonds du cylindre s'appellent **espaces libres**.

Supposons que la vapeur soit introduite dans le cylindre à la pression de 10 kilogrammes pendant les deux dixièmes de la course (on dit que l'on admet au cran 2 du changement de marche).

Lorsque le piston part du fond de course P_1, la lumière correspondante

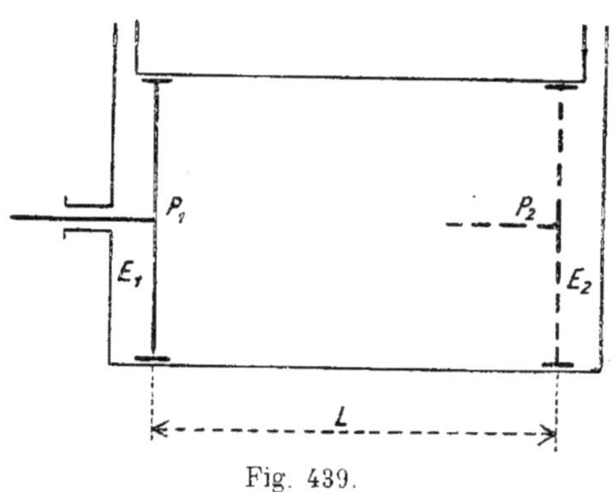

Fig. 439.

du tiroir est déjà ouverte d'une petite quantité (croquis A, fig. 440), qu'on appelle **avance à l'admission**. L'ouverture du tiroir va en augmentant jusqu'à une certaine valeur (croquis B, fig. 440) ; puis le tiroir revient en sens inverse jusqu'à **fermer l'orifice d'admission** (croquis C, fig. 440). A partir de ce moment, la vapeur **n'entre plus dans le cylindre**. Le piston se trouve aux deux dixièmes de sa course.

La vapeur ainsi emprisonnée continue à pousser le piston, mais sa pression diminue. On dit qu'elle se détend.

Lorsqu'elle arrive à occuper un volume double, triple, etc., sa pression tombe de moitié, du tiers, etc., ce que l'on exprime en disant que la **pression de la vapeur pendant la détente est inversement proportionnelle au volume occupé**.

Pendant cette détente, le tiroir continue à se déplacer vers la gauche et arrive à **découvrir la lumière du côté de l'échappement** (croquis D, fig. 440).

Cette ouverture, qui se produit *avant que le piston n'arrive à son fond de course,* commence la *période d'échappement anticipé.*

La pression sur la face considérée du piston tombe rapidement jus-

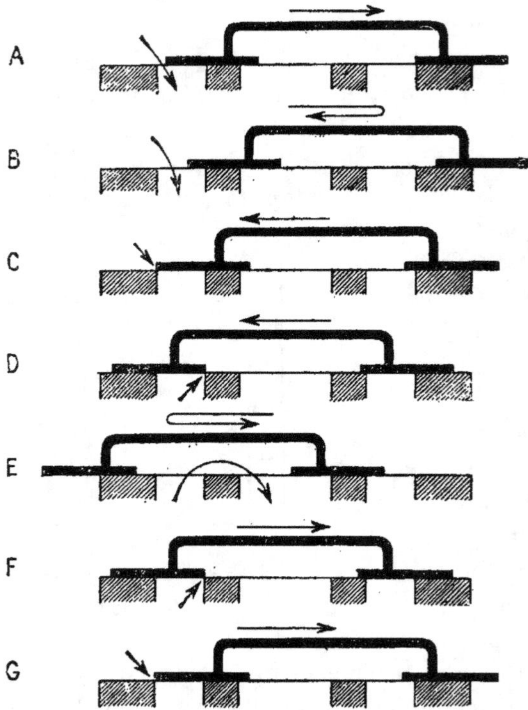

Fig. 440. — Schéma de la théorie de la distribution.

A, avance à l'admission.
B, ouverture maximum.
C, fin de l'admission, commencement de la détente.
D, fin de la détente, commencement de l'échappement anticipé.
E, échappement.
F, fin de l'échappement, commencement de la compression.
G, fin de la compression, commencement de l'avance à l'admission.

qu'àune valeur voisine de zéro; le piston arrive ainsi à fond de course et commence son mouvement rétrograde.

L'*ouverture de l'échappement* se maintient pendant une *partie de cette course rétrograde.*

Le tiroir, après avoir atteint son ouverture maximum (croquis E, fig. 440), se déplace à nouveau en sens inverse et vient *fermer l'échappement* (croquis F, fig. 440).

A cet instant, la vapeur à faible pression qui subsiste derrière le piston est *isolée* et se trouve **comprimée**, pendant que le piston continue son mouvement. ***Sa pression monte rapidement suivant la même loi que celle indiquée précédemment.***

Lorsque le volume est réduit de moitié, la pression devient double ; lorsque le volume est réduit au tiers, la pression devient triple, etc.

C'est la **période de compression**.

Enfin, un peu avant que le piston ne revienne à sa position initiale, le tiroir **ouvre à nouveau l'orifice d'admission** (croquis G, fig. 440).

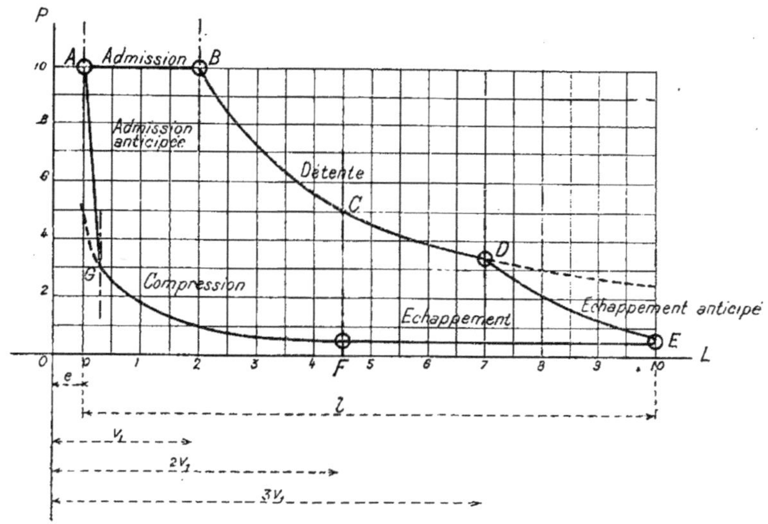

Fig. 441. — Diagramme de la distribution sur une face du piston.

La vapeur afflue alors contre le piston et vient comme un matelas élastique **amortir sa vitesse avant de l'arrêter** et de lui faire reprendre son mouvement en sens contraire.

Cette théorie, un peu longue à présenter, peut être résumée sous forme de graphique.

Traçons deux axes rectangulaires OL.OP (fig. 441).

Sur OL, portons d'abord une longueur *e* représentant la valeur de *l'espace libre*, puis à la suite une longueur *l* représentant la **course du piston**, et partageons cette course du piston en 10 parties égales (1, 2, 3, 4, etc.).

Sur OP, traçons à partir du point O des *longueurs égales* qui représenteront l'*échelle des pressions*.

Le piston partant du fond de course A avec le tiroir déjà ouvert reçoit la vapeur comme nous l'avons vu à la pression de 10 kilogrammes jusqu'à sa position B correspondant aux deux dixièmes de la course. C'est la période d'*admission*.

A partir de B, le tiroir est fermé et la *détente* commence.

En C, le volume occupé par la vapeur a *doublé*; la pression est tombée à $\dfrac{10}{2} = 5$ kilogrammes.

En D, où il a *triplé*, la pression n'est plus que de $\dfrac{10}{3} = 3^{kg},3$.

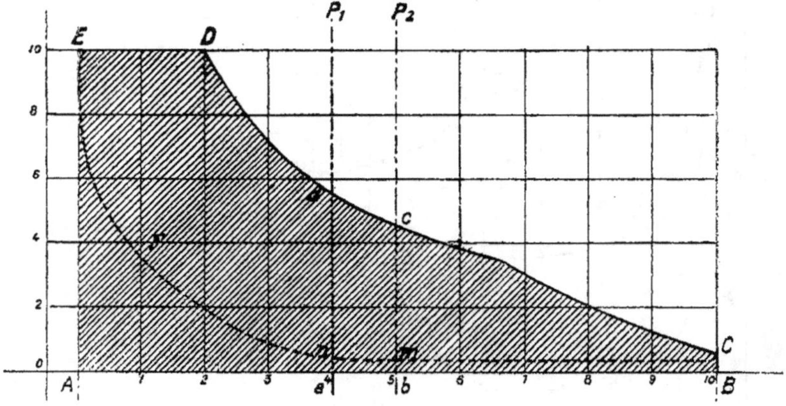

Fig. 442.

Cette chute de pression continuerait suivant la même loi indiquée par le tracé pointillé, si elle n'était pas accélérée par l'*ouverture anticipée* de l'échappement à partir de D. C'est la période dite d'*échappement anticipé* (1).

Lorsque le piston est arrivé à son fond de course, E, la pression est très faible, $0^{kg},500$ environ.

Elle reste à peu près constante pendant la partie EF de la course de retour qui constitue la période d'échappement proprement dite.

A partir de F, le tiroir *referme* la *lumière d'échappement*. La

(1) Il convient de noter que la position du point D, qui sur la figure est aux sept dixièmes de la course, est variable avec l'admission et aussi du reste avec les divers systèmes de distribution.

vapeur est comprimée par le piston. Sa pression monte. La course FG représente la période de **compression**.

Enfin, de G jusqu'en A, l'**admission anticipée** ramène rapidement la pression dans l'espace neutre à la valeur nominale d'admission pour une nouvelle course.

L'exposé ci-dessus du travail de la vapeur sur une face du piston

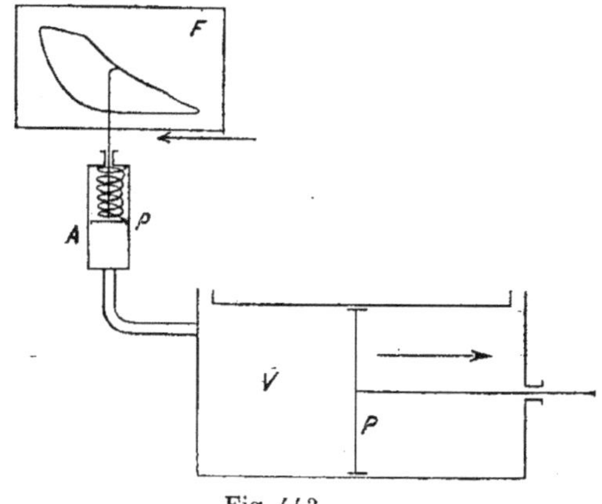

Fig. 443.

s'applique également à l'autre face pour laquelle on construirait de même un diagramme analogue.

Le tracé des diagrammes de chaque face d'un piston permet de calculer la puissance développée.

En effet, on sait que le **travail** est le produit de la **force exprimée en kilos** par le **chemin parcouru en mètres**.

Considérons le diagramme de la figure 442 et une position quelconque P_1 du piston.

Lorsque le piston se déplace de P_1 en P_2, il parcourt le chemin *ab*. Pendant ce déplacement, la pression moyenne est $\dfrac{ad + bc}{2}$.

Si la surface du piston est S, la force qui le pousse est :

$$S \times \frac{ad + bc}{2},$$

et le travail

$$S \times \frac{ad + bc}{2} \times ab.$$

Or, $\dfrac{ad + bc}{2} \times ab$ représente l'**aire du trapèze** *abcd*. En répétant le raisonnement de proche en proche pour une série de parcours élémentaires analogues à *ab*, on voit que le travail pour la course AB du piston est égale à

$$S \times \text{surface ABCDE},$$

AB étant exprimé en mètres et AE en kilogrammes.

Pendant la course du retour, le piston subit un **travail résistant** dû à la **contre-pression**.

Le même raisonnement montre que la valeur de ce travail est :

$$S \times \text{surface ABDFE}.$$

Le travail produit sur une face du piston pendant une course aller et retour est donc égal à la différence.

$S \times$ surface ABCDE — $S \times$ surface ABCDFE, c'est-à-dire à la **surface du piston** multipliée par la **surface du diagramme**.

On voit par là l'intérêt qu'il y à pouvoir établir les **diagrammes du travail** de la vapeur sur les deux faces d'un piston.

On a imaginé divers **appareils pour tracer ces diagrammes**, dont le principe est le suivant.

Un cylindre A de petites dimensions est mis en communication avec l'une des extrémités du cylindre à vapeur V (fig. 443).

Dans ce cylindre se meut un piston *p* maintenu par un ressort dont les flexions sont proportionnelles aux pressions.

La tige du piston porte un crayon qui trace le diagramme sur une feuille de papier F, à laquelle on donne un mouvement alternatif pro -

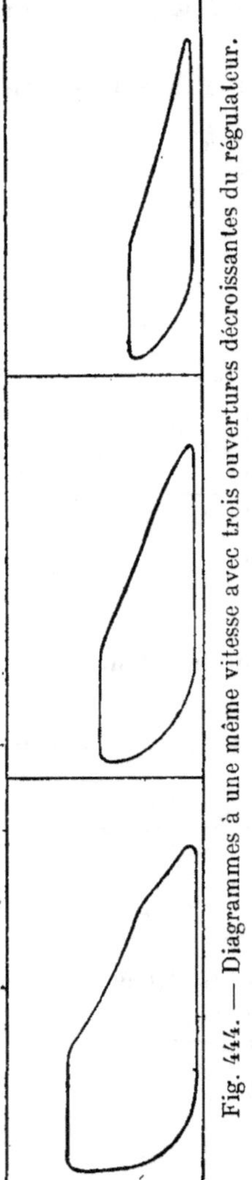

Fig. 444. — Diagrammes à une même vitesse avec trois ouvertures décroissantes du régulateur.

portionnel à celui du piston.

On obtient ainsi un diagramme à une échelle déterminée qui permet d'étudier et de vérifier les diverses phases de la distribution.

Les **diagrammes réels** ainsi obtenus diffèrent sensiblement du **diagramme théorique** représenté figure 441.

Si l'on tient compte de ce que l'ouverture des tiroirs est faible et qu'en service normal ils font souvent trois courses aller et retour par seconde, on conçoit que la vapeur ne puisse pas toujours s'écouler

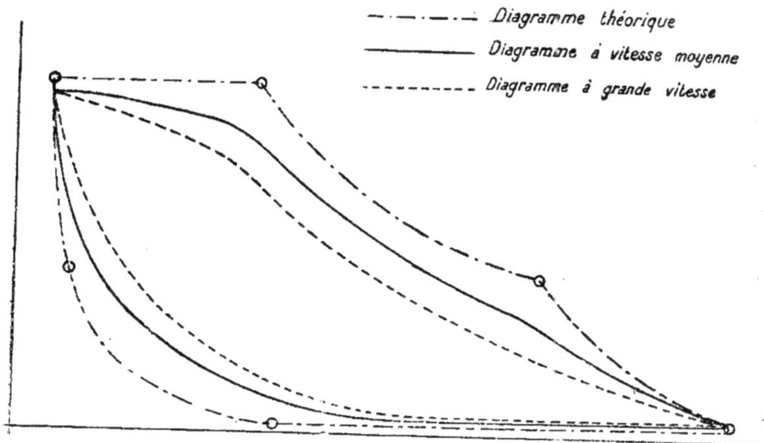

Fig. 445. — Déformation du diagramme avec la vitesse.

suffisamment vite pour remplir le cylindre pendant la période d'admission, à la pression des boîtes à vapeur.

Du reste, pour une position déterminée du changement de marche,

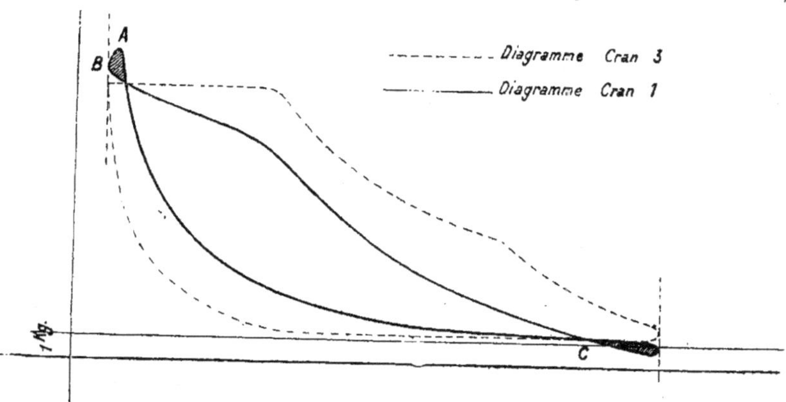

Fig. 446. — Déformation du diagramme avec la réduction de l'admission.

la forme du diagramme dépend évidemment du degré d'ouverture du régulateur et de la vitesse de la machine.

La figure 444 donne les diagrammes obtenus en **vitesse constante** avec **trois ouvertures de régulateur décroissantes.**

La figure 445 montre l'influence du laminage dû à la *vitesse plus ou moins grande* de la machine et par suite du tiroir *pour une ouverture donnée du régulateur*.

Lorsqu'on place le changement de marche *trop près du point mort*, les ouvertures du tiroir sont notablement diminuées. — La *période de compression* commence *plus tôt*, de telle sorte que la pression en *fin de compression* peut devenir *supérieure* à celle de la boîte à vapeur, surtout si le régulateur est peu ouvert.

Ce diagramme, comparé à celui d'un cran de marche plus élevé, est indiqué figure 446.

La pression monte jusqu'en A en fin de compression, puis retombe de A en B pendant la période d'*avance à l'admission*, en formant une *boucle*.

On trouve également une *boucle* du côté de l'*échappement*. Cela tient à ce qu'à partir de C le cylindre, au lieu de contenir un excès de vapeur, aspire dans la colonne d'échappement.

Cette aspiration se faisant par une ouverture étroite, la pression du cylindre tombe peu à peu en dessous de celle de la colonne d'échappement.

Ce n'est que lorsque la lumière est plus complètement ouverte à la fin de la course du piston que la pression de régime de la colonne d'échappement s'établit derrière le piston pendant sa course de retour.

Ces deux boucles représentent un *travail résistant* qui doit être déduit de la surface du reste du diagramme.

§ XIII. — MARCHE A RÉGULATEUR FERMÉ.

Considérons le cas d'une machine à tiroirs plans :

Dans le parcours AB (fig. 447), le piston *aspire dans la boîte à vapeur* et y fait un vide partiel. Le tiroir se *soulève* pour laisser rentrer les gaz de l'échappement.

De B en C (fig. 448), l'orifice O étant fermé, le piston fait le *vide partiel derrière lui*.

De C en D (fig. 449), l'orifice O est ouvert à l'échappement. Les gaz de la boîte à fumée *rentrent dans le cylindre* pour y établir la pression atmosphérique.

Dans le parcours de retour DE (fig. 450), les gaz aspirés précédemment sont *refoulés à l'échappement*.

A partir de E (fig. 451), l'orifice O est à nouveau fermé. Le piston *comprime légèrement* les gaz emprisonnés. En F, la lumière O commence à s'ouvrir ; les gaz *s'échappent dans la boîte à vapeur* jusqu'à ce que le piston arrive au fond de course A.

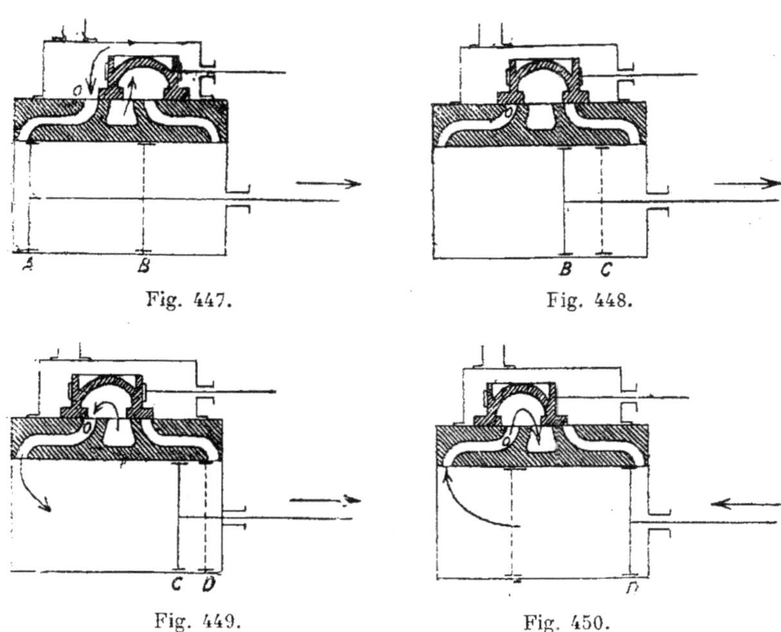

Fig. 447.

Fig. 448.

Fig. 449.

Fig. 450.

A partir du point A, les mêmes phénomènes précédemment décrits se reproduisent.

En voit que, pendant la marche à régulateur fermé, le cylindre *respire pour ainsi dire* dans la boîte à fumée en produisant alternativement des aspirations suivies d'expirations.

Ces phénomènes présentent les *inconvénients* ci-après :

1° Ils produisent une *résistance* qui ralentit le mouvement de la machine ;

Fig. 451.

2° L'aspiration des gaz chauds élève la température du cylindre et du tiroir, *brûle les matières de graissage* et risque de *gripper les surfaces de frottement.*

3° Les **compressions** successives contribuent encore à **élever la température des gaz** déjà chauds et, par suite, accentuent les risques de grippage.

Pour éviter ces inconvénients dans les longues courses à régulateur fermé, on ouvre légèrement le **robinet d'injection d'eau et de vapeur** qui aboutit dans la colonne d'échappement. C'est alors cette vapeur qui est aspirée à la place des gaz de boîte à fumée.

Les inconvénients relatifs aux risques de grippage disparaissent alors totalement.

Les aspirations et expirations sont d'**autant plus fortes** que le

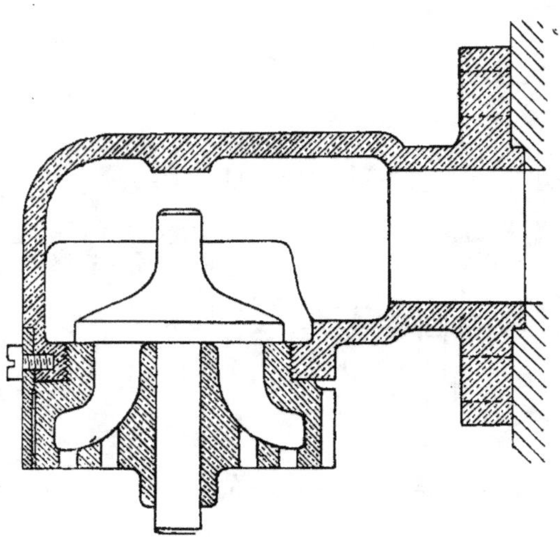

Fig. 452. — Soupape de rentrée d'air.

coulisseau est **plus rapproché du point mort**. C'est pour cette raison que, dans la marche à régulateur fermé, on doit mettre le changement de marche **à fond de course**.

Certains mécaniciens prennent même le soin d'**ouvrir les purgeurs**.

Dans le but d'éviter l'aspiration des gaz de boîte à fumée, on a muni certaines machines à tiroirs plans de **soupapes de rentrée d'air** placées sur la boîte à vapeur (fig. 452).

Cette soupape évite la raréfaction de l'air et, par suite, supprime la résistance qui en résulte.

Dans les machines à **ditrisbuteurs cylindriques**, le **phénomène de soulèvement du tiroir ne peut plus se produire**.

L'aspiration pendant la course AB (fig. 447) n'est plus atténuée par la rentrée des gaz de boîte à fumée sous le tiroir. Par suite, la **résistance** qui en est la conséquence se trouve **notablement augmentée.**

On se trouve **obligé,** dans ces machines, de prévoir les **soupapes de rentrée d'air** qui, sur les machines à tiroirs plans, sont facultatives.

On utilise parfois aussi (fig. 453), dans le même but, un **by pass**

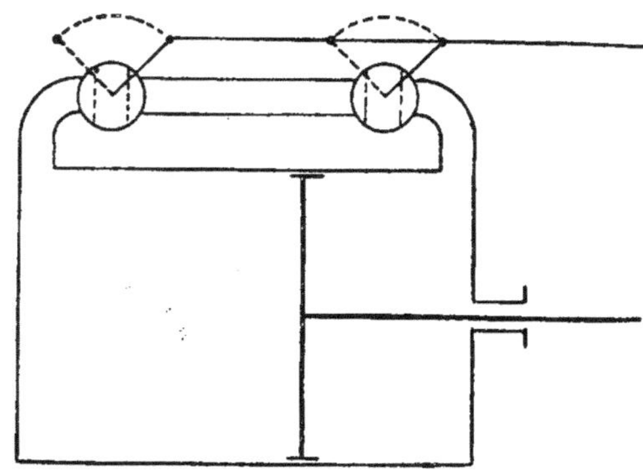

Fig. 453. — By-pass.

qui, lorsqu'on l'ouvre, fait communiquer les deux faces du piston et évite ainsi le refroidissement qui se produit avec les soupapes de rentrée d'air.

§ XIV. — MARCHE A CONTRE-VAPEUR.

La **marche à contre-vapeur** était jadis, avant l'emploi des freins continus, utilisée couramment pour les arrêts des trains.

Aujourd'hui elle est surtout employée pour modérer la vitesse des trains dans les longues déclivités, lorsque la machine n'a pas ses roues freinées.

Pour marcher à contre-vapeur, il suffit de placer le mécanisme de relevage à une **position inverse** de la **marche que l'on suit**, avec le **régulateur ouvert.** Par exemple, si la machine marche à l'avant, on relève la marche jusqu'au cran deux ou trois arrière.

Le **travail résistant** qui est ainsi produit est facile à déterminer.

Supposons la marche à fond de course avant, le diagramme normal.

est représenté en A (fig. 454). La marche restant dans cette position
imaginons que, le régulateur restant ouvert, la machine soit entraînée

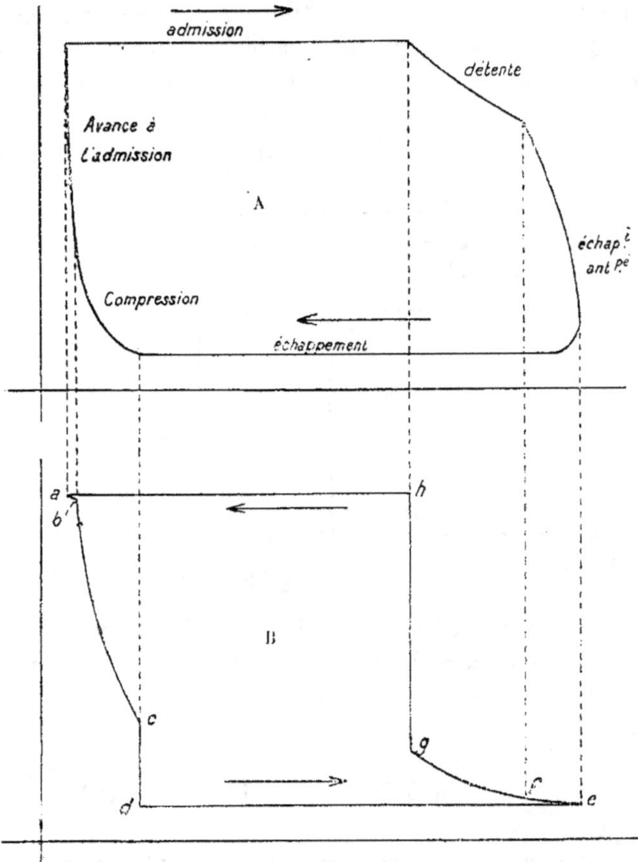

Fig. 454. — Comparaison du diagramme de marche normale et du diagramme
résistant correspondant de la marche à contre-vapeur au même cran de marche.

à l'arrière sur une forte déclivité par le poids du train ; examinons ce
que la distribution va donner.

Le piston (diagramme B) part du point mort *a* avec le tiroir **ouvert**
de son *avance à l'admission* jusqu'en *b*.

Le piston est alors **poussé par la vapeur** à la pression de la chaudière et produit un **travail positif**.

En *b*, le tiroir est **refermé** jusqu'en C. Cette course correspond à la
phase de compression du diagramme normal. La vapeur **emprisonnée**

derrière le piston se détend donc suivant *bc*, en produisant une chute de pression assez rapide.

En *c*, le tiroir *s'ouvrant à l'échappement*, la pression derrière le piston *tombe brusquement* suivant *cd* et se maintient jusqu'au fond de course *e* à la valeur de la *pression de l'échappement*.

La ligne *de* correspond à la phase d'échappement du diagramme normal.

Pendant la course *ae*, le piston a donc *produit un travail positif, puisqu'il a été poussé par la vapeur*.

Dans la course du retour, le piston partant de *e*, le tiroir reste *ouvert*

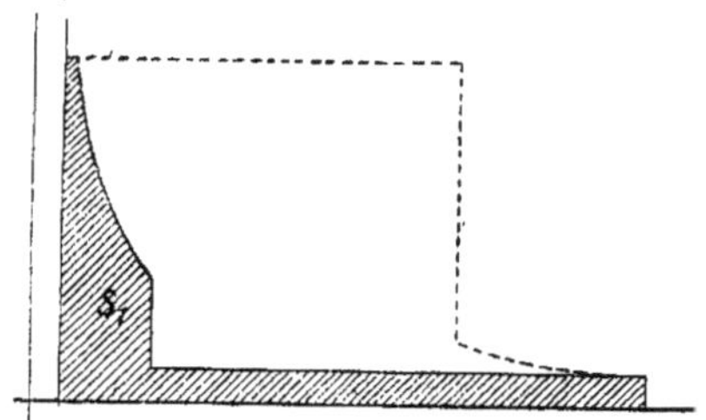

Fig. 455.

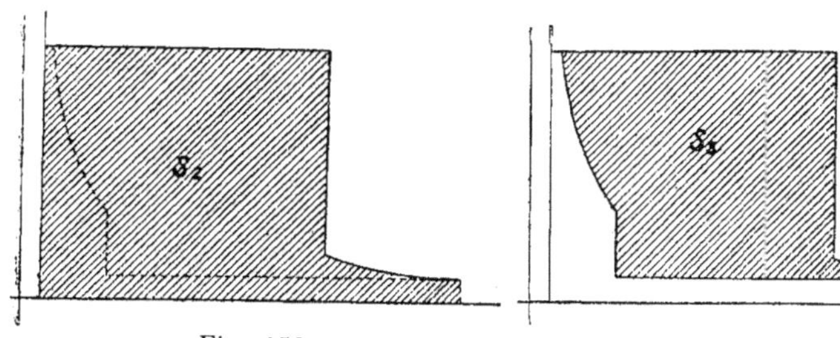

Fig. 456.   Fig. 457.

à l'échappement jusqu'en *f* (phase de l'échappement anticipé du diagramme normal). Toutefois, la pression remonte un peu, car l'ouverture du tiroir étant très faible, il se produit une légère compression.

De *f* en *g*, le tiroir est *refermé* (phase de détente du diagramme normal). Le piston *comprime* la vapeur *emprisonnée derrière lui* en produisant un *travail résistant*.

En *g*, le tiroir *met en communication le cylindre avec la boîte à vapeur* ; la pression *monte brusquement* de *g* en *h* et se maintient à cette valeur jusqu'en *a*. (Cette course *ha* correspond à la phase d'admission du diagramme normal.)

C'est pendant cette course *ha* que le piston **produit son effet retardateur le plus important.**

En résumé, pendant la course *abcde*, le piston poussé par la vapeur produit **un effort moteur positif** représenté par la surface S_1 (fig. 455) ; pendant la course *efgha*, **il se produit un effort résis-**

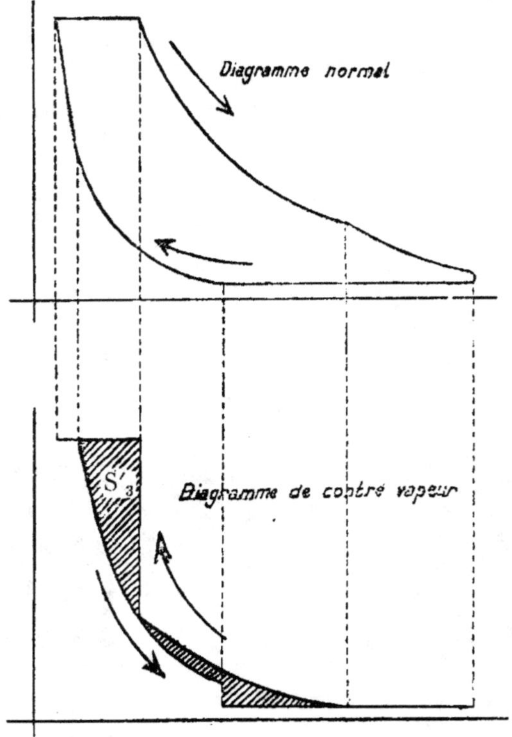

Fig. 458. — Diagramme normal et diagramme de contre-vapeur au cran 2.

tant négatif représenté par la surface S_2 (fig. 456). On voit donc que l'effort résistant produit sur une face du piston pendant une course aller et retour est en somme : $S_2 - S$, soit S_3 (fig. 457).

Si l'on bat contre-vapeur au cran 2 seulement, la surface du diagramme est moins importante et devient S_3' (fig. 458) ; par suite, l'effort résistant est beaucoup plus faible.

§ XV. — RÉGLAGE DE LA DISTRIBUTION.

Dans l'entretien courant des machines dans les dépôts, on n'est appelé qu'à régler la *longueur de la tige de tiroir.*

Ce réglage peut se faire pour chaque cylindre, soit en *égalisant les avances linéaires*, soit en *égalisant les périodes d'admission* sur les deux faces du piston.

137. Réglage par égalisation des avances linéaires. — On place le changement de marche dans la position qui correspond à la marche habituelle (40 p. 100 ou cran 4, par exemple).

On déplace la locomotive à la pince ou par tout autre moyen, de façon à amener successivement la manivelle motrice à *chaque point mort.* — On note la valeur des deux avances relevées, et on en déduit, si elles sont inégales, la valeur de l'allongement ou du raccourcissement à faire subir à la tige du tiroir.

Pour fixer les idées, supposons que l'on trouve les avances ci-après :

Orifice avant............................. 5 millimètres.
Orifice arrière............................ 1 millimètre

On en conclut que la tige est trop courte et qu'il faut la rallonger de 2 millimètres, de façon à *égaliser les avances* à 3 millimètres. Le réglage ainsi obtenu n'est qu'un réglage approché.

138. Réglage par égalisation des périodes d'admission. — Le réglage considéré comme le plus précis est celui obtenu par *égalisation des périodes d'admission.*

Comme dans le cas précédent, on place le changement de marche dans la position qui correspond à la marche habituelle.

On déplace la locomotive et on marque sur la glissière *le repérage de la course du piston* en traçant les positions F_1F_2 d'un point de la tête du piston, par exemple de la face arrière. On partage cette longueur en dix parties égales (fig. 459).

Ceci obtenu, on fait mouvoir à nouveau la machine dans le sens de la marche avant, et on note (fig. 460) la position P_1 de la crosse sur l'échelle F_1F_2, lorsque, le piston parti de F_1, le tiroir *referme bord contre bord* la lumière d'admission correspondante A_1. Ce point représente le moment de la fin de la période d'admission.

On continue à déplacer la machine dans le sens de la marche avant ; lorsque le piston a atteint le fond de course F_2 et revient vers F_1, on note de même la position P_2 de la crosse sur l'échelle, lorsque le tiroir **referme bord contre bord** la lumière d'admission corres-

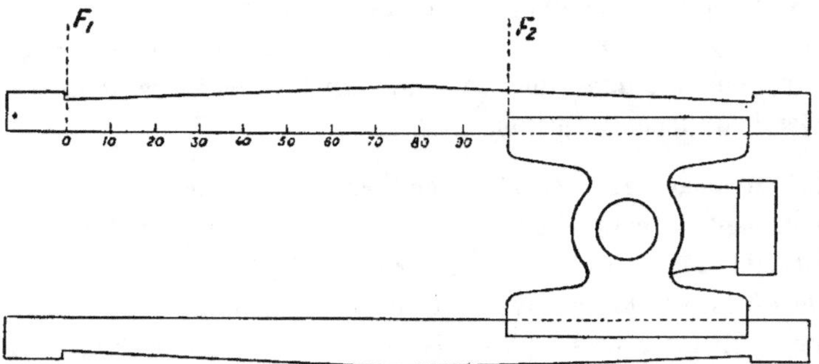

Fig. 459. — Réglage de la distribution par égalisation des périodes d'admission.

pondante A_2. Ce point représente le moment de la fin de la période d'admission sur l'autre face du piston.

Les longueurs F_1P_1 et F_2P_2 représentent la **valeur des périodes d'admission** sur **chaque face du piston**.

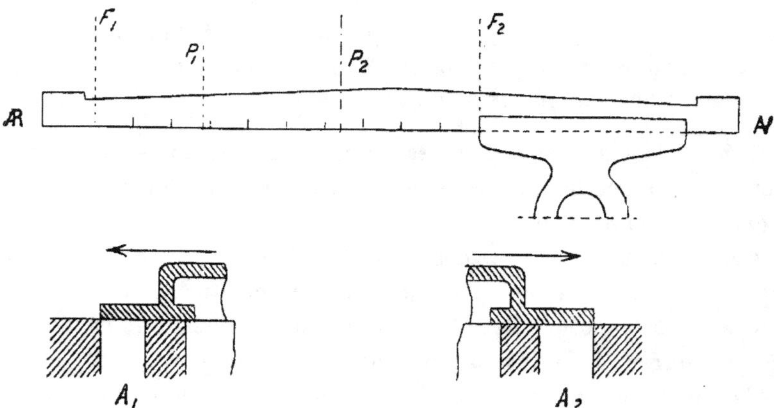

Fig. 460. — Réglage de la distribution par égalisation des périodes d'admission.

Si ces deux longueurs sont **égales**, la distribution peut être considérée comme **bien réglée**.

Si ces longueurs sont **inégales**, la distribution est **mal réglée** et, pour y remédier, on opère de la façon suivante :

Comptons les longueurs F_1P_1, F_2P_2 en centièmes de la course du piston, ce qui est facile avec l'échelle tracée sur la glissière; supposons :

$$F_1P_1 \dots\dots\dots\dots\dots\dots\dots\dots\dots \quad 28 \text{ centièmes.}$$
$$F_2P_2 \dots\dots\dots\dots\dots\dots\dots\dots\dots \quad 36 \quad —$$

Ceci montre que l'admission est **trop forte sur la face avant**, c'est-à-dire que le tiroir referme trop tard la lumière avant; on en déduit que la tige de tiroir est **trop courte**.

Pour que la distribution soit bien réglée, il faudrait que l'on gagne 4 centièmes pour la face arrière et que l'on perde 4 centièmes pour la face avant, de façon à égaliser les périodes d'admission à :

$$28 + 4 = 32,$$
$$36 - 4 = 32,$$

sur les deux faces.

Si l'on a eu soin de noter la **valeur relative** des **déplacements du piston** et **du tiroir** au moment où le piston est en P_1 ou P_2, on en déduit facilement l'allongement à faire subir à la tige de piston.

En effet, supposons que, le piston étant en P_1, son déplacement soit de 6 millimètres lorsque celui du tiroir est de 1 millimètre.

n voit pour le cas précédent que la tige de tiroir sera à rallonger de $\dfrac{4}{6} = 1^{mm},5$.

Lorsque cet allongement est obtenu, on **recommence la vérification du réglage** pour s'assurer qu'il est **satisfaisant**.

On répète cette opération pour chaque piston.

§ XVI. — COMPOUNDAGE.

139. Généralités. — Nous avons vu que l'évolution de la locomotive depuis son origine avait toujours été la conséquence du désir de rechercher des machines **plus puissantes**.

Lorsqu'on utilisait uniquement la simple expansion, on devait nécessairement rechercher l'augmentation de puissance, non seulement dans l'accroissement des dimensions du foyer et de la chaudière, mais encore dans l'**élévation du timbre**.

D'autre part, la pratique des distributions habituelles montrait qu'il ne fallait pas songer à marcher à une **admission inférieure à 20 p. 100**. Encore faut-il noter que l'indication de ce minimum conduit à admettre une moyenne voisine de 30 p. 100 sur les profils difficiles.

Il est facile de se rendre compte que, *si l'on admet la vapeur à 9 kilos dans le cylindre* avec une *admission de 30 p. 100*, cette vapeur n'est détendue qu'à 3 kilos aux 90 p. 100 de la course du piston. Or, la période d'*échappement anticipé* étant déjà commencée à ce point de la course, on voit que l'on *perd ainsi une partie appréciable de la force vive* de la vapeur.

Cet *inconvénient s'accroît* évidemment lorsqu'on *élève le timbre* de la chaudière.

On a donc été conduit naturellement à essayer d'évacuer la vapeur d'échappement dans un réservoir pour l'utiliser ensuite dans un *autre cylindre*. C'est là l'origine du *compoundage, qui a pour but une utilisation plus complète de la vapeur*.

L'emploi du système compound a commencé sur les machines marines vers 1862. Comme il a donné des *économies notables de combustible*, on a été conduit à l'essayer sur les locomotives. Les premières machines compound, pour chemins de fer, ont été construites en 1876 par *M. Mallet*. Mais ce n'est qu'après l'exposition de 1889 que ce système s'est développé en France.

On a essayé, au début, toutes les combinaisons possibles du nombre et de la disposition des cylindres rappelées ci-après :

Machines à 2 cylindres extérieurs, l'un pour la haute pression, l'autre pour la basse pression ;

Machines à 3 cylindres, les 2 petits extérieurs pour la haute pression, le grand cylindre intérieur pour la basse pression;

Machines à 3 cylindres égaux, le cylindre intérieur pour la haute pression, les 2 cylindres extérieurs pour la basse pression;

Machines à 4 cylindres, 2 petits pour la haute pression et 2 grands pour la basse pression.

C'est ce dernier type qui a prévalu et qui est *adopté de façon à peu près générale* sur les chemins de fer. On dispose à volonté les cylindres haute pression à l'extérieur ou à l'intérieur suivant les nécessités de la construction.

Généralement les *cylindres intérieurs* actionnent le *premier essieu accouplé*. Les *cylindres extérieurs* peuvent être disposés pour commander également *soit ce premier essieu, soit le deuxième.*

140. Travail de la vapeur dans une machine compound. — La pression de la vapeur dans la chaudière des machines compound est, en général, de 15 à 16 kilos par centimètre carré.

Cette vapeur sortant de la chaudière par le *régulateur* est introduite dans les *boîtes à vapeur haute pression*, comme s'il s'agissait d'une machine à simple expansion ; après avoir agi sur les *pistons haute pression*, elle est évacuée à une pression restante de 6 kilos environ, dans la *boîte à vapeur basse pression.*

Le volume de cette boîte à vapeur et des tuyaux d'évacuation de la vapeur des cylindres haute pression constitue le *réservoir intermédiaire*, qui joue en somme le rôle d'une *chaudière timbrée à 6 kilos alimentant la basse pression.*

Cette vapeur est introduite dans les grands cylindres *avec une forte admission*, 60 à 80 p. 100, et est enfin *évacuée à l'atmosphère.*

Les deux cylindres haute pression évacuent généralement dans un *réservoir intermédiaire unique.*

Lorsque les cylindres basse pression sont intérieurs, cela est facile. Il suffit de loger les tiroirs dans la même boîte à vapeur. Avec les cylindres à basse pression extérieurs, les boîtes à vapeur sont nécessairement *séparées*; on les réunit alors par un *large canal.*

La disposition qui consiste à avoir deux réservoirs intermédiaires séparés, un de chaque côté, c'est-à-dire d'alimenter chaque cylindre basse pression par un cylindre haute pression, n'est pas *recommandable*, car l'effort produit par un côté de la locomotive peut être *très différent* de celui de l'autre côté si les distributions haute pression sont *mal réglées.*

141. Démarreurs. — Les cylindres basse pression étant alimentés par l'évacuation des cylindres haute pression, il est facile de se rendre compte qu'au moment du démarrage, c'est-à-dire à l'instant où la machine commence à se déplacer, l'effort de traction est *limité* à celui des *cylindres haute pression*, puisque la vapeur n'a pu encore arriver aux cylindres basse pression.

Or, les cylindres à haute pression sont notablement *plus petits* que sur une locomotive à simple expansion de puissance analogue ;

il en résulte que l'*effort de démarrage des compound est beaucoup plus faible que celui d'une machine non compound.*

Pour y remédier, **on admet directement** de la vapeur par une

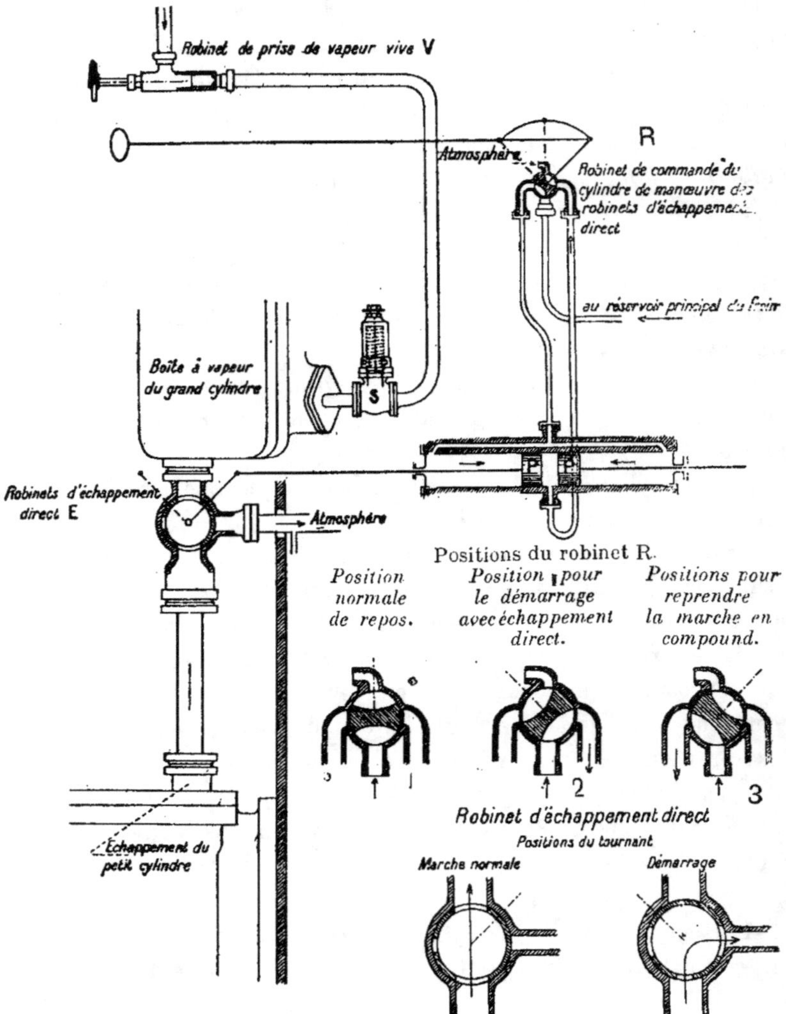

Fig. 461. — Démarreur pour locomotives compound (type P.-L.-M.).

prise spéciale dans le *réservoir intermédiaire.* Ce réservoir est muni d'une soupape de sûreté réglée en général à 6 kilos. Par ailleurs, le tuyau d'arrivée de vapeur a un diamètre déterminé par la condition de n'amener aux cylindres BP qu'*une quantité de vapeur un peu inférieure à celle débitée par les cylindres dès que la machine commence à tourner*. Il en résulte que l'on se trouve alors au démarrage dans la même situation qu'en marche normale.

Toutefois, on a cherché sur certaines machines, en vue des démarrages en rampe, à disposer d'*un effort de traction encore plus important* que celui obtenu comme il est indiqué ci-dessus.

On s'est appliqué alors à *éviter la contre-pression* des 6 kilos du réservoir intermédiaire sur les *pistons haute pression*, en réalisant le dispositif de l'*échappement direct* décrit ci-contre (fig. 461).

Il comporte :

Deux robinets d'échappement direct à trois voies placés chacun sur un des tuyaux de communication des cylindres HP avec les boîtes à vapeur BP;

Un servo-moteur à air comprimé actionnant au moyen de deux petits pistons P les tournants des deux robinets E ;

Un robinet R à trois voies permettant de commander le servo-moteur au moyen de l'air comprimé.

On se rend compte sans difficulté du fonctionnement de cet appareil.

Il suffit, en effet, de tirer à fond la tringle de manœuvre du robinet R pour mettre ce robinet R dans la position 2 et les robinets E dans la position d'échappement direct ou de démarrage.

On ouvre alors le régulateur et le robinet de prise de vapeur vive V de la boîte à vapeur BP.

La locomotive fonctionne comme deux machines séparées. Les cylindres HP sont isolés des BP et évacuent directement à l'atmosphère.

Les cylindres BP alimentés par la prise de vapeur V fonctionnent ainsi de leur côté comme une machine à simple expansion.

Lorsque le démarrage est effectué, on repousse la tringle à fond de course, ce qui a pour conséquence de mettre le robinet R dans la position 3 et les robinets E dans la position de marche normale.

Ceci obtenu, on ramène la tringle au point mort, c'est-à-dire dans sa position médiane. Le robinet R se trouve ainsi ramené dans sa position 1, qui est la position normale.

Il convient de noter que, si l'on n'utilise pas le servo-moteur pour le démarrage et qu'on se contente d'ouvrir la prise de vapeur V de la BP, on se trouve dans le cas cité page 281.

Les chemins de fer de l'Est emploient dans le même but le dispositif à clapet (fig. 462-463), dont le fonctionnement est analogue.

Ces appareils à échappement direct compliquent un peu la locomo-

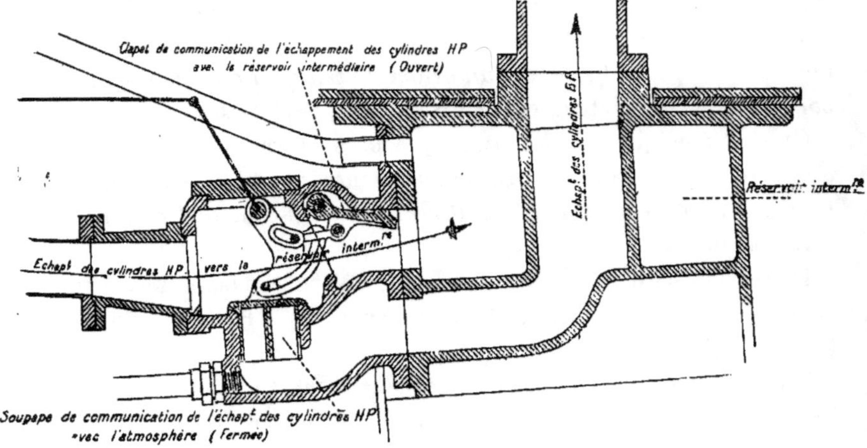

Fig. 462. — Démarreur pour locomotive compound (type Est). Marche en compound.

tive; on s'en est affranchi dans les constructions nouvelles moyennant une petite *modification de la régulation*, qui a permis de réaliser

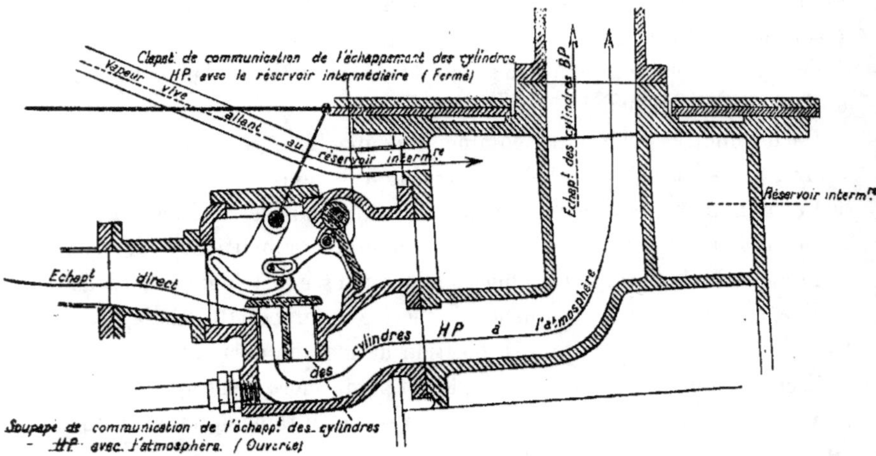

Fig. 463. — Démarreur pour locomotive compound (type Est). Démarrage.

des efforts de démarrage *très suffisants* avec la simple prise de vapeur BP, sans nuire par ailleurs au régime économique de la machine en marche normale.

142. Avantages et inconvénients des machines compound. —
Le *principal avantage* des compound consiste à procurer une *économie de combustible* de 10 à 20 p. 100 sur les locomotives à simple expansion équivalentes.

Cette *économie* provient, d'une part, d'une *utilisation plus complète de la vapeur*, qui est échappée à une pression plus faible que dans les machines à simple expansion, et, d'autre part, à une *diminution des condensations* dans les cylindres pendant le travail de la vapeur.

En effet, dans une machine à simple expansion qui admet aux environs de 14 kilos, les parois du cylindre sont soumises alternativement pendant l'*admission à une température de 199°* et pendant l'*échappement à une température de 100°*.

Dans cette dernière période, les parois *se refroidissent* et occa-

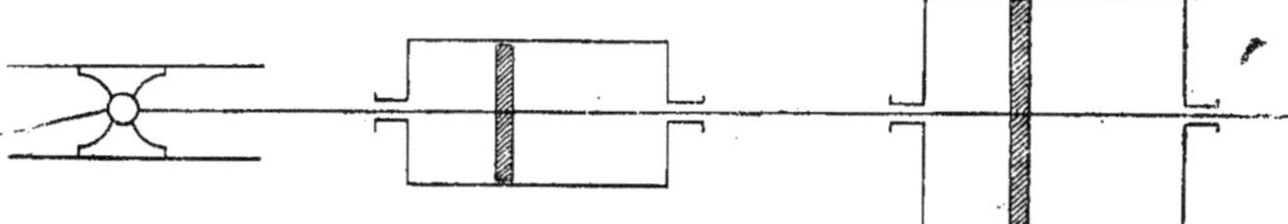

Fig. 464. — Disposition en tandem des cylindres des machines compound (type Ceinture).

sionnent à la prochaine phase d'admission des *condensations qui absorbent un certain poids de vapeur sans travail utile*.

Dans une compound, la chute de température de 199° à 100° est coupée en deux. Elle est de 199° à 140° à la haute pression et de 140° à 100° à la basse pression.

Les *écarts de température* dans chaque cylindre étant *ainsi réduits*, la quantité de vapeur condensée se trouve *sensiblement diminuée*.

Le *seul inconvénient* que l'on reproche aux compound est *la complication du mécanisme*, qui est double. On a essayé d'y remédier de différentes manières.

Les chemins de fer de Ceinture ont adopté une disposition des cylindres HP et BP *en tandem*, c'est-à-dire l'un à la suite de l'autre sur une même tige (fig. 464).

De même les tiroirs HP et BP d'un même côté sont commandés par une *tige unique*.

Le mécanisme se présente donc sous la forme d'une machine à deux cylindres.

Les avantages de cette simplification sont balancés par l'inconvénient d'un équilibre des masses en mouvement alternatif, évidemment moins bon que sur les machines à quatre cylindres. D'autre part, les variations pendant un tour de roue de l'effort moteur sont également beaucoup plus fortes. Il en est, par suite, de même des réactions

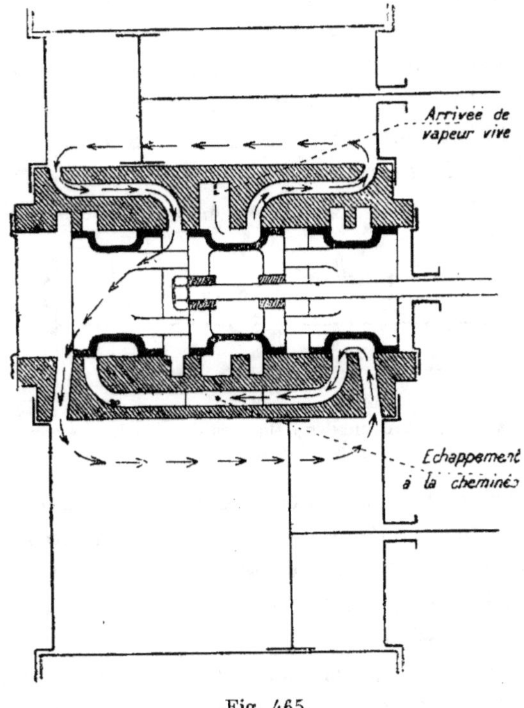

Fig. 465.

sur la voie, et cela d'autant plus que la vitesse est plus élevée.

La disposition des *compound en tandem ne convient donc pas pour les machines de rapides.*

On s'est appliqué à conserver sur les compound les quatre cylindres et à réduire les mouvements de distribution aux deux mouvements extérieurs, en *actionnant les deux intérieurs par un renvoi.*

C'est ce que le P.-L.-M. a réalisé avec succès, sur ses machines 3900, type Consolidation, et sur certaines de ses machines *Pacific.*

143. Machines Woolf. — La locomotive *Woolf* est une machine compound dans laquelle le *réservoir intermédiaire n'existe pas*.

Le transvasement de la vapeur se fait *directement d'un cylindre HP au cylindre BP conjugué* au moyen d'un *seul distributeur cylindrique* pour chacun des deux groupes de cylindres.

C'est donc encore une locomotive à quatre cylindres et à deux mouvements de distribution seulement. Ce type de locomotive, assez en vogue en Amérique, est peu employé en Europe.

Nous n'en parlons donc que pour mémoire.

§ XVII. — MACHINES A SURCHAUFFE.

Nous avons examiné, au chapitre III, la théorie de la surchauffe et les différents types de surchauffeurs.

L'*économie de charbon* qui résulte de l'emploi de la surchauffe peut être évaluée de 10 à 20 p. 100 par rapport à une machine équivalente à *vapeur saturée*.

On s'est d'abord appliqué à utiliser la surchauffe en remplacement du compoundage en vue de *diminuer le timbre de la chaudière* et d'arriver à assurer ainsi une plus longue durée des foyers ; mais l'expérience a montré qu'on pouvait facilement *superposer la surchauffe au compoundage*, et c'est, en somme, le type des locomotives compound à [surchauffe qui est le plus en vogue aujourd'hui pour les machines puissantes.

Toutefois, l'application de la surchauffe seule à une machine ancienne à simple expansion reste une opération intéressante dans de nombreux cas, car elle a pour conséquence, outre l'économie de charbon et d'eau, une augmentation de puissance appréciable qui peut être obtenue à peu de frais.

Il convient de noter que, pour être efficace, la surchauffe doit être aussi forte que possible. L'expérience a montré que la température de la vapeur pouvait être portée jusqu'à 350° sans inconvénient pour la conservation des organes, pistons et tiroirs, à condition d'assurer une *lubrification convenable* au moyen d'appareils d'*efficacité certaine*.

On doit, pour cela, employer des huiles spéciales qui conservent encore leurs qualités lubrifiantes aux températures élevées auxquelles elles sont soumises.

Le mécanicien est renseigné sur la marche de la surchauffe au moyen d'un *pyromètre*, qui lui permet également de voir si le feu est bien conduit.

Si la *chute de température* au pyromètre est *importante*, elle dénote un *entraînement d'eau*.

La *distribution Lentz à soupapes*, étudiée page 251, convient particulièrement pour la surchauffe. Comme nous l'avons vu, elle n'est guère utilisée en France.

§ XVIII. — EFFORTS PERTURBATEURS.

L'équilibre des pièces tournantes, au moyen de contre poids, est d'*autant plus nécessaire que la vitesse est plus élevée*. Les contrepoids fixés sur les roues sont calculés pour équilibrer, autant que possible en marche, les boutons de manivelles, les coudes des essieux, les bielles d'accouplement et les têtes de bielles motrices.

Si l'on ne prenait pas cette précaution, il en résulterait, à chaque tour de roue, une sorte de pilonnement des roues sur le rail qui produirait une usure inégale des bandages et des vibrations sur la machine, nuisibles à la conservation du matériel et de la voie.

Mais il existe d'autres efforts perturbateurs dus à la transformation du mouvement rectiligne des pistons en mouvement circulaire sur les roues, et qu'il convient d'atténuer dans toute la mesure où cela est possible.

144. Recul. — Considérons une locomotive idéale à un seul cylindre placé dans l'axe de la machine. L'inégalité de l'effort moteur, qui varie par demi-tour de roue de zéro à zéro, en passant par un effort maximum, produit un *effort de traction saccadé* qui donne pendant la marche l'impression que la machine est retenue. C'est ce qu'on appelle le *recul*.

145. Lacet. — Sur une machine à deux cylindres, le mouvement de *recul se produisant alternativement* sur chaque cylindre, il en résulte une sorte de *pivotement* ou d'*oscillation horizontale* de la machine de part et d'autre de l'axe de la voie. C'est ce qu'on appelle le *lacet*.

Le mouvement de lacet est évidemment d'autant plus fort que les cylindres sont plus écartés les uns des autres.

Il est faible sur les machines à cylindres intérieurs et plus important avec les cylindres extérieurs.

Il dépend également de la longueur de la machine et du serrage de l'attelage au tender.

Les locomotives à quatre cylindres **permettent d'équilibrer de façon beaucoup plus satisfaisante les masses en mouvement alternatif**, en calant à 180° les manivelles extérieure et intérieure d'un même côté et en s'appliquant à étudier leurs bielles motrices et pistons de façon que ces pièces aient des poids aussi égaux que possible, malgré la différence de diamètre des cylindres.

146. Galop. — Lorsque les cylindres sont *inclinés*, la pression de la vapeur, quand elle s'exerce sur le *fond avant*, tend à *soulever la machine* : au contraire, lorsqu'elle agit sur le *fond arrière*, elle tend à l'*appuyer plus fortement sur le rail*. La résultante de ces efforts produisait ce que l'on appelle le *mouvement de galop*, surtout sur les machines anciennes à faible empattement et à foyer en porte-à-faux. Cet inconvénient est très atténué sur les machines modernes, qui sont très longues.

Nous avons vu également (p. 234) que les glissières pendant la marche avant reçoivent un effort important de bas en haut qui s'annule au passage à chaque fond de course et à sa valeur maximum à la mi-course du piston.

Ces efforts s'ajoutent aux précédents pour tendre à soulever l'avant de la machine et à produire le mouvement de galop.

CHAPITRE V

TENDERS

147. Généralités. — Le tender est un véhicule attelé directement à la locomotive et qui sert au transport des approvisionnements d'eau et de combustibles.

Les dimensions du tender varient évidemment suivant ie service auquel il est destiné. La capacité habituelle était, jusque vers 1900, de 8 à 16 mètres cubes d'eau et de 3 à 4 tonnes de houille.

Cependant, en vue de faire de grands trajets sans relai, on a tendance, sur les machines nouvelles, à utiliser des tenders de 12 à 14 mètres cubes pour les marchandises, de 20 à 22 mètres cubes pour les express et de 28 à 30 mètres cubes pour les rapides.

Pour déterminer la capacité nécessaire d'un tender, il suffit de connaître le parcours maximum entre deux prises d'eau qu'il est appelé à assurer et la dépense d'eau de la chaudière par kilomètre pour le trajet considéré. Sur les machines puissantes modernes, on peut admettre que la consommation d'eau est de 150 litres environ par kilomètre. Elle atteint même quelquefois 200 litres.

Le consommation de charbon de bonne qualité est de 18 à 20 kilos par kilomètre. Si la machine assure un service avec relais de 200 kilomètres, il faut donc charger un approvisionnement de combustibles d'au moins 4 000 kilos.

Il convient de tenir compte qu'il est important de ne pas donner aux tenders des dimensions plus grandes qu'il ne faut, afin de ne pas traîner inutilement un poids d'eau exagéré.

148. Divers types des tenders. — Les tenders, suivant leur capacité, ont deux, trois ou quatre essieux. Il n'y a rien de particulier à dire sur leur châssis. Les tenders à *deux essieux* sont à *suspension indépendante* (fig. 466). Les tenders à *trois essieux* ont généralement

la *suspension des deux essieux arrière conjuguée* (fig. 467).
Enfin, les tenders à *quatre essieux* sont à *bogies* (fig. 468).

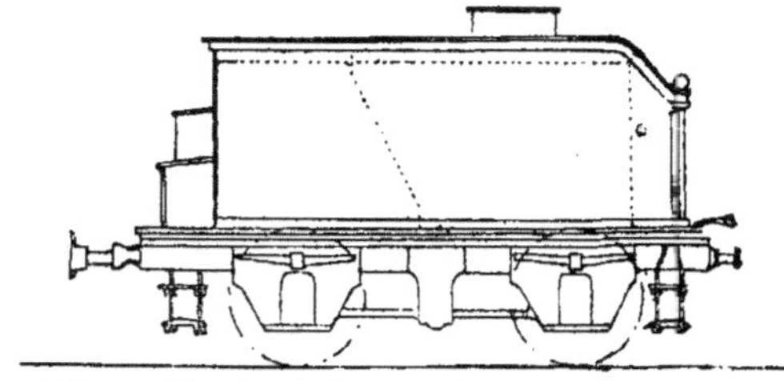

Fig. 466. — Tender à deux essieux à suspension indépendante.

Depuis quelques années, on a essayé divers dispositifs qui diffèrent
sensiblement des systèmes précédents.

Les chemins de fer italiens ont en service un certain nombre de loco-

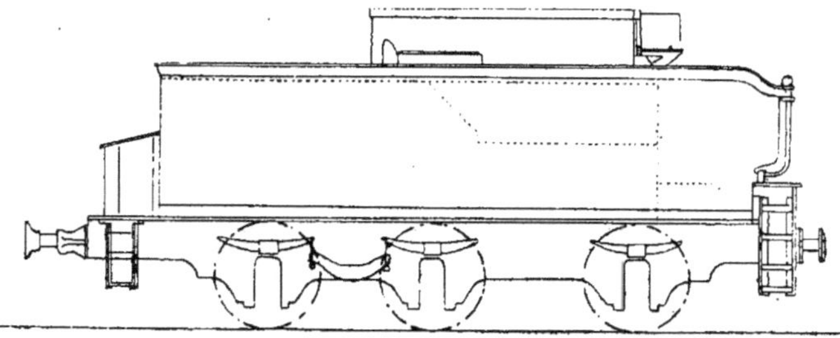

Fig. 467. — Tender à trois essieux à suspension conjuguée pour les deux derniers.

motives qui *portent leur soute à charbon* et dont l'approvisionnement d'eau est contenu dans un *réservoir cylindrique* qui constitue
un véritable *wagon-réservoir indépendant* (fig. 469).

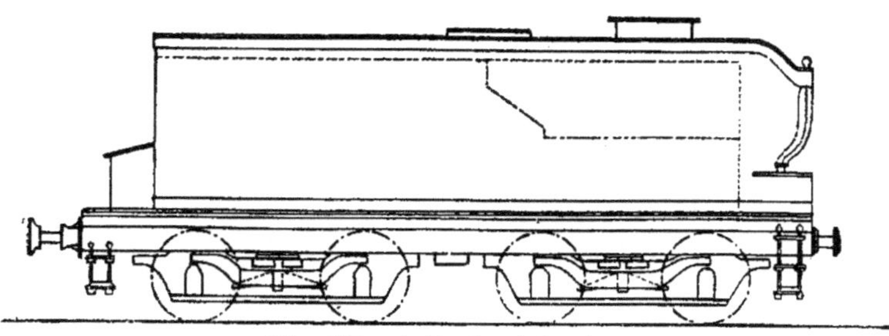

Fig. 468. — Tender à bogies.

En Amérique, les tenders de très grande capacité sont souvent constitués également par un *réservoir cylindrique à l'avant* duquel
est fixée la *soute à combustibles* (fig. 470).

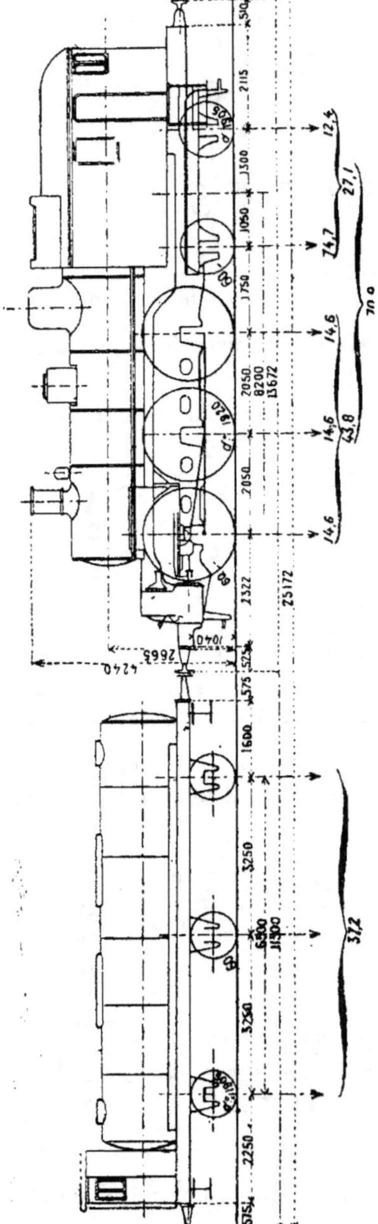

Fig. 469. — Locomotive des chemins de fer italiens avec soute à charbon sur la machine et wagon-réservoir comme tender.

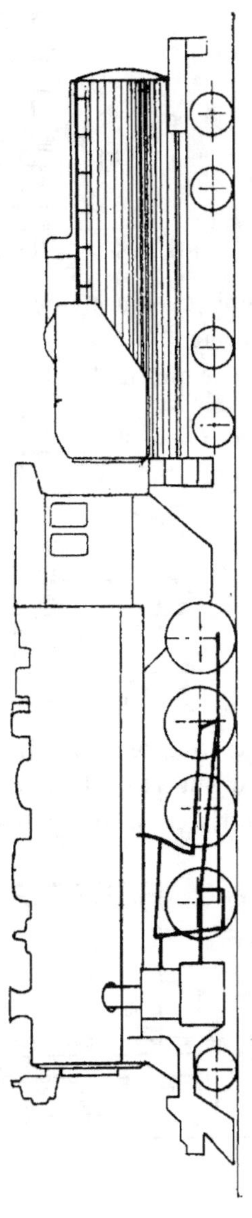

Fig. 470. — Locomotive américaine avec tender à réservoir cylindrique.

149. Tuyaux d'alimentation. — Pour permettre d'amener l'eau du tender aux injecteurs de la chaudière, on emploie deux *tuyaux flexibles en caoutchouc* (fig. 471), armés extérieurement par un

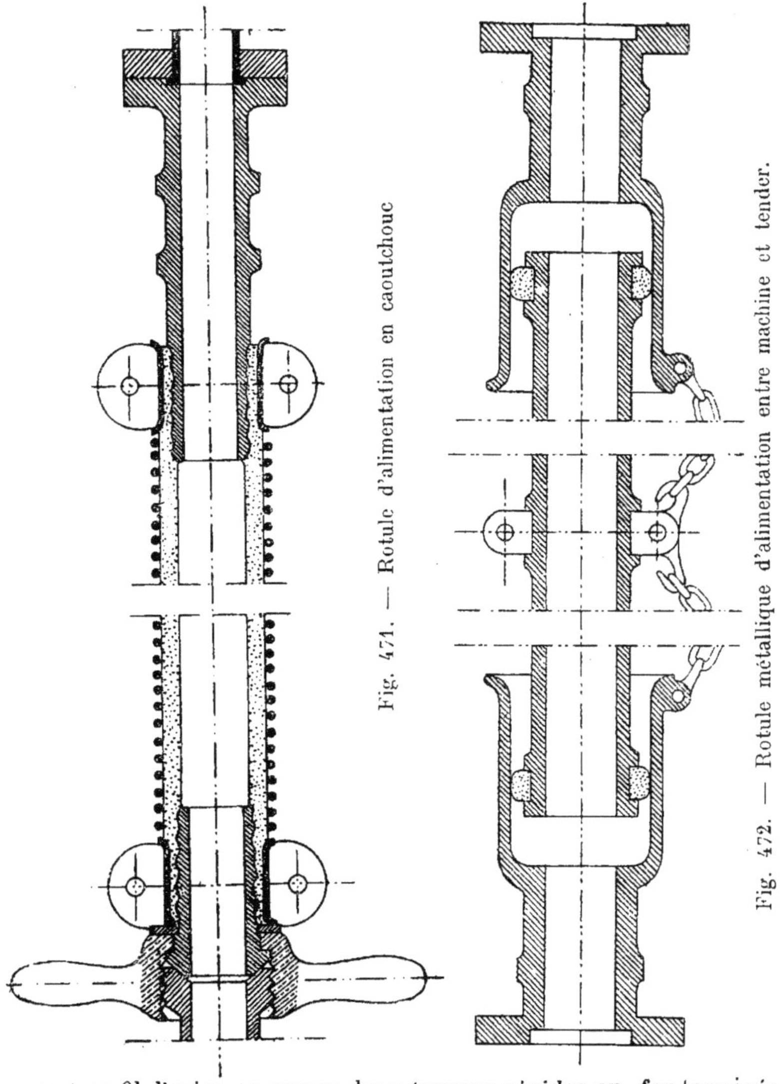

ressort en fil d'acier, ou encore deux *tuyaux rigides en fer* terminés à chaque extrémité par une *bague en caoutchouc* à forme sphérique formant rotule et pouvant en même temps glisser dans les logements qui reçoivent ces extrémités (fig. 472).

L'arrivée de l'eau du tender aux tuyaux d'alimentation est commandée par une *vanne d'arrêt* fixée sur le tender et qu'on peut manœuvrer de la plate-forme au moyen d'une manivelle à vis ou d'un levier.

150. Réchauffeurs. — En hiver, on doit prendre des mesures

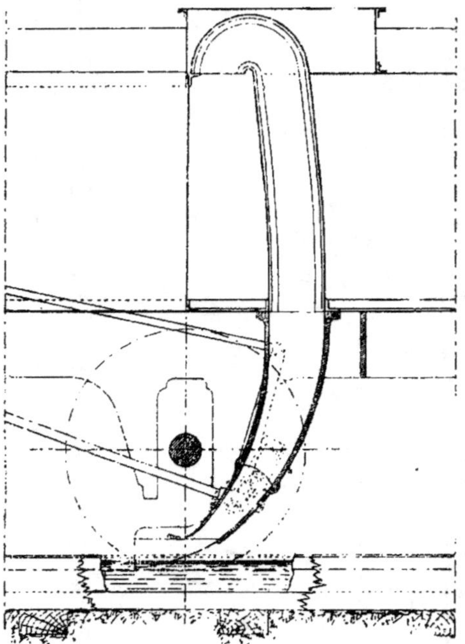

Fig. 473.

spéciales pour éviter la congélation des rotules et même de l'eau du tender.

Dans ce but, les locomotives sont munies d'une prise de vapeur spéciale permettant d'envoyer dans les tuyaux d'alimentation un filet de vapeur qui empêche toute congélation.

Pour vérifier que le réchauffeur de chaque tuyau d'alimentation est suffisamment ouvert, on doit s'assurer que l'arrivée de la vapeur dans l'eau produit, à intervalles de cinq à dix secondes, un *léger claquement* tout à fait caractéristique.

D'autre part, certains injecteurs sont disposés pour que le tropplein puisse être hermétiquement fermé ; par les faibles gelées, en fermant ce trop-plein, les fuites légères de vapeur et d'eau chaude de l'injecteur font retour au tuyau d'alimentation et suffisent, en général, à éviter sa congélation.

Mais, dès que la température descend *au-dessous de — 4°*, cette manière de faire doit être considérée comme insuffisante, et les *ré-*

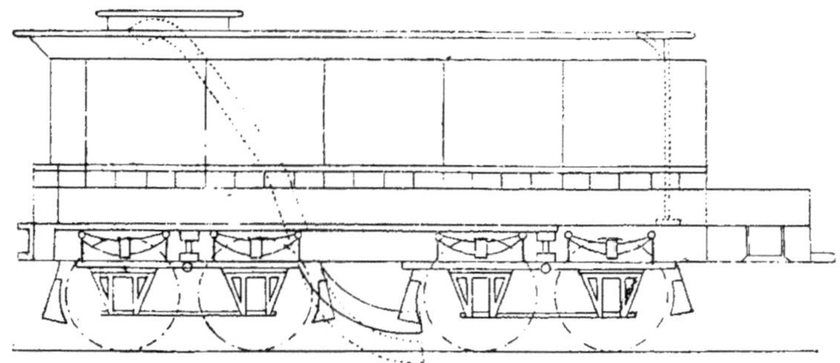

Fig. 474. — Tender avec écope Ramsbottom.

chauffeurs doivent rester ouverts en permanence, en marche comme en stationnement, tant que l'on craint le gel.

151. Prise d'eau en marche. Ramsbottom. — L'ingénieur anglais *Ramsbottom* a imaginé et réalisé un dispositif de *prise d'eau en marche* au moyen d'une sorte d'écope mobile qui termine un tuyau débouchant à la partie supérieure des caisses à eau.

Un jeu de leviers permet au chauffeur d'abaisser l'écope, le moment venu, dans une *rigole ménagée dans l'axe de la voie* (fig. 473).

Ce dispositif, usité en Angleterre et en Amérique, est également employé en France sur les chemins de fer de l'État (lignes Paris-Bordeaux et Paris-Trouville).

CHAPITRE VI

LOCOMOTIVES MODERNES

Sommaire. — Locomotives P.-L.-M., P.-O., Nord, Midi, État.

Nous allons, dans ce dernier chapitre, présenter successivement par réseau, les différents types de locomotives puissantes qui paraissent le plus en vogue actuellement.

152. P.-L.-M. — Le service des rapides est assuré sur les chemins

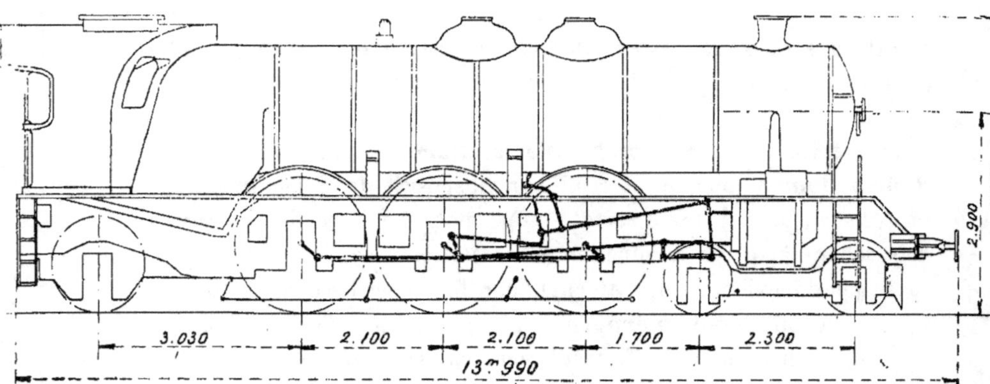

Fig. 475. — Locomotive à voyageurs type *Pacific* (1910).

de fer de Paris à Lyon et à la Méditerranée par des machines *Pacific* (fig. 475) à surchauffe.

Ces machines sont de cinq types différents :

1º Série 6101-6171 à simple expansion, 4 cylindres égaux, timbre 12 kilos ;

2º Série 6172-6191 à simple expansion, 4 cylindres égaux, timbre 14 kilos ;

3º Série 6051-6070, compound à 4 cylindres, timbre 14 kilos, obtenues par la transformation des machines 6172-6191 ;

4º Série 6201-6285, compound à 4 cylindres, timbre 16 kilos avec mouvement de distribution complet pour chaque cylindre;

5º Série 6301-6330, compound à 4 cylindres, timbre 16 kilos avec mouvement de distribution complet pour les cylindres extérieurs seuls (HP) ; chaque distributeur BP est commandé par un renvoi du mouvement de l'extrémité de la bielle de commande du distributeur extérieur de même côté et par un levier d'avance.

L'expérience de plusieurs années a permis de donner nettement la préférence aux machines compound 6200 comparativement aux 6100. Aussi a-t-on décidé de transformer les machines 6172-6191 en machines compound (6051-6070). On n'a pas envisagé cette transformation pour les 6101-6171, parce que leur chaudière n'était timbrée qu'à 12 kilos.

Pour les nouvelles commandes, on s'est arrêté au type des 6300, qui présente, par rapport aux 6200, l'avantage d'une distribution simplifiée pour les cylindres intérieurs BP.

La figure 476 représente une vue de la machine 6101 sur laquelle on remarque le foyer débordant commun aux cinq types précités.

Toutes ces machines sont munies d'un surchauffeur Schmidt, sans volets dans la boîte à fumée. La température de surchauffe est comprise entre 300º et 340º.

Le service de banlieue est assuré par des locomotives-tenders à 3 essieux couplés et 2 bogies (fig. 477), d'un type analogue à celui de l'Est, auquel il est postérieur.

Ces machines, qui ont des caisses à eau de 9 ou de 11 mètres cubes remorquent non seulement leurs trains de banlieue dans les meilleures conditions, mais peuvent être utilisées, le cas échéant, aux trains de marchandises.

Elles sont compound, et leur chaudière est timbrée à 16 kilos. On ne leur a pas appliqué la surchauffe en raison des temps relativement courts pendant lesquels le régulateur est ouvert.

Les trains de marchandises de fort tonnage sont remorqués par des machines compound à 4 essieux couplés et à bogie (fig. 478), qui offrent 1 100 tonnes à la vitesse de 36 kilos sur la grande ligne de Bourgogne.

La chaudière est timbrée à 16 kilos. Les roues ont un diamètre de $1^m,50$.

Fig. 476. — Locomotive *Pacific* des chemins de fer de Paris à Lyon et à la Méditerranée.

Fig. 477. — Locomotive-tender à trois essieux couplés (n°s 5301 à 5350)(Cie P.-L.-M.).

On a utilisé concurremment des machines *Consolidation*, également compound, 4 essieux couplés et bissel, ayant la même chaudière, mais avec roues de 1^m,65. Les figures 479 et 480 donnent une vue générale de ces deux locomotives.

Les machines *Consolidation* ont donné des résultats économiques un peu meilleurs, surtout celles sur lesquelles, à titre d'essai, les cylindres HP et BP d'un même côté étaient commandés par un seul mouvement de distribution extérieure.

Cet essai a montré que l'on pouvait simplifier les machines com-

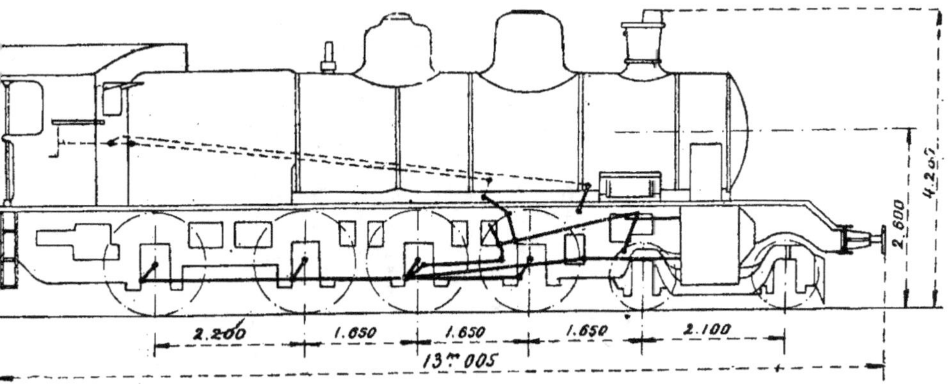

Fig. 478. — Type de 1907 (série 4700).

pound en supprimant les deux mouvements de distribution intérieurs, tout en obtenant une distribution aussi bonne qu'avec les quatre mouvements.

C'est le résultat satisfaisant de cet essai qui a conduit à envisager, pour les *Pacific*, le type 6300.

Ces deux séries de machines à 4 essieux couplés se comportent également bien. On les utilise pour remorquer les train de marchandises en plaine et les trains de voyageurs en montagne.

Toutefois, pour ce dernier service, on a créé un type *Consolidation*, avec roues de 1^m,50 (fig. 481).

Ce type de locomotive comportait deux séries : l'une à 4 cylindres à simple expansion, chaudière timbrée à 12 kilos, surchauffeur Schmidt ; l'autre, compound à 4 cylindres, chaudière timbrée à 16 kilos, sans surchauffe.

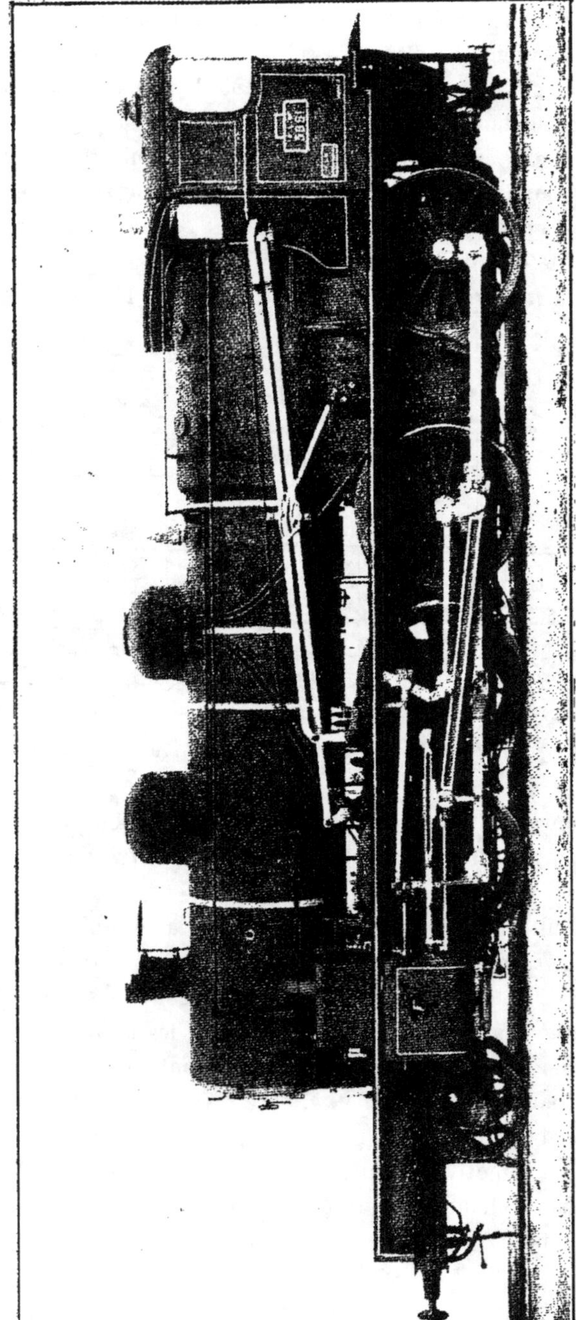

Fig. 479. — Locomotive à 4 essieux couplés (nos 3741 à 3870) (Cie P.-L.-M.).

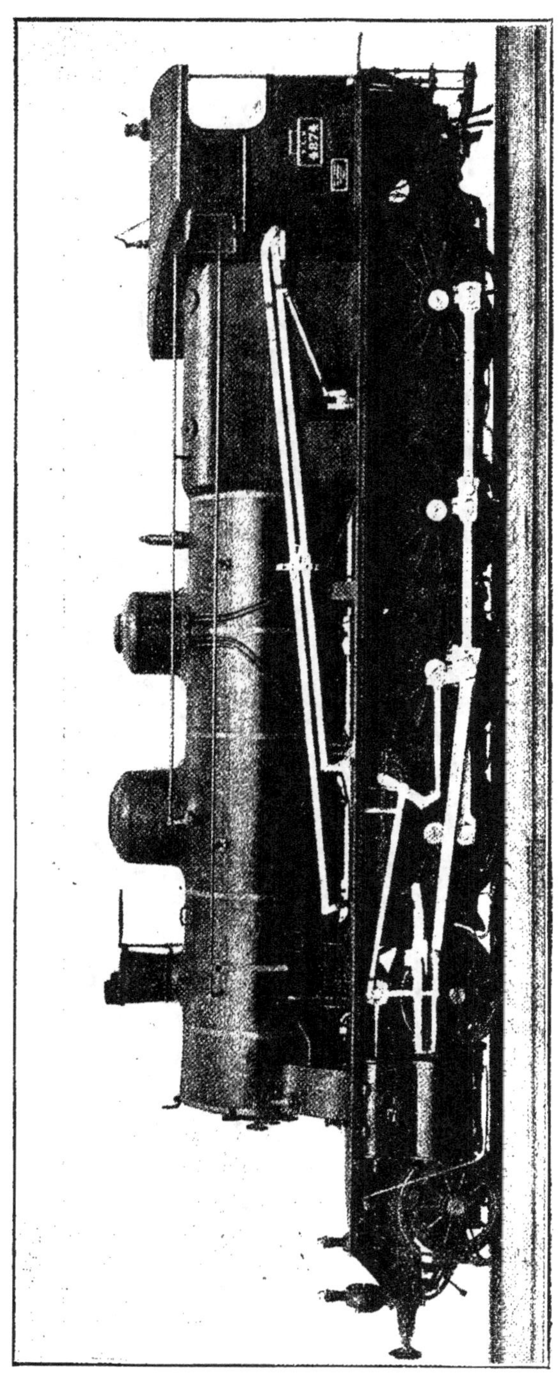

Fig. 480. — Locomotive à 4 essieux couplés (nos 4701 à 4982) (Cie P.-L.M.).

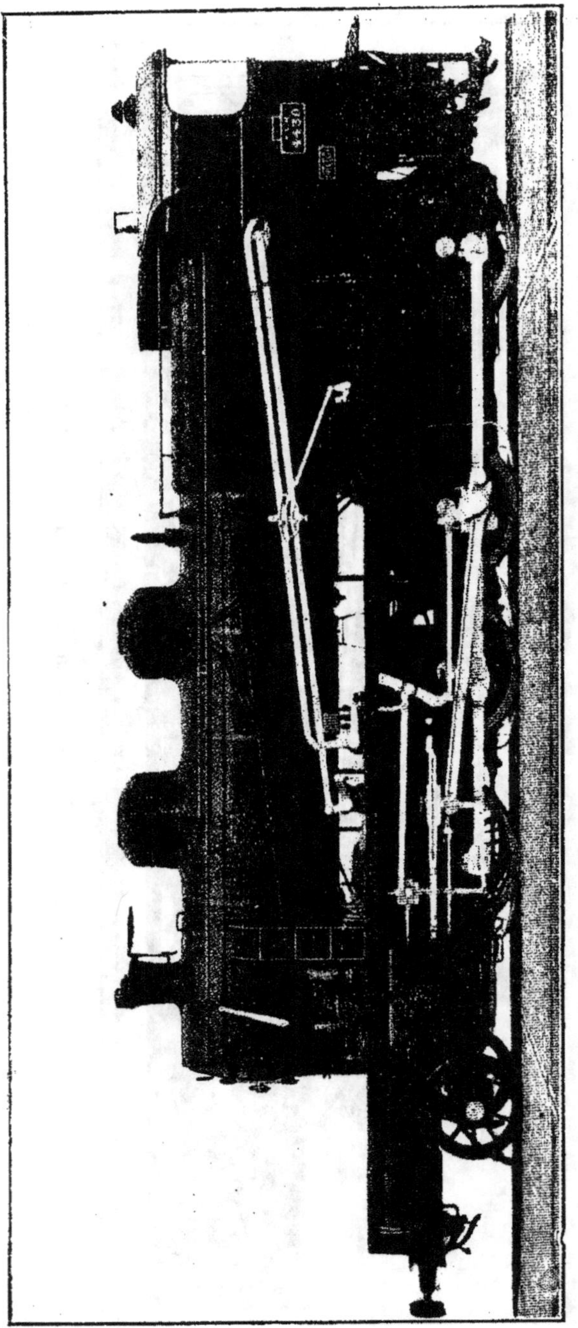

Fig. 481. — Locomotive à 4 essieux couplés (nᵒˢ 4175-4499) (Cⁱᵉ P.-L.-M.).

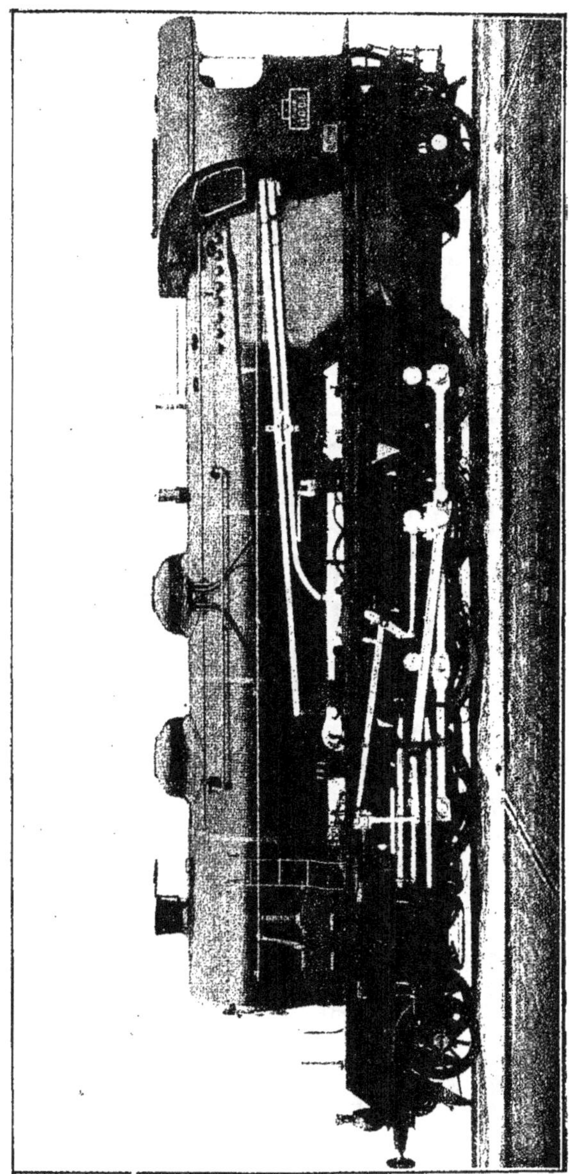

Fig. 482. — Locomotive à marchandise type *Mikado* (Cⁱᵉ P.-L.-M.).

L'avantage a été en faveur de cette dernière, qui a donné des résultats économiques sensiblement meilleurs.

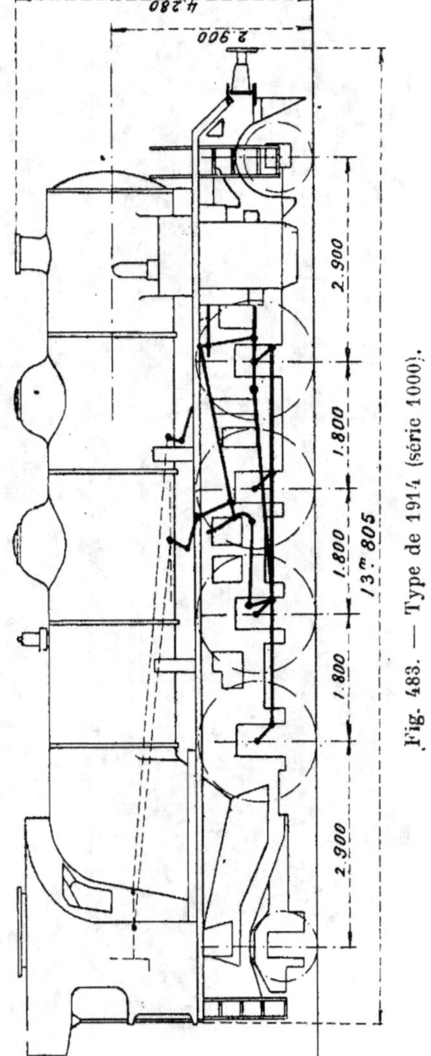

Fig. 483. — Type de 1914 (série 1000).

Enfin, en vue d'enlever des tonnages encore plus importants et à plus forte vitesse, le P.-L.-M. vient d'adopter le type *Mikado*, à 4 essieux couplés encadrés entre 2 bissels. La chaudière à foyer débordant et à surchauffe est timbrée à 16 kilos ; le diamètre des roues est de 1^m,65 (fig. 482 et 483).

Le tableau ci-après résume les principales caractéristiques de tous ces nouveaux types de locomotives.

Il convient de noter que le P.-L.-M. possède à son parc un nombre important de machines à bogies et à 3 essieux couplés avec roues de 2 mètres, 1^m,80, 1^m,65 et 1^m,50. Mais cet effectif ne paraît plus guère susceptible de s'augmenter. Les constructions nouvelles sont surtout orientées vers les types précédemment décrits.

Principales caractéristiques des locomotives P.-L.-M.

DISPOSITION DES ESSIEUX.	SÉRIES.	NOMBRE de cylindres.	COMPOUND.	SURCHAUFFE.	SURFACE de grille.	POIDS adhérent.	POIDS moyen total.	TIMBRE.
					M².	Kilos.	Kilos.	Kilos.
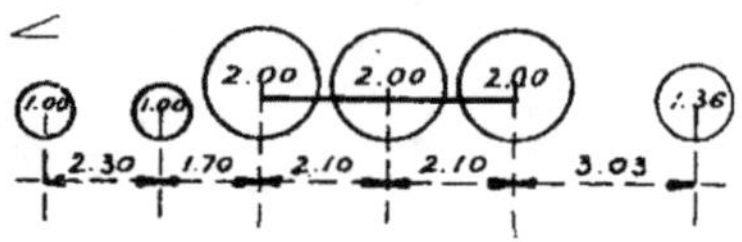	6 101-6 171	4	N. C.	Schmidt.	4,25	55 500	93 000	12
	6 172-6 191	4	N. C.	Schmidt.	4,25	55 500	83 000	14
	6 200-6 300	4	C.	Schmidt.	4,25	55 500	93 000	16
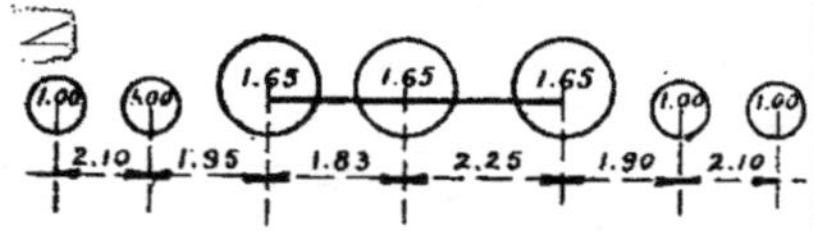	5 500 (Mach.-Tender).	4	C.	»	3,08	54 000	103 000	16
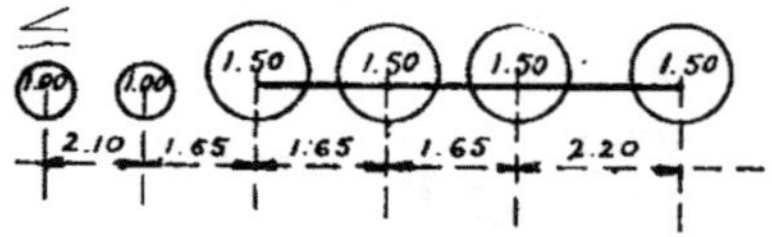	4 700	4	C.	»	3,08	45 000	75 000	16
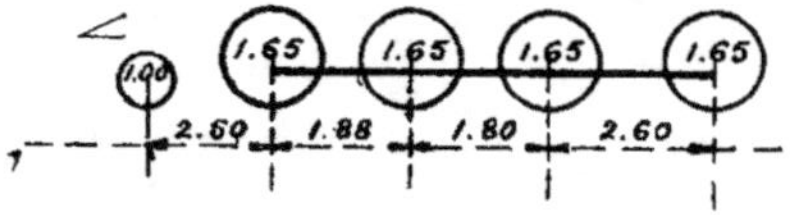	3 700	4	C.	»	3,08	48 000	73 000	16
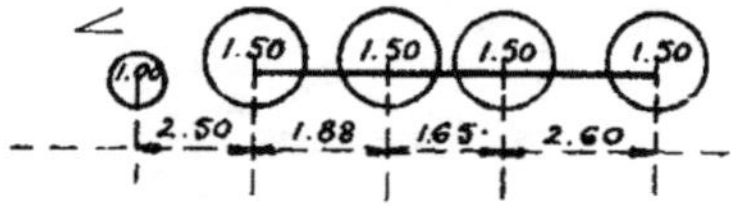	4 400	4	C.	»	3,08	47 000	72 000	16
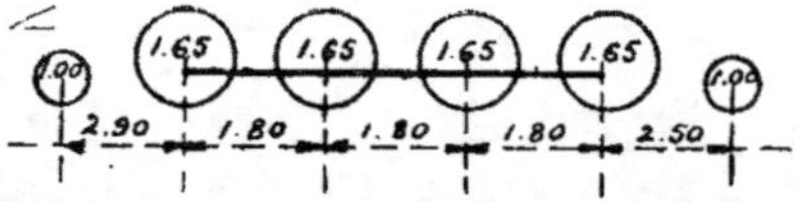	1 000	4	C.	Schmidt.	4,25	69 500	93 000	16

153. Est. — Les chemins de fer de l'Est n'ont pas cru jusqu'ici devoir recourir aux machines *Pacific* ni aux foyers débordants. Ils restent fidèles aux chaudières Belpaire.

Les grands rapides internationaux sont remorqués par des machines compound 4—6—0 avec roues de 2 mètres, grille de 3^{m2},16, pression 15 kilos (série 3101-3230).

Les premières machines de cette série n'étaient pas munies de la surchauffe. La figure 485 représente l'une d'elles, la 3103, et rapproche la silhouette de cette locomotive de celle de la Crampton de 1852.

Les 84 dernières machines de la série ont reçu un surchauffeur de

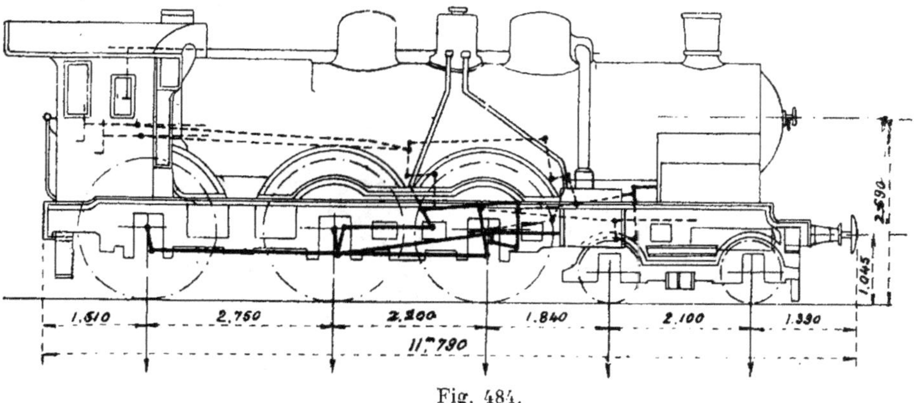

Fig. 484.

construction. Les autres en seront également munies au cours des grandes réparations qu'elles pourront avoir à subir.

Le schéma ci-dessus donne, par ailleurs, les principales caractéristiques des 3200 (fig. 484).

Il convient de noter que l'une de ces machines, n° 3166, a été munie, à titre d'essai, d'un surchauffeur spécial, breveté par la Compagnie de l'Est, appelé surchauffeur hélicoïdal en cascade. Il comprend deux parties, la première qui surchauffe la vapeur vive avant son entrée aux cylindres HP, la deuxième qui surchauffe la vapeur du réservoir intermédiaire avant son admission aux cylindres à basse pression.

Ces deux parties sont constituées par un collecteur et des éléments surchauffeurs. Ces derniers sont au nombre de 10 pour les cylindres HP et de 11 pour les cylindres BP.

Les trains de voyageurs lourdement chargés sont remorqués par des

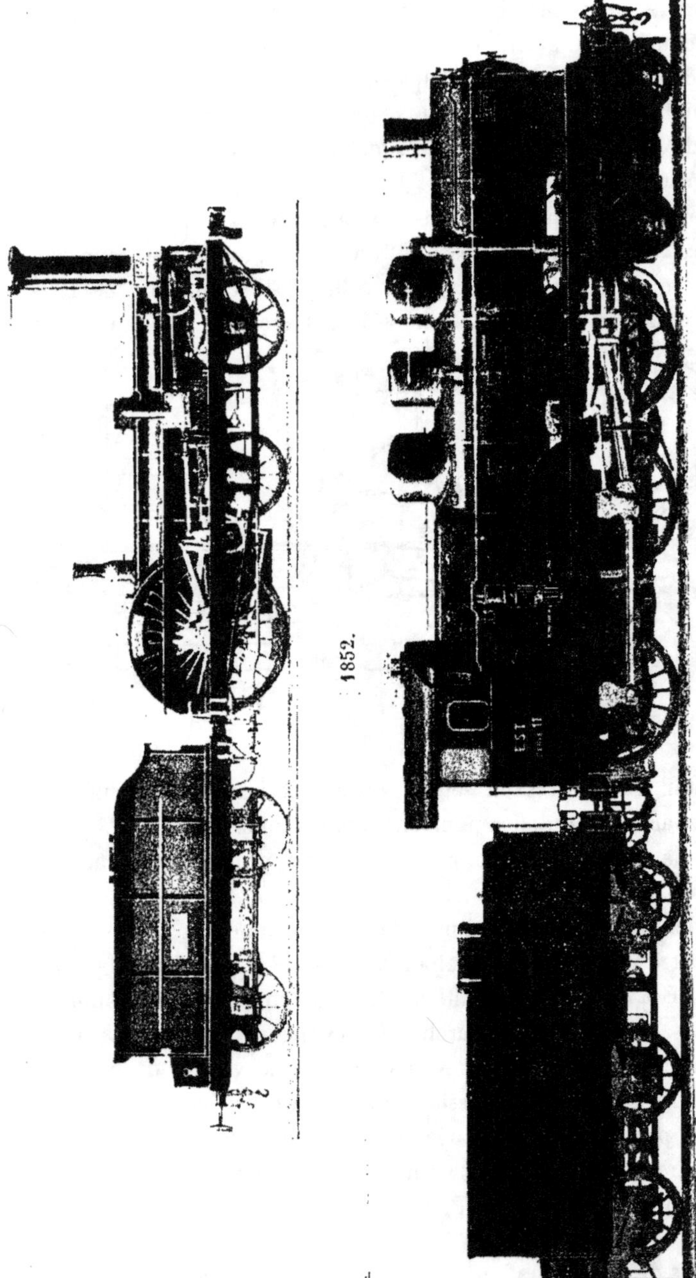

Fig. 485 — Locomotives à grande vitesse Chemins de fer de l'Est)

machines compound du même type 4—6—0, mais à roues de 1^m,75 (fig. 486).

C'est le type bien connu des Ten Wheeler, si largement employé depuis 1900 comme locomotive mixte sur tous les réseaux.

La surface de grille est de 2^m,52, la pression de régime 15 kilos.

Ces machines (fig. 487) ne sont pas munies de la surchauffe; mais depuis 1910 on a commandé une nouvelle série de 100, numérotées de 3791 à 3890, qui sont dotées d'un surchauffeur.

Le service de banlieue est actuellement assuré, sauf sur la ligne de Vincennes, par des locomotives-tenders 4—6—4 d'un aspect analogue à celles du P.-L.-M. (fig. 488). Le diamètre des roues est de 1^m,58, la surface de grille de 2^{m2},57 et la pression de 15 kilos.

La figure 489 représente l'évolution des machines-tenders de banlieue sur le réseau de l'Est de 1869 à ce jour. Le tableau qui y est annexé donne les dimensions principales de ces divers types de machines.

On a mis en comparaison avec ces machines les nouvelles locomotives-tenders 4400 à simple expansion et à surchauffe du type 2—8—2.

Ces dernières ont été étudiées pour desservir les lignes d'embranchement et de banlieue, et notamment la ligne de Vincennes. Le diamètre des roues est de 1^m,58. L'importance des approvisionnements a été fixée à 7^{m3},800 d'eau et 3 500 kilos de charbon.

On a adopté la simple expansion avec 2 cylindres seulement, dans le but d'obtenir un poids total aussi faible que possible avec des charges par essieu très réduites.

On a placé évidemment les cylindres à l'extérieur, ainsi que leurs mouvements pour en rendre l'accès facile.

Le timbre de la chaudière est de 14 kilos avec soupapes réglées à 12 kilos.

Le surchauffeur est du type Schmidt.

Le schéma (fig. 490) donne les principales dimensions, et la planche (fig. 491) représente la vue d'ensemble.

Elles soutiennent, favorablement, paraît-il, la comparaison avec les machines-tenders 4—6—4 compound. Il faut attendre toutefois une plus longue expérience pour pouvoir se prononcer définitivement.

Consécutivement à la mise en service des 4400, la Compagnie de l'Est a étudié un type de puissante locomotive-tender à 5 essieux accouplés avec bissels avant et arrière, type 2—10—2 (fig. 492).

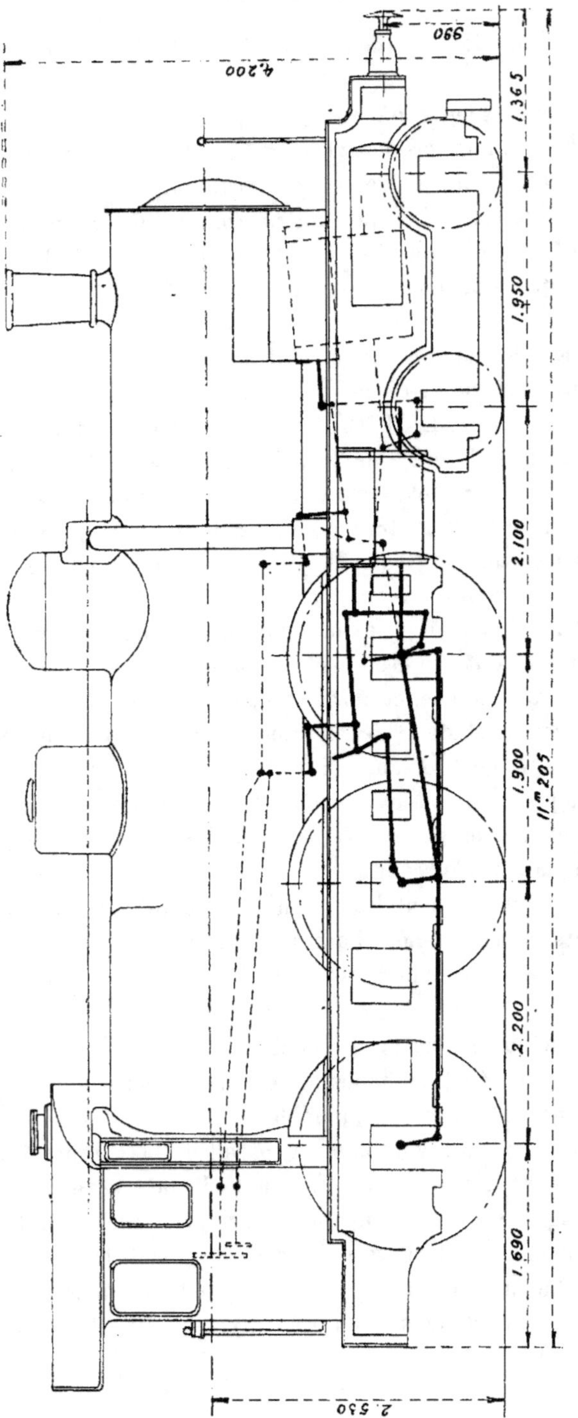

Fig. 486. — Locomotive compound à 4 cylindres (n°s 3771 à 3790).

Fig. 487. — Locomotive à 3 essieux couplés des Chemins de fer de l'Est.

Fig. 488. — Locomotive-tender compound à 4 cylindres (série 3901 à 3920) (Chemins de fer de l'Est).

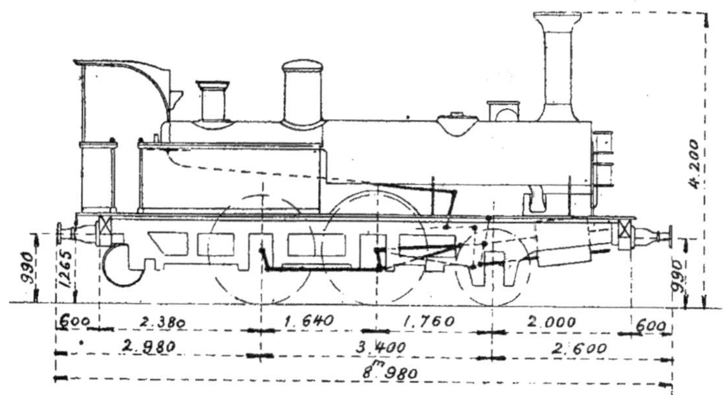

Locomotives-tenders, série 261 à 276 (1869).

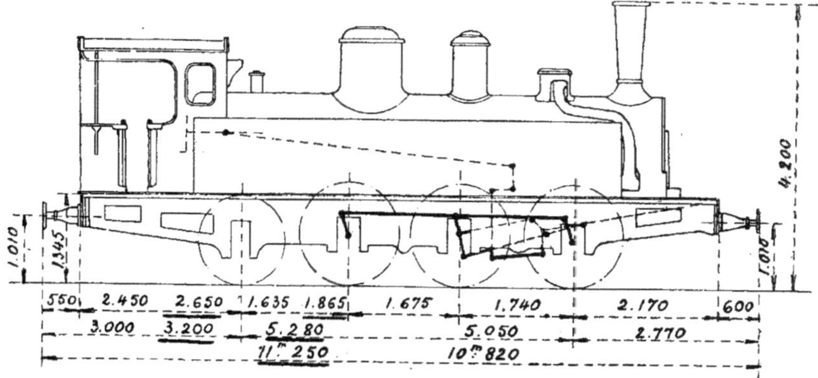

Locomotives-tenders, série 613 à 683 (1880) et 684 à 742 (cotes soulignées) (1889).

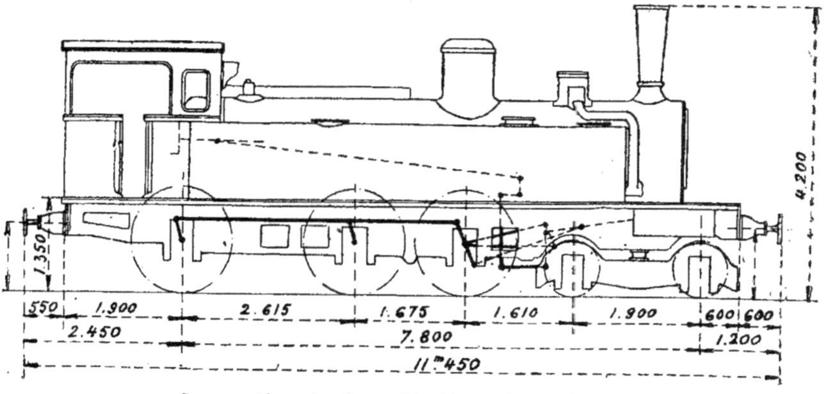

Locomotives-tenders, série B, 684 à 733 (1898).

Fig. 489.

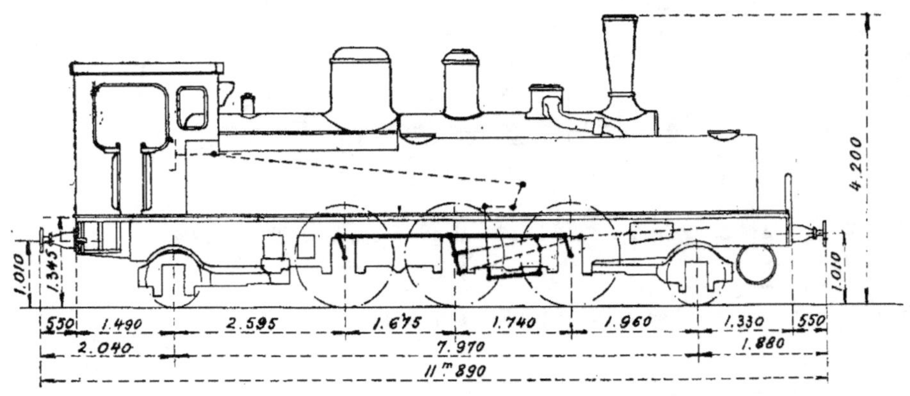

Locomotives-tenders, série V, 647 à 666 (1905).

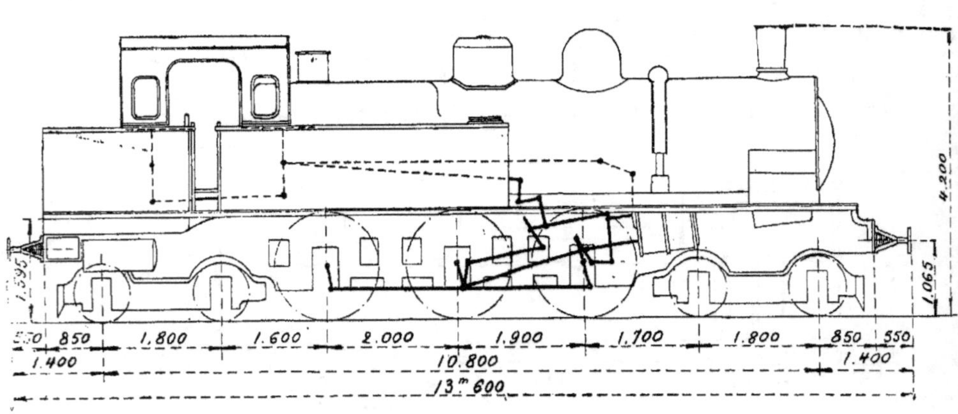

Locomotives-tenders, série 3901 à 3920 (1906).

Fig. 490.

Fig. 491. — Locomotive à simple expansion, à 2 cylindres à surchauffeur Schmidt, à 8 roues accouplées de 1^m,580 de diamètre et à 2 bissels
(Chemins de fer de l'Est).

Deux locomotives, 5001, 5002, de ce modèle ont été mises en service en 1913. Elles sont désignées « type Lorraine », parce qu'elles sont

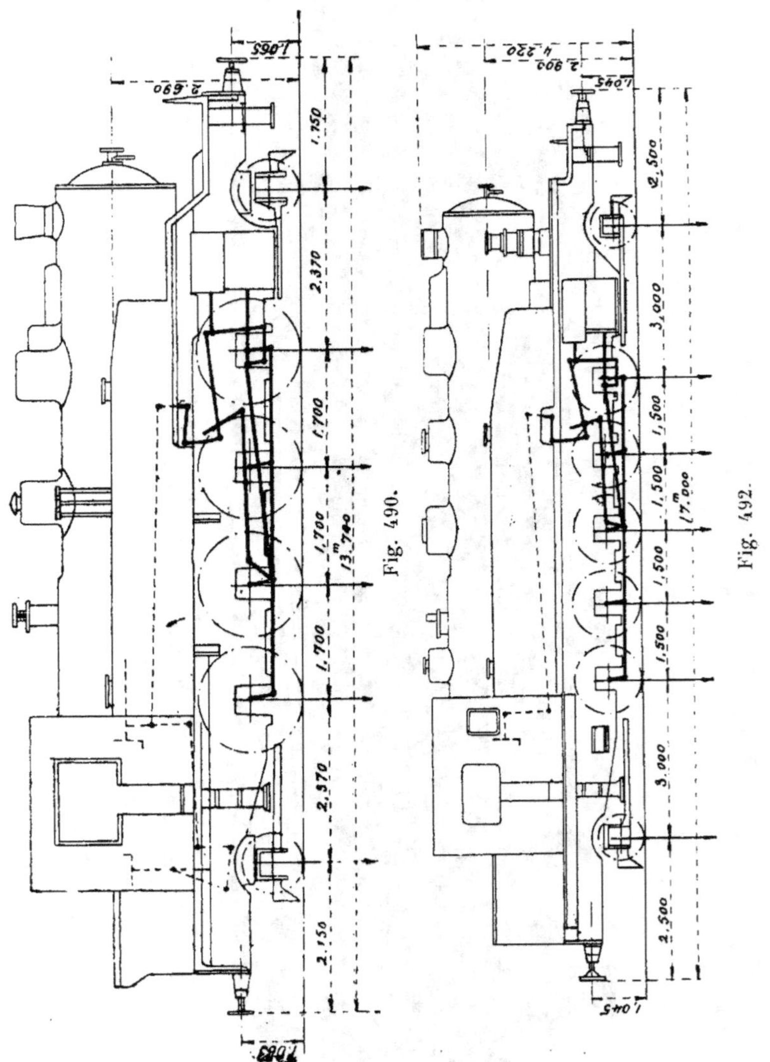

destinées à desservir les lignes du bassin minier de Briey. Elles ont été étudiées pour satisfaire au programme suivant :

Effectuer la remorque de trains de forts tonnages circulant sur des profils difficiles entre les minières et les gares de concentration, avec

Fig. 493. — Locomotive à simple expansion, type « Lorraine », à 2 cylindres à surchauffeur en cage d'écureuil, système Mestre, à 10 roues accouplées de 1^m,350 de diamètre et à 2 bissels (Chemins de fer de l'Est).

Principales caractéristiques des locomotives Est.

Disposition des essieux.	Séries.	Nombre de cylindres.	Compound.	Surchaufe.	Surface de grille.	Poids adhérent.	Poids moyen total.	Timbre.
					M²	Kilos.	Kilos.	Kilos.
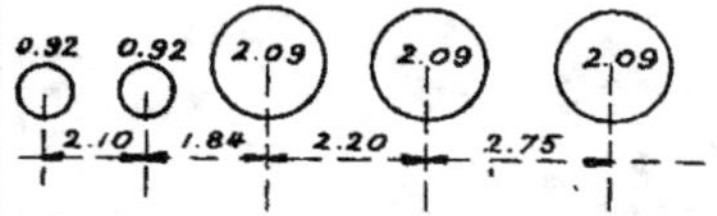	3 101-3 145	4	C.	»	3,16	53 000	77 000	16/15
	3 146-3 230	4	C	Schmidt.	3,16	53 000	79 000	16/15
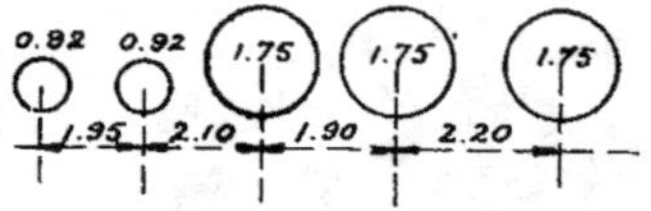	3 791-3 890	4	C.	Schmidt.	2,57	50 000	70 000	16/15
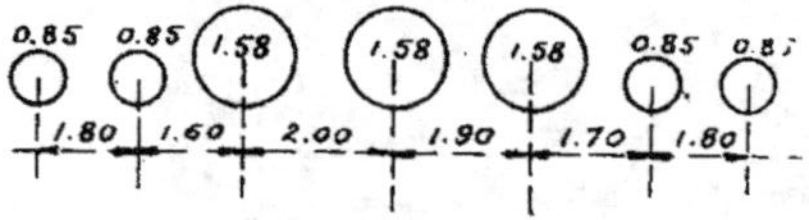	3 900	4	C.	»	2,57	47 000	90 000	16/15
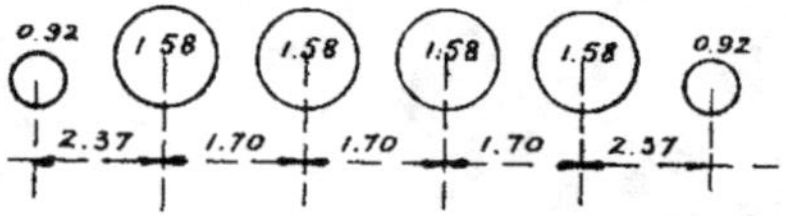	4 400	2	N. C.	Schmidt.	2,42	58 500	87 500	12/14
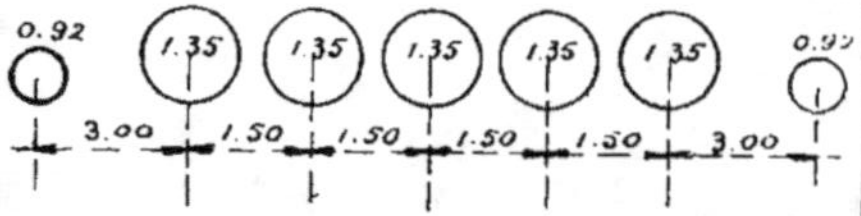	5 000	2	N. C.	Mestre.	3,08	89 500	95 000	12,750/14

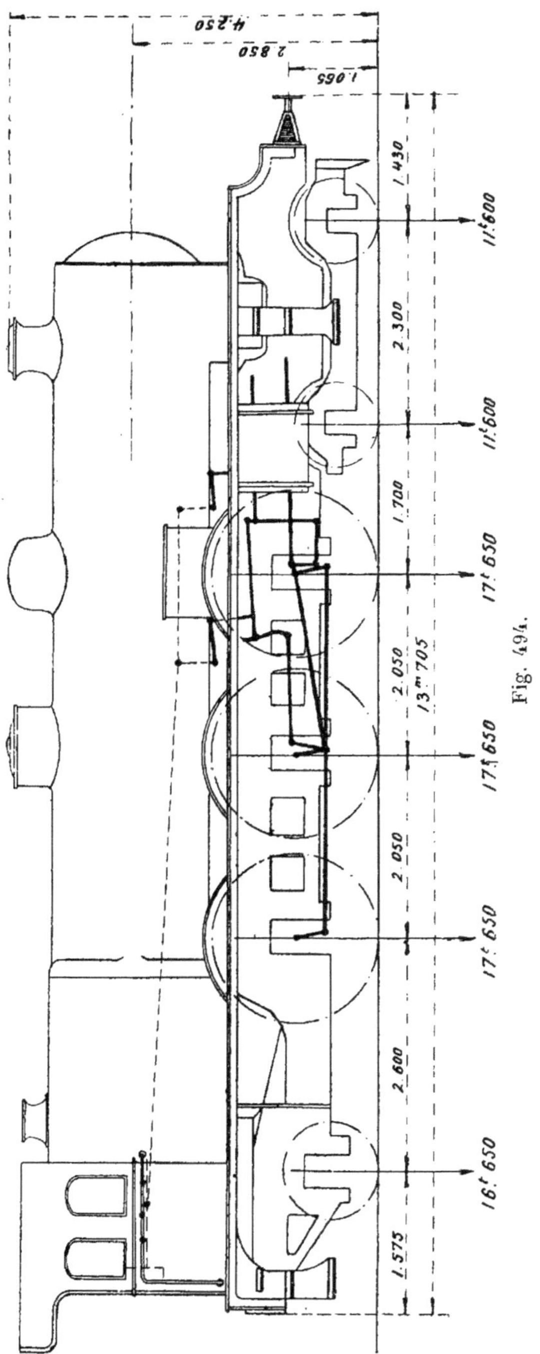

Fig. 494.

des approvisionnements importants d'eau et de charbon. La contenance des soutes a été fixée à 13 mètres cubes d'eau et 5 000 kilos de combustible.

La simple expansion avec surchauffe a été adoptée pour les mêmes raisons que pour les 4400. La chaudière est timbrée à 14 kilos avec soupapes réglées à 12^{kg},750. Le diamètre des roues accouplées est de 1^m,35.

Ces locomotives ont remorqué, à la vitesse de 20 kilomètres :

890 tonnes sur rampes de 15 ;

1 000 tonnes sur rampes de 10.

Le surchauffeur est du type Mestre, en cage d'écureuil.

154. P.-O. — La Compagnie P.-O. a construit pour ses rapides une machine *Pacific* à roues de 1^m,90 (fig. 494) munie d'une chaudière avec foyer Belpaire, débordant à l'arrière et rentrant entre longerons à l'avant. Nous avons donné une vue d'ensemble de cette chaudière (fig. 68).

La surface de grille est de 4^{m2},27 ; le timbre, 16 kilos.

Ces machines sont munies d'un surchauffeur Schmidt. Elles sont agencées avec le frein Westinghouse à haute pression. La planche (fig. 496) donne la vue d'ensemble de cette locomotive.

Ce réseau a établi un deuxième type de *Pacific* (fig. 497), qui ne diffère du précédent que par le diamètre des roues motrices, 1^m,80 au lieu de 1^m,90. Les cylindres et la chaudière sont identiques.

Ce type de locomotive est employé pour les express lourdement chargés et pour les profils accidentés.

La figure 495 et la figure 498 font ressortir combien cette machine diffère peu de la précédente. Elle est munie, comme elle, du surchauffeur Schmidt et du frein Westinghouse à haute pression.

Des essais comparatifs, effectués entre deux groupes de *Pacific*, l'un compound à surchauffe, l'autre compound sans surchauffe, ont montré nettement que l'économie de charbon résultant de la superposition de la surchauffe au compoundage était, pour ces locomotives, de 10 p. 100.

Le service de traction P.-O. dispose pour la montagne de deux locomotives intéressantes :

Une machine-tender 2—8—2 et une machine à tender séparé 2—10—0.

Les machines 2—8—2, de la série 5301 à 5410, présentent cette particularité d'être à simple expansion et à 2 cylindres.

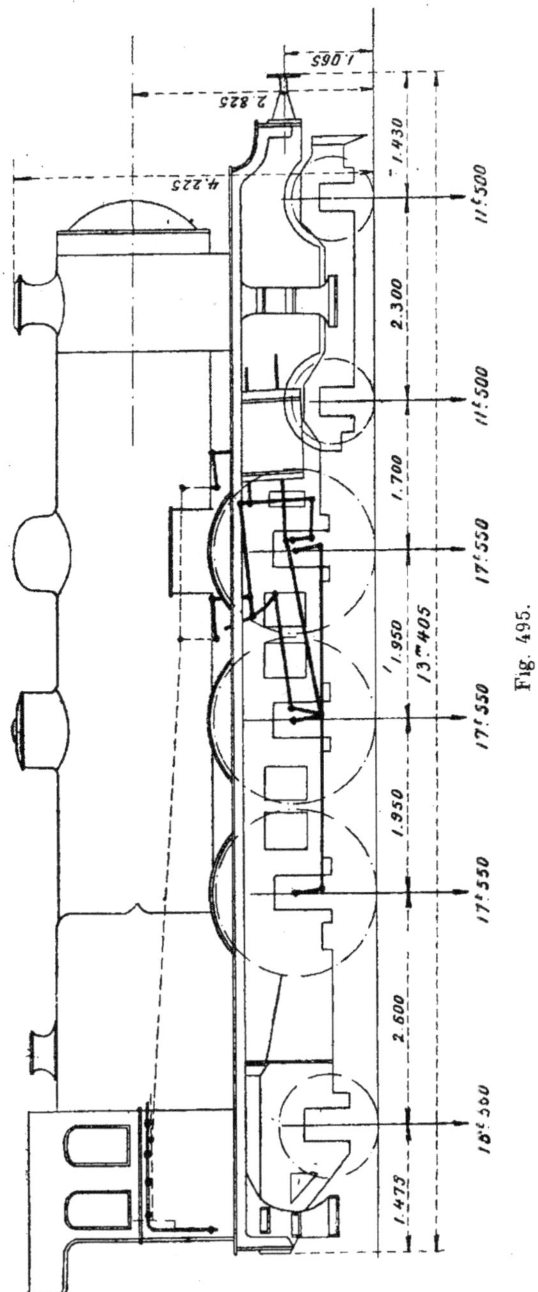

Fig. 495.

Fig. 496. — Locomotive compound à 6 roues accouplées de 1m,900 de diamètre, nos 3521 à 3550 (Chemin de fer de Paris à Orléans).

Fig. 497. — Locomotive compound à 6 roues accouplées de 1ᵐ,800 de diamètre, nᵒˢ 4571 à 4600 (Chemin de fer de Paris à Orléans).

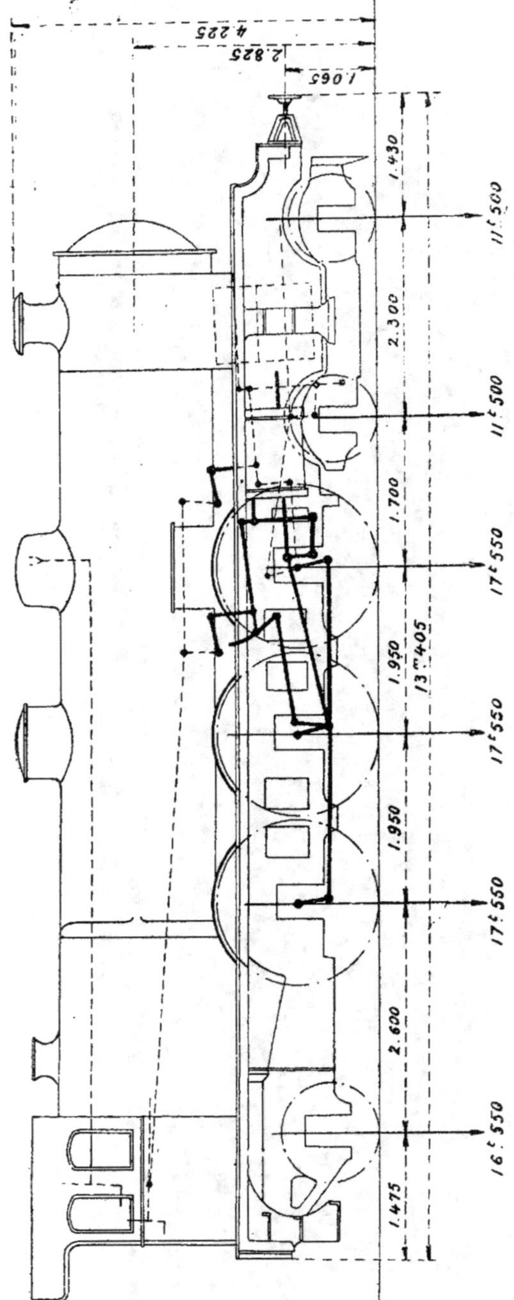

Fig. 498. — Locomotive compound à 6 roues accouplées, nᵒˢ 4571 à 4600.

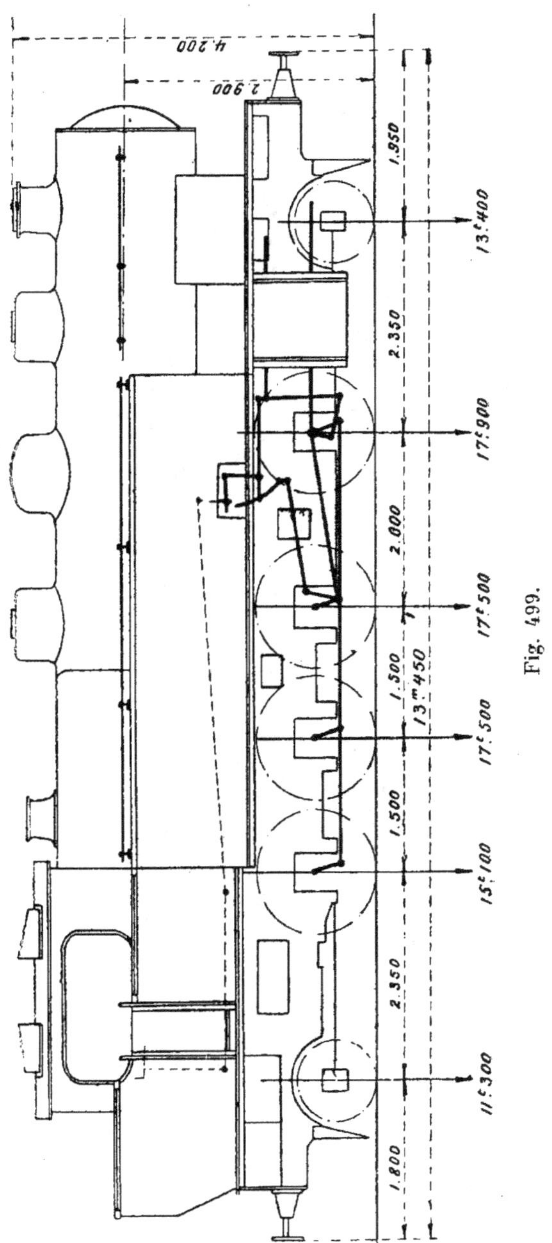

Fig. 499.

Fig. 500. — Locomotive-tender à 8 roues accouplées de 1^m,350 de diamètre, n°s 5301 à 5410 (Chemin de fer de Paris à Orléans).

4.250
2.850
1.065
1.630
8t.300
2.250
16t.300
1.850
15t.800
1.475
12m.805
16t.100
1.475
14t.300
1.600
14t.400
2.525

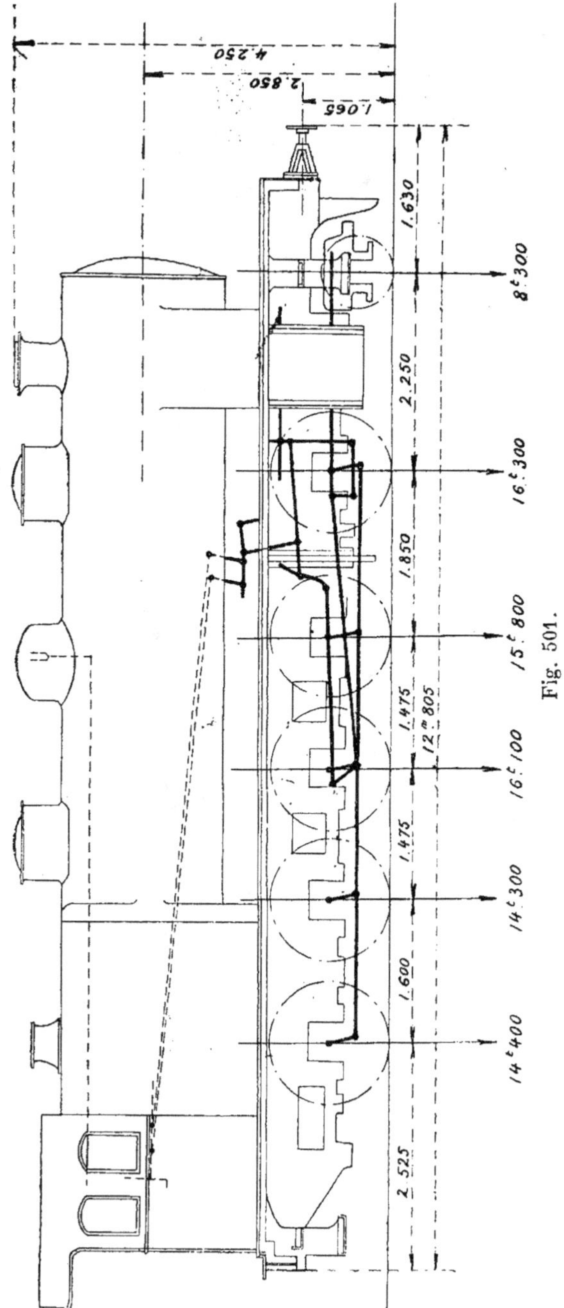

Fig. 501.

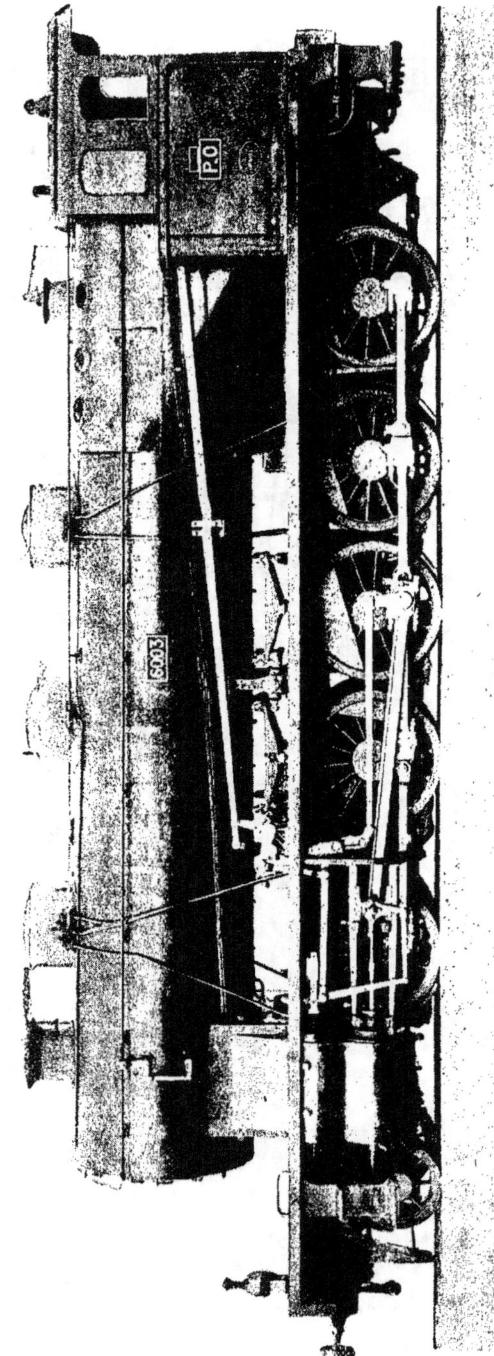

Fig. 502. — Locomotive compound à 10 roues accouplées de 1^m,350 de diamètre, n°s 6001 à 6070 (Chemin de fer de Paris à Orléans).

Le timbre est de 12 kilos.

Elles sont munies de la surchauffe.

Elles sont utilisées sur la montagne, où elles donnent de très bons résultats. Le diamètre des roues est de 1^m,35. En raison de la présence des caisses à eau, on a été évidemment conduit à ne pas adopter le foyer débordant des *Pacific* et à revenir au foyer Belpaire ordinaire, logé en entier entre les longerons.

Cet exemple (fig. 499) et celui de la machine 4400 de l'Est semblent indiquer une tendance à abandonner le compoundage sur ces types de machines, en le remplaçant par la surchauffe. C'est une indication à noter.

La planche figure 500 donne la vue d'ensemble de cette locomotive.

Le type *Decapod* (fig. 501-502), 2—10—0, série 6000, est à tender séparé, avec foyer analogue à celui des *Pacific*, mais de 3^{m2},80 seulement de surface de grille.

C'est une compound à surchauffe Schmidt. Le timbre de la chaudière est de 16 kilos ; le diamètre des roues, 1^m,35.

Principales caractéristiques des locomotives P.-O.

DISPOSITION DES ESSIEUX.	SÉRIES.	NOMBRE de cylindres.	COMPOUND.	SURCHAUFFE.	SURFACE de grille.	POIDS adhérent.	POIDS moyen total.	TIMBRE.
					M²	Kilos.	Kilos.	Kilos.
0.92 0.92 1.90 1.90 1.90 1.10 / 2.30 1.70 2.05 2.05 2.60	3 521-3 550	4	C.	Schmidt.	4,27	53 000	93 000	16
0.92 0.92 1.80 1.80 1.80 1.10 / 2.30 1.70 1.95 1.95 2.60	4 571-4 600	4	C.	Schmidt.	4,27	52 5000	92 000	16
0.81 1.35 1.35 1.35 1.35 0.81 / 2.35 2.00 1.50 1.50 2.35	5 301-5 380	2	N. C.	Schmidt.	2,73	68 000	93 000	12
0.81 1.35 1.35 1.35 1.35 1.35 / 2.25 1.85 1.475 1.475 1.60	6 001-6 030	4	C.	Schmidt.	3,80	77 000	85 000	16

155. Nord. — Le réseau du Nord utilise pour ses rapides des machines *Pacific* compound munies d'un surchauffeur Schmidt. Le diamètre des roues est de $2^m,04$; le timbre de 16 kilos (fig. 503).

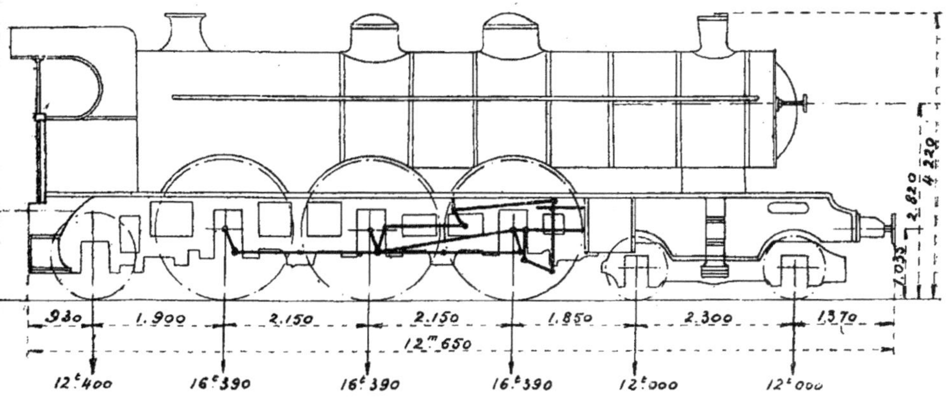

Fig. 503. — Locomotives 3·1151-3·1170.

Le foyer, du type Belpaire, a $3^{m2},22$ de surface de grille.

Comme nous l'avons indiqué précédemment, le type *Baltic* 4—6—4, qui avait été essayé, n'a pas été développé, de sorte que, jusqu'ici, le

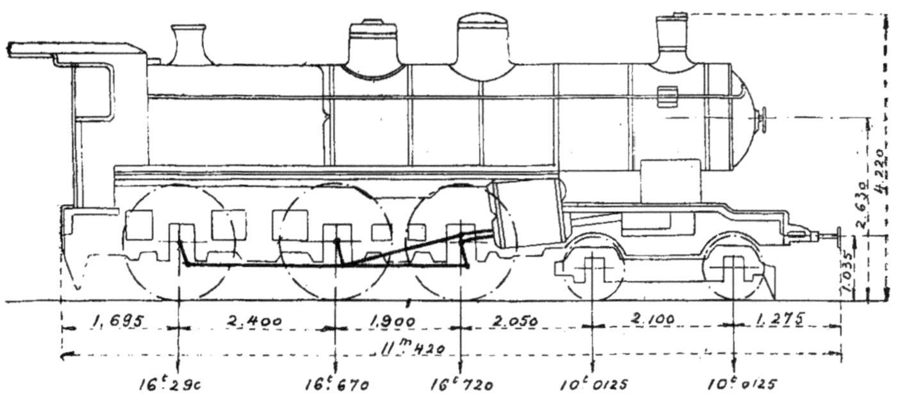

Fig. 504. — Locomotives 3538-3567, 3578-3597.

Nord s'en tient à ses *Pacific* pour la remorque des grands trains rapides.

Le service des voyageurs est largement assuré par des machines compound du type déjà ancien 4—6—0 à roues de $1^m,75$ (fig. 504).

Le foyer a $2^{m2},76$ de surface de grille, le timbre est de 16 kilos. La chaudière est munie du surchauffeur Schmidt.

Les trains de banlieue sont remorqués, comme sur l'Est et le P.-L.-M., par des locomotives-tenders 4—6—4. Mais ces machines sont à 2 cylindres et à simple expansion, timbre 12 kilos (fig. 505).

Le service des marchandises sur le Nord comporte en grande partie des trains houillers que l'on s'est proposé de remorquer, à vitesse accélérée, par rames de 900 tonnes, sur des lignes à profil souvent accidenté.

On a étudié pour cela deux types de machines 2—8—0 (fig. 506) et 2—10—0 (fig. 507), suivant la dureté des profils.

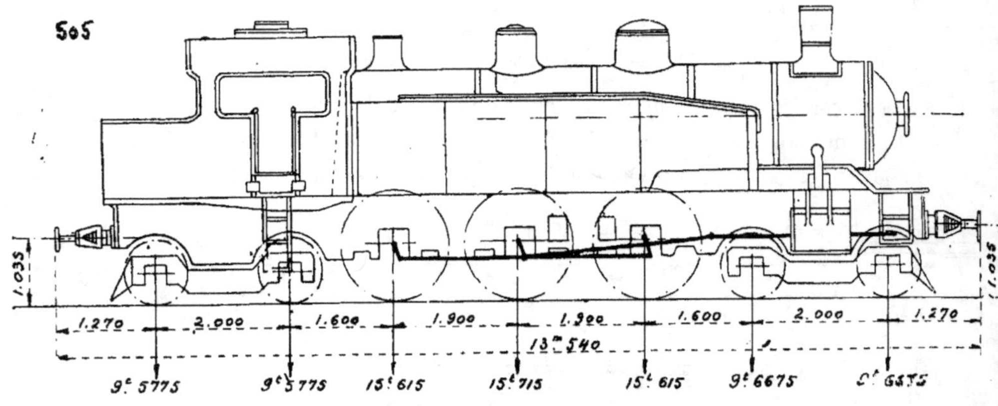

Fig. 505. — Locomotives 3861-3865.

Ces locomotives sont compound à 4 cylindres, timbrées à 16 kilos. Elles sont munies du surchauffeur Schmidt. Le foyer a $3^{m2},22$ de surface de grille, comme sur les *Pacific*.

Le Nord a été également conduit à étudier une machine à marchandises de grande puissance, s'inscrivant bien dans les courbes et pouvant circuler sur des lignes où la charge par essieu ne devait guère excéder 15 tonnes.

Il a établi ainsi ses locomotives 6000 articulées 0—6—2+2—6—0, compound, sans surchauffe, à grille de 3 mètres carrés, timbre 16 kilos (fig. 508).

Ces machines, dites à poutre, ont la chaudière fixée sur une poutre centrale, terminée à chaque extrémité par les organes de choc et de traction. Cette poutre repose, par un pivot, sur chacun des deux trucs. Sa stabilité est de plus assurée par des jambes de force.

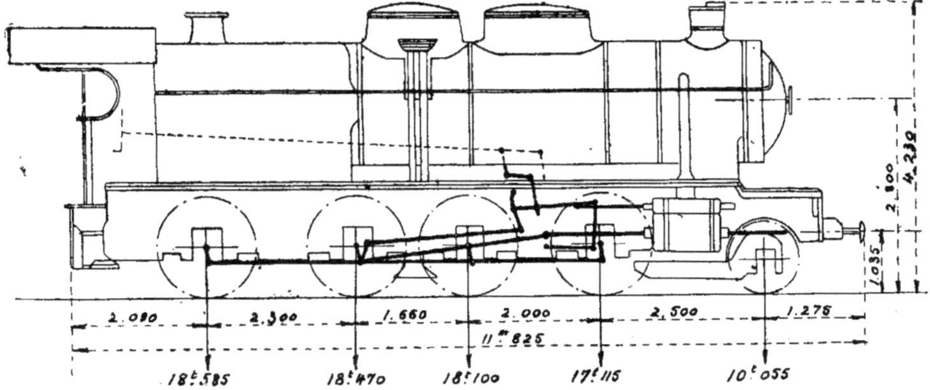

Fig. 506. — Locomotives 4161-4300.

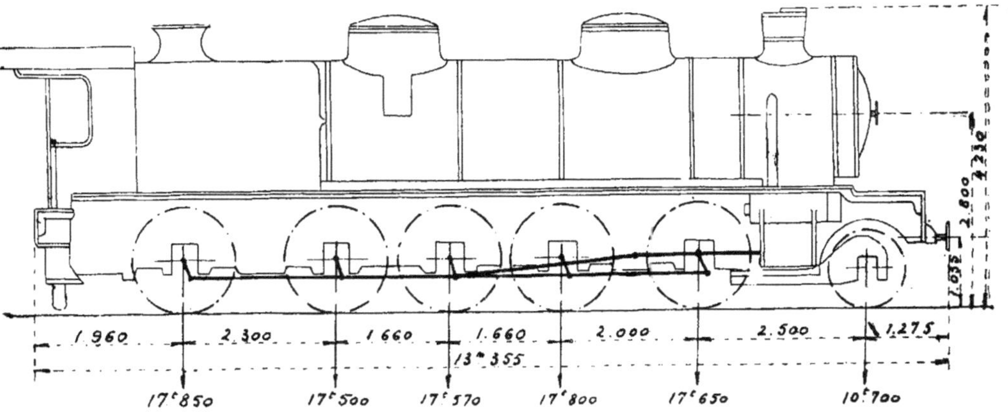

Fig. 507. — Locomotives 5001-5013-5022.

Ce sont des machines 6000 de ce type qui remorquent les trains de marchandises de 900 tonnes sur la Grande Ceinture.

Le tableau ci-après résume les caractéristiques des machines Nord dont nous venons de parler.

156. Midi. — La Compagnie du Midi a fait construire, de 1908 à 1910, par la Société Alsacienne de Constructions mécaniques, vingt loco-

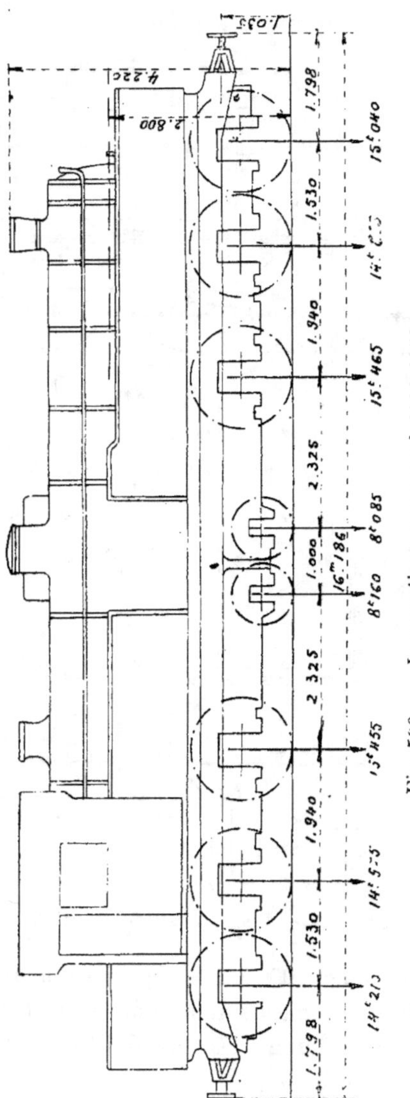

Fig 508 — Locomotives compound 6139-6153.

Principales caractéristiques des locomotives Nord.

Disposition des essieux.	Séries.	Nombre de cylindres.	Compound.	Surchauffe.	Surface de grille.	Poids adhérent.	Poids moyen total.	Timbre.
					M²	Kilos.	Kilos.	Kilos.
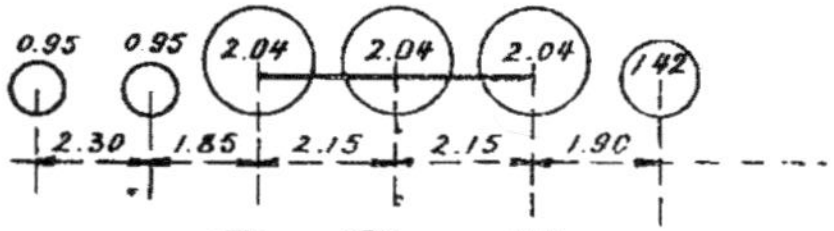	3 1151-3 1170	4	C.	Schmidt.	3,22	49 000	85 500	16
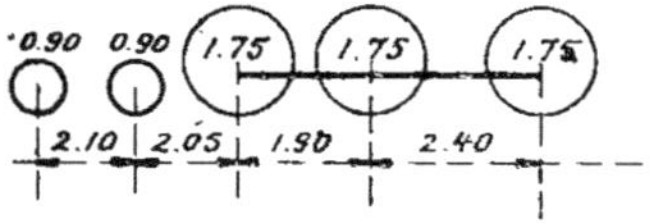	3 500	4	C.	Schmidt.	2,76	49 500	69 500	16
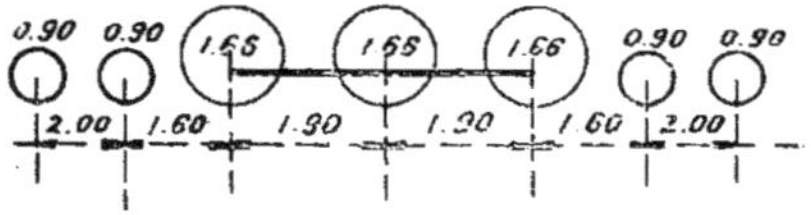	3 800 (Mach.-Tender.)	2	N. C.	»	2,48	40 000	85 000	12
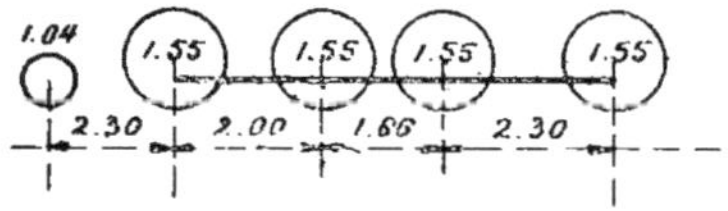	4 161-4 300	4	C.	Schmidt.	3,22	72 000	82 000	16
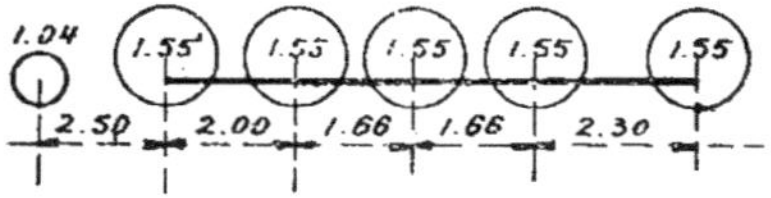	5 000	4	C.	Schmidt.	3,22	88 000	99 000	16
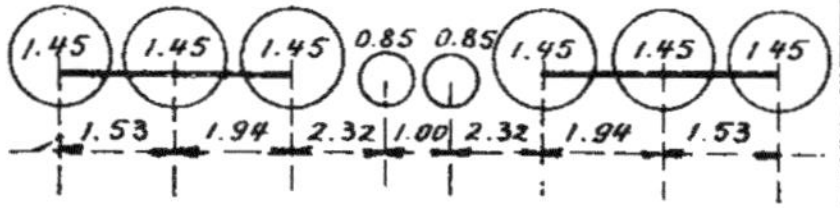	6 100	4	C.	»	3,00	75 000	106 000	16

motives à grande vitesse compound à 4 cylindres, du type *Pacific*, pour la remorque des trains express lourdement chargés, circulant sur ses lignes à déclivités moyennes.

Seize de ces machines, 3001-3016, sont à vapeur saturée ; sur les quatre autres, 3051-3054, on a installé le surchauffeur Schmidt sans tubes à fumée.

La figure 509 donne le schéma de ces deux séries de locomotives, qui ne diffèrent que par le surchauffeur.

La boîte à feu, du type Belpaire, avec foyer débordant à l'arrière et rentrant entre les longerons à l'avant, est analogue à celle du P.-O.

La surface de grille est de 4^{m2},02. Le timbre est de 16 kilos. Les roues accouplées ont 1^m,94 de diamètre au roulement.

Les machines 4001-4012, à 4 essieux couplés et bissel, ont été construites pour la remorque des trains de marchandises, sur la ligne très accidentée de Béziers à Neussargues (rampes de 33 ; courbes de 300).

Elles sont à tender séparé, compound à 4 cylindres. La chaudière, avec foyer Belpaire, est timbrée à 15 kilos. La surface de grille est de 2^{m2},80. Le diamètre des roues est de 1^m,40 (fig. 510).

Le service des voyageurs est assuré, sur la même ligne de Béziers à Neussargues, par des machines-tenders 4501-4506, à 4 essieux, couplés et à bogies.

Ces locomotives, timbrées à 12 kilos, à simple expansion, comportent seulement 2 cylindres. Elles sont munies du surchauffeur Schmidt. Le diamètre des roues accouplées est de 1^m,60 (fig. 511).

Le tableau ci-contre résume les principales caractéristiques de ces trois types de machines.

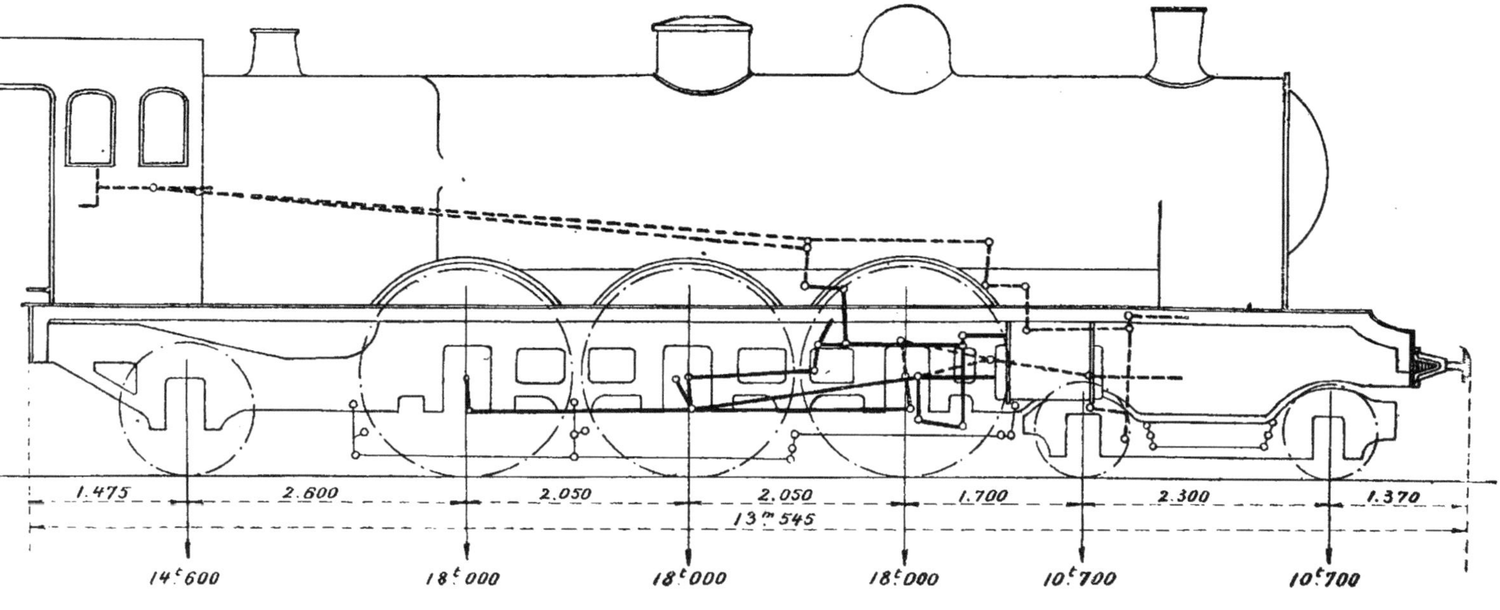

Fig. 509. — Locomotives compound à 4 cylindres et 3 essieux couplés, n° 3001.

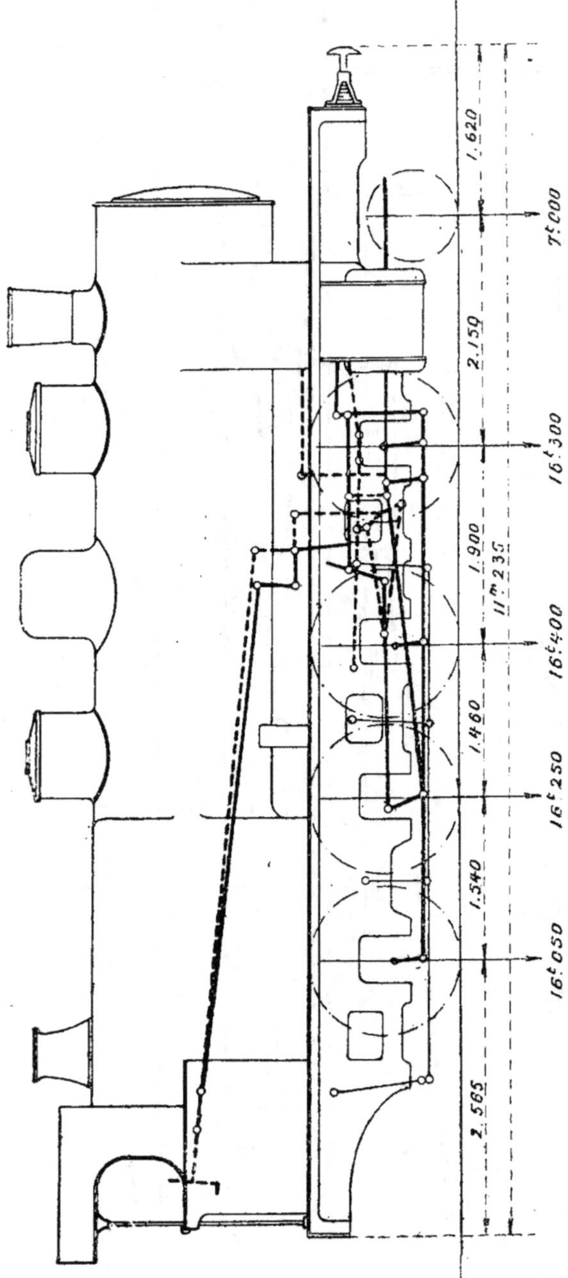

Fig. 510. — Locomotive compound à 4 cylindres et 4 essieux couplés, n° 4001.

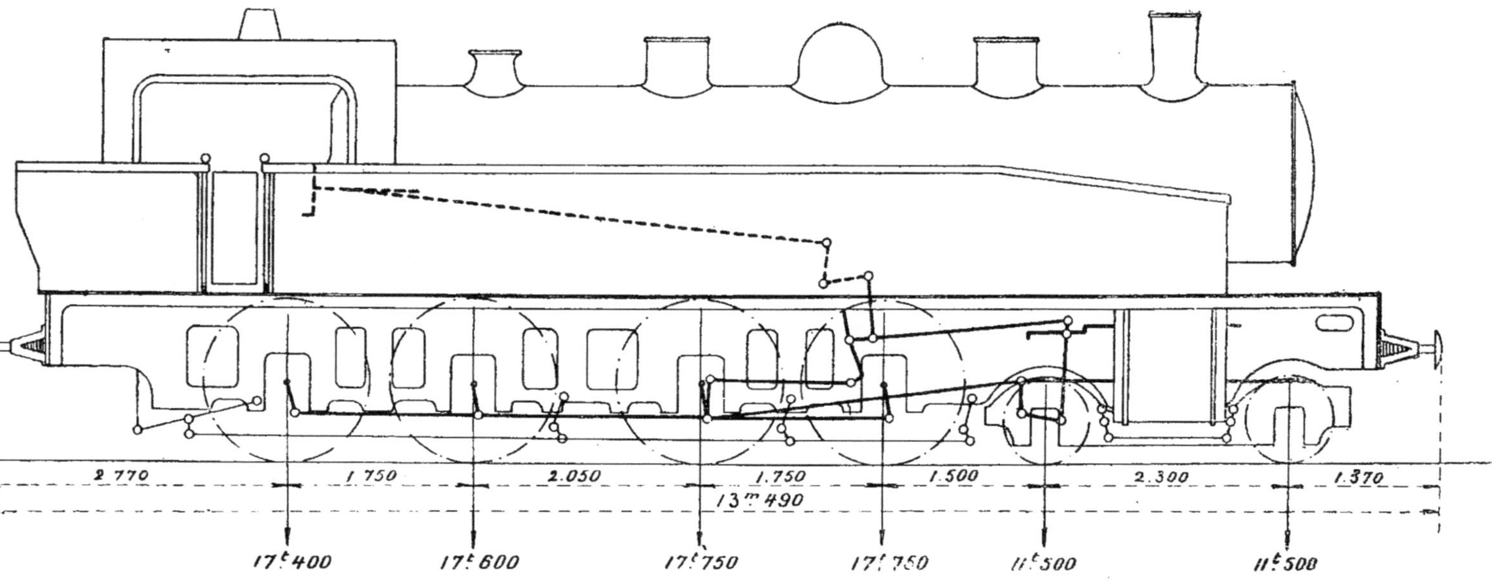

Fig. 511. — Locomotive tender à 4 essieux couplés et à surchauffe, n° 4501

Principales caractéristiques des locomotives Midi.

DISPOSITION DES ESSIEUX.	SÉRIES.	NOMBRE de cylindre.	COMPOUND.	SURCHAUFFE.	SURFACE de grille.	POIDS adhérent.	POIDS moyen total.	TIMBRE.
					M²	Kilos.	Kilos.	Kilos.
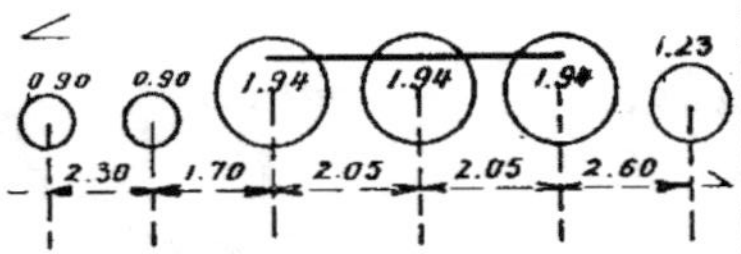	3 051-3 054	4	C.	Schmidt.	4,02	54 000	91 300	16
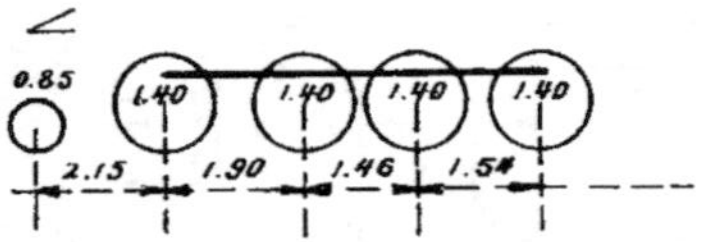	4001-4012	4	C.	»	2,80	65 700	72 800	15
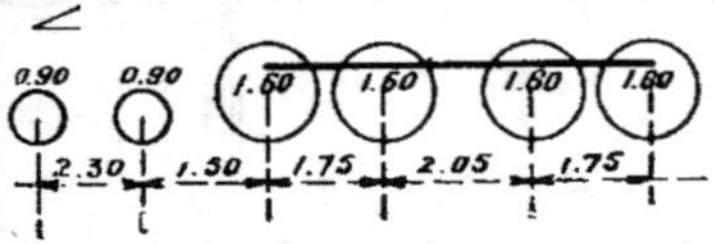	4 501-4 506 (Mach.-Tender.)	2	N. C.	Schmidt.	3,10	72 000	95 000	12

157. État. — Les Chemins de fer de l'État utilisent, pour la remorque des rapides, des machines *Pacific* compound à surchauffe (fig. 512), série 231-501 à 231-556.

Ces machines, timbrées à 16 kilos, possèdent un foyer Belpaire, du type débordant. La chaudière est munie d'un surchauffeur Schmidt.

La surface de grille est de 4 m²,27, et le diamètre des roues motrices 1 m,94. Ces machines datent de 1915.

Ce réseau emploie également un type *Pacific* un peu moins puissant construit en 1910 (série 231-011 à 231-060).

Elles diffèrent des précédentes, parce qu'elles ne sont pas munies du surchauffeur et que le diamètre des roues n'est que de 1 m,85. Par ailleurs, la surface de grille n'est également que de 4 mètres carrés.

Le service des trains de banlieue est assuré par des machines-tenders à 3 essieux couplés encadrés entre 2 bissels (série 32-551 à 32-620) (fig. 513).

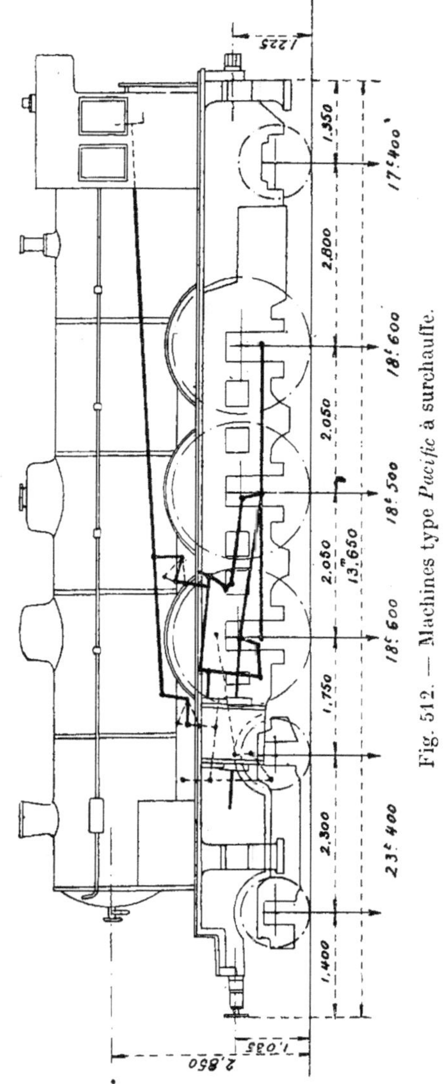

Fig. 512. — Machines type *Pacific* à surchauffe.

Elles sont compound à 4 cylindres, timbrées à 15 kilos. La surface de grille est de 2 m²,52. Les roues motrices ont 1 m,54 de diamètre.

Comme machine puissante à marchandises, il convient de citer le type *Consolidation* construit en 1913. Ces locomotives, à 4 essieux couplés et bissel, sont à 2 cylindres et à simple expansion. La chaudière est munie du surchauffeur Schmidt. La surface de grille est de $3^{m2},16$;

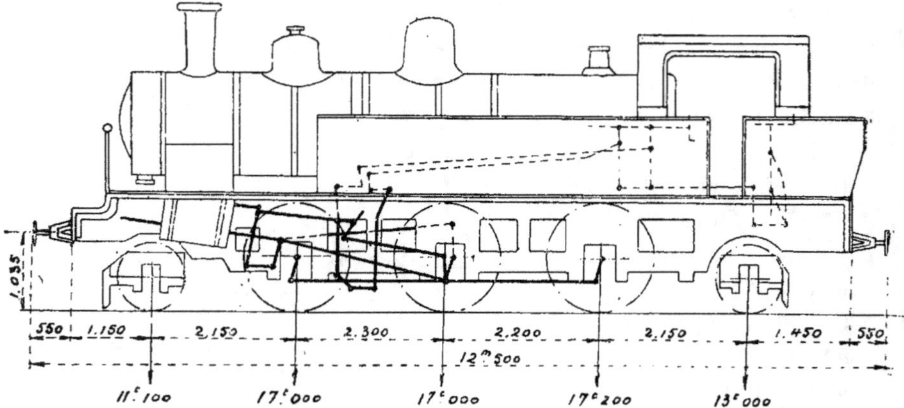

Fig. 513. — Machines-tenders compound à 6 roues couplées et à bissels n°s 32-551 à 32-620

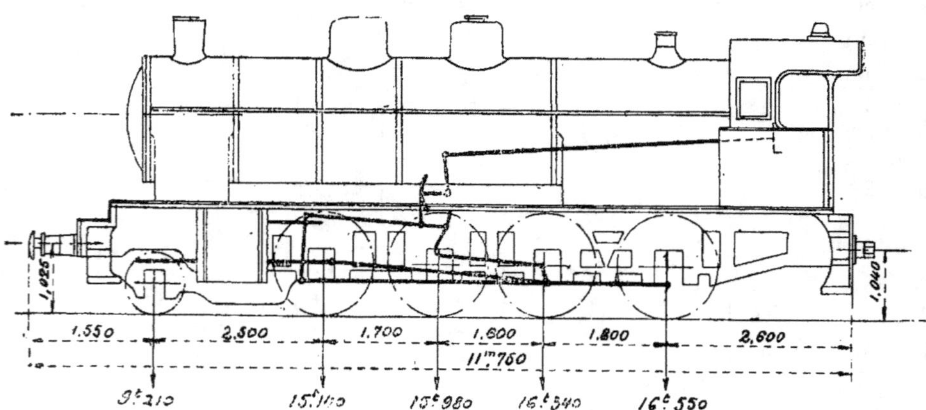

Fig. 514. — Machines type *Consolidation* à surchauffe, n°s 140-101 à 140-370.

le diamètre des roues, $1^m,44$ (fig. 514). Elles sont timbrées à 12 kilos (série 140-101 à 140-170).

Le tableau ci-après récapitule les principales caractéristiques des locomotives en question.

Principales caractéristiques des locomotives État.

DISPOSITION DES ESSIEUX.	SÉRIES.	NOMBRE de cylindres.	(COMPOUND.)	SURCHAUFF.	SURFACE de grille.	POIDS adhérent.	POIDS moyen total.	TIMBRE.
					M²	Kilos.	Kilos.	Kilos.
(0.96 0.96 1.94 1.94 1.94 1.23 / 2.30 1.70 2.05 2.05 2.80)	231-500	4	C.	Schmidt.	4,27	»	»	16
(0.96 1.54 1.54 1.54 0.96 / 2.15 2.30 2.20 2.15)	32-500 (Mach.-Tender.)	4	C.	»	2,52	51 000	75 500	15
(0.85 1.44 1.44 1.44 1.44 / 2.50 1.70 1.60 1.80)	140-100	2	N. C.	Schmidt.	3,16	64 000	73 200	12

TABLE DES MATIÈRES

CHAPITRE PREMIER

GÉNÉRALITÉS

CHAPITRE II

CHAUDIÈRE

§ I. — COMBUSTION.

§ II. — DISPOSITIONS GÉNÉRALES DE LA CHAUDIÈRE.

§ III. — FOYERS.

§ IV. — EXPLOSIONS.

§ V. — CENDRIERS.

§ VI. — COLONNETTES DE PRISES DE VAPEUR.

§ VII. — ENVELOPPES DES CHAUDIÈRES.

§ VIII. — INJECTEURS.

CHAPITRE III

CHASSIS. — SUSPENSION. — ESSIEUX.

§ I. — Chassis.

§ II. — Suspension.

§ III. — Essieux.

§ IV. — Locomotives a chassis articulé.

CHAPITRE IV

MÉCANISME

§ I. — Cylindres.

§ II. — Pistons.

§ III. — Garnitures.

§ XV. — RÉGLAGE DE LA DISTRIBUTION.

§ XVI. — COMPOUNDAGE.

§ XVII. — MACHINES A SURCHAUFFE.

§ XVIII. — EFFORTS PERTURBATEURS.

CHAPITRE V

TENDERS

CHAPITRE VI

LOCOMOTIVES MODERNES

MATHÉMATIQUES SUPÉRIEURES

Cours de Mathématiques générales, professé à la Sorbonne, par MM. VESSIOT, professeur à la Faculté des Sciences, sous-directeur de l'École normale supérieure et MONTEL, professeur à la Faculté des Sciences.
Livre I. Éléments d'algèbre, de calcul différentiel et de géométrie analytique.
Livre II. Calcul intégral et éléments de mécanique.
Les 2 volumes.................................... **60 fr.**

Introduction mathématique aux sciences techniques de l'ingénieur, par M. GABEAUD, ingénieur, ancien élève de l'École polytechnique et de l'École supérieure d'électricité.
658 pages et 14 figures............ .... **30 fr.**

Cours de géométrie, par M. VASNIER, ingénieur, ancien élève de l'École polytechnique.
1re partie. Géométrie plane, 406 pages et 532 figures. — *2e partie.* Géométrie dans l'espace, 379 pages et 515 figures. — *3e partie.* Courbes et surfaces usuelles, 167 pages et 170 figures.
Les 3 volumes.................................... **18 fr.**

Cours de compléments d'algèbre, par M. BAUDRAN, chef de bataillon du génie, ancien professeur du cours de mécanique et de sciences appliquées à l'École d'application de Fontainebleau.
515 pages et 16 figures........................ **14 fr.**

Notions sommaires sur les fonctions et les dérivées, même auteur.
165 pages et 31 figures................... **4 fr. 50**

Cours d'algèbre supérieure et d'analyse, même auteur.
Livre I. Calcul différentiel, 604 pages.......... **14 fr.**

Cours de géométrie analytique, même auteur.
448 pages et 117 figures...................... **14 fr.**

Cours d'analyse, professé à l'École spéciale des Travaux Publics. 9e édition.
568 pages et 180 figures...................... **25 fr.**

DIVERS

Chemins de fer à crémaillère, funiculaires et transports aériens, par M. LÉVY-LAMBERT, ingénieur à la Compagnie du Nord
126 pages et 86 figures..................... **9 fr.**

Cours de tournage. *Cours d'apprentissage et de perfectionnement professionnel*, par M. BARLOU, ingénieur des Arts et Métiers et de l'Institut électrotechnique de Grenoble, licencié ès sciences, chef des travaux à l'École pratique d'industrie et au cours de perfectionnement professionnel de Valenciennes.
292 pages et 264 figures..................... **8 fr.**

DROIT. LÉGISLATION

Droit commercial et introduction à la pratique des affaires, par M. DANIEL MASSÉ, licencié en droit, juge de paix.
220 pages..................................... **15 fr.**

Cours de législation du travail et de prévoyance sociale, par M. DANIEL MASSÉ, conseiller de préfecture honoraire, juge de paix, et M. BOVIER-LAPIERRE, docteur ès sciences politiques et économiques, licencié ès sciences, sous-chef de bureau du Ministère du Travail et de la Prévoyance sociale.
478 pages..................................... **24 fr.**

Cours de droit commercial et de transports par chemins de fer, par M. BAZET, docteur en droit.
361 pages. Prix............................... **15 fr.**

Notions élémentaires de droit civil, par M. CHARLES GEORGIN, docteur en droit.
660 pages..................................... **30 fr.**

Commentaires des clauses et conditions générales imposées aux entrepreneurs, même auteur.
228 pages..................................... **12 fr.**

TRAVAUX PUBLICS EN GÉNÉRAL

Les travaux publics aux colonies, par M. HARDEL, ingénieur des Ponts et Chaussées.
222 pages, 64 figures et une annexe de 41 pages.. **7 fr.**

Les murs de soutènement, par M. CH. AUBRY, ingénieur des Ponts et Chaussées, ingénieur principal aux chemins de fer de l'Etat.
180 pages, 112 figures........................ **12 fr.**

Règlement du 8 janvier 1915 pour le calcul et les épreuves des ponts métalliques *suivi de notes pour son application*.
Prix.. **5 fr.**

TOPOGRAPHIE

Cours de Topométrie urbaine. Lever des plans de ville, par M. RENÉ DANGER, géomètre du domaine de l'Etat.
1 vol. in-folio tellière de 216 pages, 63 figures et 23 planches hors texte....................... **60 fr.**

Levés d'études à la planchette, même auteur.
239 pages, 54 figures et 3 planches............. **14 fr.**

(SUITE DES OUVRAGES PROFESSÉS PAGE 4.)

c) OUVRAGES D'AUTRES AUTEURS

Les entreprises industrielles, *conférences faites en 1918 au Conservatoire des Arts et Métiers*, par M. ANDRÉ LIESSE, membre de l'Institut.
192 pages in-16 double couronne................. **4 fr.**

L'industrie des Travaux publics, par M. ALBERT DUFOUR, ingénieur.
120 pages in-16 double couronne................. **4 fr.**

b) Ouvrages professés à l'École spéciale des Travaux Publics (Suite).

ÉLECTRICITÉ ET APPLICATIONS

Cours de construction de machines électriques, par M. Castanier, ingénieur en chef de la construction à la Société « l'Éclairage électrique ».

Livre I. Matériaux de construction. Organes des machines. Bobinage, *3e édition*, 152 pages, 156 figures et 13 planches. — *Livre II.* Construction de machines électriques, *2e édition*, 304 pages, 166 figures. Prix des 2 volumes et de l'atlas......................... **48 fr.**

Cours de traction électrique.

Livre I. Matériel roulant, *2e édition*, revue et augmentée (en réimpression), par M. René Martin, ingénieur à la Compagnie française Thomson-Houston, 784 pages, 685 figures et 57 planches, hors texte........... **60 fr.**

Cours d'électrotechnique, par M. Iliovici, ingénieur, ancien chef de service au Laboratoire central et à l'École supérieure d'électricité.

Livre I. Lois générales de l'électricité.......... **36 fr.**
Livre II. Étude des machines à courant continu.
Livres III et IV. Étude des machines et appareils à courants alternatifs. *(en impression).*

Cours de mesures électriques, par M. Eug. Vigneron, ingénieur-conseil.

Livre I. Essais de laboratoire. Description des méthodes et des appareils. — *4e édition*, revue et augmentée. 531 pages, 411 figures. Prix.................... **30 fr.**
Livre II. Essais de machines. 616 p., 322 fig... **35 fr.**

MÉTALLURGIE

Cours de métallurgie, professé à l'École spéciale des Travaux publics, par M. le général Gages.

Livre I. La fonte. Un volume, broché, de 336 pages et 115 figures................................... **24 fr.**
Livre II. Élaboration des fers et des aciers. Un volume, broché, de 352 pages, 122 figures et 4 graphiques. Prix................................... **24 fr.**
Livre III. Travail du fer et de l'acier. Un volume de 432 pages, 389 figures..................... **30 fr.**
Livre IV. Essais mécaniques des fers et des aciers (en impression)............................... **30 fr.**
Livre V. Métallurgie des alliages métalliques et des métaux autres que le fer. Un volume, broché, de 432 pages et 128 figures........................ **24 fr.**
La collection complète des 5 volumes......... **120 fr.**

MINES

Cours d'exploitation des mines, par M. Gruner, ingénieur civil des Mines.

Livre I. Géologie et gisements. Explorations par sondages. Abatage mécanique, *3e édition*, 420 pages, 280 fig. **25 fr.**
Livre II. Soutènement des chantiers et galeries. Fonçage et soutènement des puits, 1 vol. de 384 pages et 257 fig. **25 fr.**
Livre III. Méthode d'exploitation en carrière et souterraine, 1 vol. de 334 pages et 210 fig............. **25 fr.**
Livre IV. Transports souterrains. Extraction. 1 vol. de 312 pages et 163 fig..................... **25 fr.**
Livre V. Épuisements. Aérage et éclairage...... **25 fr.**
Livre VI. Accidents. Réparations mécaniques.
(en impression).

NAVIGATION. FORCE MOTRICE

Cours de barrages, par M. Bonnet, ingénieur en chef des Ponts et Chaussées.

635 pages, 376 figures et 2 planches hors texte. **36 fr.**

Aménagement des chutes d'eau. Utilisation de la houille blanche, par M. Lévy Salvador, ingénieur des constructions civiles, chef du service technique hydraulique au Ministère de l'Agriculture.

4e édition, 312 pages, 126 figures et 16 planches hors texte.. **30 fr.**

MÉCANIQUE APPLIQUÉE. MACHINES

Cours de thermodynamique, par M. Lacoin, ingénieur des Arts et Manufactures.

168 pages, 44 figures. Prix..................... **18 fr.**

Cours de résistance des matériaux appliquée aux machines, par M. Bayle, ingénieur des Arts et Manufactures et des Arts et Métiers, professeur à l'École de physique et chimie de la Ville de Paris.

4e édition. 468 pages, 363 fig. Prix.............. **36 fr.**

Cours de statique graphique, *par le même.*

(164 pages et 128 figures). Prix.................. **15 fr.**

Cours d'automobiles, par M. Ridet, ancien élève de l'École polytechnique.

Livre I. Moteurs............................... **24 fr.**

Cours d'aviation, par le lieutenant-colonel Espitallier.

Livre I. Appareils d'aviation et propulseurs, *2e édition*, 376 pages, 100 figures, 1 planche hors texte...... **12 fr.**
Livre II. Moteurs, par M. Marcotte............ **24 fr.**

ORGANISATION ADMINISTRATIVE ET INDUSTRIELLE

Cours de commerce industriel, par M. E. Hourst, officier de marine en retraite, chef d'escadron d'artillerie honoraire, ancien directeur de la Société Michelin et Cie.

Deux volumes de 384 et 324 pages.............. **24 fr.**

Cours de finance et de Comptabilité dans l'Industrie (*Comptabilité, Banques, Sociétés, Assurances, Bourses*), par M. Ed. Julhiet, ancien élève de l'École polytechnique, ingénieur civil des mines, ingénieur-conseil de la Banque l'Union parisienne.

3e édition, 516 pages et nombreux tableaux modèles. **30 fr.**

La Standardisation, théorie et emploi des calibres pour les fabrications en série, par le général Gages.

Un volume, 320 pages et 160 figures........... **30 fr.**